全国教育科学"十二五"规划2013年度教育部重点课题
"大中学衔接培养科技创新人才"（DHA130282）最终成果

大中学衔接培养创新人才理论与实践

——基于高中创新班的研究

谭蔚 郑若玲 万圆 刘盾 著

中国财经出版传媒集团

经济科学出版社

Economic Science Press

图书在版编目（CIP）数据

大中学衔接培养创新人才理论与实践：基于高中创新班的研究/谭蔚等著 . —北京：经济科学出版社，2016.8
ISBN 978 - 7 - 5141 - 7221 - 8

Ⅰ.①大…　Ⅱ.①谭…　Ⅲ.①高中生 - 人才培养 - 研究　Ⅳ.①G632.0

中国版本图书馆 CIP 数据核字（2016）第 208068 号

责任编辑：李　雪　张庆杰
责任校对：隗立娜
责任印制：邱　天

大中学衔接培养创新人才理论与实践
——基于高中创新班的研究
谭　蔚　郑若玲　万　圆　刘　盾　著
经济科学出版社出版、发行　新华书店经销
社址：北京市海淀区阜成路甲 28 号　邮编：100142
总编部电话：010 - 88191217　发行部电话：010 - 88191522
网址：www.esp.com.cn
电子邮件：esp@esp.com.cn
天猫网店：经济科学出版社旗舰店
网址：http://jjkxcbs.tmall.com
北京万友印刷有限公司印装
710×1000　16 开　20.75 印张　370000 字
2016 年 8 月第 1 版　2016 年 8 月第 1 次印刷
ISBN 978 - 7 - 5141 - 7221 - 8　定价：49.00 元
（图书出现印装问题，本社负责调换。电话：010 - 88191502）
（版权所有　侵权必究　举报电话：010 - 88191586
电子邮箱：dbts@esp.com.cn）

目 录

绪论 …………………………………………………………………（ 1 ）
  第一节　研究缘起与研究意义 …………………………………（ 1 ）
    一、研究缘起 ……………………………………………………（ 1 ）
    二、研究意义 ……………………………………………………（ 2 ）
  第二节　概念界定与文献综述 …………………………………（ 3 ）
    一、概念界定 ……………………………………………………（ 3 ）
    二、大中学衔接培养创新人才文献综述 ………………………（ 7 ）
    三、高中阶段创新人才培养研究综述 …………………………（ 12 ）
  第三节　研究思路与研究方法 …………………………………（ 17 ）
    一、研究思路 ……………………………………………………（ 17 ）
    二、研究方法 ……………………………………………………（ 18 ）

理 论 篇

第一章　大中学衔接培养创新人才之理论基础 …………………（ 25 ）
  第一节　关于大中学教育衔接的探讨 …………………………（ 25 ）
    一、关于教育衔接 ………………………………………………（ 25 ）
    二、大中学的教育衔接 …………………………………………（ 26 ）
  第二节　关于创新的探讨 ………………………………………（ 29 ）
    一、关于创新 ……………………………………………………（ 29 ）
    二、围绕创新的相关概念 ………………………………………（ 31 ）
  第三节　关于创新人才培养的探讨 ……………………………（ 32 ）
    一、创新人才培养的教育理念 …………………………………（ 32 ）
    二、创新人才培养的教学原则与方法 …………………………（ 34 ）
    三、创新人才培养的评价策略 …………………………………（ 36 ）

第二章　大中学衔接培养创新人才概况 （38）

第一节　大中学衔接培养创新人才的背景 （38）
一、国家政策的诉求 （38）
二、高中内涵式发展的需求 （40）
三、域外中学创新人才培养的普遍选择 （41）

第二节　大中学衔接培养创新人才的动因 （43）
一、创新人才培养需要抓住"关键期" （44）
二、创新人才培养需要"教育合力" （45）

第三节　大中学衔接培养创新人才的发展历程 （46）
一、大中学衔接培养人才的历史回顾 （47）
二、大中学衔接培养创新人才的实践探索 （48）

第四节　创新班：大中学衔接培养创新人才的代表 （52）
一、单设创新班的必要性 （53）
二、创新班的开设情况 （54）

第三章　创新班的课程建设 （60）

第一节　培养目标：为创新人才的成长奠基 （60）
一、部分创新班培养目标举例 （60）
二、大中学培养目标的一致性 （62）

第二节　课程理念：以丰富教育为主、加速教育为辅 （63）
一、丰富教育 （64）
二、加速教育 （68）

第三节　课程体系：基础教育与创新教育适度平衡 （70）
一、基础性课程 （71）
二、拓展性课程 （72）
三、研究性课程 （77）

第四章　创新班的教学改革 （80）

第一节　双重的成长指导 （80）
一、导师制 （80）
二、生涯规划教育 （83）

目 录

  第二节 多元的教学管理 …………………………………………（ 86 ）
    一、弹性的学分制与学制 ……………………………………（ 86 ）
    二、走班制 ……………………………………………………（ 87 ）
    三、流动机制 …………………………………………………（ 87 ）
  第三节 科学的评价方式 ………………………………………（ 88 ）
    一、学生评价 …………………………………………………（ 89 ）
    二、毕业生升学评价 …………………………………………（ 91 ）

第五章 创新班的资源保障 ……………………………………（ 93 ）
  第一节 生源保障与政策保障 …………………………………（ 93 ）
    一、生源保障 …………………………………………………（ 93 ）
    二、政策保障 …………………………………………………（ 98 ）
  第二节 师资保障与管理保障 …………………………………（ 98 ）
    一、师资保障 …………………………………………………（ 99 ）
    二、管理保障 …………………………………………………（100）
  第三节 经费保障与设施保障 …………………………………（102）
    一、经费保障 …………………………………………………（102）
    二、设施保障 …………………………………………………（103）

实 践 篇

第六章 厦大附属科中创新班之构建 ………………………（107）
  第一节 厦大附属科中创新班之设立 …………………………（107）
    一、厦大附属科中概况 ………………………………………（107）
    二、科中创新班的创办与发展 ………………………………（108）
  第二节 创新班的"三创"理念与"三微"形式 ……………（111）
    一、"三创"理念 ……………………………………………（111）
    二、"三微"形式 ……………………………………………（112）
  第三节 创新班模式构建之比较与异同 ……………………（113）
    一、创新班模式构建之比较 …………………………………（113）
    二、创新班模式构建之异同 …………………………………（115）

第七章 厦大附属科中创新班之运行 (117)

第一节 课堂教学的创新 (117)
一、变易理论的运用及效果 (117)
二、课堂观察的运用及效果 (119)

第二节 教学管理的创新 (121)
一、导师制 (122)
二、学分制 (124)
三、走班制 (126)
四、小班化教学 (127)
五、家校联合培养 (129)

第三节 招生方式与升学路径的创新 (131)
一、招生方式的创新 (131)
二、升学路径的创新 (132)

第八章 科中创新班成效之实证研究 (134)

第一节 调查问卷的选择 (134)
一、国外的测验量表 (134)
二、国内的测验量表 (136)

第二节 维度设置与信效度测评 (138)
一、维度设置 (138)
二、信效度测评 (139)

第三节 问卷调查结果分析 (142)
一、三个年级创新班学生的纵向比较 (143)
二、三个年级普通班学生的纵向比较 (144)
三、三个年级创新班与普通班的横向比较 (145)
四、不同年级男生女生之比较 (147)
五、不同年级相同性别的纵向比较 (150)

第四节 访谈调查结果分析 (154)
一、学生多元的发展与进步 (154)
二、教师、家长、学校多样的心得与收获 (156)
三、创新班学生的高考业绩 (158)

第九章　大中学衔接培养创新人才的困境与应对 (160)
第一节　大中学衔接培养创新人才所需条件 (160)
一、创新人才培养各环节的改革 (160)
二、中学的主动与主导 (163)
三、大学的积极参与 (163)
四、政府的引领支持 (164)
第二节　大中学衔接培养创新人才实践困境 (165)
一、大中学合作不够深入 (165)
二、创新人才培养师资存在困难 (166)
三、高考：创新人才培养的"拦路虎" (167)
第三节　大中学衔接培养创新人才改革建议 (168)
一、联动大学、立足中学 (168)
二、借助大学力量培养中学创新型教师 (170)
三、建立创新人才培养大中学贯通制 (171)

教学研究篇

大中学衔接经营创新型学校 ………………………… 谭　蔚 (175)
论教师指导在创新教学中的重要作用 ……………… 郭建鹏 (180)
筚路蓝缕　以启山林 ………………………………… 洪志忠 (191)
至少我们学会了测量
　　——厦门市科技中学创新班学生实践能力培养的实验
　　探索 ………………………………………………… 刘宏兵 (194)
利用"课堂学习研究"改善物理教学效果的研究
　　——以《牛顿第三定律》一课的教学为例 …… 林岳川 (198)
创新班大中学衔接校本课程建设实践与反思 ……… 林岳川 (209)
应用课堂学习研究：提高文学作品鉴赏能力 ……… 黄　芳 (216)
班主任负责下的成长导师制刍议
　　——以普通高中新课改为背景 ………………… 陈　远 (226)
大中学衔接教育改革的成效与策略的实证研究
　　——以厦门大学附属科技中学创新班为例 …… 肖丽红 (233)

附录一 厦大附属科中之学生创新能力调查问卷 …………（252）
附录二 "大中学衔接培养创新人才"访谈提纲及访谈
　　　 记录 ………………………………………………（255）
附录三 教育故事 ……………………………………………（276）
附录四 厦大附属科中之新闻报道选录 ……………………（286）
参考文献 ………………………………………………………（312）
后记 ……………………………………………………………（321）

绪　　论

近年来，随着经济、科技迅猛发展，社会、教育不断进步，创新人才培养的重要性正日益凸显。美国、英国、芬兰等国家纷纷推出各类计划，提升本国创新人才的培养水平。我国自 2006 年提出建设创新型国家开始，创新人才培养已然上升到事关国家发展转型的核心战略任务。作为一项系统工程，这项任务牵动着各级教育阶段为之"上下求索"，不仅作为主战场的大学在进行诸多改革，中小学同样置身其中，或专门探索创新素质如何养成，或努力营造有助于创新能力"生根发芽"的氛围。也有各教育阶段携手进行联动探索，以高中与大学衔接培养创新人才的尝试最为有声有色。然而，在取得乐观成效的同时，也遇到了不少的困惑与难题，与之相关的很多问题都需要进一步的深入研究。

第一节　研究缘起与研究意义

作为应时代发展所需而出现的新生事物，大中学衔接培养创新人才的试验开展得如火如荼，但在实践中仍有不少问题有待厘清并解决，对其进行研究具有重要的理论意义与实践价值。

一、研究缘起

"为什么我们的学校总是培养不出杰出人才？"钱老虽然已经与世长辞，但他留下的这一关于中国教育事业发展的思考仍然振聋发聩。"钱学森之问"叩击着每一位教育工作者的心，不仅拷问着大学，也引起了基础教育界的反思。长期以来，创新人才的培养被视为高等教育的"专利"，与基础教育不相干。在大学进行了诸多探索仍不见成效后，人们开始意识到仅凭大学一己之力是远远不够的，需要各教育阶段的共同参与。如果在人才培养的源头没有打好基础，仅凭大学教育的孤军奋战实现创新人才的速成是不可能的，这个事实已经被一再地验证。于是基础教育界纷纷开始了创新人才培养的探索之路，其中以高中的探索力度最大，各地高中纷纷联合大学开展教育实验：2008年上海中学在全国的高中率先开出"创新班"，同年，北京市启动"翱翔计划"；2010年，上海市启动"普通高中学生创新素养培育实验项目"，天津市启动"特色普通高中建设工程"，陕西省出台"春笋计划"。高校与高中联手培养创新人才的大幕正徐徐拉开。[①]

虽然高中的教育实验在轰轰烈烈地开展，但无论从理论层面来看还是从实践层面来看，高中与大学的衔接培养仍处于"摸着石头过河"的探索阶段，对其研究更可谓一片亟待开垦的"处女地"。长期以来，中学对大学教育茫然，大学对中学教育漠然，原本是系统化的教育链条，被人为地隔断，甚至出现了中学和大学只有业务上的往来而无实质性沟通的现象，多少有点"老死不相往来"的尴尬。面对"钱学森之问"，大学、中学教育教学应该如何衔接？高中阶段应该怎样承担起培养创新人才的基础性工作？大中学衔接培养创新人才机制又该如何保障？这些都是需要厘清并解决的问题。创新人才的大中学衔接培养问题已然成为当代教育亟须面对的一个崭新课题。

二、研究意义

高中要培养创新人才，还需与大学形成紧密衔接，这一观念已经得到理论界的重视，但系统的理论研究尚有待深入挖掘。本书结合理论探讨与实践调查，全面、深入地分析大中学衔接培养创新人才兴起的背景、动因、发展历程、实践成效及存在的问题，提出相应的建议，可填补大中学衔接培养创新人才系统研究的理论空白，并有助于促进我国对这一培养方式的关注和研究，为我国创新人才的改革难题提供一定的理论参考。此为本书的理论意义之一。

目前，我国学界及业界对全国范围内创新班项目的整体了解以及对创新班项目个案的细致了解仍然不多。本书对高中创新班的概念首次进行界定，通过对创新班项目文件及相关资料的文献梳理与分析，对若干创新班

---

① 张春铭. 创新人才培养从基础教育抓起 [N]. 中国教育报, 2010-11-17 (003).

项目的实地考察和从业人员的大量访谈，以及对厦门大学附属科技中学创新班的追踪调查，客观、真实地描述创新班的开设和发展情况，全面而细致地展现创新班的全貌和个案，并对其实践特色与存在问题进行理论分析。此为本书的理论意义之二。

我国最早的创新班开设于2008年，大部分创新班于2010年、2011年开设，经过几年的发展这些项目已经积累了一些自身的办学经验。然而，由于传统应试教育的惯性和改革面临的种种阻碍，整体而言，创新班项目的发展仍面临诸多困惑与困境。诸如"应然"与"实然"间差距并未有效缩减，"如何做才能更有成效"也有待回答。本研究通过全面呈现全国范围创新班的已有做法和具体个案，为创新班今后的发展提供经验总结、反思和参照。另外，创新班的探索具有很强的普适性，可以启发学校层面探索创新人才培养的思路。此为本书的实践意义。

第二节 概念界定与文献综述

本节首先对核心概念进行界定，包括创新人才、大中学衔接培养、高中创新班，以明晰研究对象，确定研究范围；其次对文献进行梳理，完成大中学衔接培养创新人才研究综述和高中阶段创新人才培养研究综述，从中发现本研究的空间与价值。

一、概念界定

本节对大中学衔接培养创新人才涉及的关键概念进行界定与辨析。其中，"创新人才"的已有概念界定较多，作者主要采取文献梳理的方式进行辨析；"大中学衔接培养"的已有概念界定仅有一个，"高中创新班"则没有概念界定，因此作者基于自身的理解，进行相关的界定。

（一）创新人才

"创新人才"是个仁者见仁、智者见智的概念，目前并无明确、统一的界定。已有研究各自从不同的角度对创新人才的内涵进行理解，其中代表性的观点如下：

——什么是创造性人才？这个问题可以通过三个层面来理解。第一个层面，创造是指"首创前所未有的事物"的活动，它是相对于模仿而言的，其结果是一种新概念、新设想、新理论，也可以是一项新技术、新工艺、新产品。第二个层面，创造性思维是人在创造活动和创造过程中产生新的、前所未有的思维成果的活动，主要由发散思维和集中思维两种形式构成，其中前者是更为主要的。创造性思维具有流畅性、灵活性、独创性和缜密性四种品质。第三个层面，创造性人才是指具有较强创造能力和习惯于创造性思维的人才。[1]

——创新人才是指具有创新意识、创造性思维能力，掌握创新方法、具备创新人格，能顺利地完成创造性活动，并富有创造性成果的人才。[2]

——创新型人才是指具有创造精神和创造能力的人，它是相对于不思创造、缺乏创造能力的比较保守的人而言的，这同理论型、应用型、技艺型等人才类型的划分不仅不是并列的，而且要求不论是哪种类型的人才皆须具有创造性。[3]

从上述描述可以看出，关于创新人才的概念主要集中在创造性、创新意识、创新精神、创新能力等角度。因此，创新人才可简言之为具有创新意识、创新思维、创新能力、创新人格并能够取得创新成果的人才。但这个概念还需根据具体的情境进行进一步界定。根据本书的研究对象，作者将大中学衔接培养的创新人才界定为具有一定创新潜质的高中生，对其培养重在创新意识的激发、创新思维的养成、创新能力的挖掘发展及创新人格的初步内化。

（二）大中学衔接培养

国内对大中学衔接培养的研究起步较晚，且多为经验总结性的成果及具体学科的衔接研究，系统的理论性研究较少。对于"教育衔接"这一概念，蒋雪岩认为，"教育衔接是指不同教育阶段建立起经常性的协作关系，实现多方面的沟通、对接。"[4] 王炜波等人认为，"这种衔接包括很多内容，

---

[1] 中华人民共和国教育部. 面向21世纪教育振兴行动计划学习参考资料[M]. 北京：北京师范大学出版社，1999：147.
[2] 刘玉娟. 创新人才素质结构与高师课程改革[J]. 中国高教研究，2001（5）：76-77.
[3] 冷余生. 论创新人才培养的意义与条件[J]. 高等教育研究，2000（1）：51.
[4] 蒋雪岩. 教育的链条不可割裂——对大学与中学人才培养衔接的思考[J]. 湖北师范学院学报（哲学社会科学版），2005，(05).

如培养目标、专业设置、教学内容、教育制度等的衔接。"① 至于"大中学教育衔接",相关的研究很少,作者仅发现曹琼方的硕士论文《中学与大学有效衔接的策略研究》中所做的专门界定:大学与中学教育的衔接就是指大学与中学(尤其是高中)教育在保持自身独立性的前提下,相互沟通与协作,以保持教育的系统性与连续性,至少包括培养目标的衔接、课程和教学内容的衔接、教学方法的衔接、教育制度的衔接、教育理念的衔接五个方面的内容。② 作者基本认同这个概念,认为大中学衔接培养即指大学和中学作为完整教育链中两个连接环节之间的对接培养,但明晰该概念的内涵,还需对大中学衔接培养的具体形式和相关概念进行辨析。

大中学衔接培养包括两种形式:一种是大学和高中的过渡衔接,大学作为培养主体,对由高中升入大学的学生进行培养,培养内容为教授基础性的专业知识或补习高中的学科知识,以消除学生由一个教育阶段过渡到另一个教育阶段的不适应性;另一种是高中与大学教育方式的提前对接,高中作为培养主体,前置大学的培养理念与培养方式,为学生进入大学做好前期准备。本研究则以后者为研究对象,即高中阶段的提前对接培养。

大中学衔接培养的相关概念涉及大中学联合培养、早期培养,具体区别如下:第一,大中学衔接培养有别于大中学联合培养,联合培养指向合作关系,强调合作性,衔接培养则指向先后关系,强调顺序性和衔接性。大学与中学的联合培养可以是与初中或高中的联合培养,但大学与中学的衔接培养只是大学与高中的衔接培养,因为高中阶段的出口直接对应大学的入口,二者是衔接的教育链条。当然,尽管二者不是统一概念,但也不是泾渭分明的两个概念,大中学衔接培养成功与否往往与二者是否联合培养休戚相关。大学与中学本是两个相互衔接的教育阶段,但由于外在因素的影响,系统化的教育链条被人为地割裂,因此二者要重新实现有机衔接离不开二者的合作,合作是手段,衔接是目的,有合作才有衔接,因此大中学衔接培养需要通过合作的形式达到衔接的目的,大中学联合培养是大中学衔接培养的应有之义。第二,大中学衔接培养也有别于早期培养,属于早期培养的一部分。早期培养涉及整个基础教育阶段,范围更广。

---

① 王炜波,董兆伟,韩提文. 中高等职业教育衔接问题研究[J]. 河北师范大学学报(教育科学版),2003(09).

② 曹琼方. 中学与大学有效衔接的策略研究[D]. 曲阜师范大学硕士学位论文,2008:5-6.

(三) 高中创新班

高中创新班是一个新兴事物，对于创新班的研究刚刚起步，目前并无专门的研究对高中创新班进行概念界定。作者认为高中创新班内涵丰富、范围广泛，对创新班进行研究还需做专门界定，具体包括如下内容。

高中即高级中学，是指实施高中阶段教育的机构，包括普通高中、职业高中、中等专业学校等。本书中的高中指普通高中，以及普通完中的高中部，高中创新班指的是设立在普通高中或中学高中部的、旨在培养创新后备人才的创新教育实验班，以试点项目的形式存在，简称"创新班"。在创新班中，高中是培养的主体，大学处于支持地位，大学创新人才的培养理念和方式得以借此向高中延伸。创新班在培养方式上进行系统变革，比如重新整合课程结构、培养内容与大学衔接、获得大学自主招生的优先资格等，变高中的单一培养为双方的衔接培养，通过整合与共享办学资源促进培养内容的呼应与贯通，实现大中学人才培养理念与培养方式的统一与相承，从而使创新人才的培养成为一个系统、连续、完整的过程。

由于受到"创新热"大环境的影响，近年来很多班级都热衷冠以"创新"二字，但非本研究所指，例如郑州某两所中学开设的"信息化教学创新班"[①] 只是探索信息化教学手段在教学中的运用，而非培养方式的整体变革；广东实验中学于2002年便开设的"广东省创新人才培养实验班"注重提高学生的学业成绩而非创新能力，实行传统的理科资优生培养方式而非大中学衔接培养方式，实质上为理科实验班。故作者对创新班的范围界定如下：第一，采取大中学衔接培养的方式，注重高中与大学培养目标、课程建设、教学方式等方面的提前对接；第二，以创新能力的培养为核心目标，不同于部分以培养学科竞赛能力为核心目标的实验班，也不同于以培养特色人才为目标的特色班，特色班范围更广，包含创新班在内；第三，以独立编班的形式存在，不同于部分大学在中学设立的创新拔尖人才培养基地班，后者的学生平时分散在各班学习，到了假期才集中培养，不属于独立编班；第四，培养对象为普通高中生，不同于面向小学五、六年级招生的少年实验班，后者具有"天才教育"性质，多选拔智力超常的学生进行培养；第五，部分创新班与科研院所合作培养，科研院所同样为广义上的高等教育机构，因此作者为行文方便一并视为大中学衔接培养，不做严格区分。

[①] 左丽慧. 我市首推高中创新实验班［N］. 郑州日报，2011－07－18（5）.

二、大中学衔接培养创新人才文献综述

关于大中学衔接培养创新人才，目前我国的理论探讨尚不够丰富。作者在中国知网上以"创新人才大中学衔接培养/大中学衔接培养创新人才"、"创新人才大中学合作培养/大中学合作培养创新人才"、"创新人才大中学衔接培养方式/大中学衔接培养创新人才方式"为全文、题名、主题、关键词分别进行搜索，发现除了作者发表的系列期刊论文[①]外，只有为数不多的几篇论述：刘彭芝、周建华、张建林的《整体构建大中小学创新人才培养新模式》一文阐述了大、中、小学在创新人才培养上共同而有区别的责任和面临的共同课题，总结了全国范围内七种协同创新的典型模式，并提出了优化人才培养环境、探索培养模式、开辟绿色通道、打通学段壁垒等政策建议，[②] 是系统思考基础教育和高等教育阶段合作培养创新人才之道的代表作；娄元元和张弛分别从不同的角度论述了当前大学和高中联合培养创新人才存在的问题，并提出相应的建议[③]；周川、耶晓东以及竺笑等人则对大中学衔接培养创新人才的不同实践进行了总结[④]。虽然相关的理论阐述不多，但中国教育报刊社举办的"著名大学中学校长峰会"和清华大学举办的清华百年大型论坛——"全国优秀高中与高校衔接培养拔尖创新人才论坛"专门以大中学如何衔接培养创新人才为议题展开探讨，有着诸多精辟的观点。因此，本节对这两次会议的成果进行梳理，并进行相应评论。

---

① 包括：郑若玲，谭蔚，万圆. 大中学衔接培养创新人才：问题与对策 [J]. 教育发展研究，2012（21）：70-75；郑若玲，万圆. 创新人才大中学衔接培养实践探析——兼论高中创新班设立的必要性 [J]. 中国高等教育评论，2012（3）：137-148；郑若玲."三创""三微"提升创造力，光明日报，2015-04-28；谭蔚，万圆. 中学与大学合作，共育创新人才——来自厦门大学附属科技中学的探索 [J]. 福建教育，2013（1，2）：25-27；万圆. 论高中创新教育实验班的办学特色 [J]. 厦门广播电视大学学报，2014（2）：77-84；万圆. 高中创新教育实验班的课程结构 [J]. 厦门广播电视大学学报，2015（1）：77-82.

② 刘彭芝，周建华，张建林. 整体构建大中小学创新人才培养新模式的研究与实践 [J]. 教育研究，2013（1）：58-64.

③ 娄元元. 高中和大学联合培养创新人才的思考 [J]. 基础教育，2014（3）：45-50；张弛. 论创新人才培养的共同体建设——从大学高中合作的角度 [J]. 高教探索，2014（5）：46-49.

④ 周川，孔晓明. 高中与高校衔接培养创新性人才的策略选择——以苏州中学为案例 [J]. 现代教育论丛，2015（2）：8-13；耶晓东，等. 陕南高校参与地方中学生创新能力培养的研究 [J]. 中国教育技术装备，2015（10）：65-66；竺笑，等. 大学与中学衔接培养创新型青少年人才——华东师范大学动植物科学实践工作站纪实 [J]. 生物学教学，2015（3）：11-12.

（一）"著名大学中学校长峰会"成果梳理

中国教育报刊社举办的"著名大学中学校长峰会"以大学与中学和谐对接培养创新人才为主题，2007年迄今一共举办了三届，共开设论坛10个。① 作者详细阅读了三届峰会的会议内容，发现虽然每届峰会的讨论焦点有所不同，但整体来看，与会人员发表的内容可归纳为以下几个维度：

维度一：创新人才为何需要大、中学共同培养？与会者虽然从不同的角度作出了回答，但取得了以下共识，即：创新人才的培养与选拔不仅是大学的任务，而且是一项系统工程，贯穿于学校教育的各个阶段；基础教育阶段重在为创新人才的成长奠定基础。例如：纪宝成（2010年第三届主旨演讲）从系统论的角度，提出"培养创新人才，高校责无旁贷。但是，创新人才的培养不能从大学才开始。幼儿园，小学，中学和大学在培养创新人才方面都肩负着重要的责任，发挥着积极的作用"；翟小宁（2008年第二届主旨演讲）从人才学的角度，提出"中外高端人才在研究能力和创造能力上的差距，从教育的起点就开始拉开，在受教育的整个过程中而逐渐加大。教育起点初始阶段及小学和中学所形成的缺陷往往是根基性的缺陷，是制约一个人最终发展高度的关键因素"；王珉珠（2010年第三届主旨演讲）从创造学的角度，提出"一个人最有创造力的时期是20岁至40岁之间。在20岁之前，拔尖创新人才的基本素养就已经应该初步具备，并已经具备了在某个领域产生创造性产品的基本技能和必要储备"；等等。

维度二：培养学生哪些方面的能力？不同论者关注的重点不同，涉及形象思维、质疑精神、创新意识等多个方面，如潘公凯（2008年第二届主旨演讲）从中央美术学院的教育实践出发，提出善用右脑的形象思维可以启发学生的创意；徐金梧（2008年第二届论坛一发言）则从创新人才的特质出发，提出培养学生的创新能力重在培养探索精神，加强综合素质，避免功利主义和纯理性主义。如何培养人格教育和自主发展能力则是峰会关

---

① 第一届峰会于2007年11月在广西柳州市举办，第二届峰会于2008年10月在北京中央美术学院举办，第三届峰会于2010年4月在中国人民大学举办。详情见"著名大学中学校长峰会"专页链接：http://www.jyb.cn/china/tbch/2010jydf/，本部分观点均引用自该页，故下文不再标明出处。

注的焦点，峰会认为人格教育和自主发展能力在学校各个方面的发展中起导向和动力作用，是培养创新人才不可忽视的重要内容，因此更多论者围绕这两点进行阐述，如唐永平（2007年第一届论坛一发言）提出"为高校输送合格的毕业生，除了文化知识以外，中学还要注重培养学生健全的人格和自主发展的能力"，杜金山（2008年第二届论坛二发言）则提出"赶快放手"培养学生自主发展的能力。

维度三：如何进行创新人才的大中学衔接培养？与会人员从不同角度给出了许多建议，如：杨伟嘉（2007年第一届主旨演讲）从大中学合作的角度，提出"以合作项目为载体，建立高校与高中段基础教育联合体的长效发展机制"；陈雨露（2010年第三届论坛二发言）从大学的角度，提出大学应以"高原山峰"模式迎接中学优秀毕业生；王志江（2010年第三届论坛二发言）则提出创新人才培养要找到大学与中学的衔接点，具体的措施包括大学内容不能无条件下放至中学、大学教师到中学开设选修课、大学成立面向基础教育的教育学院等等。

维度四：大中学衔接培养创新人才应该解决哪些关键问题？与会者给出的答案主要涉及高校招生制度的改革、师资队伍的建设、教育教学模式的改革、创新环境的营造四个方面，其中高校招生制度的改革是关注的重点。与会者着重关注了自主招生和高考的变革，如王建国（2008年第二届主旨演讲）提出"完善高中学生学业考试和综合素质评价制度，为高校选拔学生提供依据；加快统考科目、内容的改革，调整高校录取程序和办法"；在师资队伍建设上，钟秉林（2007年第一届主旨演讲）提出"各级各类教师教育把培养创新型教师作为工作的核心目标；在教师教育课程设置上加大通识课程的比重；创新教师教育的模式，重视案例教学和研究性学习，加大专业实习的力度"；在教育教学模式的改革上，张大良（2010年第三届主旨演讲）提出可以在一部分中学和大学进行试点，建立中学和大学联合培养拔尖创新人才的机制；在创新环境的营造上，任继长（2008年第二届主旨演讲）提出"为学生的发展提供自主学习的空间、积极思维的空间、开展活动的空间以及充分表现的空间"。

（二）"全国优秀高中与高校衔接培养拔尖创新人才论坛"成果梳理

与"著名大学中学校长峰会"相比，清华大学举办的"全国优秀高中与高校衔接培养拔尖创新人才论坛"① 则更为集中地探讨了大中学衔接培养创新人才涉及的具体问题。教育是一个系统工程，培养创新人才是高中和高校共同的神圣使命和重大责任，基于上述基本认识，主办方设置三个分论坛，围绕三个分论题供参会代表展开讨论。

第一个论坛为"如何建立中学和大学联合培养拔尖创新人才机制"。该论坛认为创新人才培养需要建立全过程、全方位、贯通式的创新人才系统培养机制，包括建立人才信息平台、建立优质的考核制度以及加强高校与高中人才衔接培养的指导。在建立人才信息平台方面，构建以高校为评价主体的学生资质评价及跟踪评价的学习评价体系，完善德育评价体系，制定完整统一的人才软实力认定标准；在建立优质的考核制度方面，建立多方面的阶段考核与评定以及特殊才能考核；在加强高校与高中人才衔接培养的指导方面，首先明确指导纲要，包括高中把道德素养放在第一位、学校一定要培养有责任感的学生，其次大学应派遣部分专家和学者深入中学实践指导，对学生的学业规划和思想活动提出针对性的建议。

第二个论坛为"如何以中学和大学教育教学的衔接促进拔尖创新人才培养"。中学的应试教育目标与大学的素质和创新教育目标产生了分歧，具体表现在大学和中学的教学内容脱节、教材衔接内容不匹配以及教师交流的不顺畅。该论坛认为高校和中学可以找到多种方法进行沟通和商榷，并提出可借鉴的沟通方向为：教学内容脱节方面，大学给高中指定课题、给中学介绍本学校专业；教材方面，探讨大学教材和高中教材内容不匹配问题，以及大学教材相对滞后问题，建设高校与高中教材知识体系的规范性；教师交流方面，中学拓展培养教师的渠道，建立信息平台，加强大学与高中教师交流。

第三个论坛为"如何以学生遴选和质量评价的衔接促进拔尖创新人才培养"。该论坛抛出"面试与笔试的次序和取舍"、"界定高校自主招生笔试考纲范畴"以及"界定高校自主招生面试考纲范畴"等话题，指出：如何寻找笔试与面试的平衡点、考试形式是否限制着特长生以及其他优势人才的涌现、只面试不笔试能否全面考察学生的综合素质、考试

---

① 2011 年 4 月 25 日在清华大学举行，详情见报道：全国优秀高中与高校衔接培养拔尖创新人才论坛在京举行［EB/OL］. http://edu.people.com.cn/GB/1053/14538273.html，2011－04－26. 另：该报道为论坛总结（文中未注明观点提出者），本部分资料均根据该报道整理所得，故本部分资料下文不再标明出处。

大纲的双向理解存在偏差、考试资料的衔接问题等等都是需要探讨的话题，但并未给出回答。

（三）小结

"著名大学中学校长峰会"与"全国优秀高中与高校衔接培养拔尖创新人才论坛"与会人员众多，包括教育部领导、国内外教育专家、大学和中学的校长、理论研究者等等。与会人员或基于理论分析，或基于实践思考，发表了丰富的、精辟的观点，是大中学衔接培养创新人才研究成果的集中体现，对社会产生了重要和广泛的影响。然而，白璧微瑕，两个会议成果各有其"美中不足"之处，为本书留下了较大的研究空间。

从三届"著名大学中学校长峰会"研讨内容梳理可以看出，与会者围绕创新人才培养的议题，从不同的视角发表了大量的、多样化的观点，其中关于"大中学衔接培养创新人才应该解决哪些关键问题"的探讨使作者受到很大启发。但限于论坛的性质，论者的观点多是简单的呈现，无法深入展开阐述。而且峰会更侧重于为大学和中学双方提供对话、沟通的平台，使大学了解中学的想法，中学了解大学的想法，因此不少与会者从自身的实践经验出发，或站在大学的角度，或站在中学的角度，单方面考虑创新人才培养应该关注或解决的问题，并未聚焦到大学与中学如何具体衔接培养创新人才上。当然，也有一些与大中学如何具体衔接培养创新人才直接相关的真知灼见，但数量不多。作者认为大中学相互了解想法是非常重要的，是大中学能够衔接培养创新人才的第一步，但是大学与中学和谐对接培养创新人才不能仅停留于想法的沟通，二者如何衔接、目前存在哪些问题、应该如何改进等问题可能更为重要。

另外，纵观论坛的所有观点，可以发现峰会虽然强调了高等教育阶段与基础教育阶段共同培养创新人才的重要性，但甚少关注高中阶段的具体作用以及高中与大学如何衔接培养，"对接培养创新人才"的主题凸显不够。作者认为大中学衔接培养实际上是微观的高中与大学如何衔接培养的问题，而不是宏观的基础教育如何与高等教育衔接的问题。

"全国优秀高中与高校衔接培养拔尖创新人才论坛"更深入、更务实地探讨了大中学衔接培养创新人才涉及的问题，既包括宏观层面的大中学衔接培养创新人才机制建立的问题，也包括微观层面的教育教学衔接、学生遴选和质量评价衔接等方面的问题，提出了很多颇有见地的观点，给出了不少具体的、针对性的对策与建议。作者认为该论坛可以视为大中学衔接培养创新人才的代表性成果,是本书重要的参考资料。但遗憾的是,同样受限于论坛的性质,论者无法对大中学衔接培养创新人才进行系统的分析,而且,该论坛主要从高中的整体层面探讨高中与大学如何衔接培养创新人才,并没有关注到大中学衔接培养创新人才已有的实践方式。作者认为,对大中学衔接培养创新人才的研究离不开对已有实践的分析,从大中学衔接培养创新人才的实践出发,可以更清晰、更具体地分析问题。鉴于此,本研究以大中学衔接培养创新人才方式为研究对象,聚焦于创新班的实践分析,以期丰富大中学衔接培养创新人才的研究成果。

三、高中阶段创新人才培养研究综述

大中学衔接培养创新人才是高中阶段创新人才培养的主要举措之一。欲全面了解大中学衔接培养创新人才方式的研究现状,高中阶段创新人才培养研究是必须关注的内容。由于创新班是高中阶段创新教育实验的代表,也是本书的重点关注对象,故作者将创新班的相关研究单列。因此,本节包括高中阶段创新人才培养研究的梳理和创新班研究的梳理,以及对已有研究的评论与归纳三方面,兹分述如下。

(一)高中阶段创新人才培养研究的梳理

21世纪以来,创新人才培养一直是研究界持续关注的热门话题,从专著到期刊论文再到会议、论坛,研究成果数不胜数。但仔细来看,已有成果多为高等教育创新人才培养的研究,基础教育阶段创新人才培养的研究也有,但为数不多,而且是近两三年才受到关注。作为基础教育阶段的组成部分,高中阶段创新人才培养的专门研究更是处于起步阶段,主要如下:

第一,高中创新人才培养的理论研究。张奠宙在《普通高中创新人才培养中的基础与创新问题》一文中提出"创新需要坚实的基本知识和基本技能作为基础,建立基础需要创新精神予以引领,二者不可割裂";[1] 王因的《普通高中拔尖创新人才的特征分析——基于北京"翱翔计划"的初步实践》以首批翱翔学员的课题成果及其所体现的学生特点为素材,总结和

---

[1] 张奠宙. 普通高中创新人才培养中的基础与创新问题[J]. 教育发展研究,2010(6).

分析出拔尖创新型高中生所具有的若干特质;[①] 张志敏在《高中教育和创新人才的培养》提出高中教育应转变传统的人才观,建立有利于创新人才培养的评价机制,以及改革传统教学方法,建立重在培养思维能力、创新能力和参与意识的学习方式;[②] 张新喜的《构建普通高中创新人才培养模式的思考》对普通高中学生的现状和普通高中创新人才培养模式的构建进行了阐述;[③] 姜国庆的《构建普通高中创新人才培养的长效机制》则从文化思想、制度机制、文化模式三个层面阐述了高中如何形成创新人才培养机制。[④]

第二,高中创新人才培养的会议综述。"科教合作:普通高中科技创新人才培养"研讨会[⑤]和"2009 年天津市高中校长论坛"是以高中创新人才培养为主题进行研讨的代表性会议。刘世清的《"科教合作:普通高中科技创新人才培养"研讨会综述》一文为第一届研讨会的会议综述,该文总结了与会者探讨的高中科技创新人才培养的动因与背景、实践探索、未来发展所面临的问题及发展建议四个方面的内容,提出高中阶段是科技创新人才培养的关键期,高中教育的功利化取向、课程资源、高中师资问题、外部的压力是高中创新人才培养面临的主要问题,未来发展的方向在于加强高中、高校与科研院所之间的合作,解决高中办学的多样化问题等等;[⑥] 康岫岩的《2009 年天津市高中校长论坛综述》则基于各学校的经验分享,从四个方面对会议进行总结,包括构建创新人才培养体系、教师专业化发展、课堂教学、创新人才培养模式的研究与实践。[⑦]

第三,对区域层面或学校层面进行的创新人才培养探索的经验总结。例如:《激发每一位高中生的创新潜能——上海市普通高中学生创新素养培

---

① 王囡. 普通高中拔尖创新人才的特征分析——基于北京"翱翔计划"的初步实践[J]. 中国教师,2010(21).

② 张志敏. 高中教育和创新人才的培养[J]. 上海教育科研,2007(6).

③ 张新喜. 构建普通高中创新人才培养模式的思考[J]. 中国教师,2008(1).

④ 姜国庆. 构建普通高中创新人才培养的长效机制[J]. 现代中小学教育,2014(6):97-99.

⑤ "科教合作:普通高中科技创新人才培养"研讨会举办了两届,分别于 2009 年 11 月 14~15 日和 2011 年 12 月 10~11 日在上海举办,但只有第一届撰写了会议综述。

⑥ 刘世清. "科教合作:普通高中科技创新人才培养"研讨会综述[J]. 教育发展研究,2010,(1).

⑦ 康岫岩. 2009 年天津市高中校长论坛综述[EB/OL]. http://blog.sina.com.cn/s/blog_4b6f46060100fwyq.html,2009-10-17.

育实验项目纪实》一文,全面介绍了上海市创新素养培育实验项目的实施情况,提出在高中引进创新素养的培育,可让学生在学习学科知识的同时增长创新意识与能力,而且可以抑制高中的片面化过度学习现象;① 《"春笋计划":问道创新素质和创新人才培养》一文,基于陕西"春笋计划"的经验,认为"大学与高中深度联合,是高中学生创新素质培养和拔尖创新人才早期培养的必由之路";② 《高中创新人才培养模式的实践与启示》一文,则总结了上海晋元高中在选择教育、套餐式课程、走班制三方面的经验做法。③ 此类文献还有一些,限于篇幅不一一列举。

第四,高中创新人才培养的研究报告。杨德军等撰写的《普通高中阶段创新人才培养研究报告》重点分析了国内外培养创新人才的已有经验,提出了关于北京市培养创新人才的目标、创新人才的标准、课程设计、评价、出口等方面的理论分析,并对北京市翱翔计划的实施进行了详细的阐述。④

第五,其他相关研究。对于高中阶段创新人才培养的探讨还散见于一些关于高中教育发展研究的文献中,如:《关于我国普通高中教育发展的思考》提出高中阶段一定要重视拔尖创新人才培养的基础性工作;⑤ 《同质、多样、创新:普通高中发展热点问题辨析》则对高中创新教育是否是超越权利的专利进行辨析,认为培养学生的创新特质,最终应当融入到每所学校的文化内涵之中,成为每个孩子都可以享受到的"权利"。⑥

(二)创新班研究的梳理

随着人们逐渐认识到高中是创新人才培养的"关键期",高中开始成为创新人才培养改革实验的"沃土",创新班则是高中创新教育实验的代表。创新班虽然已经开设有六年多的时间,但对创新班的研究落后于实践改革的步伐,已有研究呈现以经验描述为主的局面。

---

① 顾志跃. 激发每一位高中生的创新潜能——上海市普通高中学生创新素养培育实验项目纪实 [J]. 基础教育课程,2011(10).
② 吕明. "春笋计划":问道创新素质和创新人才培养 [J]. 基础教育课程,2011(10).
③ 王丽萍. 高中创新人才培养模式的实践与启示 [J]. 上海教育科研,2011(2).
④ 杨德军,张毅,王凯. 普通高中阶段创新人才培养研究报告 [EB/OL]. http://www.pep.com.cn/kcs/d6xy/lwj/201101/t20110105_1003618.htm,2011-01-05.
⑤ 申继亮. 关于我国普通高中教育发展的思考 [J]. 教育发展研究,2010(6).
⑥ 徐士强. 同质、多样、创新:普通高中发展热点问题辨析 [J] 中小学管理. 2010(10).

| 绪　论

关于创新班的经验描述较多，专著以何晓文主编的《德育引领创新——华东师范大学第二附属中学创新人才培养的探索与实践》为代表，该书从分析德育如何引领创新入手，展示了华东师大二附中在高中阶段培养学生创新素质的经验成果。[①] 期刊论文则主要为各学校撰写的创新班办学经验总结，如：上海中学校长唐盛昌针对该校创新班撰写了系列文章，包括《基于"志趣聚焦"的创新人才早期培育实验》、《聚焦志趣：实验性示范性高中创新人才早期培育初探》、《以学校课程创新为突破，推进创新人才的早期培育》，重点介绍如何以"志趣聚焦"为突破口推进创新班的改革实验；[②] 复旦中学附中校长谢应平等著的《高中创新人才培养项目的实践认识》，则介绍了该校创新班的选拔、课程设置、师资配备及评价等情况，并总结了在学生自主学习、学生心理、培养经费、组织力量四个方面的办学经验。[③]《上海探索创新人才培养多元模式：四所高中"实验班"观察报告》则在展示上海四所高中创新班办学实践的基础上，对创新班的特色及问题进行了分析，指出创新班实现了培养目标、课程改革、培养模式、评价改革的重要突破，同时，也面临四方面的问题，包括如何正面引导家长的关注与期望、如何科学有效地关注创新人才的心理品质、高校参与的积极性有待提高、出口认定等。[④]

相较而言，关于创新班的理论研究则不多见，其中沈之菲的《高中生创新能力培养的探索——从上海"创新实验班"看资优学生的创新教育》和《上海市中小学生创新素养培养调查研究》从介绍上海市四所中学创新班的培养概况出发，提出上海创新班综合运用多种方法选拔学生、采用加速教育模式和丰富教育模式培养学生等观点，并分析了创新班的特点及存在的问题，提出加强高中生创新能力培养的建议，包括扩大试点规模、加

---

① 何晓文. 德育引领创新——华东师范大学第二附属中学创新人才培养的探索与实践 [M]. 上海：华东师范大学出版社，2009.
② 按照顺序分别为：唐盛昌. 基于"志趣聚焦"的创新人才早期培育实验 [J]. 中小学管理，2010（5）；唐盛昌. 聚焦志趣：实验性示范性高中创新人才早期培育初探 [J]. 上海师范大学学报（基础教育版），2010（1）；唐盛昌. 以学校课程创新为突破，推进创新人才的早期培育 [J]. 基础教育，2010（7）.
③ 谢应平，吴坚，杨士军. 高中创新人才培养项目的实践认识 [EB/OL]. http：//www.cnier.ac.cn/ztxx/gzfltbg/ztxx_20090318140236.html，2009 - 03 - 18.
④ 沈祖芸，减莺. 上海探索创新人才培养多元模式：四所高中"实验班"观察报告 [J]. 上海教育，2009（05B）：21.

15

强师资培训、依托大学、整合相关资源等。① 于子轩的硕士论文《科技创新实验班——生命科学课程学生创新素质的培养调查与启示》,以华东师大二附中创新班的生命科学课程为研究对象,一方面从理论上论证学生创新素质培养的科学性、必要性和可行性,另一方面从数据上调查学生创新素质培养的实际情况。② 另外,李娜的硕士论文《中美高中理科资优生培养模式的比较研究》虽不是对创新班的专门研究,但也涉及了部分创新班的内容,包括创新班兴起的背景、课程、教学等情况,但未做专门、深入的分析。③

(三) 小结

高中阶段创新人才培养和创新班的已有研究虽然不多,但对高中培养创新人才这一议题进行了不同角度、不同程度的探讨,奠定了一定的研究基础。但总体来说,经验总结性的成果居多,理论研究性的成果较少。

综上,高中阶段创新人才培养的已有研究围绕高中如何培养创新人才,进行了多角度、深入的思考,涵盖高中创新人才培养的背景、创新人才的特征、培养模式的改革、未来发展的建议等多个方面。同时,部分研究关注到了大学与高中联合培养创新人才的重要性,认为高中培养创新人才需要建立与大学、科研院所的贯通机制。还有部分研究关注到了高中创新人才培养项目,包括上海创新素养培育项目、北京翱翔计划、陕西春笋计划等等,对这些项目进行了详细的介绍和解析。但迄今未有从大中学衔接培养的视角对高中阶段创新人才培养进行专门论述的研究成果。

创新班的已有研究则基本停留在经验总结的层面,主要是对单个学校开设的创新班或区域范围内的创新班进行办学介绍,包括培养目标、招生选拔、课程设置、毕业生升学等多个方面。但迄今尚无研究对全国范围内的创新班进行整体归纳。创新班作为新兴事物,全国的办学方式是否一致?还是不同地域有不同的差异?个性化特点比较多还是共性更多?创新班培养方式有何优劣利弊?有何需要检讨之处?这些问题均有

---

① 按照顺序分别为:沈之菲. 高中生创新能力培养的探索——从上海"创新实验班"看资优学生的创新教育 [J]. 教育发展研究, 2010 (8); 沈之菲. 上海市中小学生创新素养培养调查研究 [J]. 上海教育科研, 2010 (6).

② 于子轩. 科技创新实验班——生命科学课程学生创新素质的培养调查与启示 [D]. 上海:华东师范大学, 2011.

③ 李娜. 中美高中理科资优生培养模式的比较研究 [D]. 上海:华东师范大学, 2011.

待进一步研究。

目前,多省市展开了普通高中创新人才试点工作,创新班项目作为集中探索的载体更是开展得"轰轰烈烈"。但从研究综述来看,理论严重滞后于实践。为了促进高中阶段创新人才培养工作的科学性,理论还需先行一步,发挥其指导作用。作者认为大中学的衔接培养是高中阶段创新人才培养实践的鲜明特色,也是扎实推进这一工作的根本方向。因此,本书将基于全国创新班和厦门大学附属科技中学创新班个案的实践分析,从大中学衔接培养的视角对高中阶段创新人才培养进行系统研究。

第三节 研究思路与研究方法

为了全面深入地了解大中学衔接培养创新人才的实施,本书遵循理论与实践相结合、宏观与微观相结合的思路,采用混合研究的取向,运用案例研究方法,通过访谈、问卷调查等具体工具开展研究。

一、研究思路

目前,我国创新人才培养改革的重点不再局限于大学单方的变革,基础教育也在逐步开展相关的尝试和探索。高中阶段作为大学与中学的必要衔接阶段,在创新人才培养探索的实践中主动地走向了大中学衔接培养的道路。作者认为,大中学的衔接培养是现阶段以创新班为代表的高中创新教育实验的实质所在,也是区别于以往中学自行开展创新改革的关键所在。因此,从大中学衔接培养的视角研究高中创新教育实验改革非常有必要。创新班作为探索大中学衔接培养方式的集中载体,其实践情况是研究大中学衔接培养的立足点。

本书理论篇将基于创新班的实践分析,围绕以下内容展开论述:第一,关于大中学衔接培养创新人才方式的理性思考,包括创新人才为何需要大中学衔接培养,为何要单设创新班进行集中探索,以及推进大中学衔接培养方式的实施效果必须解决哪些关键问题?第二,关于大中学衔接培养创新人才方式的实践分析,即大学与中学通过哪些方式进行创新人才的衔接培养,包括培养目标是如何衔接的,如何建设创新人才培养课程体系,如何改革教学管理与评价,以及利用哪些资源保障大中学衔接培养机制？

本书实践篇将在理论篇的研究基础之上，对厦门大学附属科技中学创新班的个案进行系统深入的探究，并以培养目标、实践模式、课程体系、教学方法、制度建设、招生方式、升学路径等改革为主线，由理论、实践两个层面出发，揭示创新班项目的本质规律，调查创新班学生创造力的变化，分析各种方式的优势与弊端，提出针对性建议，为创新班的未来发展提供相应帮助。

本书教学研究篇主要是科中领导和创新班相关教师对创新班办学实践过程中的问题、收获与心得进行归纳、整理与提炼后的研究成果。其中，既有宏观层面的提炼，也有微观层面的分析；既有理论上的探讨，也有实践中的反思；既有管理问题的剖析，也有教学问题的探索。这些研究成果为大中学衔接培养创新人才提供了鲜活的第一手资料。

二、研究方法

根据本课题的研究目的、研究对象的特点，结合可行性原则，本书选取文献研究法、文本分析法、访谈法、问卷调查法等来进行研究。

（一）研究方法的选择

文献研究法几乎是任何一项研究都必用的方法，本研究也不例外。通过对创新人才培养、大中学衔接培养等与大中学衔接培养创新人才可能相关的主题进行大量的文献阅读，作者从中获得启示和灵感，从而形成个人的观点。

在搜索资料的过程中，作者发现很多开设创新班的学校在官网公布了项目方案及办学相关资料，对创新班的培养目标、课程建设、资源保障等方面做了一些介绍。对已有文本进行整理和归纳可以了解创新班大致的培养方式。然而，文本资料毕竟限于纸面，难以明确体现办学者的意图，与实际情况也可能存在一定的差距。为了探究文本背后的构思，了解创新班的具体做法，本研究采取了访谈法作为重要补充。基于上述考虑，本书理论篇主要采用质性研究取向中的访谈法及文本分析法展开研究，实践篇则重点运用量化研究取向中的问卷调查法对个案的实施成效进行评估，并佐以访谈补充了解相关信息。

（二）研究方法的实施

1. 文献研究法的实施

文献研究法是指根据一定的研究目的或课题需要，通过查阅文献来获得相关资料，全面、正确地了解所要研究的问题，找出事物的本质属性，从中发现问题的一种研究方法。[①] 根据此定义，作者以"大中学衔接培养创新人才/大中学衔接培养创新人才"、"高中阶段创新人才培养"、"大中学衔接培养/大中学联合培养"等为主题、关键词或全名，在中国知网、百度、Google 等主要搜索渠道进行文献搜索，对论文、报刊、网站文章、书籍等百余项成果进行阅读，从而对大中学衔接培养创新人才方式有了较为全面的了解。

2. 文本分析法的实施

文本分析法是按照某一研究课题的需要，通过各种分析手段，对一系列相关文本进行比较、分析、综合，发现文本中潜藏的信息，从中提炼出评述性的说明。[②] 根据此定义，作者以"创新班"为主题，搜集与创新班办学相关的文本，并以搜索到的招生简介和媒体报道作为补充。搜集文本情况如下：一为创新班项目方案，如《北京三十五中高中科技创新实验班项目介绍》、《北京十一学校科学实验班方案》等；二为招生简介和媒体报道，如北京四中道元班招生简介、《解读北京九所高中特色实验班》、《北京教育》（普教版）2011 年第 6 期关于北京创新班的宣传组稿等。上述文本在不同程度上集中或零星介绍了各创新班的培养目标、招生选拔、评价方式、出口保障等情况，但介绍较为简单、浅显。本研究理论篇力图突破文本的表面含义，通过分析上述文本，归纳创新班的系统培养方式。

3. 访谈法的实施

在理论篇部分，本书作者确定使用访谈法进行研究后，便着手拟定访谈大纲，并尽快确认符合研究条件的受访对象。大中学衔接培养创新人才涉及大学和高中两个主体，因此作者首先就近选定大学教师、厦门大学附属科技中学（以下简称"科中"）创新班一线教师共 12 人作为访谈对象，进行个别访谈；由于科中创新班为新兴创新班，且单个学校的探索不能全

---

① 袁振国. 教育研究方法 [M]. 北京：高等教育出版社，2000：16-18.
② 徐燕. 基于传播学文本分析方法的张悟本事件研究 [D]. 武汉：中国科技大学，2011：9.

面反映整体培养情况，因此作者还选取了北京、上海两地在创新班办学上相对较为成熟的3所学校进行集中调研，调研形式为座谈。另外，作者利用在上海调研的机会对参与上海市创新素养培育项目的专家之一进行了个别访谈。具体访谈对象及调研学校背景资料见表0-1和表0-2，其中编号的依据为人名及学校名称首字母。除了表中所列访谈，作者还多次参加科中创新班办学研讨会，获得了一些宝贵的信息。

表0-1　　　　　　　　　　访谈对象背景资料

访谈对象	编号	现任职务	访谈日期	访谈地点	时间
大学教师	N	X大学副教授（兼任科中副校长，研究方向为人工智能和数据库）	2011/10/26	科中副校长办公室	77分钟
	G	X大学助理教授（研究方向为课程教学论和教育心理学）	2011/09/18	X大学某咖啡馆	74分钟
	H1	X大学助理教授（研究方向为课程教学论）	2011/09/26	X大学某活动室	64分钟
	L1	X大学助理教授（研究方向为汉语发展性阅读障碍、学校心理学、大学生心理健康）	2011/09/19	X大学某活动室	82分钟
	W1	X大学科研行政人员（研究方向为学生心理学）	2011/09/19	X大学某活动室	43分钟
	L2	N大学研究人员（研究方向为高等教育基本理论、科举史，曾在科中讲授生涯规划短期课程）	2011/11/24	科中教研室	110分钟
科中创新班教师	L3	数学教师（教务处副主任，负责创新班工作，17年教龄，高级职称）	2011/09/20	科中教研室	100分钟
	X	英语教师（班主任，17年教龄，高级职称）	2011/09/28	科中教研室	55分钟
	L3	物理教师（22年教龄，高级职称）	2011/09/28	科中教研室	50分钟
	H2	语文教师（20年教龄，高级职称）	2011/09/28	科中教研室	27分钟
	W2	生物教师（10年教龄，中级职称）	2011/09/28	科中教研室	30分钟
	S1	化学教师（4年教龄，初级职称）	2011/09/18	科中教研室	86分钟
项目参与专家	S2	上海市创新素养培育项目参与专家之一（上海教科院研究人员，研究方向为基础教育）	2011/11/20	上海教科院某办公室	104分钟

资料来源：作者自行整理。

表 0－2　　　　　　　　调研学校背景资料

学校代称	创新班开设时间	座谈日期	座谈地点	时间
北京 B 校	2010 年	2011/11/14	该校会议室	41 分钟
北京 S 校	2010 年	2011/11/15	该校会议室	123 分钟
上海 J 校	2009 年	2011/11/18	该校会议室	104 分钟

资料来源：作者自行整理。

　　根据访谈对象的不同，访谈内容有所区分。针对大学教师的访谈重在了解大学研究人员对于高中与大学进行创新人才对接培养的看法与建议，包括大学对于高中创新人才培养改革的期待、高中创新班培养方式的改革建议等等；针对科中教师的访谈重在了解该校创新班的实践操作情况以及各教师想要采取的改革措施，包括课程的开设、教学的实施、学生的评价等等；针对北京、上海 3 所学校的访谈重在了解这些学校创新班的具体做法。创新班办学面临的风险则是作者访谈各类对象时均有涉及的内容。总的来说，访谈重在了解创新班培养方式的现状，因此访谈所得结果贯穿于全文，根据行文的需要呈现于论文的不同部分。由于访谈资料过多，作者仅选取 3 份访谈记录呈现于附录部分。

　　在实践篇部分，作者结合对大中学衔接培养创新人才的理论了解，选取科中创新班班主任、创新班学生、各科教师以及普通班级的学生，还有学生家长、社会人士等作为研究对象，获取他们不同的观点看法，掌握他们对此项目的理解；并通过其共通与不同之处，获得其中的深层道理。在访谈的内容维度方面，本研究主要调查各个群体对于各创新项目，如课程改革、教学创新、制度建设、升学路径改革等的实践思考、认知体会，还会调查他们对大中学衔接培养创新人才的整体认识以及当前面对的各种困难。访谈内容为半结构式，实施方式灵活、多样。根据受访者的人数有一对一访谈和焦点小组访谈；根据访谈实施的方式有当面访谈和电话访谈。

　　4. 问卷调查法的实施

　　问卷调查法是以严格设计的测量题目，向研究对象收集资料与数据的一种调查方法。在问卷调查中，如何有效地设置问题、准确地表达语言、科学地统计数据、合理地得出结论是需要重点突破的几大问题。

　　在对厦门大学附属科技中学创新班的个案研究中，作者选取科中三届创新班学生以及部分普通班学生为研究对象，旨在发现不同年级、不同班级学生创新水平之间的差异。考虑到创新能力测量问卷的设计难度，本研究仔细对比、选择已有的科学量表，最终找到适合本研究之选。在收集到问卷数据后，再利用SPSS软件进行数据统计分析，具体操作详见后文。作者希冀借此方式，发现创新改革的实际效果与不足之处。

大中学衔接培养创新
人才理论与实践

理 论 篇

本篇基于创新班的实践分析，围绕以下内容展开论述：

第一，关于大中学衔接培养创新人才方式的理性思考，包括创新人才为何需要大中学衔接培养，为何要单设创新班进行集中探索，以及推进大中学衔接培养方式的实施效果必须解决哪些关键问题？

第二，关于大中学衔接培养创新人才方式的实践分析，即大学与中学通过哪些方式进行创新人才的衔接培养，包括培养目标是如何衔接的，如何建设创新人才培养课程体系，如何改革教学管理与评价，以及利用哪些资源保障大中学衔接培养机制？

第一章 大中学衔接培养创新人才之理论基础

理论通常是指由若干人通过长期努力获得的，具有相当水准的专业成果。这种成果在全世界范围或在某些国家内，具有普遍的适用性，它对人们的生产、生活、思想、行为等起到指导作用。本章将主要探讨大中学教育衔接、创新人才培养、创新等基础理论，研究其原理、规律、方法以及若干分支概念。

第一节 关于大中学教育衔接的探讨

教育作为一种培养人的特殊的社会活动，有其阶段性与连贯性。大中学教育进行衔接是尊重教育特点、遵循教育规律的重要体现。

一、关于教育衔接

教育体系的组成与建构必须符合一定的逻辑、遵循一定的机理。依据整体性原理，一个系统的整体属性、功能、行为不可简单分割为各个要素不同的属性、功能、行为。因为，其整体性作用不仅包含各个要素的作用，还包括要素之间彼此关联、协同、交叉等构成的新作用。[①] 任何一个系统也只有凭借这种更为复杂、深刻的作用，通过整体的、综合的发挥，才可实现其最大功效。假如各个要素之间彼此冲突、矛盾、互撞，整体性功能不仅无法发挥，更会小于部分要素的单独作用。可见，在人才培养的过程中，

---

① 魏宏森，曾国屏. 试论系统的整体性原理[J]. 清华大学学报（哲学社会科学版），1994(03).

我们需确保中等教育、高等教育的紧密贯穿，实现大中学的高效衔接，实现各部分、各要素间的协调、关联，达成更好的配合、衔接。反之，我国各教育阶段的人才培养则会大打折扣。

教育体系的衔接还要注重有序性原理。有序性原理是指一个系统的整体与要素、要素与要素间的相互作用需要符合一定的顺序、规则，这样才可发挥系统的最大功效；否则，无序与紊乱将会干扰、破坏系统，使其无法发挥应有的功效。[①] 系统的整体性与有序性都是系统的重要属性、也是本质属性。当系统的有序性由低变高时，系统的组织功能、有机程度也逐步提高。因此，教育不仅需要衔接，还需要有序的、规律的、科学的衔接。整体来看，我们既要把握不同教育阶段的体系特征，也要注意彼此阶段的共性对接。在每个阶段，都要注重目标理念、培养方法、制度设计、课程建设、项目开展等的多方衔接，处理好教师队伍建设、学生个性发展、资源资金配置、招考升学改革的重要关系，把握好教育规律、办学规律、成才规律等。

二、大中学的教育衔接

人的教育与培养是循序渐进、环环相扣的连续性过程。中学教育与大学教育密切相连、"唇齿相依"。中学的教育改革与发展具有基础性意义，并受到大学的影响与引导；大学的教育改革及发展属于更高层次的建设规划，但也得益于中学的帮助，并在一定程度上受其制约。两者既在一个历史的范畴、共通的空间，又随社会、经济、文化的发展而不断变化。对于大学、中学在人才培养过程中的关系类型，谢维和教授认为大致可分成三种：控制、选拔、共生。[②] 控制是指中学成为大学的附庸，譬如中学在理念、规划、教师、课程、资源、评价方式等方面完全地依赖于大学、亦步亦趋、马首是瞻；选拔是指由大学带来的中学的激烈竞争，这既包括中学类型、层次、水平的竞争，也包括学科、专业、师资、项目的竞争，更涉及学生智慧、能力、勤奋与努力程度的竞争；共生是指大学与中学之间相得益彰，大学尊重中学的自主性、独立性，自觉地参与到中学中，为其服务、为其引航；中学意识到大学的需要和期待、意识到人才发展的连贯性

[①] 张登兵，刘思峰. 熵与系统有序性研究综述 [J]. 数学的实践与认识，2008 (24).
[②] 谢维和. 共生：并非理想化的假设 [N]. 中国教育报，高教周刊，2013，04，15 (05).

和培养的延续性,积极地与大学沟通、合作。这种共生的情况并非理想的假设,而是一种正在上演的趋势。当前大中学合作培养创新人才就是一条充满希望的大道。

就大学层面看,高等教育改革与发展是综合性、系统性工程,不能仅仅"往上看",即瞄准国际前沿与世界一流、追求高层次的标准、拔尖人才的培养、实现知识创新;也应该而且需要"往下看",即切实了解、尊重、联系中学的实际形势,注重中学教育的发展与变化。① 离开了中等教育,高等教育就失去了自己的依托;缺少了中学的积淀,大学就孤立无援。中学的办学理念、培养模式、运行方式、课程体系、教学质量、中学生的能力水平、综合素养等,既支持、促进着大学的培养质量,也制约、影响着高等教育的改革发展。因此,大学不能局限于在高校招生选拔考试中与各类中学"随机遭遇",也不能停滞于普通的"友情客串",我们需要大学规范、长期、密切地参与高中教育,进行"手拉手"的交流与互动。② 下文将具体探讨大中学教育的外延,包括在培养目标、教学内容、教学方法、教育理念、教育制度等各个环节的衔接。

(一) 培养目标的衔接

培养目标决定着人才培养的根本方向,发挥着最基本的指示、指导作用。③ 培养目标的衔接就是要依据学生的阶段特性、年龄需求、心理特征、知识储备等,衔接大学、中学两个教育阶段,使大中学达成更为一致、合理的共识。为实现培养目标的衔接,中学教育要积极行动,一方面实现自身教育目标,另一方面逐步与大学教育挂钩,为学生走向大学打下基础;大学也要加强与中学教育的联系,不断给予其引导,并适当调整自身的理念、做法,让两大教育阶段配合得当。

(二) 教学内容的衔接

教学内容是在教与学的过程中传递的信息、知识、技能。④ 教学内容的衔接是要依据学生身心发展的规律,科学、合理、有序地安排教学内容,务必使两个阶段连贯统一、循序渐进。可以说,中学教学内容的得当与否

---

①② 谢维和. 高教改革也应"往下看"[N]. 中国教育报, 高教周刊, 2013, 04, 08 (05).
③ 全国十二所重点师范大学联合编写. 教育学基础[M]. 北京: 教育科学出版社, 2008: 56.
④ 同上, 2008: 173.

直接关系到大学教学的顺利展开。大中学要在一致性、连接性上实现稳步、流畅的过渡；要在信息广度、深度、科学性、新颖性、难易度等方面衔接得当；在知识的传授、交流上匹配得当、步伐协调。

（三）教学方法的衔接

教学方法是师生在教学过程中为实现共同的教学目的，而采取的行为、手段、方法。① 教学方法的衔接是要依据大学教育与中学教育的不同特点，选择适宜各自特征的教学方法，如讲授法、研讨法、实践法、参观法等。在衔接的过程中，尤其要注意方法的综合性、灵活性以及学生学习的可接受性。对于中学而言，教师除使用讲授法之外，还需注意研讨式等互动性更强的方式，带动学生积极参与。大学教师则应多运用实践性更强的方法，增加学生的动手能力、应用能力。

（四）教育理念的衔接

教育理念是对教育发展的理性认识，它是指导教育行为的思想观念、精神理想。② 大学教育与中学教育要在教育理念上保持可衔接性，达成共同的信念、理想、目标，确保整个教育体系的系统性和人才培养的连续性。要突破中学只重升学考试、大学只重毕业求职的不良倾向，让学生在更和谐、健康、全面发展的氛围中进步提高。

（五）教育制度的衔接

教育制度是保障教育体系正常运行的规范、规则及相关总和。③ 教育制度的衔接主要是指升学制度、教学制度、管理制度等的衔接。在大中学教育制度的衔接中，尤其注意入学考试的公平、多元、科学、有效；注意教学制度的匹配，使得学生在升学过程中更容易适应、接受这样的制度规范，在转换中有效学习、减少干扰；注意学校管理制度以人为本、以生为本，让制度符合学生的年龄特征、行为特点、心理需求。

---

① 全国十二所重点师范大学联合编写. 教育学基础［M］. 北京：教育科学出版社，2008：186.
② 同上，2008：3.
③ 同上，2008：84.

第二节 关于创新的探讨

创新是人类所从事的产生新思想和新事物的活动，其根本特征是变革、进步与超越。[①] 在创新中，人们运用已知信息，不断突破常规、发现新颖、独特、具有社会价值或个人价值的新事物。创新重在突破，突破旧的思维、旧的定势。创新的关键是新，既可以是产品结构、性能、特征的新，也可以是外形设计、表现形式、方法途径的新。

一、关于创新

从哲学意义上讲，创新是人类对于发现的再创造，对于物质世界矛盾的再创造。人类通过这样的再创造，形成新的物质形态。可以说，创新帮助人类不断向前发展，让人类更具广度、更有深度地观察、思考世界。事实证明，无论是历史久远的古代、还是繁荣发展的现今，创新在经济、政治、文化、军事等各个领域，都发挥着举足轻重的作用。

在我国古代，《南史·后妃传·上·宋世祖殷淑仪》记录：据《春秋》，仲子非鲁惠公元嫡，尚得考别宫。今贵妃盖天秩之崇班，理应创新。此中出现的"创新"便是创造新事物的意思。人们对于创新概念的深入理解和广泛运用，则源于约瑟夫·熊彼特在经济领域对技术创新的探讨。

熊彼德认为，"新的、重新组合的、或再次发现的知识被引入经济系统的过程"可称为创新。所谓创新就是"建立一种新的生产函数"，即"生产要素的重新组合"，"要把一种从来没有的关于生产要素和生产条件的新组合引进生产体系中，以此实现新组合"。[②] 熊彼特进一步明确指出创新的五种情况：（1）采用一种新产品，或开发某种产品的新特性；（2）采用一种新生产方法，也就是在相关制造部门中尚未经过检定的方法；（3）开辟一个新市场；（4）寻找原材料或半成品的一种新供应来源；（5）形成一种新的工业组织，比如造成一种垄断地位，或打破一种垄断地位。后来人们

---

① 颜晓峰. 创新研究 [M]. 北京：人民出版社，2011：3.
② 徐则荣. 创新理论大师熊彼特经济思想研究 [M]. 北京：首都经济贸易大学出版社，2006：6.

将他这一段话归纳为五个创新，依次为产品创新、技术创新、市场创新、资源配置创新、组织创新。① 现在，创新一词已从熊彼特的技术创新、市场创新，发展到了覆盖广泛、囊括多样、内涵丰富的新概念。总体来讲，创新是人们主观能动性的高级表现形式，人们借此不断强化生命能量、升华生命智慧，推进物质文明和精神文明的快速演变、发展以及民族、国家、世界的进步。

江泽民曾审时度势地指出"创新"的重要地位。他在1992年十四届一中全会上指出："过去有许多做法和经验已经不适用了，要根据新的实践要求，重新学习，不断创新，与时俱进。"1995年5月26日，他在全国科学技术大会上明确提出"创新是一个民族进步的灵魂，是一个国家兴旺发达的不竭动力"的著名论断。为丰富这一论断，他还提出创新"也是一个政党永葆生机的源泉"，从而在民族、国家、政党三个层面上形成创新问题的"灵魂论"、"动力论"、"源泉论"，充分揭示了创新的时代主题。2001年，江泽民在北戴河接见社会科学工作者时又进一步阐述，"一个民族要兴旺发达，要屹立于世界民族之林，不能没有创新的理论思维"，要"促进理论创新、制度创新、科技创新的蓬勃进行"。②

我国2010年颁布的《国家中长期教育改革和发展规划纲要（2010－2020年）》（以下简称《纲要》）明确提出，要"构建创新人才培养模式"，"适应国家和社会发展需要，遵循教育规律和人才成长规律，深化教育教学改革，创新教育教学方法，探索多种培养方式，形成各类人才辈出、拔尖创新人才不断涌现的局面。"

对于本书而言，特别需要突出的是创新在教育领域的内涵与应用，当中涉及的重要概念便是创新教育。创新教育是以培养人们创新精神和创新能力为基本价值取向的教育，③其核心是在普及九年义务教育基础之上，在全面实施素质教育的过程之中，着重研究、解决如何培养学生的创新意识、创新精神、创新能力等问题。创新教育与接受教育相对，它以继承为基础、以发展为目的、以培养创新人才为价值取向。创新教育通过有组织、有计划的形式，逐步构建出具有创造性、实践性的学生主体，增强学生的主动

---

① 徐则荣.创新理论大师熊彼特经济思想研究[M].北京：首都经济贸易大学出版社，2006：7.
② 江泽民在北戴河强调，进一步发挥知识分子作用[EB/OL].中国新闻网，2001-08-08.
③ 林崇德，等.创新人才与教育创新研究[M].北京：经济科学出版社，2009：2.

参与、主动实践、主动思考、主动探索、主动创造,培养其创新意识、精神、水平、能力。创新教育还会有意识地将潜存于个体身上的创新潜能引导出来,以个体的实践活动实现创新思想,从而有效推进社会的整体创新以及各个领域的创新。

二、围绕创新的相关概念

关于创新还有一些其他相关概念,限于篇幅,本书仅做简明扼要的阐述,不做展开式的探讨。创新意识是指人们根据社会和个体生活发展的需要,创造前所未有的事物或观念的动机、意向。[1] 创新意识是人类意识活动中一种积极的表现形式,是人们进行创造活动的出发点与内在动力,是创新思维、创新能力的前提。它常常具备独创性、新颖性、灵活性等特征。

创新思维是一种具有开创意义的思维。人们通过它可以形成新观念、提出新方案、开创新成果、发明新技术、创建新理论、拓展新领域。[2] 创新思维的形成需要经过相当的知识积累、智能训练、素质磨砺。创新思维的过程离不开推理、想象、联想、直觉等等。创新性思维的应用形式包括多向思维、联想思维、抽象思维、形象思维等。

创新人格是主体在学习活动中逐步养成的,在创新活动中表现和发展的,优良的理想、信念、意志、情感、道德等素质的总和。[3] 创新人格对个人的成长、对创新活动的成功、对创新成果的诞生起着重要导向作用。创新人格一般包括远大的理想、坚定的信念、合作的品质、批判继承的思维,以及敢冒风险的勇气,还有求实、抗压、艰苦、探索、开拓、敬业、自信自强、人道主义精神等。

创新精神是指运用已有知识、技能、方法,提出新观点、进行新创造的革新精神。[4] 创新精神以敢于摒弃旧事物旧思想、创立新事物新思想为特征,同时又以遵循客观规律为前提。只有当创新精神符合客观需要、客观规律时,才能顺利转化为创新成果,并成为促进自然和社会发展的动力。创新精神提倡新颖、独特,同时又受到一定道德观、价值观、审美观的制约。

---

[1] 林崇德,等. 创新人才与教育创新研究[M]. 北京:经济科学出版社,2009:11.
[2] 同上,2009:12.
[3][4] 同上,2009:13.

创新能力是个体运用知识与理论，在各式各样的实践活动中不断发现具有经济价值、社会价值、生态价值等的新思想、新方法和新发明的能力。[①] 它不仅是一种智力特征，还是一种人格特征、精神状态、综合素质。创新能力包括创新的意愿与激情、探索欲、求知欲、进取心、自信心等品质，它既离不开远大的理想、不畏艰险的勇气、锲而不舍的意志，也离不开深刻的反思能力、敏锐的洞察力、丰富的想象力等。

创新人才即具备创造性、创新意识、创新精神、创新思维、创新能力等素质的人才。从狭义的方面来说，创新人才是指在社会生产和社会发展过程中做出了创造性贡献的人，或者说，是采用与众不同的方式解决了某种实际问题从而为社会创造出新价值的人。从广义的角度来理解，创新人才不仅是指那些事实上已经为社会做出了创造性贡献的人，而且还应该包括那些具备创造性素质、可能为社会做出创造性贡献的人，甚至包括那些还不具备某一领域创造性素质，但具备较好创造性潜能的人。[②]

第三节　关于创新人才培养的探讨

创新人才培养具有多种影响因素，如理念、原则、方法、师资、环境、评价等。一般认为，培养创新人才要注重转变思想观念、讲究科学原则、运用适当方法、突出学生主体、加强师资建设、改善环境氛围、实施多元评价等。

一、创新人才培养的教育理念

创新人才培养首先要树立创新式的教育理念。学校、教师要通过各种各样的途径、方式、活动培养学生的创新意识、创新思维，强化他们的创新精神、创新品质，提高他们的创新能力、创新行为。注意营造一个有利于创新人才培养的氛围，发展学生智力的、非智力的创新因素。除此之外，还有注意以下几个方面：

第一，树立全人教育理念。全人教育兴起于 20 世纪 70 年代的北美地

---

① 林崇德，等. 创新人才与教育创新研究［M］. 北京：经济科学出版社，2009：14.
② 同上，2009：15.

区，代表作是米勒的《全人教育评论》。全人教育就是要培养学生的健全人格，促进他们的全面提升，让个体的能力得到自由、充分、和谐、持续的锻炼与发展。创新人才的培养离不开全面发展、离不开综合素养的塑造，因而全人教育理念十分重要。

第二，树立素质教育理念。素质是个体内在的、相对稳定的、长期发挥作用的身心特征及品质结构，它是个体获取知识与能力的重要力量。[①] 创新人才的培养也要注重素质教育，须以学生的内在个性为基础，开发其智慧、拓展其能力，促进其德智体美等全面发展。而且，在当前人文教育处于劣势、功利主义风气盛行的时期，素质教育更具有重要的意义。

第三，树立个性化教育理念。个性化教育是指要依据学生的潜质特征、价值特性以及自身的发展倾向等确定教育目标与方法。[②] 在当今多元化、个性化的时代，教育者要学会尊重学生的个性、发展他们的个性，对他们的正当爱好、特长予以一定的引导和支持。在创新人才的培养中，教师也要了解不同学生的观念、心态、学习力、思维力、知识、技能等，依据其自身的特征，实施不同的方法，促进每个人的优质发展。

第四，树立整体化知识教育理念。当前，各个学科、领域一方面高度分化，形成诸多的分支学科，另一方面又高度融合，彼此之间联系紧密、相互交融。在这样的背景下，创新人才的培养也要注重整体化知识的教育，培养学生的综合能力，丰富他们的知识储备，锻炼他们的发散思维、联想能力以及跨学科、多层面分析、解决问题的能力。

第五，树立教育国际化理念。伴随世界经济全球化、贸易自由化等趋势，教育国际化已经十分盛行。在这样的形势下，教育资源加速流动、教育思想相互交融、而且合作与竞争并存。创新人才的培养离不开教育国际化的理念，要正确地学习、借鉴、批判、吸收世界各国教育发展、人才培养的经验与成果。而且我们培养的人才也一定是具备国际交往、国际竞争的人才。

第六，树立终身教育理念。终身教育思想起源于20世纪60年代，由法国教育家保罗·朗格朗于"联合国教科文组织"召开的"促进成人教育国际委员会"上提出。终身教育思想强调高等教育不是人们接受教育的最后环节，教育要持续地贯穿于人的一生。终身教育要着眼于学生学习能力

---

① 高建昆. 论素质的内涵与特征 [J]. 长江大学学报（社会科学版），2011（02）.
② 崔瑞锋，钞秋玲. 个性化教育：内涵及辨析 [J]. 现代教育科学，2006（07）.

的培养，综合性、整体性知识的提升，学习方法、学习技能的掌握，以及学生学习品质的塑造。创新人才的培养不是一朝一夕的事情，它要贯穿于人的一生，不断提升创新的思维、品质、能力。

二、创新人才培养的教学原则与方法

教学原则是根据教育目的、教育规律制定的基本规范，它反映了人们对教学活动本质特点的认识。[①] 在正确理念的引导下，创新人才的培养还需掌握科学的原则，譬如循序渐进、因材施教、科学性与启发性、智力与非智力因素相结合、理论与实际相结合等。循序渐进原则是指课程内容的安排与规划要符合学科的逻辑原理以及学生的认知规律，由易到难、由浅入深。在创新人才的培养中，必须循序渐进地引导学生学习知识、提升能力、掌握技术、领悟方法。过高的强度、过难的内容不仅不利于学生的兴趣养成、理解认知，还会压抑其天性与热情。因材施教原则是指教学要从学生的个体实际出发，力争适应不同学生的兴趣、满足不同学生的需求、促进不同学生的个性化发展。创新人才是多元的、独特的，是彼此不同、不拘一格的，这就要求教师善于发掘不同学生的潜力与特质，鼓励并引导学生发扬自身的优势、克服已有的不足，帮助他们更好更快的发展。

科学性原则是指课程与教学的安排要以科学思想为指导、以科学原理为依据、严格遵循科学的规律与逻辑。启发性原则是指教师在教学过程中认同学生的主体地位，发扬教学民主精神、调动学生的主动性、给予他们启发与思考、鼓励他们勇于探索、敢于尝试。在创新人才培养过程中，科学的思想与启发的方式都是不可或缺的，在实践过程中必须密切结合。离开了科学性，教学与学习便迷失了路径、偏离了轨道；缺少了启发性，学生的积极性、主动性便会被逐渐消磨，其创新的热情与动力也会慢慢消退。

智力与非智力因素相结合原则是指教师不仅要授予学生知识、学问，发展其智力水平，也要培养学生的自信心、自制力、意志力等，促进其非智力水平的发展。这就要求创新班的教师既要授业解惑、又要以身"传道"，综合发展学生的知识与能力、培养其态度与素养、激励其兴趣与动力，同时引导其树立远大的理想抱负、拥有健康的心理素质、优秀的道德品质等。理论与实际相结合原则是指在创新人才培养过程中，须将理论知

[①] 李朝辉. 教学论 [M]. 北京：清华大学出版社，2010：9.

识、概念公式与动手实验、亲自体验相结合、将课堂上的创新学习与课堂外的认知发现相结合，将间接学习的前人经验与直接感知的自身认识相结合、把学校学习与社会生活相结合等。

除此之外，还要注意有效的教学方法。教学方法是师生为实现共同教学目标、完成共同的教学任务，在教学过程中运用的方式、手段。① 创新人才培养需要运用的教学方法一般有以下几种：

（1）讲授法。教师通过准确、到位、生动的语言向学生们传递知识、发展能力。教师既要注重讲授的科学性，又要注意趣味性，要与学生的认知基础相联系；要科学地组织教学内容，善于设问解疑，让学生积极主动地学习知识。在创新人才的培养中，尤其注意对学生的启发、引导，带动他们的学习热情、兴趣，提升他们的素养、自信心，以一种开放式、包容式的态度进行教学。

（2）讨论法。学生在教师的引导下，以班级、小组，或几个同学为单位，围绕某一主题，探讨、发言、辩论、各抒己见。这样的方式可以更大程度地提高学生的积极性、主动性，激发他们的学习兴趣与热情，提高他们的表达能力与思考能力。创新人才需要发散思维、大胆想象，讨论式的教学方法可以刺激每个同学踊跃思考、勇敢表达自己的意见，而且同学相互之间的交流、探讨，可以更大程度地活跃思维、拓宽眼界。

（3）练习法。学生在教师的指导下，通过练习来巩固、掌握知识。练习既可以是语言的练习，也可以是书面的练习，还可以是实际操作的练习。当前我国学生的实践能力低、操作水平不足是一个很严重的问题，创新人才的培养要重视这一问题。教师要引导学生将书本的理论知识化为亲身的实地行动，帮助他们在练习、实践中探索真理、反思规律，通过行动的方式查找不足、完善提高。

（4）任务驱动法。教师给学生布置探究性的学习任务，学生查阅资料、寻找线索、归纳方法、发现答案。任务驱动法既可以以小组为单位、也可以以个人为单位。在创新人才的培养过程中，任务驱动法让学生以某一特定主题为目标，在实践中增强自己分析问题、解决问题的能力，获得探索研究、勇敢前行的精神。学生通过这样的机会，既可以活跃自己的思维、锻炼自己的水平，也可以培养信心，提高应对难题的综合素养。

（5）参观教学法。参观教学法即教师组织学生进行实地的调查、研究、

---

① 李朝辉. 教学论［M］. 北京：清华大学出版社，2010：10.

学习。学生通过参观、思考实地的情况，可以在切身感受中学习经验、掌握道理，并逐步学会如何将理论与实际相结合。对于创新人才培养而言，这种方式可以督促学生积极思考、帮助他们开阔眼界，并且巩固他们已学的知识、弄清学习中的疑虑；还可增强学生兴趣、丰富其知识储备，为未来的创新发展奠定基础。

一般意义上讲，创新式的教学方法就是要将以教师为中心的方式，如讲授、演示、论证等，与以学生为中心的方法，如全班讨论、小组探讨、独立探索等结合到一起。同时，多加运用实践的方法，如实验室学习、参观学习、任务式学生等。唯其如此，学生的创新能力才可得到更大程度的提高。

三、创新人才培养的评价策略

第一，创新人才的培养需要长效评价。创新人才的培养需要时间来磨砺、需要岁月来积淀。其培养过程是长期的、持续的。与此相应，创新人才的评价也应是长效的，目光应放眼长远、聚焦未来。人才培养效果的好与坏、优与劣不能够在短时间内判断。我们既要观察他们平时的种种表现，也要对他们未来的发展进行跟踪研究，统计他们步入大学、走向社会的相关信息，进行不断的沟通、交流、反馈，并据此对现有的模式调整、改进、完善。

第二，创新人才的培养需要多元评价。要从根本上改变传统凭分择优、凭分录取的单一途径，注重人才的全面发展和特色培养，注意培养他们的思维能力、研究水平、专业发展潜质；要将智力因素与非智力因素相结合，德智体美多元发展。评价方式既要有教师评价，也要有学生评价、自我评价、社会评价等。评价的内容既要包括学生的学习能力、学习成效，也要包括学生的学习过程、学习态度等。

第三，创新人才的培养需要发展评价。随着社会的发展、时间的推移，以及学生由中学升入大学，走向职场，人才是不断变化的、发展的。所以人才观、评价机制也应是发展的。这就要求我们不断地对培养对象、培养模式进行研究与思考，依据实践进程来不断改进。

综上所述，对于大中学衔接培养创新人才，我们要通过创新这条主线，将大中学相互贯通，使两者一体化、协调化；突破中学以"高分升学"为主要目的、大学以"就业求职"为核心导向的窠臼，以宏观的态度、长远的目光、有效的行动逐步提升学生的各项能力；要优化大中学人才培养理念、教学原则、教学方法、授课手段、课程教材等的衔接，促进大中学教师之间的沟通交流，让彼此相互学习、共同促进；开展大中学合作活动、实施大中学合作项目，以此促进中学生创新能力的培养和综合水平的提高。

第二章 大中学衔接培养创新人才概况

　　本章内容包括大中学衔接培养创新人才的背景、动因、发展历程及创新班的开设情况。受国家政策诉求、高中内涵式发展需求和域外普遍选择的外部背景，以及创新人才培养需要抓住"关键期"、需要"教育合力"的内部动因的双重影响，高中创新人才培养的实践探索在改革过程中主动走向了大中学衔接培养之路，其发展历程包括大中学衔接培养人才的历史回顾以及现阶段的实践探索。创新班作为探索高中创新教育的集中载体，在培养方式上进行整体变革，因而成为大中学衔接培养创新人才的代表。

第一节 大中学衔接培养创新人才的背景

　　我国对于创新人才有着大量的需求，一直高度重视创新人才的培养工作，在高中阶段培养创新人才已然成为国家政策的诉求。同时，我国高中同质化现象严重，难以满足学校的内涵式发展，改革办学模式是高中教育改革的当务之急，其中创新人才的培养是主要改革方向。此外，欧美国家和其他亚洲国家均早已开始联合大学和中学共同培养高中生创新能力的尝试。

一、国家政策的诉求

　　我国严重缺乏创新人才是严峻的事实。有资料显示，尽管我国的科技人力资源总量居世界第一位，但每百万人口中从事研发活动的科学家和工程师仅为美国的1/8，日本的1/9，能参与国际竞争的战略科学家更是凤毛麟角。① 施一公教授曾对 9 位诺贝尔奖华人得主的教育背景进行分析，发现其中没有一位自然科学领域的诺贝尔奖得主是在中华人民共和国成立以后的教育体系中培养出来的。② 我国不仅目前的创新能力和水平在许多领域与世界先进水平有着很大的差距，未来的发展情况同样不被看好。组织 PISA 测评研究项目的经济合作与发展组织（OECD）做过一份对未来创新人才的预测图，在圆形饼图中，美国约占 25%，中国大陆只能在最末尾的"其他国家"微小板块中才能找到。③

21 世纪是知识经济时代，以经济、科技为重点的新一轮国际竞争日益激烈，人才成为各国竞争力强弱的关键性因素。国家之间的竞争归根到底是人才特别是创新人才的竞争，拥有高质素的创新人才就拥有对未来经济发展的主动权。我国要提升国际竞争力，实现人力资源大国向人力资源强国的转变，必须拥有一大批创新人才。

为了扭转创新人才匮乏的危机，实现人力资源强国建设的目标，我国高度重视创新人才的培养工作，并把创新人才的培养提升到国家政策的高度。2002 年，十六大提出"培养数以亿计的高素质劳动者、数以千万计的专门人才和一大批拔尖创新人才"。2006 年，我国发布《国家中长期科学和技术发展规划纲要（2006～2020）》，指出"到 2020 年建成创新型国家，使本国科技创新成为国家发展富强的强劲动力"，创新人才培养则成为创新型国家建设的重要内容。2007 年，十七大进一步提出"鼓励创新的环境，努力造就世界一流科学家和科技领军人才，注重培养一线的创新人才，使全社会创新智能竞相迸发、各方面创新人才大量涌现"。2010 年，《国家中长期人才发展规划纲要（2010～2020）》（以下简称：《纲要》）提出"突出培养造就创新型科技人才是人才建设的三大主要任务之一。"

作为一项事关国家根本利益的核心战略，国家对于各教育阶段创新人才培养工作的开展提出了指导性的实施意见，其中高中阶段一直是国家关注的焦点之一。早在 2001 年，《国务院关于基础教育改革与发展的决定》（国发〔2001〕21 号）中就提出"有条件的普通高中可与高等学校合作，

---

① 沈祖芸，减莺. 上海探索创新人才培养多元模式：四所高中"实验班"观察报告 [J]. 上海教育，2009（05B）：21.

② 孙金鑫. 拔尖创新人才的早期培养——来自名人大家的观点 [J]. 中小学管理，2010（5）：5.

③ 中学校长不看好统一高考称培养不出创新人才 [EB/OL]. http://edu.163.com/11/0427/16/72LM7TQM00294JBH.html，2011-04-27.

探索创新人才培养的途径。"2009 年，教育部在《普通高中课程方案（实验）》中明确提出"大力推进教育创新，为造就一大批拔尖创新人才奠定基础"。到 2010 年，《纲要》则明确提出"支持有条件的高中与大学、科研院所合作开展创新人才培养研究和试验，建立创新人才培养基地"，进而在高中阶段提出"探索发现和培养创新人才的途径"，并提出"更新人才培养观念，树立系统培养观念，推进小学、中学、大学有机衔接"。因此，高中阶段与大学有机衔接，对具有创新潜质的优秀学生进行适当集中的探索性培养，是时代发展和国家建设对人才培育要求的必然选择。[①]

二、高中内涵式发展的需求

十几年来，我国高中教育得到了快速发展，毛入学率已由 1995 年的 30% 提高至 2010 年的 80%，《纲要》提出到 2020 年高中阶段教育普及率达到 90%。在此情况下，高中阶段教育发展面临的主要任务已不是规模式的数量发展，而是内涵式的质量发展。高中提高办学质量的本质在于以人为本，提高学生的综合素质，并满足不同学生的发展需要。因此，高中内涵式发展的关键在于深化素质教育以及推进多样化办学。

深化素质教育可以提高学生的综合素质。为了推进教育系统的可持续发展，1999 年《中共中央、国务院关于深化教育改革全面推进素质教育的决定》提出重点培养学生的创新精神与实践能力。但素质教育推行至今，基础教育仍一直走在应试教育的道路上，高中教育尤甚。由于高考是高中办学的"风向标"，高中基本只重视文化课和作业，导致学生课业和心理负担过重，除了智育外，德、体、美等其他方面难以得到全面发展。而且对智育的重视也不够全面、科学，往往是只重考试知识，以牺牲学生的学习兴趣和创造精神、实践能力为代价。长此以往，高中必将陷入办学的困境，无法获得可持续发展。创新教育以培养学生的创新能力为出发点和归宿，不是一般教育方法的改革或教学内容的增减，而是一种新的教育理念，是对素质教育的深化。创新教育的实施，将改变青少年个性发展被压抑、考试和分数被过分重视的应试教育现状。[②] 因此在高中实施创新教育可为深化

[①] 谢应平，吴坚，杨士军. 高中创新人才培养项目的实践认识 [EB/OL]. http：//www.cnier.ac.cn/ztxx/gzfltbg/ztxx_20090318140236.html，2009 - 03 - 18.

[②] 葛剑平. 创新人才培养需要开展创新教育 [N]. 人民政协报，2011 - 05 - 04 (C01).

素质教育提供一条"康庄大道"。

推进多样化办学，可以满足不同学生的发展需要。在应试教育的"指挥棒"下，高中教育的"同质化"现象同样十分严重。除了少部分有特色的高中之外，绝大多数高中在办学理念、培养模式、校园文化等各个方面都存在同质化、趋同化的倾向，既难以满足学生多样化的发展要求，又难以满足社会对多样化人才的需求。[①] 改革单一的办学模式，推进多样化办学，已然成为高中教育改革的当务之急。高中的多样化办学包括改革普通高中、试行普通教育与职业教育合作的综合高中、加强特色高中建设等几个方面，创新人才培养则是特色高中建设的主要举措。多样化办学主要表现在突出学生的个性发展、加强课程的多样化与选择性、改革课堂教学的满堂灌方式等。在高中的多样化办学中，创新人才培养的尝试不仅仅是一个方向，而且应该成为重头戏。因为创新本身就意味着多样化，同时创新人才培养可以提供多样化、选择性广的课程，可以满足具有创新潜质的学生的发展需要，从而成为推动高中多样化发展的抓手。

无论是深化素质教育，还是推进多样化办学，都要求高中进行创新人才培养的探索。在高中进行创新人才培养的探索成为高中教育新的内涵发展点，同时也成为高中教育内涵式发展的努力方向。

三、域外中学创新人才培养的普遍选择

随着知识经济时代的到来，世界主要国家高度重视创新人才的选拔与培养。这既关系到国家下一代的人才质量与创新水平，也决定着国家的综合实力与长远发展。域外许多国家早已注重联合大学力量，在中学阶段积极培养青少年的创新能力。

2001年，英国政府在华威大学建立全国天才青少年学院，旨在为有天赋的学生提供特殊的教育机会。学院的培养对象为11~19岁的资优学生，学院为他们提供精英式的教育；还举办"超常生国际水平测试"，通过者可以参加"天才和天赋夏季活动"。目前，学院已经与十余所大学联手，共同在假期为资优学生提供理工、人文、社会学科的高等教育，已有近4万名

---

① 高中特色实验班驱力"多样化"[EB/OL]. http://www.modedu.com/msg/info.php? InfoID = 39806, 2011 - 05 - 06.

青少年从该项目中受益。① 美国高中学生则可以选修包括 AP 课程（Advanced Placement）、IB 课程（International Baccalaureate）、高中——大学双学分课程（Dual Enrollment）和高中高级/强化课程（Advanced/Enriched Curriculum）在内的大学先修课程（College prep courses）②，其中，AP 课程是由美国大学委员会（College Board）开发的课程，IB 课程是由联合国教科文组织指导规划、总部设于瑞士日内瓦的国际教育组织 IB 专门为全世界优秀中学生统一设计的国际课程，高中——大学双学分课程指美国大学和社区学院联合高中共同为高中学生开设的部分大学学分课程，高中高级/强化课程则指美国高中自身开设的比基础课程难度更高的荣誉课程。这些课程可以让学有余力的高中生提前接触和体验大学课程，为进入大学就读做好准备。课程既注重学生的通识教育，又着眼学生的能力培养。芬兰的资优学生也可在自愿的基础上获得很多特殊的教育机会。例如，在数学、物理方面有天分的中学生可以利用每天晚上和周末的时间前往坦佩雷等大学学习专业知识、参与各类课程；一些学生还可参加大学开放的夏季课程，获得数学、物理等科目的大学学分，该项目受到芬兰教育部、著名企业的资助与支持。③

亚洲很多国家也开展了针对资优学生、天才少年的优质教育活动。譬如，韩国自 20 世纪末开始开办针对中等教育阶段的英才教育。早期的英才教育主要针对数学等理工学科的优质人才培养，经过 21 世纪的几次改革后，课程内容逐步扩充，包含艺术、音乐、语言学、创造性课程等。2007 年，韩国普通学校的数学、英语科目也开始因材施教、依据不同学生的能力水平进行不同程度的授课。同时，教育部也为贫困地区的资优学生提供拓展课程，帮助他们获得好的教育机会。④ 新加坡政府则为智力超常的中学生制定特殊的教学大纲、提供特殊的教学课程。新加坡教育部规定面向天才中学生的教育项目要采用"丰富法"（enrichment model），即在普通教学基础上拓展知识宽度、增加知识深度。政府还提供野外实践等活动，帮助

---

① 英国天才是这样"炼成"的 [EB/OL]. http://news.sohu.com/20050418/n225236185.shtml, 广州日报, 2005-04-18.

② Melissa E. Clinedinst. 2015. NACAC's 2014 State of College Admission. Retrieved June 6, 2015 from: ⟨http://www.nxtbook.com/ygsreprints/NACAC/2014SoCA_nxtbk⟩.

③ 陶勇. 关于对芬兰教育及其高中课程改革的考察报告 [R]. http://www.wh11sch.cn/Article/c1/b3/201111/1033.html, 武汉第十一中学课改调查组, 2011-11-10.

④ 朴钟鹤. 韩国英才教育的历史沿革与特点 [J]. 比较教育研究, 2010 (04).

天才学生们亲身体会、运用所学知识；定期邀请有关专家给他们开展学术讲座。①

由此可见，世界诸多国家已经采取系列措施，为尚未步入大学的中学生们提供优质教育、创新教育。当今时代已不允许再把中学生们培养为"知识填充器"和"应试工具"。作为教育体系的重要组成部分，中等教育一方面继承初等教育，另一方面奠基高等教育，实乃系统衔接的关键环节。中等教育理应扛起创新人才的培养责任，积极地为此做出贡献。

历经多年发展，我国高中教育取得较大成就。2014 年，我国高中阶段毛入学率达到 86.5%，其中普通高中招生 796.60 万人，在校生 2400.47 万人。② 与新世纪初始相比较，2000 年我国高中阶段毛入学率为 42.8%，其中普通高中招生 472.69 万人，在校生 1201.26 万人。③ 十几年来，我国普通高中的招生人数增加 323.91 万人，在校生人数增加 1199.21 万人，高中阶段毛入学率增加 43.7%。然而，从更高的战略角度来看，我国高中教育的发展仍处于一种"下推上拉"的状态，即它的发展主要得益于义务教育的普及和高等教育的扩招。④ 在未来阶段，高中教育不能再如此被动地发展，高中教育需要实现转型，需要提高教育的核心质量、为未来培养创新型人才。

第二节　大中学衔接培养创新人才的动因

明确国家和学校的需求之后，如何去做是更重要的议题。从创新人才培养和教育发展的规律而言，高中是创新人才成长的"关键期"，抓住"关键期"进行培养可以实现突破式发展。但高中培养创新人才离不开大学的帮助，同时大学需要高中输送具备创新基础的生源。高中与大学紧密对接，形成"教育合力"，是"冒"出创新人才的关键举措。

---

① 沈之菲. 高中生创新能力培养的探索——从上海"创新实验班"看资优学生的创新教育 [J]. 教育发展研究，2010（08）.
② 2014 年全国教育事业发展统计公报 [EB/OL]. http://www.moe.gov.cn/jyb_xwfb/gzdt_gzdt/s5987/201507/t20150730_196698.html，教育部门户网站，2015 - 07 - 30.
③ 2000 年全国教育事业发展统计公报 [EB/OL]. http://www.moe.gov.cn/publicfiles/business/htmlfiles/moe/moe_591/index.html，教育部门户网站，2000 - 05 - 10.
④ 徐德明. 开发创造潜能培养拔尖创新型人才——访南开中学校长杨静武 [N]. 天津教育报，2010 - 05.

一、创新人才培养需要抓住"关键期"

创新人才培养的关键在于教育。教育的力量之所以重要,是因为创新人才通常不是原生态下自然生长,而是良好教育生态下主动生长。[①] 作为一项系统工程,创新人才培养需要各个教育阶段参与其中。基础教育阶段在创新人才培养工程中承担着"打根基"的重任,只有夯实底部才能根深叶茂。作为基础教育阶段的"龙头",高中更是创新人才培养的"关键期",我们可以从教育学和心理学的视角加以分析。

从教育学的视角看,高中上接大学、下启初中,是大中学衔接发展的"关键期"。作为国民教育体系的重要组成部分,我国高中是与九年义务教育相衔接的高一层次基础教育,是基础教育阶段人才培养的出口,对基础教育的发展具有引领作用。同时,高中直接对应着大学的入口,影响着高等教育的后劲。作为基础教育与高等教育连接的桥梁,高中教育质量将决定上下左右其他学段的供应和完成,影响整个社会人力资源系统的生产。[②]

从心理学的视角看,高中阶段青少年身心发展最快,是学生创新素质形成的"关键期"。《纲要》明确提出"高中阶段教育是学生个性形成、自主发展的关键时期,对提高国民素质和培养创新人才具有特殊意义"。创新人才必备的许多重要素质条件,如学习兴趣、思维方式、动手能力等,都是在高中阶段重点培养和发展起来的。创造力作为创新人才的核心特征,同样是在高中阶段得到迅速发展的。有研究表明,作为一种智能品质,个体的科学创造力在17岁时趋于定型。[③] 作者在问及大学教师"您对大中学衔接培养创新人才的看法"时,G便提出:

"在高中之前,逻辑思维能力还没有达到成熟,基础没打好就去讲创新,有点'空中楼阁'的意味。基础没打好就没有创新可言。高中刚好是小学、初中到大学的过渡,学生生理、心理、认知等各方面已经较为成熟,可以有意识地去提一些创新,也有必要提。"[④]

[①] 杨明方. 拔尖创新人才如何"冒"出来 [N]. 人民日报, 2011-11-11 (18).
[②] 沈之菲. 高中生创新能力培养的探索——从上海"创新实验班"看资优学生的创新教育 [J]. 2010 (8): 28.
[③] 胡卫平, 俞国良. 青少年的科学创造力研究 [J]. 教育研究, 2002 (1): 25.
[④] 根据X大学教师G访谈内容整理所得. 访谈时间: 2011年9月18日. 访谈地点: 厦门.

由此可见，高中创新教育水平的高低直接决定了一个人创新素质的深入发展水平，决定一个人能否成为创新人才。抓住高中这一"关键期"可以实现创新人才培养的突破式发展，达到事半功倍的效果。

二、创新人才培养需要"教育合力"

高中是创新人才培养的"关键期"，但高中单方培养创新人才存在无法突破的困境，同时大学单方培养创新人才也存在基础不够夯实的无奈与乏力，创新人才培养需要大中学的"教育合力"。

首先，高中单方进行创新素养培育力不从心，需要大学力量的帮助。创新人才培养离不开大批具有创新实践和创新能力的教师的引领，离不开一定的环境氛围和物质技术条件。[1] 以对创新人才培养有重要影响的拓展课程建设和研究性学习为例，高中普遍存在师资力量不适应、实验和实践条件不具备等突出困难。大学则具有非常明显的优势条件，可以提供各方面办学资源的支持。在作者所做的访谈中，高中教师纷纷表示"以目前高中教师的知识结构以及所受的训练，要立竿见影地对中学生进行创新素养的培育是有困难的。在课堂上渗透创新的理念、思维、方法，首先还是要依托高校的教师，毕竟高校老师对专业的理解、所掌握到的知识是中学老师达不到的。中学要培养创新人才，需要大学的帮助"、[2] "目前我校是有什么机会就做什么，缺乏对拓展课程的系统规划，需要大学专家给予指导"、[3] "自然科学的拓展课程不依托高校很困难"。[4] 培养创新人才单靠中学一己之力难以达成目标，主动与大学开展合作，寻求大学的帮助既是现实之需，也是明智之举。

其次，大学需要中学输送具备一定创新基础的生源。生源的素质决定着创新人才培养过程能否持续健康地进行。大学具备学术自由的传统、人文精神的积淀，同时拥有丰富的人力和物质资源，可以为创新人才的培养提供丰厚的土壤和有力的保障。然而，大学作为创新人才的"产地"，却没

---

[1] 吕明．"春笋计划"：问道创新素质和创新人才培养［J］．基础教育课程，2011（10）：53．
[2] 根据 J 校座谈内容整理所得．座谈时间：2011 年 11 月 18 日．座谈地点：上海．
[3] 根据科中创新班数学教师 L3 访谈内容整理所得．访谈时间：2011 年 9 月 20 日．访谈地点：厦门．
[4] 根据科中化学教师 S1 访谈内容整理所得．访谈时间：2011 年 9 月 18 日．访谈地点：厦门．

有获得期待中的"丰收",陷于培养困境。作者认为,高中没有向大学输送会创新、想创新、敢创新的生源是关键的制约因素:第一,高中在高考的指挥棒影响下,只重视学业成绩,不重视动手能力、研究能力、问题解决能力等基本创新素质的培养。高中生进入大学后,只擅长应试,缺乏创新的潜力和能力,是为"不会创新";第二,多数学生选择专业时往往以进入大学为标准,而非首先考虑个人的兴趣和爱好,导致入学后发展后劲不足,尤其缺乏对科学研究的好奇心,是为"不想创新";第三,长期以来大学和高中存在脱节现象,大学和高中的学习方法、讲课方式差异很大,很多学生习惯了中学有人管束的"他律教育",不适应大学自主放养的"自律教育"方式,角色转换一时难以完成,是为"不敢创新"。

高中输送的生源无法满足大学招生要求的根源在于大学与高中教育方式的断裂,高中走在应试教育的道路上,大学走在素质教育的道路上,二者南辕北辙,无法衔接,于是高中培养出来的只能是不会创新、不想创新、也不敢创新的学生。试问在这种情况下,大学创新人才培养又何从谈起?上海J校谈到合作高校与之创办创新班的缘起时便提到:

"现在高校碰到的学生进了大学之后,对专业没有兴趣,存在对学习的懈怠,不努力进取,甚至厌学退学。我们合作的高校觉得创新人才培养的工作一定要和高中形成紧密的对接,要把学生的志趣在高中阶段就大致形成,才有可持续发展的可能性。"[1]

因此,仅靠其中一方培养创新人才是不切实际的。创新人才培养无法一蹴而就,需要一个系统、有计划、有步骤的长期过程,任何教育阶段的"单打独斗"都没办法完成任务。"亡羊补牢、为时未晚",只有高中与大学携起手来、紧密对接,发挥教育合力的作用,形成有机而完整的培养链,才能为创新人才的早日"冒"出做好准备。

第三节 大中学衔接培养创新人才的发展历程

我国自20世纪60年代就已开始大中学衔接培养人才的尝试,主要表现为大学预科班的建立、高中实验班的探索以及大学先修课程的开设,但由于中学走应试教育之路、大学走素质教育之路,二者的衔接培养并未得

---

[1] 根据J校座谈内容整理所得.座谈时间:2011年11月18日.座谈地点:上海.

到实质性落实。进入21世纪后,创新人才的培养成为主旋律,大中学衔接培养的形式对于保证创新人才的培养效果起着根本性的作用。于是,大学和高中纷纷进行探索,其中高中的探索意愿和力度最大。

一、大中学衔接培养人才的历史回顾

在大中学衔接培养创新人才的实践兴起之前,大中学衔接培养人才的尝试早已有之。20世纪30年代,美国旨在探索大中学衔接培养人才的"八年研究"实验开展得轰轰烈烈,共有30所中学和300所大学(含学院)加入。在这个实验中,中学根据大学的理念,通过重设课程计划、调整教学结构、以教育评价代替测验等措施,实现高中和大学的顺利衔接。此后,美国高中的教育教学延续"八年研究"的理念,并根据时代的要求不断探索新的培养方式,如开设"高中——大学双学分课程"、实施大中学衔接培养专项计划、专门立法保障大中学衔接的措施等。

与美国相比,我国大中学衔接培养人才的实践不仅起步较晚,而且至今仍未形成成熟的做法,只有一些个别性尝试。20世纪60年代,我国的大学才首先迈出大中学衔接培养的探索脚步,表现为大学预科班的建立。1964年,中央学制问题研究小组为了进行学制改革试验,提出了大学试办预科的提议,加强小学、中学、大学的衔接培养。[①] 进入大学预科班的学生在高校进行一年高中阶段课程的补习,与大一课程进行衔接。第二年,进行正式课程的学习。大学预科班发展至今,主要包括大学少年班、少数民族预科班以及由高二学业或体育特长生组成的预科班等几种形式。

由于大中学衔接培养日益受到重视,到了20世纪90年代后,大中学衔接培养的探索脚步开始下移至中学,例如1991年宁波中学和浙江大学联合创办教改实验班、1993年华东师大二附中试办三年制高中理科实验班(简称全理班)、1999年北大附中与北京大学联合试办大中学衔接试验班等。以清华附中的实验为例:1993年,清华附中和清华大学受原国家教委委托,在清华附中试办三年制高中理科试验班,旨在解决中学教育与大学教育相衔接的问题;1998年,清华大学附属学校启动"一条龙"整体教育改革实验计划,清华大学派出优秀的中层干部到清华附中任校长,附中校

---

① 在大学的庇荫之下——大学附中文化如何体现与大学文化的传承关系 [N]. 文汇报,2008-10-6 (012).

长参加清华大学的相关会议，附中与大学同步开展教育思想大讨论，同年，清华大学派出教授直接到附中执教，启动"名师工程"；[①] 2000 年清华附中和清华大学美术学院合作开始试办"高中美术特长班"；2003 年，清华附中开始从高一起试办"高中文理综合试验班"，旨在探索大中学衔接培养基础全面、文理相通、古今融汇、学贯中西的高素质创新人才。[②]

除了设置实验班进行集中探索外，在高中开设大学先修课程也是对大中学衔接培养人才的积极探索。21 世纪初，我国开始学习美国开设 AP 课程的做法，将部分大学的课程搬到高中让一些优秀学生提前学习，学完之后给予学分并获大学承认。例如，从 2003 年 9 月起，厦门大学派教师到厦门市双十中学开设包括社会科学和自然科学在内的 12 门选修课供高一、高二学生提前选修，学生通过考试后获得大学学分。如果学生日后考进厦大学习，则不用再修这些课程；如果没有考入厦大，也可由厦大开具相关证明给学生考取的高校。[③] 师资多由大学老师担任，也存在由高中教师教授大学先修课程的情况。大学先修课程作为连接高中和大学的课程，具备明显的过渡特点，有利于学生提前感受大学的氛围，缩短从高中到大学的过渡期。

总体而言，我国大中学衔接培养人才的历史不长，仍处于实践探索阶段。从已有的探索来看，大学预科班具有超常教育（大学少年班）或补习教育（少数民族预科班）的性质，而且在高考的指挥棒下，实验班和大学先修课程为高考竞争加码的意义远远大于大中学衔接培养的意义，大中学衔接培养人才名不副实，亟待新的突破。

二、大中学衔接培养创新人才的实践探索

在创新人才的大中学衔接培养上，大学层面和高中层面都进行了探索，但探索范围有着明显的差异。大学层面探索范围较窄，局限于少数院校；高中层面探索较多，呈现出多区域、多学校、多形式等特点。

[①] 曹琼方. 中学与大学有效衔接的策略研究 [D]. 曲阜师范大学硕士学位论文，2008：18.
[②] 清华附中探索大中学衔接培养模式不断创新 [EB/OL]. http://www.tsinghua.edu.cn/publish/news/4205/2011/20110225231357906758670/20110225231357906758670_html，2011 - 02 - 25.
[③] 陈若葵. 高中生研修大学课程渐成趋势 [N]. 中国妇女报，2011 - 05 - 19（B03）.

（一）大学层面的探索

大学层面的探索形式主要包括大学在高中建立创新人才培养基地和创新实验室、实施后备人才培养计划等。《国务院办公厅关于开展国家教育体制改革试点的通知》（以下简称《通知》）关于大学推进创新人才培养的重点任务有两项：第一项是"在北京大学等部分高校设立试点学院、开展创新人才培养实验"，第二项是"在17所大学实施基础学科拔尖学生培养试验计划"（即所谓的"珠峰计划"）。这两项任务都涉及创新人才的大中学衔接培养。

在第一项任务中，同济大学土木工程学院作为首批15所"试点学院"之一，主动将创新人才培养过程向高中进行延伸，探索大中学贯通式衔接培养之路。该学院主要采取中学生进入大学、大学实验室进中学、大学教授进中学等措施，引导学生尽早聚焦兴趣，形成志向。具体做法包括：举办首届中学生结构设计邀请赛，并向参赛学生投放自主招生名额；与上海晋元高级中学合作共建"结构设计创新实验室"；等等。[①] 为扩大影响，该校又于2012年3月推出"苗圃计划"，携手全国20所知名高中，选拔兴趣特长突出、富有发展潜质的优秀高一或高二学生进入"苗圃基地"。"苗圃基地"将根据高中所在地的文化特色和经济发展需要，设立相关学科专业基地，包括兴趣小组、实验小组和特色班等。学生所修学分获得学校认可，并可享受自主招生优惠政策，进入大学后有机会对接该校的本硕博贯通培养模式，或优先进入各类人才培养创新实验区。[②]

在第二项任务中，上海交通大学作为"珠峰计划"参与校之一，除了成立"致远学院"探索大学培养创新人才的新举措外，还与国内八所知名高中共建拔尖创新人才培养基地，通过设置高中创新班、开发共建课程、建设实践创新体系、共建实验室等八种合作模式，以自身优质资源的输出直接支持中学的创新人才培养工作，从而促进创新人才培养，为大学阶段的创新教育发挥先导作用。[③] 厦门大学在实施"珠峰计划"时，也与其附

---

① 同济大学土木工程学院试点人才培养向中学延伸衔接［EB/OL］. http://www.shmec.gov.cn/web/wsbs/webwork_article.php? article_id=63294，2011-11-06.

② 董少校. 同济大学与全国20所高中开展"苗圃计划"试点［N］. 中国教育报，2012-03-22（001）.

③ 上海交通大学与中学共建拔尖创新人才早期培养基地［EB/OL］. http://dangban.sjtu.edu.cn/Html/gzdt/102927226.html，2010-05-24.

属的科技中学合作共建高中创新班，通过给予师资、实验室、自主招生优先权等资源支持该校进行创新人才培养的探索。

遗憾的是，目前与高中主动合作探索创新人才培养之道的大学屈指可数，作者认为原因主要在于：其一，多数大学更注重自身的改革，尚未意识到与高中携手提前培养具有创新素养生源的重要性；其二，大、中学教育阶段之间存在的鸿沟一时难以跨越，长期以来，大学教育对中学教育漠然，中学教育对大学教育茫然，彼此没有什么交流和沟通，由于高考录取的刚性机制，使中学只管被动输出学生到大学，大学只管被动接收学生来读书，原本是系统化的衔接教育链条被人为隔断，二者的关系相当疏离，甚至有相当长时间处于"老死不相往来"的尴尬局面；其三，许多大学在发挥社会服务职能时，具有浓厚的功利主义色彩，只顾着提供"校企合作"、"科研项目"、"专利转化"等有利于获取资金或提升知名度的社会服务，忘却了自身作为教育系统"领头羊"还具有扶持中小学进行创新人才培养的义不容辞的责任。

（二）高中层面的探索

高中层面在大中学衔接培养创新人才上的探索范围广、力度大，不仅有政府主动发起的区域联合创新人才培养工程，而且有高中自发的探索行为；不仅有面向全体学生的创新素养培育，而且有面向部分潜质突出学生的集中培养。

根据探索者的角色划分，高中层面的创新人才培养探索包括政府行为和"民间行为"。由于单个学校力量单薄，与高校进行深入的合作存在一定的困难，部分地区推行专门的高中创新人才培养工程，联动区域内丰富的教育、科学资源，通过政府行为统筹安排创新人才的培养工作，并提供统一的指导与服务。《国务院办公厅关于开展国家教育体制改革试点的通知》（国办发〔2010〕48号）提到中学推进创新人才培养的重点任务为"在三市三省（北京市、天津市、上海市、江苏省、陕西省、四川省）开展普通高中多样化、特色化发展试验，建立创新人才培养基地。"政府推进项目主要集中在试点省市（浙江省宁波市虽不属于国家规定试点区域，也自行开展了相关实验），具体见表2-1。江苏省和四川省虽然没有推行专门的工程，但作为试点省份，分别挑选了 14 所和 6 所学校进行创新人才培养的探索。①

表 2-1　　　　　　　　　高中创新人才培养工程

项目名称	时间	组织者	参与单位	宗旨	培养形式
北京市：翱翔计划	2008 年	北京市教委、北京青少年科技创新学院	多所中学、20 个学科基地、26 所大学及科研院所的 900 多个重点实验室	在科学家身边成长	全市选拔学员；生源学校、学科基地校及高校、科研院所实验室联合培养制
天津市：朝阳计划②	2010 年	天津市科协、教委	3 所中学、大学及科研单位若干	对高中学有余力且热爱科技的学生进行培养	创新班
上海市：创新素养培育项目	2009 年③	上海市教委	4 所重点中学 + 22 所示范中学 + 4 区；大学及科研单位若干	培养每位学生的创新素养，让部分学有潜力、特长突出的学生有更好的探究和实践舞台	创新班、面向全体学生的学校探索、创新教育实验区
陕西省：春笋计划	2010 年	陕西省教育厅	7 所大学、9 所中学	培养高中学生的科学探索兴趣和创造性思维能力	课题研究（面向全市选拔 38 名学生）；专家报告团、开放大学实验室（面向 9 所高中全体学生）
宁波市：创新素养培养项目	2010 年	宁波市教育局	10 所中学、大学及科研单位若干	探索拔尖创新人才早期培养的途径与方法	创新班

资料来源：作者自行整理。

"民间行为"指学校自行开展的创新人才培养计划，以南京金陵中学的

---

① 江苏省试点学校名单见 http://jypgy.ccit.js.cn/details.asp?id=1936，四川省试点学校名单见 http://e.chengdu.cn/html/2011-05/06/content_233123.htm。
② 即天津"特色高中建设工程"，为"天津市青少年科技创新人才培养工程"工程的子项目之一。
③ 该项目率先在 4 所学校试点，2010 年正式发文全市推行。

51

"培养拔尖创新人才系列计划"、上海七宝中学的"高中生创新素养培育院士支撑计划"、北京四中的"道元培养计划"等为代表。这些计划基本上都以大学的理念来培养人才，采取与大学或科研院所合作的形式实现提前对接，例如，南京金陵中学与南京大学、东南大学合作，七宝中学与中科院上海生命科学研究院生化与细胞所合作。在上表的项目中，除了北京的"翱翔计划"和陕西的"春笋计划"以教育主管部门推动为主，其他项目均以学校自发推动为主。但是，不管是政府行为还是民间行为，都采取大中学合作培养的方式，工作的着力点都在高中而非教育行政部门。

根据受众范围来划分，高中进行的创新人才培养探索主要包含两种范围：一种是面向全体学生的创新素养培育，重在营造创新素质培育的浓厚氛围，推动学校的教学、管理和服务围绕学生创新素质培养来开展；另一种是面向部分潜质突出学生的集中培养，注重其创新能力的显著提高，多以高中创新班的形式进行专门探索，也包括一些专项培养计划。由于受众的范围与数量不同，大中学衔接实现的程度在这两种探索实践中也不同：面向全体学生开展的探索往往通过邀请大学专家开设讲座、进入科研实验室、参观科研机构等方式实施，与大学的合作不多，大中学衔接的程度十分有限；面向少数人开展的探索与大学的合作则更多，往往包括大学专家为中学生开设专门课程、担任学生导师、指导课题研究等等，其中高中创新班更是得到大学尽可能多的支持，并从整体上变革了传统的培养方式，实现了大中学的有效衔接。

第四节　创新班：大中学衔接培养创新人才的代表

开设创新班进行高中阶段创新人才培养路径的集中探索是很多学校的共同选择。然而，由于面向的群体有限，质疑创新班有失公平的声音也同时存在，例如"现有的高中特色实验班大部分面向科技等高端领域，只有少部分学生能够触及，更多的普通学生的兴趣爱好还未受到关注"、"高中是基础教育的一部分，应该坚持面向全体学生的原则，不能筛选学生。"[①]作者认为，欲在我国现有的教育环境下突破创新人才培养的困境，创新班的设立不仅合理而且必要。

---

① 贾晓燕．高中特色班探路创新人才培养［N］．北京日报，2011-11-21（010）.

一、单设创新班的必要性

加德纳的多元智能理论认为，每一位学生都有相对的优势智能领域，教育应该注意鉴别并发展学生的优势智能领域。① 不可否认，在高中学生当中，的确存在着一批具有明显创造性潜质的可造之才，"他们对科学研究感兴趣，根本不满足学校学的东西。"② 对于这部分学生，我们应该创造适合的条件，让他们从单调、重复、烦琐、乏味的应试教育中解放出来，并因材施教，为其创新能力的发展提供平台和机会。教育公平不是简单的一刀切，"为适合的学生提供适合的教育"才是教育优质均衡发展的应有之义。

当然，创新能力发展的平台和机会，不仅仅是传统的开设科研讲座、进行简单的课题研究所能提供。如果不从培养方式的系统改变入手，在现行仍然以高考为主导的选拔模式下，培养学生的创新能力往往会沦为一句空话。学校层面的一些尝试性措施多为片段式、形式上的尝试，没有实质上的突破，诚如东北师大附中校长李桢所言"在学校层面推行的创新教育只能是一部分学生在一个特定时间内产生一些效应，当他回到课堂教学中的时候又被我们惯有的思维方式所冲淡和消解了，他的思维方式没有改变，这种创新能力是很难产生的。"③ 因此，设立创新班，从系统上变革培养方式并贯穿高中三年的完整过程，把具有创新潜质的学生集中起来进行专门培养十分必要。只有这样才有可能深入探索创新人才的培养路径，这些学生才能够得到较快的发展，才有可能成长为创新人才，并在将来取得创新性成果。

从另外一个角度而言，高中阶段的创新人才培养仍处于尝试阶段，许多改革措施仍有待观察后效，只能选点突破先行先试，学校层面若一步放开面向全体学生进行探索既不可能也不现实，创新人才的培养必须是一个由点及面、逐步深化的过程，因此，选择创新班先行探索经验是现实之举。而且，面向少数群体的创新班与面向全体学生的创新素养培育并不冲突，相反，二者可以互相推动、相得益彰。创新班取得了成功的、成熟的经验

---

① 霍力岩．多元智力理论与多元智力课程研究［M］．北京：教育科学出版社，2003：31．
② 根据 X 大学教师 L1 访谈内容整理所得．访谈时间：2011 年 9 月 19 日．访谈地点：厦门．
③ 东北师大附中校长李桢：让学生养成质疑精神和创新意识［EB/OL］．2008 年（第二届）著名大学中学校长峰会圆桌论坛文字实录，http：//www.jyb.cn/xwzx/gnjy/zhbd/t20081023_202391_2.htm，2008 - 10 - 23．

后，可以发挥辐射的作用，将"点上独养"变成面上的"满仓丰收"，推动学校创新氛围的营造，提高全体学生的创新能力。作者通过对上海J校的调研认为，该校的实践证明创新班的存在本身就是一种示范，正如该校领导在座谈时所言：

"很多专家认为是不是一定要专设创新班，不要可不可以。我们跟踪下来，这个班的设立是很有必要的。第一，群体的激发很重要。少了这么特殊的环境、群体，激发作用显得相当薄弱。在创新班，人人都在做科学研究，人人都有很强的积极性以及能力，创新班对于促进每个个体不敢落后很有必要。第二，前后对比表明设立这个班很重要，这个班没有之前，创新的整体氛围很难形成。创新班设立之后，从个别同学的课题到全校范围内每位同学都有课题，获奖面从创新班到其他平行班级，数量不断增加。第三，创新班的设立不仅给全体同学带来学业成绩的引领，而且发挥了科技实验在科技创新中的巨大作用。创新班发挥的辐射全体功能越来越强大。"[1]

创新班的设立既针砭当下教育的弊端，又着眼未来发展的蓝图，具有现实意义和实验价值。[2] 通过创新班的先行先试，既能形成创新人才早期培养的"普适性"规律，又能产生创新人才早期培养的"特适性"经验，[3] 从而为面上探索创新人才的培养方式提供借鉴和引领。而且，创新班的设立联动大学与中学，弥补了两个教育阶段之间关联性和继承性不足的缺点，成为使二者衔接的新途径。创新班还具有推动学校特色化发展、进一步落实高中新课改精神、深化素质教育等益处。然而，大中学衔接培养创新人才作为人才培养改革模式的良好构想，毕竟是一项试行六年有余的新鲜事物，其探索也面临很大困难，尤其在大学与中学的合作程度、师资力量以及高校招生政策这三个制约培养成效的关键因素上的实施情况均不理想。

二、创新班的开设情况

作者通过百度搜索、登录学校网站、查阅官方文件及媒体文章等途径，以前文对创新班的范围界定为标准，搜索创新班在全国的开设情况，发现截至2012年6月，全国共55所学校设有创新班。具体情况见表2-2。

---

[1] 根据J校座谈内容整理所得. 座谈时间：2011年11月18日. 座谈地点：上海.
[2][3] 沈祖芸,减莺. 上海探索创新人才培养多元模式：四所高中"实验班"观察报告［J］. 上海教育，2009（05B）：21.

表 2-2　　　　　　　　　全国创新班一览①

地区	学校	班级名称	开设时间
北京市 （13 所）	北京四中	道元班（创新后备人才培养实验班）	2010 年
	北师大实验中学	理科拔尖创新型人才培养特色班	2010 年
	北京十一学校	科学实验班	2010 年
	北京 101 中学	人文创新实验班	2010 年
	北京 35 中	科技创新人才培养实验班	2010 年
	北京东直门中学	叶企孙科技实验班	2010 年
	北京 166 中学	生命科学拔尖创新人才培养实验班	2011 年
	北师大附属中学	钱学森班	2011 年
	北京八中	科技综合素质实验班	2011 年
	首师大附属中学	创新教育实验班	2011 年
	北京八十中	科学创新实验班	2011 年
	北京十二中	钱学森航天实验班	2011 年
	北京陈经伦中学	科技英才班	2011 年
上海市 （17 所）	上海中学	科技实验班	2008 年
	上海交大附属中学	交大科技实验班	2009 年
	复旦大学附属中学	创新实验班	2009 年
	华东师大二附中	科技创新实验班、人文创新实验班	2008 年、2009 年
	金山中学	创新素养培育实验班	2009 年
	南洋模范中学	科技创新素养班	2009 年
	上海师大附属中学	创新素养培育实验班	2009 年
	上外附属外国语学校	创新实验班	2010 年
	向明中学	创新素养培育实验班	2010 年
	卢湾高级中学	创新素养培育实验班	2010 年
	延安中学	创新素养培育实验班	2010 年
	奉贤中学	创新素养培育实验班	2010 年
	上海大学附属中学	创新素养培育实验班	2010 年
	建平中学	理科创新实验班	2010 年
	复兴高级中学	创新素养培育实验班	2010 年
	格致中学	创新素养培育实验班	2010 年
	光明中学	创新素养培育实验班	2010 年

---

① 对表 2-2 的两点说明：一、由于作者个人条件有限，搜集资料难免挂一漏万；二、某日报宣称"仅 2011 年，全国开设创新班的学校就已超过 200 家"（资料来源：我市首推高中创新实验班 [EB/OL]. http://www.people.com.cn/h/2011/0718/c25408-3911711731.html, 2011-07-18.），该文所称的创新班与本研究范围不同。

55

续表

地区	学校	班级名称	开设时间
天津市 （3所）	南开中学	拔尖创新人才培养实验班	2010年
	天津一中	理科创新型人才培养项目实验班	2010年
	实验中学	求是——科技创新实验班	2010年
江苏省 （4所）	南京一中	崇文班（创新实验班）	2010年
	丹阳高级中学	拔尖创新人才培养实验班	2010年
	南师附中	科技创新实验班	2011年
	徐州一中	拔尖创新人才基地班	2011年
浙江省 宁波市 （10所）	宁波中学	理科创新人才培养实验班	2010年
	镇海中学	创新素养培养实验班	2010年
	效实中学	创新素养培养实验班	2011年
	龙赛中学	创新素养培养实验班	2011年
	宁波外国语学校	创新素养培养实验班	2011年
	北仑中学	创新素养培养实验班	2011年
	鄞州中学	创新素养培养实验班	2011年
	姜山中学	创新素养培养实验班	2011年
	奉化中学	创新素养培养实验班	2011年
	象山中学	创新素养培养实验班	2011年
河南省 （2所）	郑州九中	宏志班（创新教育实验班）	2011年
	郑州大学二附中	创新教育实验班	2011年
辽宁省（1所）	东北育才学校	创新实验班	2010年
广东省（1所）	邓发纪念中学	创新人才培养实验班	2010年
四川省（1所）	德阳外国语学校	拔尖创新人才基地班	2011年
重庆市（1所）	西南大学附中	创新实验班	2011年
福建省（1所）	厦门大学附属科技中学	启瑞班（厦大创新班）	2011年
山西省（1所）	运城康杰中学	创新实验班	2011年

资料来源：作者自行整理。

通过表2-2可以发现创新班的整体开设情况存在下述特点。

（一）开设时间较短而分布区域集中

从开设时间和分布区域来看，2008年上海中学的科技实验班和华东师大二附中的科技创新实验班是全国首批创新班；2009年又有5所学校设立了创新班，且全部集中在上海市，原因在于上海市于2009年开始推行创新素养培育项目；2010 年成为创新班开设的高峰期，主要集中在北京市、上海市、天津市三地，共 24 所学校开设，北京普通高中多样化发展试验的开展、上海创新素养培育项目的全面推行、天津朝阳计划的实施是三地创新班兴起的背景；2011 年创新班的发展势头依然迅猛，有 23 所学校开设，主要集中在北京市、宁波市两地，宁波市创新班的大量开设缘于该市推行的创新素养培育项目，河南、福建、重庆、山西等地也有个别学校自行开展创新人才培养实验。

由此可以看出，创新班的兴起原因主要有三个：其一，与政府的重视程度相关，创新班以政府专门工程的推动为主，如宁波市高度重视教育的内涵发展，专门组织创新素养培育项目开展创新人才的培养实验；其二，与地区教育发展的程度相关，京津沪作为我国教育发展的龙头地区一直走在探索的前列，创新班在这些地方首先兴起并大量出现不足为奇，这些地区创新班的开设也凸显了示范效应，其他地区纷纷学习取经；其三，与学校领导的办学理念相关，部分地区虽然没有政府的"推手"，但学校领导敏锐地意识到高中阶段创新人才培养工作的重要性，自行开展培养实验。当然，这些创新班开设后往往会得到政府的支持。

（二）以命名来发挥激励作用

从命名来看，创新班的命名通常存在两类情况：

情况一，以人名或创新班追求的精神命名，发挥激励作用。人名一般以与学校相关的科学家为主，如厦大附属科技中学的"启瑞班"（蔡启瑞院士为该校的名誉校长）、北师大附中的"钱学森班"（北师大附中是钱学森院士的母校）。也有以与学校无关的科学家来命名的情况，例如东直门中学的"叶企孙班"以卓越的物理学家叶企孙命名，但叶先生并非该校校友。郑州九中的"宏志班"因督促学生追求宏伟志向而得名。南京一中的"崇文班"以"崇文"命名则体现了该校对文化及文明的不懈追求。作者认为给创新班命名将会成为今后创新班发展的趋势之一。

情况二，直接以创新教育实验班、创新人才培养实验班、拔尖创新人才培养实验班和创新素养培育实验班等为名，没有另外命名。作者认为拔尖创新人才培养实验班的提法并不十分恰当。著名心理学家林崇德曾言："拔尖创新人才"是针对成人来说的，从心理结构看，创新体现在风华正茂的青年期，在成人期达到高峰，青少年期的创新还不成熟。[1] 作者颇赞同这一观点，拔尖创新人才是创新人才中的佼佼者，是大学的培养任务。在仍然处于打基础阶段的高中提拔尖创新人才有失妥当。而且高中创新人才的培养尚待探索，贸然提出培养拔尖创新人才似乎显得有些"急于求成"。而创新教育实验班、创新人才培养实验班、创新素养培育实验班虽然提法不同，并无实质性差异。

（三）培养领域以科技领域为主

从培养领域来看，呈现以科技领域为主、人文领域为辅的局面：传统上创新人才多指科技人才，所以涉及科技领域人才培养的班级数量较多，如北京十一学校的科学实验班、上海交通大学附属中学的科技实验班、天津实验中学的科技实验班等等。而且部分创新班将这一领域细化，提出专门学科人才的培养，如北京166中学的"生命科学拔尖创新人才培养实验班"、北京十二中的"钱学森航天实验班"；涉及人文领域人才培养的班级数量较少，目前只有北京101中学以及华东师大二附中设有人文创新实验班。还有许多在命名上未明确指出培养领域的班级则可分为两种情形：一为实质上属于科技领域，如厦大附属科技中学的"启瑞班"以培养科技人才为主；二为不局限于某一领域的培养，如复旦附中的创新实验班提出培养在数学及自然学科方面学业优秀，在人文学科方面卓有特色，在艺术、体育等方面具有一定的专长等学生，培养各方面的领军人物。[2]

总体而言，不管是科技班还是人文班，科技与人文素养的兼备成为创新班共同关注的话题。另外，部分创新班的培养领域与学校的特色结合较紧密，如北师大实验中学过去专门承担教育部理科实验班的教学任务，后来一度中断，现在又"借创新之风"推出理科拔尖创新班，可谓"旧邦新命"。

（四）开设学校多为名校

从开设学校来看，目前举办创新班的学校基本上都是比较出色的学校，其中不乏区域内顶尖的学校或老牌名校，如上海中学、上海交大附中、复

---

[1] 林崇德. 培养创新意识至关重要 [J]. 中国教育报，2010-11-17 (003).
[2] 沈之菲. 高中生创新能力培养的探索——从上海"创新实验班"看资优学生的创新教育 [J]. 教育发展研究，2010 (8)：27.

旦附中、华东师大二附中这四大名校率先拉开了上海市创新人才培养的序幕。确实，集中了大量优质资源的名校有义务承担起"为创新人才的成长奠基"的重任。另外，还有一些学校虽然不是所属地区的"第一梯队"，也以充分的魄力自觉履行教育发展的责任。

尽管各学校探索的侧重点略有不同，但作为大中学衔接培养创新人才的机制的载体，创新班如何通过创新课程、教学、评价，提供个性化的教育方法和多样化的教育机会，实现"为创新人才的成长奠基"，成为共同关注的焦点。

第三章　创新班的课程建设

培养方式的变革首先体现在培养目标上，创新班作为高中创新教育实验的载体，确立了为创新人才成长奠基的班级培养目标（为行文方便，以下简称为培养目标）。该目标与大学培养创新人才的目标既有所区分，又紧密相连，呈现出阶段性与衔接性相结合的特点。培养目标是课程建设的方向，课程的建设需要紧密围绕培养目标来实施。课程建设是创新班培养方式变革的核心内容。

第一节　培养目标：为创新人才的成长奠基

培养目标是各级各类学校或各专业学生素质的具体规定，一般由各学校或各专业根据教育目的结合自身任务具体制定。[1] 科学、适切的培养目标是教育实践成功的前提和基础。国家颁布的《基础教育改革纲要》及《普通高中课程改革方案（实验）》均强调"普通高中教育是在九年义务教育基础上进一步提高国民素质、面向大众的基础教育。普通高中教育为学生的终身发展奠定基础"。创新班应国家对于创新人才的需求而兴起，旨在探索与大学衔接培养创新人才的模式。

一、部分创新班培养目标举例

结合国家对高中的定位以及承担的任务，创新班确定了有别于普通高中班级的培养目标——培养创新后备人才，让高中生在感兴趣的领域获得一种准备，为创新才能的可持续性挖掘和发展奠定基础。立足于这一基本

---

[1] 辞海（第六版）[M]. 上海：上海辞书出版社，2009：1713.

认识，各学校结合自身的情况制定了创新班的具体培养目标。表 3-1 为部分创新班的培养目标举例。

表 3-1　　　　　　　　　　部分创新班培养目标举例

学校及创新班	培养目标
北师大实验中学理科创新班	1. 在学校既定培养目标的基础上，激发学生学习理科的兴趣，明显提高学生理科学习水平，打下宽厚、坚实的理科基础； 2. 在课题研究和项目设计实施过程中发展创新意识和实践能力，某些项目的科技创新活动能取得优良成绩； 3. 在某些理科深入学习过程中发展终身学习和高效学习的能力，某些学科的奥林匹克竞赛方面能取得优良成绩； 4. 在学校学习过程中，逐渐促进体力、智力、毅力的综合发展，为成为理科拔尖创新型人才奠定坚实的基础
北京十一学校科学实验班	培养未来具有科学精神和科学素养的拔尖人才和相关领域的领军人物： 1. 着力培养学生的科学志趣，激发学生热爱科学的精神； 2. 注重自主学习、自主实验，提升学生的创造力和研究能力； 3. 加强学术交流和实践体验学习，培养未来科学界领导者的责任感； 通过中学阶段科学精神和科学素养的培养，为他们成为未来科学领域的领军人物奠定基础
北京四中道元班	1. 初步形成正确的世界观、人生观、价值观；培养学生具有坚定、执着、不为功利所动的进取精神和献身精神； 2. 最大限度地激发和培育学生的兴趣点，使每个学生形成在自己所感兴趣领域内的坚实基础； 3. 培养学生具有终身学习的愿望和能力，具有较强的科学与人文素养、环境意识、创新精神与实践能力； 4. 培养学生具有强健的体魄、顽强的意志，形成积极健康的生活方式和审美情趣，具有独立生活的能力、职业意识、创业精神和人生规划能力；具有团队精神和面向世界的开放意识
上海南洋模范中学科技创新素养班	1. 致力于实验班学生形成正确的人生观、价值观和世界观；具有民族精神国际视野，民主与法制意识和社会责任（使命）感； 2. 具有适应终身学习的知识、技能和学习策略； 3. 具有较强的创新精神、实践能力和可持续发展能力； 4. 具有较丰富的人文素养和较全面的科学素养； 5. 具有健康的个性和良好的心身素质，成为有较强创新意识和科技创新潜质的优秀高中生
上海复旦附中创新实验班	1. 德育目标：注重培养扎实的科学人文素养，特别体现在诚信度、相融性、爱国心； 2. 专业目标：具有明确的专业爱好、技能和浓厚的学习探究兴趣； 3. 创造力和实践力：能随时激活思维，思维能发散也能集中，创造愿望强和创新精神执着，学习意志坚定； 4. 形成良好的心态：有个性情趣，能正确对待挫折和成绩，能设定自我目标并及时修正，能积极主动地去实现目标
宁波姜山中学创新实验班	文理兼修、理工专长。具有较宽的视野，较强的创新精神和实践能力，培养应用型创新素养，为进一步深造和发展打下坚实基础

资料来源：作者根据各学校创新班实验方案自行整理。

通过词频分析，作者发现上述培养目标具备以下关键词：兴趣（4次）、自主学习/学习能力（5次）、创新/创造（6次）、实践能力（5次）、人文/科学素养（5次）。由此推知，虽然具体的培养目标因校而异，但关注以下共同内容：激发学生对科学探究的兴趣、注重学习能力和实践能力的培养、强调创新精神和人文素养。这些内容都是创新人才成长必须具备的基本素质。创新能力培养的起点是发现问题的能力，知识探究是创新人才培养的基础，能力建设是创新人才培养的核心，而人格养成是创新人才培养的根本。[①] 创新人才的成长不仅需要培养创造力，而且需要扎实的学习知识及能力、人格等方面的共同发展，从而为进一步发展奠定坚实的基础。

二、大中学培养目标的一致性

创新班旨在为大学输送对接培养的创新人才，那么创新班的培养目标与大学的要求是否一致？大学教师又想招收具备什么素质的本科生？带着这样的疑问，作者访谈了几位大学教师，[②] 他们认为："首先是基本的学习能力，其次是好奇心，最后反思的学习习惯也很重要"、[③] "高中阶段我觉得创新更多的是人格上面、学习习惯或者兴趣上的一些培养"、[④] "大学需要的人才首先一定要基础过硬，第二问题解决能力要非常强，第三要做一个人，也就是说道德、价值观要正确"、[⑤] "首先是品行端正，这是第一位的，就像学校里考核一名学生，德育为首。第二位是态度，态度决定一切。第三位，要有才能，在组织里要能脱颖而出成为佼佼者"、[⑥] "从心理学的角度看能够胜任事物，具备学习能力、心理素质、自我管理能力、创造能力、合作能力等"[⑦]。虽然访谈对象用语习惯及关注的具体点各有侧重，但"扎实的学科知识、对科学的兴趣、解决问题的能力以及健全的人格"四个

[①] 杨明方. 拔尖创新人才如何"冒"出来[N]. 人民日报，2011-11-11（18）.
[②] 见附录一《大中学衔接培养创新人才访谈提纲》（大学教师版）第三问.
[③] 根据 X 大学教师 H1 访谈内容整理所得. 访谈时间：2011 年 9 月 26 日. 访谈地点：厦门.
[④] 根据 X 大学教师 L1 访谈内容整理所得. 访谈时间：2011 年 9 月 19 日. 访谈地点：厦门.
[⑤] 根据 X 大学教师 G 访谈内容整理所得. 访谈时间：2011 年 9 月 18 日. 访谈地点：厦门.
[⑥] 根据 X 大学教师 N 访谈内容整理所得. 访谈时间：2011 年 10 月 26 日. 访谈地点：厦门.
[⑦] 根据 X 大学科研行政人员 W1 访谈内容整理所得. 访谈时间：2011 年 9 月 19 日. 访谈地点：厦门.

方面的素质成为大学教师的共同期待。对比创新班培养目标的关注内容及大学教师的观点，二者基本上达成共识，创新班的培养目标满足了大学教师的要求。

创新班的培养目标不仅与大学培养创新人才的目标相衔接，体现出人才培养的阶段性和连续性，而且从传统的"知识中心"走向"创新中心、素质提高"，力图让学生"全面发展、学有所长"。但由于创新班仍处于起步阶段，创新班的培养目标还有待进一步完善。比如表3-1列举的培养目标存在宽泛、不够细化等问题，"宽厚坚实的基础、较强的创新精神、较全面的科学素养"等概括性、总结性的词语表述，未进一步阐明是何种基础、何种精神、何种素养，从而反映出学校对自身要培养的创新人才的特征普遍缺乏明确、深刻的认识。而且，从作者搜集到的资料来看，许多未列举的学校并不重视培养目标，对培养目标没有明确的表述，仅以只言片语带过，如为培养未来的科学家和工程大师奠定基础，[1] 追求卓越的高素质、厚基础、富有创造性和个性的拔尖人才，[2] 全人格、高素质，[3] 等等。培养目标应有的"指南针"作用未能体现。为使创新班得到持续、健康的发展，有教师认为创新班可"结合学校一贯的培养理念、学校领导的方向、学校教师的要求、学生和家长对毕业生形象的期待、用人单位的需求以及理论专家和大学教师的意见"[4] 制定更加具体、可行的培养目标。

第二节　课程理念：以丰富教育为主、加速教育为辅

在为创新人才的成长奠基的目标引领下，创新班在课程建设上主要采取了两个措施：第一，在课程理念上以丰富教育为主、加速教育为辅，力图使学生有更多的时间参与到创新实践中；第二，打破传统的课程结构，通过压缩基础性课程的课时、大幅提高拓展性课程及研究性课程所占的比

---

[1] 2010年实验中学高中"科技创新实验班"招生简章［EB/OL］. http://tj.zhongkao.com/20100505/4be0c6f8f2ae0.shtml，2010-05-05.

[2] 何晓文，等. 德育引领创新：华东师范大学第二附属中学创新人才培养的探索与实践[M]. 上海：华东师范大学出版社，2009：243.

[3] 北京师范大学附属中学. 探索全人格教育理念下杰出人才的培养模式——北京师范大学附属中学"钱学森实验班"[J]. 北京教育（普教版），2011（7）：9.

[4] 根据X大学教师H1访谈内容整理所得. 访谈时间：2011年9月26日. 访谈地点：厦门.

例，重新构建基础教育与创新教育适度平衡的个性化课程体系。加速教育与丰富教育相结合是培养学生创新能力的常用指导理念。加速教育以学科为中心，为学生提供快速成长的学习通道，丰富教育以经验为中心，为学生提供多样化的学习环境。如果说丰富教育在于使学生"长胖"，加速教育则力图使学生"长高"。为了达到培养学生创新精神的目的，创新班以丰富教育为主要理念，体现在丰富的课程内容及多样的学习方式两方面。同时，由于高中阶段学习任务繁重，要保证创新人才培养的时间和空间，必须以加速教育理念作为辅助，因此创新班采取了加速学习、提前学习大学课程、提前入学三种方式。

一、丰富教育

大学作为学术自由的场所，注重创设丰富的教育环境，使学生的潜能得到充分发挥。"创新教育提供给学生的其实就是一种丰富、多元、激励性的环境，在这种环境中，学生慢慢找到自己的兴趣点，不至于泯灭。"[①] 因此创新班在课程理念上与大学衔接，从设置丰富的课程到提供多种学习方式，帮助学生培养兴趣。

（一）丰富的课程内容

创新班的课程设置十分丰富，在国家规定的毕业要求外，大量扩充了课程平台，使学生拥有了多元化的课堂。上海中学开设的课程数量尤为丰富，在所有开设创新班的学校中可谓佼佼者。该校花费近五年时间设计出具有高选择性、现代化的学校课程图谱，课程图谱分资优生德育与学习领域两大板块，每年根据学生的需求不断更新。目前学校已经形成了语言、数学、人文与社会、实验科学、技术、体育与健康、艺术七个领域，知识拓展、视野开阔、解析研究与应用实践四个类型的732个发展型课程科目与模块供学生选择学习。同时，每学期按照课程期望图谱的要求，开出七个学科领域近200门发展型课程。[②] 上海中学首批科技实验班的毕业生在接受记者采访时几乎都谈到了该"课程图谱"。学生们认为，这些课程就像

[①] 根据X大学教师H1访谈内容整理所得．访谈时间：2011年9月26日．访谈地点：厦门．
[②] 沈祖芸，减莺．上海探索创新人才培养多元模式：四所高中"实验班"观察报告[J]．上海教育，2009（05B）：25.

"兴趣导师",拓展了眼界,激发了潜能,也让学习不再单一化。[1] 其他一些学校为了增加课程的多样性,也设置丰富的课程模块供学生选择,为学生搭建全面发展的平台。例如上海大学附中的课程分为身心修养、技能训练、通识教育、创新素养、生涯规划五大模块。

学生的学习经历并不局限于课堂,通过参与课题研究、开发创意项目、科研实地考察、社会实践体验、到国内外高校访学游学等活动,学生能拥有丰富的课外学习经历。如复旦附中提出学生三年分步完成四个校外"特选单元":一个月以上的海外研修经历,一个月以上的大学课程学习,一个月以上的社会实践或(大学创业园区)见习经历,一个月以上的国内同类型高中的交流学习。[2] 各类"体验式"学习有利于持续推动学生学习的动力和研究欲望。特别是与科研环境的亲密接触让学生揭开科研的"神秘面纱",感受实实在在的科研过程,对于激发学生的内在探究欲有着深远的影响。厦门大学附属科技中学(以下简称:科中)即注重为学生提供体验科研环境的机会,在带领学生参观完高校实验室后,科中两位老师这样表示:

"学生对活动参与热情很高。那天他们特别有兴趣,虽然很多东西看不懂,但学科视野得到扩展,可以说对学生产生了深远的影响。"[3]

"这次活动使学生受益匪浅。听一些前沿的报告、讲座,可能学生不能完全吸收,但是科普知识哪怕记住一点也是很难得的。在未来的5年后、10年后,将来他们真的从事某个领域的时候,有可能受报告的潜在影响对该领域感兴趣;也可能在有条件的时候,进一步去实现曾经接触到的想法。"[4]

(二)多样的学习方式

为了满足学生的个性化培养,推动学生的兴趣发展,创新班倡导多样化的学习方式,尤其注重自主学习与小组合作学习相结合,强调学生独立学习能力和合作精神的培养。其中,自主学习主要表现在以下四方面:

首先表现在课堂上。创新班改革以往由教师满堂灌、单方传授知识的

---

[1] 上海中学首个创新素养实验班老师感叹课难上[EB/OL]. http://sh.zhongkao.com/e/20111114/4ec0ab0b940a3.shtml, 2011-11-14.

[2] 谢应平,吴坚,杨士军(执笔). 高中创新人才培养项目的实践认识[EB/OL]. http://www.cnier.ac.cn/ztxx/gzfltbg/ztxx_20090318140236.html, 2009-03-18.

[3] 根据科中物理教师L4访谈内容整理所得. 访谈时间:2011年9月28日. 访谈地点:厦门.

[4] 根据科中化学教师S1访谈内容整理所得. 访谈时间:2011年9月18日. 访谈地点:厦门.

教学形式，取而代之以学习任务书、导学讲义。在学习新课之前，教师往往布置大量的预习内容，让学生通过看书、查资料、互相讨论来完成学习内容，教师在课堂上再对知识重点和难点进行有针对性的解答，有点"翻转课堂"的味道。例如，据科中的生物老师W2描述，他的生物课程是这么上的：

"暑假让学生把必修一先看一遍，让学生自行分析，并把整体知识点归纳出来形成作业交给我。上课再安排一些预习、导学任务给学生，让他们做，我检查后再作出回馈。"①

学生热爱提问、讨论也成为创新班的显著特点。以科中为例，在同一教师的同一节课上，创新班的课堂讨论时间比平行班多出十余分钟，学生明显更为活跃，探究意识很强；与平行班的学生参加同一场讲座时，创新班的学生也很容易分辨，主动向专家提问的几乎都是该班的同学。

其次表现在自主研修上，或开设专门的自习课或阅读课，或开辟专用自习教室，让学生自行学习感兴趣的内容。为配合自主研修，创新班多为学生提供丰富的数字化平台，作为工具辅助学生自主学习。在访谈中得知，北京S校设有专门的自主研修学院。据该校介绍，学生可以自学部分学科内容，通过自学检测达标后便可于课堂时间在专门的教室进行自主研修，无须按部就班坐在教室听课。该校创新班班主任对此作了详细的解释：

"自学内容首先是课堂知识，然后是加深学习，即大学先修课程。事实证明，这个办法对于优秀的学生是有效的，他们确实能够提高学习效率。学校自主研修室有老师负责考勤，但不干涉学生的学习内容。自主研修的面相当大，创新班的学生以自主研修为荣。但是个别自我管理能力不强的学生不予考虑。"②

再次表现在对课题的自主探究上。虽然学校都会为学生配备课题指导教师，但仍以学生自主探究为主。上海中学某毕业生表示：做课题的过程中，虽然有交大教授的指导，但几乎全部的探究过程都是由自己通过"试—错—再试"的方式一步一步向前推进的。③

最后表现为由学生自行开设课程及组织活动，例如，北京101中学的

---

① 根据科中生物老师W2访谈内容整理所得. 访谈时间：2011年9月28日. 访谈地点：厦门.
② 根据S校座谈内容整理所得. 座谈时间：2011年11月15日. 座谈地点：北京.
③ 沪首个中学创新素养实验班毕业三年成绩成果双丰收 [EB/OL]. http://news.ifeng.com/gundong/detail_2011_07/26/7937041_0.shtml，2011-07-26.

人文特色课以及假期社会考察均由学生自行组织筹划完成；东北育才学校则实行活动招标承办制。

自主学习变传统的被动接受学习为主动探究学习，在被动接受的学习中，学生往往会觉得自己在学习中承担的责任不大，而主动探究学习则把学习过程变成学生主动想学、主动去学，从而有利于学生科学兴趣的养成。

除了倡导自主学习外，创新班还注重小组合作学习的方式，将具备同一兴趣的同学聚集起来，有助于学生在独立空间自主探索之余相互交流、相互激发，形成良好的团队研究氛围。让学生根据自己的兴趣和特点自行组成模块小组，选择不同的发展方向共同学习也成为创新班在教育方式上的一大亮点。这些发展方向包括工程学、软件科学、生命科学、经济学等等，与学生的兴趣与志向有关，与高考学科无关。学校为不同发展方向的学生设计开发不同的课程，并邀请相应领域的专家给学生上课，进行个性化指导。以北京十一学校的动态"班内模块"为例，学生在学业初期会根据选课类型、学习方式形成不同的"模块分组"，比如物理竞赛小组、微生物发酵俱乐部、未来经济学家论坛、机器人智能小组等。随着学业的推进，还可以按照不同发展方向，组建新的学习模块。比如加强对接清华联考自主招生的研修小组、加强应对美国 SAT 考试的学习小组等。学校会对各种类型的"模块"和"分组"，在实验室、图书资料、自习室的使用、专业指导教师的配备、相关信息资源的整合等方面给予针对性的帮助。① 这种组建"动态模块"的做法从根本上改变了所有学生读一本书、上一堂课的传统模式。

此外，小组合作学习也被引入课堂教学中。研究性学习是最常运用小组合作学习的课程类型，形式一般为以学生兴趣为导向成立实验小组开展活动。例如科中的化学老师采取如下方式：

"一个班分成 3 组，每组一位组长。要求学生讨论、设计实验方案、在实验室进行实验、分析得出结论、小组呈现探究结果。我会挑选出比较不错的方案在班级展示。这可以为学生塑造一个榜样，提供学习的方向。让学生分组合作开展研究，每个人都会有不同的收获。"②

除了自主学习和合作学习外，创新班还通过开设学习方法指导课、开

---

① 科学实验班方案［EB/OL］. http：//www.bjshiyi.org.cn/ArticleShow2.aspx? id = 442，2010 – 03 – 15.

② 根据科中化学老师 S1 访谈内容整理所得. 访谈时间：2011 年 9 月 18 日. 访谈地点：厦门.

展学习论坛、汇报答辩等方式进行学习。其中,北京 S 校尤为注重汇报答辩的学习方式,在每次科技考察活动结束后,都让学生现场做演示报告并答辩,以此来判断学生在考察活动中表现出来的科学观察能力、思维能力、科学敏感性等,结合其考察活动中的表现赋予本期课程的学分。该校认为:

"这种方式不仅让学生逐渐学会撰写科学论文及答辩的方法,同时学会展示自己,对培养学生换位思考、多元思维的思维习惯很有帮助。实际答辩时,有几位老师出席,但到提问时没有老师的份,都是学生相互之间进行质疑、讨论,气氛很热烈。"①

创新班对于多种学习方式的探索,目的在于最大限度地激发学习的主动性,维护学生对于科学探究和创新思考的兴趣。作者在访谈时,大学教师 L1 便提到:

"实际上课程设置往往改变不了多少学生的学习习惯,更多的努力应该是让学生在掌握基本知识的前提下更主动地学习。"②

二、加速教育

加速教育作为培养资优人才的重要理念,被国内外资优教育界广泛采用,创新班也采用了这一理念。传统的实验班采取加速教育,目的在于提高学生学业水平。创新班采取加速教育,主要是基于为学生参与创新实践提供更多的时间的现实考虑。创新班的加速教育理念表现在以下三个方面。

(一) 加速学习

与传统实验班的"加快进度、拉大难度"不同,创新班的加速学习以"加快进度、拓宽广度"为主。创新班通过重新整合各学科内部和学科间的知识,压缩课时、单列教学进度,有效完成国家规定的学习内容,将更多的时间用于面向学生发展的特色课程。诚如上海 J 校所言:

"创新班的学生高中读三年是巨大的浪费,一年半就可以学完高考内容,还有一年半则外加课程及学习经历培养学生的创新素养。"③

除了整合课程外,部分创新班提出学生可以达标免修课程,如北京十

---

① 根据 S 校座谈内容整理所得. 座谈时间:2011 年 11 月 15 日. 座谈地点:北京.
② 根据 X 大学教师 L1 访谈内容整理所得. 访谈时间:2011 年 9 月 19 日. 访谈地点:厦门.
③ 根据 J 校座谈内容整理所得. 座谈时间:2011 年 11 月 18 日. 座谈地点:上海.

一学校的学生只要通过一定水平的测试，就可以免修必修课程。① 由于创新班的学生多为尖子生，学习能力较强，因而颇为适应加快学习进度的方式。上海中学的跟踪资料显示，第一学期末座谈发现大多数学生已适应并认同各学科的加速学习。②

创新班在学习内容上不仅仅是加快进度，还注重拓宽知识的深度和广度。教师在基础性课程的教学中，往往会有意识加入学科前沿的知识，并联系实际生活加深学生对知识的理解。例如，科中数学教师L3在访谈中告诉作者：

"在知识课堂上，课本的知识点会稍微加深，加深的程度及方向，如知识点是跟实际结合较多还是纯知识层次上的加深，由各科老师自行掌握。"③

华东师大二附中的人文创新班则将研究性学习渗透于基础课程的学习过程，如在语文课程的学习中，与上海市实验教材的学习同时进行的还有《论语选读》、《战国策研读》、《史记选读》等拓展内容的学习，在此基础上每位学生均应完成"大文化"研究小论文。④

（二）提前学习大学课程

在具体实施中，创新班的大学先修课程包括两类：一类是将大学的学科通识教育课程下放至高中，由大学教师进入中学授课。如上海中学在数学、物理、化学、生命科学、计算机与自动控制等5个领域，提供相当于或略高于国外大学预科水平的课程，由大学专家授课。⑤ 另外一类是为大学升学做准备的预科课程或竞赛课程。许多创新班都开设了美国著名大学预科课程（即所谓的AP课程），所修学分获得美国大学承认，以提高大学升学录取层次，为学生出国留学做好准备。还有些创新班则配合名牌高校的

---

① 科学实验班方案 [EB/OL]. http：//www.bjshiyi.org.cn/ArticleShow2.aspx? id=442，2010-03-15.

② 沈祖芸，减莺. 上海探索创新人才培养多元模式：四所高中"实验班"观察报告 [J]. 上海教育，2009（05B）；25.

③ 根据科中创新班数学教师L3访谈内容整理所得. 访谈时间：2011年9月20日. 访谈地点：厦门.

④ 华东师大二附中2012届人文创新实验班简介 [EB/OL]. http：//wenku.baidu.com/view/86036d1aff00bed5b9f31ddd.html，2010-01-09.

⑤ 科技实验班概述 [EB/OL]. http：//www.shs.sh.cn/shs.action? method=list&single=1&sideNav=3523.

自主招生，开设相应的短期课程。学生学习大学课程以在本校学习为主，部分创新班的学生也可进入大学学习感兴趣的课程，考试合格者可获取大学学分。

在部分创新班的实际操作中，也有大学先修课程存在沦为噱头的情况，其实质为传统的竞赛课程，如北京S校坦言道：

"我们对创新班的学生期望较高，通过测量发现他们的学习习惯并不弱于普通的学生，对付目前国家规定的高中课程，可以说精力绰绰有余。原来我们一直观察学生也是这样，你不让他干这件事，他必然去干另一件事。所以我们就以过去对学生的要求，在周六开设竞赛课程，即大学先修课程，专门有老师负责。要求学生每人选修两门，两门的意思就是周六全部的时间泡在两门课上，上午物理，下午化学，或者数学，生物，或者计算机。因为是选修，所以没有强行规定，但大多数孩子还是非常听话。而且从学的情况来看，我们觉得也没有问题。因为这些竞赛课程，说实在话，它不是大学的基础课程，如果真的是大学的基础课程，那学起来倒还容易。竞赛课程可能特偏特难，尤其是奥数，还有物理化学生物。"[①]

（三）提前入学

一些创新班在初三下学期经自主招生后把学生组织起来，在高中阶段正式开始前"预热"高中学科知识及创新体验，旨在缩短学生从初中应试教育跨入高中创新教育的适应期。例如科中在5月至7月间分两个阶段实施入学前课程，第一阶段入学前课程包括英语强化课程、信息技术、生涯规划，均由大学教师主讲；第二阶段入学前课程包括与知名教授面对面交流互动、初高中衔接课程等。北师大实验中学的初三第二学期也是高中预备阶段，这与该校实行初高中六年一贯制创新实验班有关。

第三节　课程体系：基础教育与创新教育适度平衡

课程是培养方式的主体部分，是实现培养目标的核心内容。为实现培养创新后备人才的目标，创新班打破了传统的课程结构，根据学生的特点重新构建符合创新人才成长规律的课程体系。按照上海市对于课程结构的

[①] 根据S校座谈内容整理所得．座谈时间：2011年11月15日．座谈地点：北京．

划分方法，创新班的课程体系包括基础性课程、拓展性课程以及研究性课程。作者将对这三类课程的开设及实施情况展开详细的介绍，并对其中的特点进行分析。

一、基础性课程

创新班的基础性课程主要为国家规定的学科课程，完成课程标准所规定的必修课的教学内容和要求，以确保创新人才培养必备的知识基础与学习能力。但是，在国家课程的实施上，创新班采取了以下两种做法：

第一，压缩课时。如上海交大附中减少了约25%的国家课程课时总量；北京35中压缩15%~20%的必修课课时；复旦附中的必修课程为语文、数学、英语、科学、人文、艺术和体育，每周共23课时，这意味着与平行班每周33课时相比整整压缩了10课时。[①] 为了达到压缩课时的目的，同时完成国家规定的要求，各学校主要从提高课堂教学效率入手，对交叉的学习内容进行整合，减少内容上低效率的重复，还有部分基础内容则由学生自主学习，力求以高效率、高质量完成国家课程。具体做法列举如下：上海J校"语数外每周各减少一课时，物化减少书本的实验，老师增加课程容量"；[②] 北京四中道元班则基本不安排习题课，以减少重复性训练时间，尽量减少考试次数，考试实行单独命题，增加开放式的考试；东北育才学校压缩课时后创新班的课程进度比平行班快出不少，以化学课为例，一周3节课，平均每2至3周就比平行班的进度快出1节课；等等。尽管课时有所压缩，但创新班均强调学生必须牢固掌握基础知识，以保证今后学习的可持续性和创造性。科中教师L4对此有所解释：

"只有在扎实的基础上进行拓展才最有用。不然基本功没打好，知识结构便不够优化，学生的创新点就组合不出东西，碰撞不出火花。"[③]

第二，将国家课程校本化。在课程内部和学科之间进行整合，把国家课程转化为适应学校实际和学生需要的课程。一般做法是删掉各科重复、陈旧部分的内容，新增科技、文化、经济等方面的前沿知识，以给学生提

[①] 沈祖芸，减莺. 上海探索创新人才培养多元模式：四所高中"实验班"观察报告[J]. 上海教育，2009（05B）：25.
[②] 根据J校座谈内容整理所得. 座谈时间：2011年11月18日. 座谈地点：上海.
[③] 根据科中物理教师L4访谈内容整理所得. 访谈时间：2011年9月28日. 访谈地点：厦门.

供创新的支点。如华东师大二附中对所有基础型课程进行了校本化改造；上海中学在数理化三科上实行双语双课本教学，即采用上海版教材及与内容较为接近的国外有影响的学科原版教材，用国外原版教材授课时，要求数理化老师全英文授课；北京166中学的国家课程对数学、科学和技术课程实现模块教学融通、部分相关学科融通（如生物化学、生物信息等）；①等等。

创新班还有一部分基础课程是根据本校学生实际和创新班的特点开设的创新必修基础课程，如北京十二中开设了航天发展史、钱学森精神与思想、卫星结构及原理、航天概论等必修基础课程。作者调研的上海J校则采取以下做法：

"在数学课上增设应用数学及数学建模课，一学期一门；考虑到学生需要搜索国外文献进行研究，英语方面也增加了科技英语、科普英语等；在艺术熏陶方面，增加了艺术欣赏、美术画和音乐等。"②

二、拓展性课程

拓展性课程是为拓宽学生的知识面而设置的课程，目的在于"启发学生的兴趣，让学生形成梦想，并朝向梦想努力。"③ 在实践中，创新班的拓展课程的开发有两类方式：一类为学校独立开发，包括引入已有的校本课程以及另行开发的新课程，如上海中学在创新班中大量引入已有的精品校本课程；另一类为中学与大学或科研院所合作开发，由后者承担部分选修课程的设计，如北京35中与中科院合作设计中科院专家科技系列课程，包括基础性课程专题学习、课题研究、科技创新实践活动。通过上述两类方式，创新班开设了大量的拓展课程供学生选择，基本上可以满足学生的各类需要。创新班的拓展课程不仅在高一开设，而且贯穿至高二甚至高三，并根据年级顺序的不同设置难度不同、符合学生身心发展特点的课程。总体来看，创新班设置的拓展课程分为以下几类，详见表3-2。

---

① 北京高中实验班特色展示："生命科学创新人才培养实验班"［EB/OL］. http：//chuzhong. eol. cn/bjzz_11378/20110518/t20110518_617816. shtml，2011-05-18.
② 根据J校座谈内容整理所得. 座谈时间：2011年11月18日. 座谈地点：上海.
③ 根据科中创新班数学教师L3访谈内容整理所得. 访谈时间：2011年9月20日. 访谈地点：厦门.

第三章 创新班的课程建设

表 3-2　　　　　　创新班拓展课程整体开设情况

类别	主要内容	举例
学科深化类拓展课程	学科竞赛辅导；学习能力及学科前沿知识拓展	北师大附中关注学生学习发展技能构建的《SLD课程》；复旦附中的数学类板块课程；北师大实验中学的学科竞赛类课程
创新专设类拓展课程	两类：创新能力训练课程类及特设课程类	上海交大附中的《创新思维技能》、北师大附中的《创造学》；上海交大附中的特需课程、北京101中学的专长能力课程
人文艺术类拓展课程	传统文化、艺术、历史等知识的学习	上海大学附中的人文素养类课程；北京35中的艺术鉴赏类课程、首师大附中的《传统文化研修课》
科学技术类拓展课程	对自然、社科知识的学习；科技活动	上海师大附中的剑桥科学系列课程；北师大实验中学的科技活动类课程
讲座、报告类拓展课程	大学及科研机构人员的专题讲座、报告	北京101中学的高端讲座课程；复旦附中的"创新讲堂"
身心发展类拓展课程	关注学生的心理健康及身体锻炼	华师大二附中的德育课程板块；上海大学附中的身心修养模块
活动类拓展课程	科研实践活动、社会实践活动、社团活动等	北京35中的假期科学考察；首都师大附中的社会参观活动

资料来源：作者根据各学校相关资料自行整理。

创新班拓展课程的开设具有三个特点：

（1）在授课内容上，注重开设各种类型的课程，以促进学生的全面发展，尤其关注培育学生的人文艺术修养。从上表可以看出，很多学校都开设了专门的人文艺术课程供学生学习。"文化艺术是激发科学家创新思维的一种动力，其中关于追求真、善、美的熏陶，直接推动学生们去进行新的创造"，[1] 人文艺术知识的欠缺将制约学生发展的高度。创新班对此已经有所意识，如北京 S 校便特别强调："当我们突出科学培养的同时，千万不能忽视学生的人文素养。"[2] 除了开设专门课程外，人文艺术精神的培养也体现在其他活动中，如上海交大为上海 J 校学生安排教授讲座时，很重视安排人文艺术类讲座，比如交大的首席小提琴、演奏家讲座等，学生都非常感兴趣。

---

[1] 根据 X 大学教师 N 访谈内容整理所得．访谈时间：2011 年 10 月 26 日．访谈地点：厦门．
[2] 根据 S 校座谈内容整理所得．座谈时间：2011 年 11 月 15 日．座谈地点：北京．

（2）在拓展课程的类别中，创新专设类拓展课程成为创新班的突出特色，特别是第二类特设课程——为有不同兴趣和特长的学生设置专门的课程在平行班中几乎不会出现。特殊人才的培养需要特殊课程的支撑。考虑到创新班的部分学生自我发展意识强、创新潜质较为突出，创新班需要提供特殊课程作为他们的发展载体，尽最大努力为学生提供翱翔的空间。如上海交大附中专门为有特殊需求的学生提供特需课程，包括上海财大虚拟班课程、上海交大医学院虚拟班课程、实验基地技能课程等；北京101中学把有共同专长、兴趣和发展潜力的学生组建成专长修习团队，为这些团队提供所需要的专长能力课程及指导教师，一般分学年开设，根据学生的不同需要，组建不同的团队，并不断更新课程内容；[①] 天津实验中学则提出"订单式课程"，在学生完成项目研究中，根据不同项目组学生的不同需要提供订单式差异性课程。[②] 以往拓展课程往往是由学校根据教师的兴趣和学科素养情况开发课程，开发之后再供学生选择，很少根据学生的需求开课，而创新班则关注和重视学生课程的建设，给予学生更多的自主选择和开发课程的权利。

（3）在活动课程中，除了与普通班级相同的社会实践活动、社团活动、班级活动外，科研实践活动是创新班专门组织的有别于其他班级的特色性活动，以培养学生的创新精神为目的，与研究性课程相配合，共同深化学生的科研经历。综合来看，创新班的科研实践活动主要包括日常科技综合活动、假期科学实践两种形式。日常科技综合活动包括校内外的各类科技活动、科技竞赛、科研场所参观体验等，如北京35中组织学生走进大学实验室、中科院科研院所和国家级重点实验室，对研究所的前沿科学装置和仪器进行实地考察。由于日常学习时间有限，学生无法长时间进行科研的深度体验，因此创新班利用假期、主要是寒暑假开展科研实践活动。以北京S校的假期科学实践为例，北京S校提到：

"我校每年开设两次假期科学实践课程，每次两周，主要进行系列科学考察活动和到科研院所的著名实验室进行科学研究过程的深度体验，学生根据个人的特点和发展需求选择适合的学习项目。在科考活动中，学生必须通过看材料以及现场咨询等方式对某一项目考察透彻，回校后进行科考

[①] 记者三问高中创新实验班［EB/OL］. http：//bjyouth.ynet.com/article.jsp? oid = 69268467，2010 - 09 - 14.

[②] 张雯婧. 为有特长拔尖生成才搭台铺路［N］. 天津日报，2010 - 05 - 20 (8).

汇报并现场答辩，使同学们意识到科学素养的培养要从细致的科学观察开始，并锻炼学生的表达能力和勇气。实验室深度体验则根据学生的兴趣分散到14家科研院所及大学实验室，跟着专业人员做一个科研项目，回校后也要提交研究报告。有学生参加假期科学活动后表示在实践中慢慢学会了科学考察的方法以及对科学严谨的态度。"[1]

总之，科研实践活动的开展旨在开拓学生的科学视野，增加学生对科技的好奇心和求知欲，同时提高学生的科学思维能力、观察能力、实践能力等综合科学素质。

由于拓展课程非高考内容，所以长期以来拓展课程在中学并不受重视，课时得不到保障，实施成效欠佳。而创新班除了高考之外还承担着为创新人才成长奠基的重任，拓展课程的开设关联到学生潜能发展及兴趣聚焦的程度。创新班为保障拓展课程的开设，在具体实施上采取如下措施：

（1）指定选修与自由选修相结合，让学生更有效地明确学习方向的同时，充分尊重学生的自主权，给予学生更大的选择空间。指定选修以学校要求的专业必修拓展课程为主，包括学科竞赛辅导、生涯规划、讲座等，具体课程因校而异。东北育才学校创新班的指定选修课包括计算机与电子、科技写作与展板设计，北师大实验中学的指定选修课为学科及综合专修板块，包括数学、物理、生涯规划、哲学艺术等课程。北京B校在座谈时对选修与专修做了如下解释：

"选修的定位很简单，就是给学生打开一扇门，不要求做深入的了解。专修的定位是学生在学业基础之上，对某一方面感兴趣，通过自己的努力之后，应该能够达到一定的水平。创新班和其他班的最主要差别，在专修课程上。设置专修课程的目的在于为学生打下扎实的理科基础，在此基础之上再进行相应培养，因为创新班是为培养理科拔尖人才奠定基础，不是直接培养拔尖人才。"[2]

（2）保障课程时间。在开课时间上，存在两种情况：一是将每周的某个下午指定为拓展课程的时间，如北京三十五中每周五下午为中科院课程时间、北京十二中每周三下午开设航天课程；二是利用平日的课余时间或周末开展拓展课程，原因在于总课时十分有限，课外时间上课效率较高。北京B校的做法如下：

---

[1] 根据S校座谈内容整理所得. 座谈时间：2011年11月15日. 座谈地点：北京.
[2] 根据B校座谈内容整理所得. 座谈时间：2011年11月14日. 座谈地点：北京.

"专修课程的开设走两个途径,第一是平日的课余时间。学校日常的教学安排为一天八节课,一节课 40 分钟,去掉每周一第一节全校的校会,每周二下午第三节全校老师政治上课,去掉五节体育课,总课时非常有限。因此选择每周四下午三节课后作为专修课上课时间,属于日常八节课以外的安排。第二则是周末时间,连续上半天四个课时,效率比较高。"①

但在拓展课程的总课时安排上,创新班出现大量开设与保守开设两种意见。上海中学的专门课程、探究课程超过学生学习总课时的 25%,上海 J 校的基础课程和校本创新人才课程的比例为 6∶4,郑州九中也宣称每周开设 8 节创新课,北京十二中则没有过多的额外课程,他们认为:"毕竟所有的学生最终还是要参加高考,基础课不能耽误。重要的是在基础课的学习中重点培养学生的探究精神和科学思维。"②

(3) 根据课时灵活设置课程,实行长短课制。长短课制不仅存在于选修课中,而且"涉足"其他课程类型。不同创新班的长短课制有所差异,依作者掌握的资料来看目前存在以下两种探索模式:

一种为以北京十一学校为代表的长短课模式。该校创新班班级课表中,根据不同的学段和不同的学科学习内容设置三种课时,"大课" 120 分钟,比如专题实验课、人文学术论坛、名家大师讲座等,"小课" 30 分钟,比如科学咖啡吧、俱乐部活动、心理和艺术修养课程等,"中课" 90 分钟,比如学科必修课程、自主研修、国际友好学校远程互动会议等。③ 上海交大附中以微型选修、短选修、长选修构建选修课模式与十一学校思路类似。还有一些学校则将高中阶段发展性、提高性的知识组合为大量短小的"微型课程",即短课。

另外一种为以上海复兴高中为代表的长课模式。该校变高中日常 40 分钟的单节课程为两课连上,历时 100 分钟,通过内容整合、教学方式优化、加大课时量等途径,减少每节课的衔接所造成的教学时间的浪费,使教师有充足的时间整体设计、完整落实课程的三维目标。具体来说,在上海复兴高中,实验班一周有五堂长课,有语文与历史合作的人文课,有以课题研究贯穿始终的数学课,还有重视学生实践探索的外语课、学用结合的化

---

① 根据 B 校座谈内容整理所得. 座谈时间:2011 年 11 月 14 日. 座谈地点:北京.
② 钱学森班探秘:55 专家任导师看火箭发射近于记者[EB/OL]. http://www.chinadaily.com.cn/hqgj/jryw/2011-12-08/content_4613135.html,2011-12-08.
③ 科学实验班方案[EB/OL]. http://www.bjshiyi.org.cn/ArticleShow2.aspx?id=442,2010-03-15.

学课等。

两种模式各有所长：北京十一学校的长短课模式旨在为学生提供灵活的学习方式，并有效整合学校资源；上海复兴高中的长课模式则对传统的课堂教学进行改革，以整个单元或整章内容为单位设计教学，改变以往的学科知识体系被人为"切割"的局面，减少分课教学的无效环节。

（4）在授课师资上，除了本校教师外，大学专家也开设大量选修课程，教授学科前沿知识。因为大学专家的加入，创新班拥有了与众不同的"大学时间"。如上海南洋模范中学的每周三下午都由上海交大派出的优秀教授团队授课、辅导。由于大学专家精力有限，不可能与本校教师一样整学期连续授课，所以他们开设的多为微型课程，以讲座、报告类为主，也有部分连上几节的专题课程。另外，部分创新班出现一门课由多位老师共同授课的局面，此类课程一般为跨学科综合长课。以上海复兴高中的长课《酒文化》为例：该课分别由语文、历史、化学三位老师共同执教。历史老师着重介绍中国古代酒的起源、酒对中国文化的影响等内容；语文老师介绍有关酒的制造应用文、历史上一些名士对酒的赞颂名篇；化学老师则引导学生学习乙醇的用途和性质。[①]

三、研究性课程

如果说拓展性课程是激发学生研究兴趣的"发动机"，研究性课程则是学生开展研究的"感受器"。通过研究性课程，学生不仅可以学会如何开展课题研究，还可以一探科学研究的真面目。因此，创新班特别重视研究性课程，创造各种条件使学生亲身体验课题研究的过程。

创新班的研究性课程主要包含两部分内容：一为理论学习，注重对课题研究的专门知识基础和研究方法进行讲解，使学生了解课题研究的原理和流程。如复旦附中辅修研究性课程中的专业理论研习板块即属此类。二为课题实践研究，以实验活动的形式开展，包括小课题研究和项目研究，以小课题研究为主。如科中开展微型课题让学生在动手实践中养成课题研究的基本素养，北京十二中则实施在院士专家指导下的"航天器创意设计"、"载荷搭载方案设计"、"人造天体观测"、"航天虚拟仿真实验"和

---

① 复兴高级中学培育创新人才出新招［EB/OL］. http://whb.eastday.com/w/20110530/u1a887237.html，2011-05-30.

"生命科学实验"五个高水平研究性学习项目。创新班对于研究性课程的要求不停留于方法的学习，更强调学生基于个人的兴趣和特长，真正开展课题研究，旨在让学生从开题到实施研究步骤再到最后结题，参与整个科研流程。如郑州九中把研究性学习的主要内容界定在创新实践的范畴，引领学生或分小组或独立进行科学探究和创新思维的实践论证。①

与平行班相比，创新班在研究型课程的实施上体现出以下特点：其一，平行班的学生不是每个人都需要开展课题研究，即使开展研究，往往也是提交一份研究报告即可，对于研究报告的真实性及质量不做要求。多数创新班则硬性要求每名学生在高中三年至少完成一项课题研究。其二，平行班的研究性课程一般在本校开展，以本校教师指导为主，创新班则校内外共修，并为学生配备大学或科研院所的专家做课题导师。如复旦附中的研究型课程第一学年以校内辅修为主，由合作的复旦大学根据计划要求配置相应的通识课程及授课教师；第二学年以校外辅修为主，在导师指导下进行选课学习，以复旦课程为主、附近其他大专院校为辅；第三学年以导师指导下的专业辅修为主，为每位学生配备学业导师，保证每位学生享有个性化培养的条件及研究性学习的尝试和成果。② 在研究场所上，平行班的实验一般在本校实验室开展，创新班则不局限于本校实验室，还延伸到高校及科研院所的实验室中。其三，创新班的研究性课程课时多于平行班，如北京四中每周安排3课时的"研究与交流"课程，上海J校则更多，"具体为教授课题指导一周两节课，到相关学校做实验一周三课时，理论指导一周一课时。"③ 需要强调的是，创新班的研究性学习不仅仅是几个课时的问题，学生课外的研究实践，特别是感兴趣的研究需要花费大量的时间。

归纳本节内容可以看到，为实现培养创新后备人才的目标，创新班打破了传统的课程结构，从三个方面着手进行课程体系的重构：一是在确保教育部对中学生基本要求的前提下，提高拓展课程及研究性课程的比例；二是与大学共同制定课程计划，引入大学的学习内容，并由大学教师承担部分选课；三是突出创新人才培养的特征，专设创新人才培养课程重新构建符合创新人才成长规律的课程体系。

---

① 郑州九中创新教育又迈出坚实一步 [EB/OL]. http://news.ifeng.com/gundong/detail_2011_06/28/7288445_0.shtml, 2011-06-28.

② 谢应平，吴坚，杨士军（执笔）. 高中创新人才培养项目的实践认识 [EB/OL]. http://www.cnier.ac.cn/ztxx/gzfltbg/ztxx_20090318140236.html, 2009-03-18.

③ 根据J校座谈内容整理所得. 座谈时间：2011年11月18日. 座谈地点：上海.

对于创新班重构课程体系的原因，作者认为有如下几条：首先，传统的课程体系以基础课程为主，注重向学生单方传授学科知识，在潜移默化中让学生墨守成规，不利于学生创新精神的培养；其次，创新班进行的创新人才培养方式探索是贯穿高中三年的完整过程，不同于一般意义上对中学生创新能力的培养；最后，创新班的学生学有余力，是常规课程"吃不饱"的。因此，创新班对课程体系进行整合，并进行创新人才培养特殊课程建设，为学生设计专门的个性化课程方案。

重构后的课程体系体现出以下特点：其一，基础教育与创新教育适度平衡。创新班既注重搭建学生宽厚的学科基础，保证国家课程的学习质量，又尊重创新人才的成长规律，有效地结合高考学科内容、未来高校学习内容和学生兴趣爱好设置丰富的创新人才培养课程。其二，创新能力的培养贯穿于创新班开设的各类课程中，基础课程从创新活动的元认知、思维能力层面为学生夯实创新基础，拓展课程、研究课程从兴趣培养、经验积累、实际操作等层面为学生形成创新素养提供学习经历，各类课程共同"发力"，全面推进创新人才的培养。其三，课程体系开放、多元，直接与高校"对接"。创新班打破学科之间、领域之间、教育阶段之间的界限，拓展学习的深度和广度，聘请高校教师走进中学课堂，增加科研实践与体验，为学生提供丰富多彩的高中生活。特别是大量选修课程的开设，真正给予学生自主选择的权利，使大中学教育真正统一起来。

第四章　创新班的教学改革

　　为了培养具备一定创新基础的高中生，创新班以创新人才的发展特征与课程建设为依据，在教学方面进行了以下改革：第一，实施导师制与生涯规划教育，为学生提供双重的成长指导；第二，采取弹性的学分制与学制、走班制、流动机制等多元、灵活的教学管理方式；第三，评价方式有所更新，表现为学生评价和毕业生升学评价的更新。

第一节　双重的成长指导

　　兴趣是学生未来从事学术研究的内在驱动力，因此创新班创设各种条件、通过各种途径来激励学生的兴趣。丰富的课程内容虽然有助于引发学生的志趣，但兴趣导向不够明显，还需进一步聚焦转化为志向，才能为日后持续不断地深入探索打下根基。学生的志向"生长"需要有专门的规划，要对其进行充分、针对性、具体性的指导。因此，创新班不以教学指导为主，而是以成长指导为主。成长指导的内容涵盖学业、生活、科研、志向等方方面面，具体措施包括导师制及生涯规划教育。导师制发挥潜在的、隐性的、片段式的指导作用，生涯规划教育则专门、具体、系统地提供指导，二者相互配合、相互补充，共同为学生开启创新之门提供"指路明灯"。

一、导师制

　　导师制最早出现在 14 世纪的牛津大学，是一种由教师对学生的学习、人生各方面进行全方位指导的育人方式，有助于加强师生关系、密切彼此互动。教师通过导师制可以更好获悉学生动态、发现其专长、指导其学习、促进其成长。牛津大学在学院制的基础上配套实施本科生导师制，学生入学后进入学院过集体生活，由学院安排导师辅助学生的学业、思想和生活，强调教师对学生的个别辅导及师生互动。导师制实施后，师生关系十分密切，学生可以经常找老师交流想法，获得教师的帮助及全方位的指导；教师也可以针对学生的个性特点因材施教，有利于保证教育质量。因而，牛津大学的导师制一直实施至今，而且在世界大学范围内得到推广。20世纪初，导师制由欧洲传入美国，在哈佛大学、麻省理工学院、普林斯顿大学、加州大学等逐步实施，此后在高等教育领域进一步得到推广。[①]

历经几百年的发展与变化，导师制在不同时期呈现出不同特点。无论是导师的身份、地位、职责，还是指导内容、指导方式等都发生了大的变革。以牛津大学导师制为经典模型，有学者将其划分为三大阶段：(1) 原始导师制时期：以牛津大学建校初期为起点，以14世纪的新学院付薪导师制为终点。在这一时期，虽有导师，但无制度，各个学院对导师的要求不统一、也不明确，导师主要是接受学生家长的委托、负责指导与监管工作；(2) 古典导师制时期：由14世纪末到19世纪中后期，逐步形成具备学院统一规范的导师制，导师们逐渐脱离学生监督者、保护者的位置，转向指导学生的学习、生活等各个方面。但宗教色彩浓厚，导师与教会有着千丝万缕的联系；(3) 现代导师制时期：19世纪中后期，牛津大学、剑桥大学等逐步淡化对师生宗教信仰的限制与要求，大学与宗教遂相脱离，导师制也慢慢摆脱宗教色彩，实现根本性变革。工业革命之后，导师的指导更与现代科学密切联系，指导内容呈现出多学科特点、强调更好的实用性、灵活性。[②]

在中学实施导师制最早的国家是美国，原因在于美国中学实行学分制后，知识结构和心理水平尚未成熟的高中生面对复杂的课程时，无法自主选课，需要导师的协助。近年来，我国的中学也开始推行导师制，但一般都是由本校教师担任学生导师，由大学师生与本校教师共同担任学生导师使得创新班的导师制显得格外"与众不同"。采取这种联合导师的方式，旨在关注指导学生从单纯学科知识学习延伸与拓展到对专业的兴趣与追求，努力使学生成为深刻的学习者、睿智的研究者，促进学生批判性思维和创

[①] 李东成. 导师制：牛津和剑桥培育创新人才的有效模式 [J]. 中国高等教育，2001 (08).
[②] 王辉，王卓然. 牛津大学导师制发展探究及启示 [J]. 黑龙江高教研究，2012 (09).

新思维能力的实质性提高。①

各创新班导师的具体设置情况有所差异，总体而言分为三类：

第一类为学业导师，一般由学科教师或由基础知识扎实、学业学术较为优秀的博士、硕士研究生担任"学业导师"，负责对学生分学科、专门化指导。如北师大附属中学为学生安排学习的优势科目导师与弱势科目导师。

第二类为学术导师，一般聘请大学或科研院所的专家担任，以带项目或课题的方式对学生进行"一对一"的指导。在实践中，限于大学专家时间和精力有限，"一对一"往往不是一位专家指导一名学生，而是指导由几个学生组成的一个课题组或项目组。学术导师主要提供课题研究方面的指导，使学生了解专业科研人员的思维方式与研究方法，并在接触过程中发现学生的研究能力与特点，帮助学生制订个人研究计划，引导学生的专业志趣成长。除了大学专家外，一些学校还聘请在校博士生作为学生的课题导师，如北京三十五中不仅聘请多位中科院专家担任课题组导师，而且聘请了两名博士和两名博士后作为学生的科研指导教师。以往，普通班级的学生在开展课题研究时基本上只能"享受"本校教师的指导，无法与大学专家对话，不仅局限了学生的视野，而且指导科研效果也相对有限。一般而言，大学里的科学家在科研指导方面更加在行，因为他们在科学研究过程中积累了丰富的研究感悟和体验，而且在一个长期从事某领域研究的实验室里，中学生比较容易从他们的研究领域中找到既有创新性又有科学性的课题方向。②

第三类为人生导师或成长导师，主要由校内经验丰富的教学专家教师担任，其中不乏校长等学校主要领导。人生导师负责学生人生发展方面的教育引导和服务，特别是负责学生在思想政治、心理等领域的教育，保证创新人才培养的政治方向、人格基础和心理健康。③北京S校某领导认为导师对学生的成长有很大的帮助：

"导师是学生的朋友、伙伴，学生有学业上、生活上的问题，可以随时和成长导师坐下来谈一谈，孩子在成长导师面前没有紧张感，有安全感，

---

① 谢应平，吴坚，杨士军（执笔）. 高中创新人才培养项目的实践认识［EB/OL］. http：//www.cnier.ac.cn/ztxx/gzfltbg/ztxx_20090318140236.html, 2009-03-18.

② 娄维义. 创新型教师的培养——以美国洛克菲勒大学培训项目为例［J］. 全球教育展望，2010（4）：94.

③ 沈祖芸，减莺. 上海探索创新人才培养多元模式：四所高中"实验班"观察报告［J］. 上海教育，2009（05B）：25.

愿意跟学生说出心里话。学生挺积极的,有事情都给导师发信息商量。"①

从整体上看,创新班的导师制在实施上存在以下特点:其一,各类导师的指导内容不做严格区分,往往以某方面指导为主,兼顾指导学生其他方面的发展。例如,学术导师也会关心学生的学业以及成长问题。由于学业导师一般会涉及成长辅导,个别受访对象对另行设置成长导师的必要性提出质疑,认为"学业导师有必要,但特意设置人生导师不是很有必要。学生在社会上也会有意地吸收养分,进行自己的思考。"② 其二,不是所有创新班都配备上述三类导师,从作者搜集的资料看实施双导师制的创新班最多,其次为三导师制,最后为单导师制。有些创新班只有课题导师,保证学生在课题研究上有专家指导,有些创新班则保证学业导师,不保证学术导师。其三,在导师制的师生比上,一般为1∶2到1∶5不等,多者达1∶10,也存在部分创新班对导师所带学生数量不设严格上限的情况。另外,创新班虽然实行全员导师制,但部分班级内学生与学生之间配备的导师数量有所不同。

导师制的设立有两方面的积极意义:其一,本校教师担任导师有利于促进师生关系从权威型向民主型转变。在传统的师生关系中,教师往往是权威者形象,师生的交流除了课堂便主要是学生考试不好或犯错误时候的训话,学生没有选择教师的权利。导师制实施后,学生不仅拥有了选择权,而且教师变成学生倾诉以及寻找成长帮助的对象,师生关系走向民主、和谐。其二,大学教师担任导师,使得学生在高中阶段就能和一流的教授、专家面对面,无疑帮助学生站上了更开阔的平台,学生也从高校教授那里得到了潜移默化的影响。③ 大学专家担任导师的意义不在于对学生的指导有多具体,更多的是通过近距离接触,"润物细无声"地激励学生朝向梦想努力。另外,导师制的实施使得创新班在大学和中学面对面的衔接外,还实现点对点的衔接,从而深化了高中阶段创新人才的培养方式。

二、生涯规划教育

国内学生缺乏明晰的生涯规划已然是普遍现象。笔者曾经做过一个调

---

① 根据 S 校座谈内容整理所得. 座谈时间:2011 年 11 月 15 日. 座谈地点:北京.
② 根据专家 S2 座谈内容整理所得. 座谈时间:2011 年 11 月 20 日. 座谈地点:上海.
③ 张春铭. 创新人才培养从基础教育抓起 [N]. 中国教育报,2010 - 11 - 17 (003).

查，到硕士生阶段仍有54.8%的学术硕士不知道将来干什么好，存在自我定位茫然的局面。① 经历了四年大学教育的研究生尚且如此，高中生在经过三年的填鸭式教育后更谈不上明确的定位，普遍呈现有志无趣或有趣无志的状况，对大学与今后发展的方向比较盲目。对于创新人才的成长而言，方向比距离更重要，创新班的学生亟须自我的清醒认识和科学的生涯规划。因此，许多学校专门设置了生涯规划模块，引导学生树立志向，明确奋斗目标，强化学习动力。

目前创新班在生涯规划教育的实施上主要采取下述四种方式：

（1）专门开设生涯规划课程并使用专门的教材，这是多数学校采取的方式。生涯规划课程一方面从价值层面引导学生正确地认识人生的意义，另一方面又从自我导向层面分析自己的兴趣与特长所蕴含的人生发展潜力，制定与实施自己学业、职业与事业的发展规划。② 作为补充，学校往往会开设相关讲座，如上海交大附中不仅于每周三下午开设一节生涯发展课，还举办"从中学走向大学"、"择业与创业"等讲座。在课程的具体实施上，科中在生涯规划课程中引入生涯规划指导课前、课后问卷以及高中学长访谈，以加强辅导的针对性；北京B校则采取如下做法：

"我们是高一第一学期开设生涯规划课，每周一课时，我们有专门的一个团队在做这件事情。这周四，北京市有一个推广的课。我们是立体式地做，除了给学生做，也给家长讲生涯规划的意识和一些基本的理论。主要通过家长学校、家长会的形式来讲。今年是第二年在高一开设生涯规划课程，原来是心理的课，目前在课程体系里，没有高二高三。"③

（2）构建生涯规划信息平台，只有少量创新班拥有。其中上海J校将生涯规划信息平台作为创新班的主要特色来建设：

"我校在市信息委的资助下专门构建了'学生自主发展规划'信息系统，系统开发了2年，现在处于试用期。系统主要包括两方面内容：一为学业规划，使学生通过测试明了升学方向。系统每年导入全国重点高校所有的数据，包括专业设置、录取分数、培养情况等，并导入历届学生的考试成绩和名次供学生参照。二为志趣规划，供学生了解自身的兴趣点及适

---

① 万圆. 论推行全日制专业硕士的意义——基于X大学"硕士研究生自我定位现状"的问卷调查分析 [J]. 纺织教育，2011（5）：380-383.
② 南京师范大学附属中学：教育就是在现实中创造未来 [EB/OL]. http://www.jse.gov.cn/art/2011/6/26/art_3948_14985.html，2011-06-26.
③ 根据B校座谈内容整理所得. 座谈时间：2011年11月14日. 座谈地点：北京.

合从事的职业。具体来说，学生进入系统后，输入个人爱好信息，系统经过一步步对话后给出引导性意见，提供适合该生的高校及职业建议，初步为学生建立一个职业取向。另外，系统根据学生的升学意愿和未来职业规划的要求，帮助学生设计课程方案和学习策略。"[1]

（3）个别指导，结合导师制、成长档案袋一起实施。以科中为例，在导师与学生个别接触了解学生的现状、规划后，不仅给学生提出指导性的建议，还需反馈给创新班科任教师，提供如何在日常教育教学中有意识地渗透生涯规划教育方面的建议。生涯规划将贯穿高中三年，跟踪学生的发展变化并纳入成长档案袋，根据学生最初的目标形成阶段性的对照反思。负责该校导师制实施的教师L3如此解释道：

"单纯的几次人生规划课程肯定是不够的。贯穿的生涯规划教育可以让学生不停地被强化，特别是当学生疲惫、偷懒的时候，让他时刻铭记努力的方向。"[2]

另外，该校还拟挑选目标明确但与目标差距较远的学生作为个案，通过家长讲述个人职业成长过程等途径，让学生对职业角色有具体的了解。

（4）结合心理健康教育共同实施。如北京35中的心理健康教育与生涯规划，是高一阶段实施心理健康与人际交往、人生成长与学业生涯规划，高二阶段实施学业和生涯规划，高三阶段实施自我设计、考试心理和专业选择。[3] 有些学校则直接把原有的心理健康课程改为生涯规划课程，在心理健康教育中加入生涯辅导的内容，导致生涯规划的指导性不强。上海J校的生涯教师兼顾学生的心理健康与生涯规划指导：

"我校的生涯教师相当于高校的政治辅导员，须和学生共同吃住，对学生进行学业、心理、生活等各方面的指导。"[4]

上述四种方式并不是截然分开的，大部分创新班都是综合运用其中几种或全部方式。在生涯规划教育中，专门的课程可以作为抓手，生涯规划信息平台作为依托，个别指导作为深化途径，心理健康教育作为补充手段，共同引导学生学业及职业的发展方向。

---

[1][4] 根据J校座谈内容整理所得. 座谈时间：2011年11月18日. 座谈地点：上海.
[2] 根据科中创新班数学教师L3访谈内容整理所得. 访谈时间：2011年9月20日. 访谈地点：厦门.
[3] 北京三十五中高中科技创新实验班项目介绍［EB/OL］. http：//www.bj35.com/article/show.php? itemid=813，2011-04-13.

第二节 多元的教学管理

为了保障学生创新精神、实践能力与个性潜能的发展拥有更大的空间，创新班在教学管理上突破常规，采取与创新教育精神相匹配的灵活的多元管理方式。

一、弹性的学分制与学制

学分制以选课制和学分积累为核心，改变了课程设置固定、学习年限统一的教学管理。该制度以其因材施教、适应多样化培养等优点被世界多国中学采纳。[1] 我国高中实施新课改后也实行了学分制，但往往沦为形式上的学分管理。因为许多学分课程不是高考内容，教师在教学中往往指定学生的学习内容，导致学分制名不副实，学生并没有真正的选修权，于是在校学习年限只能是固定的三年。创新班则重新整合课程资源，设置丰富的选修模块，实行区别于以往仅有学分管理的完全学分制。学分制的弹性也带来学制的弹性，以学分要求为标准可提前或延迟毕业。以北京 S 校为例，该校谈道：

"以前有体育、艺术和实践的学分，包括周三下午的'名家进校园'活动也纳入学分，学生学分总量不够则不能毕业，但学分管理不是真正的学分制，没有弹性。创新班实行完全的学分制，在保证国家课程的基础上压缩必修课时数，提高选修课时数，学生不用参加统一会考，因此学校不需要把课程开齐、开足。学生自行选择学习内容，以保障选择学术志趣课程的独立性。学生在 2~4 年内修满学分即可毕业；学习能力比较强的学生可以超前学习，比如高一的学生学习高二阶段的内容，通过检测即可获得学分，有些学生两年就能学完；稍微弱一点的学生则考虑延长学制。"[2]

S 校的学分制实施在创新班中属于比较成功的案例，很多创新班也提出要实行弹性学分制，但落实的程度还有待考察。

---

[1] 陈月茹. 美国高中学分制及其意义[J]. 全球教育展望, 2003（1）: 22.
[2] 根据 S 校座谈内容整理所得. 座谈时间: 2011 年 11 月 15 日. 座谈地点: 北京.

二、走班制

走班制是落实学分制的重要保障。走班制突破现有的班级固定教学格局，上课没有固定的教室，班级教室即为学科功能教室，各科的教学在各种学科功能教室进行。还是以北京 S 校为例，作者在调研中发现语文、数学、历史等课程在类似于阅览室的专用功能教室授课，英语课则在语音教室，物理、化学、生物等直接在相应的实验室授课。

走班制与创新班的课程高选择性相匹配，环境与课程可谓达到真正的结合。北京 S 校某学生认为"走班制极大地激发了我的学习兴趣。各个不同的学习环境，不但让我在心理上高度统一了学习内容和学习氛围，而且随手可出的实验环境，信手可得的参考资料，更让我的学习变得非常便捷和有趣。"[①] 其他创新班如南开中学、上海中学等都提出实行走班制。需要指出的是，走班制的实行对学校软硬件要求较高，需要大量的师资、充足的教室、便利的储包柜等等。

三、流动机制

在我国的高中教学中，如无特殊原因，班级成员一般不会出现流动的现象。由于创新班为创新人才培养试点项目，可以打破这一惯例，在学习进程中实行跟踪评估机制，引导学生在校内合理流动。

创新班的流动机制分为两种：一种为单向流出机制，仅由创新班流出到其他班级，如上海复旦附中、上海中学、科中等学校；另一种为双向流动机制，即创新班学生流出至其他班级、其他班级流入至创新班，如北京四中、上海交大附中等学校。流出机制的原则也有两种，一种是以教师指导下的学生自愿退出为原则，不强制淘汰，如北京四中提出"道元班的学生如果感觉自己不适合道元班的教学，可以由学生及家长递交申请，由老师进行评估，然后可流动到其他班级"；[②] 另一种是以学习成绩为原则进行

---

① 我在科学实验班 [EB/OL]. http://www.bjshiyi.org.cn/ArticleShow2.aspx? id=2568, 2011-04-08.

② 北京四中道元实验班招生政策问题 [EB/OL]. http://wenku.baidu.com/view/793e4f1f650e52ea55189885.html, 2011-03-20.

淘汰，如果学生跟不上基础课程的学习，学校将安排流出至普通班就读。例如，上海中学规定创新班学生成绩至少要在年级平均分左右，今年就有一名同学因为无法达到要求而转入平行班。[①] 流入机制的原则为其他班级的学生在某一领域具有天分或具有可塑性，即可通过申请进入创新班。

因此，创新班实行流动机制主要是基于学生学习能力的现实考虑。如果学生不适应创新班的培养方式，出现"水土不服"现象，则应该允许学生流出，原因诚如科中物理教师L4所言"创新班相对平行班来说节奏更快，学生如果跟不上学习、考试成绩很差，自信心肯定很受打击。"[②] 其他班级的学生如果体现出来的能力比较适合创新教育，则应该为他们提供通道。但在流动机制的原则上，作者认为如果单凭成绩作为判断流动与否的依据有欠科学，创新班的部分学生本来就存在偏科现象，而且创新班的诸多尝试需要花费学生很多的时间与精力，成绩不能完全反映学习能力的强弱。对此，作者甚为认同某受访对象提出的观点：

"应该以教师对学生能力的考察为评价依据。因为在实际教学过程中，如果教师与某个学生有足够多的接触，教师对这个学生的判断更多的是对学生综合素质的评价，这样的评价也会比较可信。"[③]

第三节　科学的评价方式

科学的评价方式对于学生发展有着重要的促进作用，不仅有利于激发学生的学习兴趣，而且可以挖掘学生的潜能。因此，创新班注重落实新课改理念，并结合创新人才培养的特色，在评价方式上做了如下更新：在学生评价上，以"创造适合学生需要的教育"为目的，坚持多元评价并突出对创新能力发展的评价；在毕业生升学评价上，立足高考，重点关注自主招生和保送。

[①] 高中才重视"创新教育"有些晚［EB/OL］. http：//edu. people. com. cn/GB/116076/10390441. html，2009－11－17.
[②] 根据科中物理老师L4访谈内容整理所得．访谈时间：2011年9月．访谈地点：厦门．
[③] 根据专家S2座谈内容整理所得．座谈时间：2011年11月20日．座谈地点：上海．

一、学生评价

传统的学生评价,在评价目的上过于强调"选择适合教育的学生",在评价功能上过于强调评价的甄别与选拔功能,在评价内容上过于注重对基本知识和技能的评价,在评价方法上过于注重纸笔测验,在评价主体上过于强调他人评价。[①] 因此,这种评价制度难以促进学生创新精神和实践能力的培养。创新班意识到创新人才的培养不能沿袭传统的评价模式,首先在评价目的上需要摒弃"选择适合教育的学生",而是"创造适合学生需要的教育"。在这一评价目的的引领下,创新班正在探索符合创新人才成长规律的新型学生评价机制。

目前来看,创新班的学生评价呈现如下特点:

在评价功能上,创新班更为强调评价的发展功能而非甄别与选拔功能,注重对学生进行过程性评价而非终结性评价。如天津一中充分利用先进的教育学、心理学、健康学理论,确立评价信息采集依据,形成分析建议性评价体系。[②] 强调评价的发展功能可以激发学生的内因,使其潜能得到进一步挖掘与发挥,从而有利于创新能力、创新精神的培养和创造欲的激发,[③]实现以评价促发展、以评价养兴趣、以评价助特长。

在评价内容上,创新班往往对学生进行多要素考察,除了评价传统的知识与技能、情感与态度等方面的发展状况外,还重点关注科学基础素养、学习发展能力、科技创新素质等要素。如北京 35 中提出通过网络电子平台评价、实践评价、档案袋累加评价,考察学生的领悟程度和探究能力、思维逻辑性和严谨性、资料掌握能力、表达能力、创造能力、想象能力以及系统分析能力。[④]

在评价方法上,单一的考试考核评价方法已无法适应创新人才培养的需求。因此,创新班打破以往考试评价主导的局面,综合运用活动展示评

[①] 涂艳国主编. 教育评价 [M]. 北京:高等教育出版社,2007:230.
[②] 天津特色普通高中建设工程启动 为有特长拔尖生成才搭台铺路 [EB/OL]. http://www.enorth.com.cn,2010-05-20.
[③] 沈祖芸,减莺. 上海探索创新人才培养多元模式:四所高中"实验班"观察报告 [J]. 上海教育,2009(05B):25.
[④] 北京三十五中高中科技创新实验班项目介绍 [EB/OL]. http://www.bj35.com/article/show.php?itemid=813,2011-04-13.

价、实验表现、研究成果、星级社团评定、与课程选择匹配的绩点制评价等方式，注重质性评价与量化评价相结合，对学生的成长产生良性的促进作用。如复旦附中提出采取多种方式，既包括书面形式测验，也包括评价学生口头表达、口试、调查和观察、实验等活动中的表现。①

在评价主体上，创新班存在多元化的力量，既有传统的学校教师、学生、家长，也有来自大学及科研院所的专家。每位评价主体的分工不同：教师主要是对学生日常的学习过程、学习态度、学习成效进行评价；学生主要是对自身或同学的学习能力、合作精神等方面进行评价；家长则对学生的性格行为、家庭表现等进行评价；专家主要是对学生在其开设课程及指导研究过程中的表现进行评价。评价主体的多元化有利于全面、客观了解学生的培养情况。值得注意的是，上海J校提出：

"由专业的评价人员，对学生在整个高中阶段以及未来大学及之后的学习过程中的学习和发展情况进行跟踪研究，统计出所有被培养者人生发展的相关信息，取得大学关于该学生各方面的反馈信息后，根据这些信息对学校培养方式的理论以及实践不断进行调整、改进和完善。"②

在评价结果上，创新班通过"成长档案袋"为学生建立统一的基本档案以及个性化的成长档案，记录三年内的学习成绩、特长发展、活动体验、社会经历等，力图给予每位学生全面的个性化评价，作为推荐其升学的重要参考依据。如南开中学提出对每一个学生从智力发展、学识水平、创新意识、心理素质等各方面给予实事求是的全面的评价和小结，并针对其发展的趋势和特性，结合自身的意愿，由学校写出《学业能力水平评价推荐书》。③

由于教学评价历来是一根"难啃的骨头"，创新班的评价也存在很多问题，如忽视评价结果对学生的反馈，从而制约评价发展性功能的发挥；部分创新班对教学评价不够重视，评价存在随意性，没有明确的评价方案；等等。

总体而言，创新班的教学评价秉承着"创造适合学生需要的教育"的理念，坚持多元评价并突出对创新能力发展的评价，旨在为创新精神的培

---

① 谢应平，吴坚，杨士军（执笔）. 高中创新人才培养项目的实践认识 [EB/OL]. http://www.cnier.ac.cn/ztxx/gzfltbg/ztxx_20090318140236.html, 2009-03-18.
② 根据J校座谈内容整理所得. 座谈时间：2011年11月18日. 座谈地点：上海.
③ 张雯婧. 为有特长拔尖生成才搭台铺路 [N]. 天津日报, 2010-05-20 (8).

养提供一个宽松、和谐的环境。这一理念与大学相呼应，而且大学力量参与评价过程，实现了中学与大学在教学评价上的初步相承与对接。

二、毕业生升学评价

作为创新班项目培养的"产品"，创新班的高三毕业生相比高一、高二学生受到外界更多的关注，毕业生升学评价更是成为各方关注的焦点。确保升学质量，力图让每一位毕业生拥有一个进一步学习的高层次平台，成为创新班试验的生命线。作者通过分析各校创新班关于毕业生升学评价的宣传说明，发现创新班立足高考，重点关注自主招生和保送。虽然这三大升学评价方式与平常班级相同，但侧重点存在很大差异。

首先，大学自主招生成为创新班最关注的"出口"。许多创新班宣称其重点面向国内外大学的自主招生，如北京十一学校科学实验班学生毕业可以直接对接国内著名大学实验班，可以通过 SAT、AP 考试申请美国著名大学，可以通过学科竞赛参与大学自主招生录取。[1] 有些创新班则与大学签订合作协议，就共同培养创新人才进入大学深造给予政策倾斜，力图建立"升学直通车"机制，如作为北京东直门中学叶企孙科技实验班的合作方之一，清华大学物理系与实验班学生建立对接关系，通过自主招生等各种形式，定向培养优秀的理科研究人才；[2] 与科中合作的大学也表示在政策允许范围内优先考虑创新班学生，并保证进入自主招生面试的机会。而且，部分与大学合作深入的中学获得了实质上的升学直通车，上海 J 校表示"创新班的同学只要高考分数上一本线，即可保底进入上海交通大学。"[3] 为了实现这一目的，创新班将通过由大学教授写推荐信、组织学生参加大学组织的活动等途径，积极为大学推荐优秀毕业生，如北京35中的优秀学员将由中国科学院两名以上的教授、博士生导师提供申请国内外大学所需的推荐信，为重点大学自主招生提供优秀的青年学生。[4]

---

[1] 科学实验班方案［EB/OL］. http：//www.bjshiyi.org.cn/ArticleShow2.aspx? id =442，2010 - 03 - 15.

[2] 记者三问高中创新实验班［EB/OL］. http：//bjyouth.ynet.com/article.jsp? oid = 69268467，2010 - 09 - 14.

[3] 根据 J 校座谈内容整理所得. 座谈时间：2011 年 11 月 18 日. 座谈地点：上海.

[4] 朱建民. 科技创新人才早期培养班介绍［EB/OL］. http：//www.bj35.com/article/show.php? itemid =819，2011 - 04 - 20.

作者认为创新班首重自主招生的原因有三点：第一，创新班以创新能力而非学科学习的培养为首，经过三年的系统培养，学生在科学素养和科学能力上将形成自己的长处，因此对学生参加自主招生充满自信。第二，大学介入创新班办学后，往往引入大学的教育理念，以大学的标准来培养学生，而且在大中学的互动过程中，高校对学生会有比较深入的了解，因此，与普通班的学生相较而言，高校更倾向于招收创新班的学生。科中领导曾坦言"大学在创新班招生的时候把关，培养过程全程介入，基本上学生不出意外，大学就可能保。"① 第三，创新班在教育教学方式上有诸多尝试，大量活动占用学生的学习时间，学生在参加以考查学科知识点为主的高考上是否具有优势仍然存在不确定性，创新能力的培养是否会影响学生升学仍是未知数。自主招生的评价方式因此成为创新班毕业生的主攻方向。

其次，创新班的学生将通过参加各种科学比赛或学科竞赛赢取保送资格。因为不管是国内大学，还是全球知名大学，都对高中阶段表现出良好科研素养和创新品质的学生尤为青睐。所以，不少学校鼓励学生积极参与国际中学生科学与工程大赛、全国科技创新大赛、"明天小小科学家"评选活动或学科奥赛等品牌赛事以赢取保送生资格。

最后，创新班还需立足高考。获得大学自主招生资格和保送生资格的名额毕竟有限，无法满足每一位创新班学生的需求，即使获得了自主招生资格，也仍有高考这一掣肘，因此，绝大部分学生还须参加高考。这也成为制约创新班放手培养的重要因素。

总体而言，创新班力图争取高校的"升学直通车"，打通大中学之间的壁垒，为创新人才的成长提供绿色通道，实现高中升学与大学入口的对接。但由于种种条件的限制，创新班的水平存在参差不齐的情况。虽然创新班的毕业生在升学评价上确实获得了优先选择的机会，但是否能达到某些学校所言"通过各种通道都会走到一个比较理想的道路上去，出口将更加宽阔、多元、高端"，② 有待实践的检验。

---

① 根据科中创新班办学研讨会整理所得．
② 北京十一学校科学实验班优势凸显 [EB/OL]. http://www.bjshiyi.org.cn/ArticleShow2.aspx? id=2567，2011-04-08.

第五章　创新班的资源保障

作为创新教育的试点项目，创新班的办学得到了多方位的支持，从上级教育主管部门到大学、科研院所、科技俱乐部等机构，纷纷提供政策、师资、场所等重要的资源。学校自身也十分重视对创新班的资源投入，在管理、经费、设施等方面提供保障。本章所述资源保障包括生源保障与政策保障、师资保障与管理保障、经费保障与设施保障等。

第一节　生源保障与政策保障

由于创新班实验项目的性质，创新班在生源选择上较为慎重，多通过自主招生的方式，力图选拔学业成绩优秀及具备一定创新潜质的学生，因此生源在一定程度上获得了保障；上级主管部门也给予了一定的政策支持，为创新班的办学营造了较好的政策环境，但关键的出口政策还需进一步争取。

一、生源保障

高中生的选拔历来以统一的中考为主，自主招生的形式并不多见。为了支持创新教育的开展，上级主管部门把招生的权力下放给创新班，由学校自行选择适合培养的生源。那么，创新班究竟是如何通过自主招生保障生源质量呢？作者列举了4所学校的具体做法，详见表5-1。

表 5-1　　　　　　　　　部分创新班自主招生举例

学校名称	流程	说明
郑州九中（宏志班）	现场或网上报名——笔试——面试——录取	1. 报名材料包含综合素质评定表或学校推荐信及初中阶段的获奖成果； 2. 笔试科目为文理综合（含初中所学各科基础知识、拓展性知识、创新方案设计等）； 3. 面试主要考察学生的科学与人文视野、创新潜质和实践能力、学术见地与学术兴趣、语言表达能力等。
北师大实验中学（理科创新班）	网上报名——学生综合素质评价初评——理科和心理测试——面试——录取	1. 理科和心理测试：数学（1小时）、理化（1小时）、心理（1小时），进行理科（包括数学、理化两科）和心理测试（文理倾向等）； 2. 面试：沟通交流能力。
复旦附中（创新实验班）	自荐报名——网上基本素质测试——3人小组合作设计实验及演示——2对1面谈——录取	1. 初选以综合素质评价为原则，重点突出初中阶段的自主学习经历与实践创新能力证明； 2. 网上基本素质测试以标准题全开卷的形式检测学生的超常思维反应与探究的品质，重点检验学生运用常识分析归纳问题、寻找解决问题的最佳路径的能力，评估学生的综合学习能力和认知水平，以等第分量化； 3. 实验设计及演示重点考察学生的创造力和想象力，兼顾协作精神，由特聘专家小组评定小组名次，每组评选一位优秀组员，确定等第分； 4. 面谈突出了解其参加各种特色活动的表现及感受，结合面谈专家的现场认识，判断学生个体所具备的主动学习及创新潜力的状态如何，给出评语，从而甄选其中可能的资优生。
上海 J 校（科技实验班）	学生报名或定点单位推荐优秀学生——基础知识测试——科技技能测试——专家综合面试——录取	1. 初选参照学生的前期各类科技竞赛或学科竞赛获奖的情况，作为前期创新能力测试； 2. 基础知识测试形式为笔试、英语口试，内容为数学、外语、物理、化学； 3. 科技技能测试形式为个人设计、制作或以设计的相关问题进行测试，内容为动手实践能力测试或科学研究基本素质和能力的考查； 4. 面试形式为无领导座谈，内容为设计各类讨论题，以科技知识为主。

资料来源：作者根据各学校创新班相关资料整理。

总体而言，创新班的自主招生通常遵照以下程序进行。

（一）报名

报名包括学生自主报名和他人推荐两种方式，以自主报名为主，报名需提供证明个人能力的各种材料以供筛选。部分学校报名需要学生兼具自荐和他人推荐两种方式。创新班在初选中一般注重学业成绩及竞赛获奖情况，以对学生的实践创新能力有初步的了解。在报名条件上，创新班则呈现以下特点：

第一，学业成绩及综合素质评价表现优秀成为多数创新班的基本准入条件。如郑州九中要求学业成绩优秀，综合素质评价 A 及以上（如有 B 等，特长必须非常突出，有相应成果），[1] 邓发纪念中学要求学习成绩优秀，在初中升高中统考中成绩列全云浮市前 100 名。[2] 对于偏才则存在两种态度：一种是欢迎报名的态度，如某些方面有特殊才能的偏才学生完全可以进入南京一中崇文班[3]；另外一种则相反，不建议偏科的学生参加，上海交大附中教务处主任谭裘麟对此给出解释："由于开展一系列创新课程，基础课程课时会相应减少，这就需要学生全面发展自身的综合素质，具有扎实的基础知识。"[4]

第二，相当一部分创新班规定学生在初中阶段学科竞赛或科技比赛中获过奖才具备报名资格，如天津实验中学要求在全国或市级信息学奥林匹克竞赛中获奖，在市教委、市科委认可的同级别科学类比赛中获奖；[5] 宁波中学规定有理科特长，初中阶段在学校及以上级别的各种学科竞赛中获奖。[6] 有些学校即使不明文规定获奖情况为硬性报名条件，在选拔录取中也视其为重要的考量因素。原因在于学校视竞赛获奖为学生创新潜能的象征，通过考查学生参与科技竞赛的情况，可以对学生的创新潜能有初步的判断与了解。

---

[1] 郑州九中创新实验班招生办法 [EB/OL]. http：//www.zzn9.com.cn/schooltz/ShowArticle.asp? ArticleID = 663, 2011 - 06 - 24.

[2] 云浮市举办普通高中创新人才培养实验班工作方案 [EB/OL]. http：//www.yfzsb.cn/show.asp? id = 4271, 2010 - 04 - 30.

[3] 钱红艳. 一中尝试携手高校培养创新人才 [N]. 南京日报, 2010 - 09 - 01 (A06).

[4] "创新实验班"不适合偏科学生 [EB/OL]. http：//news.sina.com.cn/c/2010 - 07 - 30/131717888687s.shtml, 2010 - 07 - 30.

[5] 2011 年天津实验中学科技特长生（科技创新实验班）招生简介 [EB/OL]. http：//tj.zhongkao.com/e/20110424/4db3e6224193a.shtml, 2011 - 04 - 24.

[6] 宁波中学面向全大市招收 2010 年理科创新人才培养实验班 [EB/OL]. http：//www.nbzx.org/moban/ReadNews.asp? NewsID = 515, 2010 - 04 - 08.

（二）测试

测试包括学科能力测试、心理测试、创新能力测试等内容。学科能力测试主要检验学生的学习能力，了解学生必要的基础知识储备。在形式上，学科能力测试除了传统的纸面答卷之外，还有网上开卷测试、现场授课学生作答等。例如，北京 S 校的笔试环节为老师现场直播讲授一节高中运动学加速度的课，讲的时候学生不能动笔，听完之后给 40 到 50 分钟让学生完成这节课相关的一些问题。在内容上，学科能力测试的题型及知识点会有部分超出平常学习的范围，以测查学生的知识迁移能力。部分创新班的学科能力测查存在题量偏多、题目过难的问题，学生普遍反映时间不够、难以作答，甚至出现"清华教师自认为花 3 个小时也做不好这篇文章"、[1]"我居然活着回来了，这样的考试绝对是前无古人后无来者！"[2]的感慨。

心理测试则着眼于考察学生的心理素养、兴趣倾向、性格特征等方面，例如，上海中学采取的方式是由上海师范大学应用心理系派出 14 位教师对学生进行团体心理测试。[3] 对于心理测试的运用目前存在两种态度：一种是作为录取依据，考察学生的心理和潜能是否能适应创新班的培养；另一种是不作为录取依据，仅供后续研究参考。作者认为创新能力仅凭心理测验是难以评量的。作为一般性的参考，心理测验的运用无可厚非，但在验证效度之前不应与录取硬性挂钩，将其作为创新班跟踪研究的工具也许更有意义。

创新能力测试包括与教材无关的科学基础测试、没有标准答案的创新内容测试、科学素养测试等等，一般由大学老师或研究人员出题。例如东北育才学校的创新内容测试由中国科学院自动化研究所的研究员出 3 道与科研相关的题目，要求学生在 1 个小时内答完，如"人脸识别仪器"的工作原理、中英文翻译软件翻译出错的解决办法等。[4]

---

[1] 道元班测试的问题极具挑战 [EB/OL]. http://sz.eduu.com/archiver/?tid-790188.html, 2011-04-24.

[2] 钱钰. 沪创新实验班遍地开花创新培养急功近利？[EB/OL]. http://news.xinmin.cn/domestic/gnkb/2010/08/06/6166084.html, 2010-10-28.

[3] 唐盛昌. 基于"志趣聚焦"的创新人才早期培育实验 [J]. 中小学管理, 2010 (5): 11.

[4] 东北育才学校设"牛人班"挑战传统高考 [EB/OL]. http://news.xinhuanet.com/politics/2010-11/04/c_12737905_3.htm, 2010-11-04.

（三）面试

面试包含多种形式，如动手能力测试、结构化面试、无领导座谈、演示答辩、拓展游戏等等，各创新班根据考察的侧重点灵活地选择面试方式。如上海 J 校注重动手能力的测查，其面试题目为"提供 A4 纸、曲别针、一瓶矿泉水、硬币和杯子，商标上注明矿泉水为 330mg，给予考生半个小时作为动手时间，利用材料使得矿泉水变为 100g，并提交报告。"① 复旦附中则在自主招生中增加了拓展游戏。面试重在考核学生的综合素质，比如领导能力、团队合作精神等。面试内容范围广泛，涉及前沿科学知识、时事热点、文艺哲学等众多领域，如"明星虚假捐款"、"网络语言蔓延"等都曾经是面试的话题。在自主招生中，面试往往成为最关键的环节，其反映出来的各方面能力和综合素质是考官最重视的因素。但也存在个别创新班更重笔试的情况，如天津南开中学在录取过程中主要看笔试成绩，面试则是对考生做一个简单的了解。

（四）录取

录取一般是综合各项表现折合比例进行排名，确定优秀段交集部分的学生为录取对象。虽然创新班的录取与中考分数基本脱节，但学科成绩却贯穿招生工作的始终，从报名条件中对学习及竞赛成绩的要求到学科能力成为自主招生的必备测试，无一不反映出创新班对学生学科知识的重视。虽然部分创新班宣称不"唯分数论"，但总体生源质量还是存在一条底线，破格录取的学生实为少数。创新潜能和对科学的兴趣及志向也成为录取的重要标准。

综上所述，创新班的自主招生改变了传统的单一考试模式，综合运用多种方法，对学生进行全面考察。而且不同的学校体现了不同的特色，根据自身创新班的办学理念采用了不尽相同的选拔方式，没有一个统一的指标体系可以涵盖。但共同之处是，大学力量参与其中，介入自主招生的笔试或面试环节，根据大学的标准选拔人才。如上海 J 校"请大学派出 20 名教授对学生进行面试"，② 上海中学邀请包括高校、青少年科技活动中心等单位在内的 69 位专家参与选拔学生的工作。创新班的自主招生改变了以往大学与中学入口"毫不相干"的局面，将二者有效衔接起来，达到了招生

---

①② 根据 J 校座谈内容整理所得. 座谈时间：2011 年 11 月 18 日. 座谈地点：上海.

力量和招生理念的双重提前对接，使得学生在升入高中的入口便得以体验大学的感觉。

二、政策保障

创新人才培养试点工作涉及教育改革发展的多个方面，政策性很强，需要良好的政策环境。就目前创新班获得的政策来看，上级主管部门基本上都给予了较多的政策保障。

首先体现在设立政策上，上级主管部门基本上都支持高中开展创新人才培养试验，如北京S校所言："我们提出要创办科学实验班，探索创新人才的培养经验，北京市教委包括海淀区教委对这个事给予了很大的支持，课程方案拿出来之后很快就批准了。"[1] 创新班的实验期限一般为3年，期满须另行申请，也存在实验期限为6年的情况。其次体现在招生政策上，大部分创新班获得了招生自主权，招生方案不受限制。最后体现在课程与教学自主权上，创新班可不受上级统一课程安排的限制，自行制订课程计划。如《上海市教育委员会关于开展"上海市普通高中学生创新素养培育实验项目"的通知》（沪教委基〔2010〕31号文件）提出"试点单位可根据实验方案制订课程实施计划（须经市教委备案），可突破上海市二期课改高中课程方案的课程安排要求，但要避免随意增加学生的学业负担。"而最关键的出口政策，除了合作高校承诺在政策允许范围内给予一定倾斜外，教育主管部门并未有所表态，因此出口政策还需进一步争取，寻求更大的突破。

第二节 师资保障与管理保障

师资是创新班办学的核心资源之一，在师资配备上，创新班不仅配备经验丰富的学科骨干担任科任教师，而且组建了以大学教师为主的兼职教师队伍，以期最大限度地保障创新班的教育质量。在管理保障上，创新班不仅拥有上级领导小组、中学领导队伍及大学专家组三支项目管理队伍，而且在班级管理上采取了一些特殊措施。

---

[1] 根据S校座谈内容整理所得．座谈时间：2011年11月15日．座谈地点：北京．

一、师资保障

师资是影响学生培养效果的关键因素，优秀的师资是教育质量的有力保障。课堂是知识增长的生发点，学生创新能力的培养还得立足于课堂，因此学科任课教师的配备至关重要。在学科任课教师的选择上，创新班基本上都配备了校内最强的师资，个别学校甚至采取公开招聘教师的方式。具体的配备标准并不完全统一，有高三毕业班教学经验、高考成绩突出成为主要标准，但也有个别学校例外，例如北京 B 校给创新班配备的老师以年轻老师为主，不是中高考经验特别丰富的老师。该校领导认为：

"年轻老师在教学思路上和学生更为接近，要么在指导学科竞赛上很强，要么在课题研究上很强，这样对学生的引导价值比较大。同时我们考虑到综合发展的问题，语文、外语配备最强的老师。"[①]

除了教学经验和专业扎实外，还有一些学校对教师提出了个性化的要求，比如开朗的个性和独立思考的精神，以期通过教师具备的创新人格因素感染学生，发挥示范作用。总体而言，配备具有丰富高中教学经验、突出教学成绩的学科骨干担任科任教师成为创新班普遍的选择。

参加科技竞赛是学生提升创新能力的重要平台。学生掌握的知识有限，如果没有老师的帮助和指导，有些发明创造的想法只能存在于头脑中，难以转化为参赛成果。因此创新班还配备了科技辅导老师，或专门配备或由科任老师兼职，指导和辅助学生参赛。部分办学力量雄厚的学校则成立了专门的科技竞赛辅导团，承担专职辅导工作。如华东师大二附中科技创新班的科技竞赛辅导团包含 3 名全国优秀科技辅导教师以及 10 余位市区级优秀科技辅导教师。[②]

除了科任教师外，创新班还拥有不少"兼职教师"。"兼职教师"队伍的构成较为多元化，以大学专家学者为主，还有科研机构的科研人员、大学在读研究生、校友等等。这些"兼职教师"是启发学生科研志趣的主力军，是保障创新教育质量最核心的外部支持。"兼职教师"最基本的工作是举办讲座或开设部分课程，担任学生的导师、指导学生的课题研究则是主

---

① 根据 B 校座谈内容整理所得. 座谈时间：2011 年 11 月 14 日. 座谈地点：北京.
② 华东师大二附中科技创新实验班简介［EB/OL］. http://www.hsefz.com/hsefz/userpage/newclick/recruit/keji.doc，2010-07-11.

要的工作内容。创新班获得的外部师资具体支持情况可见表5-2。

表5-2　　　　　　部分创新班所获外部师资支持举例

学校名称	支持机构	支持内容
上海中学（科技实验班）	上海交通大学、复旦大学、华东理工大学、天文台、原子能研究所、生物信息研究中心、中科院生化所等	以开设课程为主，部分单位派出教师指导学生课题研究、参与招生工作、实验室指导等
复旦附中（创新班）	10所高校、有关科研院所	1. 由合作机构专家以及部分在指导学生科技创新领域有建树的校友等，组成导师团 2. 导师团在给学生授课的同时，更以项目形式保证每位学生至少有一位专家指导，直至项目的完成，并获得专家导师对学生的评价
北京东直门中学（叶企孙班）	清华大学物理系	1. 清华大学物理系安排十几位教授负责实验班的指导，每位学生都将拥有来自清华大学的导师 2. 清华物理系30位研究生一对一辅导实验班的学生 3. 清华大学从实验班中挑选10位优秀学生，从10月开始每周到清华大学上课，提前接触大学物理课程，定向培养优秀人才
北京166中学（生命科学班）	北京师范大学生命科学学院、美国冷泉港实验室、美国医学总署	1. 北师大20位博导举行讲座、开设校本课程、指导研究性课题等 2. 学生利用暑假在冷泉港进行为期3周的学习，内容包括课程教学、实验课、论坛以及与科学家交流等 3. 美国医学总署下属的诸多院校为部分学生提供为期3个月的暑期实习机会

资料来源：作者根据各学校创新班相关资料整理。

科任教师专业知识过硬，教学经验丰富，能够更好地帮助学生掌握学科知识；科技辅导老师拥有丰富的科技指导经验，使学生得到常态化的科技辅导；"兼职教师"有益地补充了培养工作，为创新班的学生提供拓展研究能力、了解学科前沿发展动态的机会。三者多管齐下、联动互补，构建创新班多元化、团队化、专业化的师资队伍。

二、管理保障

创新班作为一个试点项目，项目如何管理十分重要。为了保证项目目标的顺利达成，创新班存在上级领导小组、中学领导队伍、大学专家组、项目发展团队四支管理队伍。上级管理机构成立的领导小组为第一支队伍，一般实施常规管理和年检，不直接介入创新班的工作，但也有个别地区例外，由所在地区教育局成立试点工作领导小组，直接指导实验班的教育教学工作；中学自身组建的领导队伍为第二支队伍，一般由校长牵头，副校长或中层干部担任执行负责人，并整合校内相关机构的力量，形成任务明确、分工负责的管理机制。部分创新班则以成立专门办公室的形式进行管理，如北京四中的道元班管理办公室、首师大附中的创新拔尖人才培养工作室等；大学教师组成的专家组为第三支队伍，与中学领导共同指导创新班的工作；大学专家、中学名师、教学管理人员等共同组成的项目发展团队为第四支队伍，围绕培养方案、课程建设、教学改革等方面进行规划和管理，以支撑创新人才的培养工作。如北京十一学校聘请了若干名学术造诣深的专家、教学水平高的教师和经验丰富的教学管理人员、科研人员成立实验班课程专家组和教学专家组，进行培养计划审定、课程研发与实施、升学指导等工作。[①]

上述队伍各自扮演着不同的角色：上级领导小组作为管理部门象征意味更强，表明上级对创新人才培养工作的重视；中学领导队伍则是项目管理的核心和执行队伍，直接决定着项目的成败，其中，校长的态度尤其重要，校长若充分重视则可形成管理的凝聚力推动创新班良性发展；大学专家组则定位于提供专业的建议，为创新班项目引路把关；项目发展团队则致力于创新班的持续发展。当然不是所有创新班都拥有这几支队伍，如部分创新班没有大学专家组的指导。四支队伍的成员也并非各自独立，为有效利用人力资源，项目发展团队人员往往与中学领导队伍和大学专家组人员共用。

在班级管理上，创新班有以下几项特殊措施：一是实行住宿制管理，如北京十一学校、北京十二中、广东邓发纪念中学等学校要求学生全部住宿，北京八中、科中等则为创新班学生提供优先住宿权。二是实行双班主任制。双班主任制有两种形式，一种是出于提高创新班的影响力考虑，增设名誉班主任，一般由合作大学的主要领导挂名，如南京一中崇文班名誉班主任为南开大学校长饶子和、西南大学附中创新班名誉班主任为西南大学校长张卫国及西大附中校长张万琼；另一种是在原有班主任的基础上另

[①] 科学实验班方案［EB/OL］. http：//www.bjshiyi.org.cn/ArticleShow2.aspx? id = 442, 2010 - 03 - 15.

设一位班主任，主抓创新班的各项工作，以体现学校对创新班工作的重视，据作者了解目前只有科中实行此种双班主任制。三是行政班工作地点换位，不按照学校原有的行政办公室设置，而是直接设在实验室，便利创新班的工作管理。作者调研的上海 J 校便是如此，"科技班的行政班直接在实验楼里，告诉师生一个信号，创新班要天天做实验，泡在实验室里。"[①] 四是多数创新班会举行隆重的开班仪式，邀请合作大学人员参与。如科中的开班仪式邀请了 5 位大学教授，为创新班的学生颁发录取通知书，并做入学讲座。

第三节 经费保障与设施保障

硬件资源是办学必不可少的资源，其中经费和设施是最为关键的硬件资源，创新班在这两方面同样有所保障，具体为：在经费投入上，创新班不仅拥有上级管理部门下拨的专门经费，也拥有所属学校投入的专项办学经费；在设施投入上，除了合作高校向创新班开放部分设施资源外，创新班还建立了创新实验室及创新实践基地，并创设了信息化的学习环境。

一、经费保障

创新教育的开展需要大量的资金投入作为保证。为了支持创新班的办学，上级管理部门往往下拨一定数量的经费，如《宁波市教育局关于深化普通高中学生创新素养培养实验项目的通知》（甬教基〔2011〕129 号文件）提出"市教育局今年专项安排直属公办学校每校 200 万元经费，用于创新素养培养实验和优质特色学校创建。各有关县（市）区也应对创新素养培养实验项目学校给予必要的经费支持。"

除了上级给予的项目经费外，创新班所在的学校也会加大教育投入，设立专项办学经费用以支持师资聘请、课程开发、实验室建设、参加科技活动、项目研究等。例如复旦附中设立"创新人才培养"专项经费，用以支持师生项目研究；北师大实验中学则在课程开发及实验室建设上预算 600

[①] 根据 J 校座谈内容整理所得．座谈时间：2011 年 11 月 18 日．座谈地点：上海．

万元，专修及科技活动费用支出约 200 万元/年。① 在学生学费和奖学金上，部分创新班也提供了优惠政策，如德阳外国语学校对创新班学生以免除三年学费、住校费，同时对贫困优生将每期给予大力资助；② 北京十一学校则为创新班设立创新奖学金，对学习期间具有研究成果和较强潜在研发能力的学生进行奖励。③ 另外，在实际办学中，创新班会占用班主任和科任教师更多的时间和精力，因此这些教师的劳务报酬也比平行班更高，一如上海 J 校所言：

"科技班的班主任要额外给补贴的，任课老师课时计算要乘以 1.2，减课以后提高了质量，但不能打击老师的积极性。"④

二、设施保障

由于创新人才的培养不同于平行班级，需要大量科学探究的体验而非局限于学科学习。学生的实践创新活动需要一定的硬件平台支撑，除了高校及科研机构的图书馆、实验室等设施资源向学生开放外，创新班自身还加大了设施投入，主要表现为：新建一些现代化的创新实验室，依托校外机构建立实践基地，以及提供信息化的学习环境。

实验室的建立重在为学生探究较高水平的专门学科领域提供平台。如上海中学除了利用原有的 18 个数字实验室外，还投资近 500 万元新建科技含量更高、与"创新素养培育实验项目"专门领域匹配的 10 个现代创新实验室，如激光/通信基础实验室、现代植物学与分子生物学实验室、信息安全实验室等。⑤ 北京 B 校更有网络创新实验室，该校在座谈中提到：

"我校的网络创新实验室和一般的网络实验室概念不同，它完全是网络最原初的部分。在这个实验室里，学生可以自行钻研局域网的搭建、网线

---

① 北师大附中实验中学高中"理科拔尖创新型人才培养特色班"实验方案 [EB/OL]. http://www.zhongkao.com/e/20110411/4da25bbe0753d.shtml, 2011 – 04 – 11.
② 德阳外国语学校关于开展国家拔尖创新人才培养基地实验班的通知 [EB/OL]. http://www.dfls.net/cnet/dynamic/presentation/net_11/itemviewer.do?unitid = 1&id = 2356&classifytype = clazz&ignoreclassinformation = false&branch = , 2011 – 06 – 21.
③ 科学实验班方案 [EB/OL]. http://www.bjshiyi.org.cn/ArticleShow2.aspx?id = 442, 2010 – 03 – 15.
④ 根据 J 校座谈内容整理所得. 座谈时间：2011 年 11 月 18 日. 座谈地点：上海.
⑤ 沈祖芸, 咸鹜. 上海探索创新人才培养多元模式：四所高中"实验班"观察报告 [J]. 上海教育, 2009 (05B): 23.

的连接及网站的设计等等，属于非常前沿的实验室，可以培养学生动手、动脑双结合。"①

创新班的实践基地往往依托校外机构，重在培养动手能力，让学生在实践中验证结论。如东北育才学校建立起了包括科研院所、大专院校、企业社区在内的三大类创新实践基地，北京十二中钱学森航天班则与中科院、中国航天科工集团、航天五院等单位共建科技教育实践基地，而且学生都是北京青少年科技馆钱学森青少年航天科学院的学员，全员享受钱学森青少年航天科学院得天独厚的科技资源。②

为方便学生基于数字平台的学习、探究，多数学校为创新班每位学生发放了手提电脑，并构建数字化教室、虚拟空间等，为实验班提供信息化的学习环境。如上海J校"与交大建立起远程的信息网络系统，在我校内部就可以通过光纤接入交大的图书馆和数字系统。当学生在做课题需要最新的文献资源和现场试验资源时，就可以通过网络下载资源，或在教室内观看交大专家们的现场科技实验。"③

通过分析创新班的资源保障可以发现，大学尽可能地为创新班提供所需资源，表现为：在生源的选择上，大学专家介入招生过程；在师资配备上，大学派出专家为学生授课、举办专题讲座、担任学生导师等等；在项目管理上，大学专家组为创新班提供专业的意见；在升学政策上，给予创新班的毕业生一定程度的倾斜；在设施保障上，为创新班开放实验室、图书馆等场所，为学生进行科学研究、体验大学生活提供机会。通过大学的支持，高中和大学教育之间的衔接与过渡得到了保障。

---

① 根据B校座谈内容整理所得. 座谈时间：2011年11月14日. 座谈地点：北京.
② 北京高中实验班特色展示："钱学森航天实验班"［EB/OL］. http://chuzhong.eol.cn/bjzz_11378/20110518/t20110518_617810.shtml, 2011-05-18.
③ 根据J校座谈内容整理所得. 座谈时间：2011年11月18日. 座谈地点：上海.

大中学衔接培养创新人才理论与实践

实 践 篇

本篇在理论篇的研究基础之上,对厦门大学附属科技中学创新班的个案进行系统深入的探究,并以培养目标、实践模式、课程体系、教学方法、制度建设、招生方式、升学路径等改革为主线,由理论、实践两个层面出发,揭示创新班项目的本质规律,调查创新班学生创造力的变化,分析各种方式的优势与弊端,提出针对性建议,为创新班的未来发展提供相应帮助。

第六章　厦大附属科中创新班之构建

2011年,《福建省中长期教育改革和发展规划纲要 (2010-2020年)》指出:"坚持把改革创新作为教育发展的强大动力,进一步解放思想、转变观念、先行先试,创新人才培养机制,深化教育管理体制、办学体制。"《福建省教育改革试点总体方案》(闽政办〔2011〕83号)声明,"要开展教育改革试点的部署,按照统筹规划、分步实施、试点先行、动态调整的原则,在部分地区和学校开展重大改革试点,推进教育改革。"在中小学教育教学改革试点中,文件指出"积极探索促进学生自主学习、独立思考、勇于创新的教育教学新模式",要求"厦大附属科技中学进行创新人才培养改革试点,由厦门大学在学校举办科技创新实验班,指导入学招生选拔测试、课程设置规划与开设、教育教学指导与评价等工作。创新实验班课程设置根据学生实际情况,聘请厦大教授、专家开设特设课程。"随后,厦门市教育局发布《关于做好2011年厦门大学附属科技中学高中创新实验班招生工作的通知》、厦门大学发布《关于在厦门大学附属科技中学举办创新实验班实施方案》等,科中的创新人才培养由此掀开序幕,并逐步推进、层层展开。

第一节　厦大附属科中创新班之设立

科中创新班的设立不是偶然,是内外部各种因素共同作用和各方共同努力下应运而生的产物。

一、厦大附属科中概况

科中创建于1994年6月,是厦门市政府与厦门大学联合创办的一所旨在培养科技后备人才、为高校输送高质量生源的特色中学。学校秉承"科技引领、和谐发展"的办学理念，培养学生"笃学敏行、止于至善"的品格特质，将建设特色鲜明的，促进学生、教师、学校和谐发展的高质量学校为办学目标，社会声誉逐年提高。

科中位于厦门市东南海滨，与厦门大学毗邻，校内绿草如茵，校外风景如画，占地面积35954平方米，建筑面积30088平方米。现已得到厦门市批准，于厦门翔安区开办分校，目前正处在紧锣密鼓的施工之中。科中在创办之初，厦门市委、市政府、市教委即十分明确地将其定位为具有科技特色的示范性学校。诺贝尔奖获得者杨振宁为学校题写校名，中国科学院院士蔡启瑞教授被聘为学校名誉校长。科中在创办的第十年即跨入省一级达标学校行列，获得省"文明学校"、省"素质教育先进校"、省"绿色学校"、省"普通高中新课改实验样本校"、省"科技教育基地校"、省"青少年科技教育先进集体"等一系列殊荣。2009年4月6日，更名为厦门大学附属科技中学；2011年5月7日，与厦门大学联合举办"厦大创新实验班"（又名"启瑞班"）。

目前，科中设有55个教学班（含1个新疆预科班），在册学生2400余人，教职工221人；专任教师中，高级教师68人，中级教师65人，博士1人，硕士20人；已有6名教师成为省、市级学科带头人，23名教师评为省、市级骨干教师，6名教师确定为市级专家型教师。正是科中在科技创新上的突出表现以及综合实力上的卓越成绩，吸引我们"慕名而来"，选其为个案，对大中学衔接培养创新人才的实践形式进行深入的研究与探索。

二、科中创新班的创办与发展

2011年2月，科中开始进行首届创新班的规划与宣传工作；2011年4月，正式成立"厦门大学附属科技中学厦大创新实验班专家委员会"，由厦门大学化学化工学院、教育研究院、物理学院、海洋与地球学院、材料学院、信息科学与技术学院的众多专家、教授、学科带头人组成，共同指导创新班各项工作；5月，与厦门大学联合开办"创新班"；10月，与厦门大学教育研究院合作成立"大中学衔接培养创新人才模式研究"课题组，由教育界的专家、教授一同带队，指导创新班的实践工作。2011年11月，课题组主要成员前往北京、上海调研，走访北京市教育科学研究院、北京"翱翔计划"办公室、北京师范大学附属实验中学、北京十一学校、北京八中、上海市教育科学研究院、上海交通大学附属中学、上海曹杨中学、上海华东模范中学等地，学习他们那里创新人才培养的宝贵经验。目前，厦大附属科技中学高中创新班的招生规模逐步扩大、育人效果显著提升、业界成绩令人称赞。科中创新班自设立迄今只有短短四年多时间，却迈出了许多重要的步伐，发展迅速、效果优良，很快便得到较广泛的社会认可，其重大事件详见表6-1。

表6-1　　　　　　　　科中高中创新班重大事件一览

2011年3月10日	《海峡导报》报道"创新实验班"招生情况
2011年5月7日	科中"厦大创新实验班"正式开班
2012年1月16日	"创新实验班"授名为"启瑞班"
2012年9月13日	土耳其校长访华团一行前往科中交流访问
2012年12月13日	厦门市政协副主席等领导前往科中调研
2012年12月26日	美国教育官员团前往科中参访
2013年1月11日	厦门大学杨振斌书记前往科中视察
2013年3月26日	厦门日报系列报道一（2013年3月26日第4版）：福建"第一班"高中就上大学的课
2013年4月2日	厦门日报系列报道二（2013年4月2日第8版）：老师牛：高中课程玩"混搭"
2013年4月10日	厦门日报系列报道三（2013年4月10日第8版）：高中生走进大学实验室
2013年4月15日	科中授予"全国海洋意识教育基地"
2013年4月16日	厦门日报系列报道四（2013年4月16日第10版）：化学课：用水果制作电池
2013年4月22日	诺贝尔生理医学奖获得者斐里德·穆拉德莅临科中指导
2013年7月9日	《海峡导报》（2013年7月9日第16、17版）报道科中创新班情况
2013年9月9日	美国巴尔的摩副市长前往科中商讨合作事宜
2013年9月15日	诺贝尔物理学奖获得者丁肇中先生莅临科中指导
2013年10月9日	中国台湾清华大学教授前往科中作科普实验讲座
2013年10月24日	第七届海峡校长论坛高中组分论坛"家校合作实为伙伴关系　两岸校长碰撞共建对策"在科中举行
2014年4月18日	《厦门日报》报道：创新班展现温情的一面
2014年10月10日	泰国校长访问团前往科中参观交流
2014年12月18日	科中被评为福建省高中化学学科教学研究基地学校

续表

2015年4月1日	科中创新班举行大型公开教学展示活动
2015年4月8日	科中与沈阳药科大学签订优秀生源基地建设协议书
2015年4月9日	《厦门日报》（2015年4月9日A08版）报道："福建第一班"课堂有什么不一样？
2015年4月23日	北京十七中前往科中参观交流
2015年4月24日	河北省石家庄市第四十四中前往科中参观交流
2015年4月28日	《光明日报》（2015年4月28日15版）报道："三创""三微"提升创造力
2015年6月16日	美国西密歇根大学化学系莫亦荣教授、中国香港科技大学化学系林振阳教授走进科中作科普讲座
2015年7月1日	《海峡导报》（2015年7月1日43版）报道：学堂实习生暑假名校游

我国最早的以大中学衔接培养创新人才为目标的高中创新班始于2008年。这一年，上海中学首设创新班，与若干一流大学合作，培养创新人才。① 同年，北京市开展"翱翔计划"，以大中学联合培养的方式，让学生在大学导师带领下走进实验基地、感受科研过程、树立科研兴趣、发展科研能力。② 2009年，华东师范大学第二附属中学、复旦大学附属中学、上海交通大学附属中学、清华大学附属中学等纷纷开办高中创新班。2010年，北京、上海、天津等地分别开展"普通高中多样化发展试验"③、"普通高中学生创新素养培育实验项目"④、"朝阳计划"⑤ 等，此后，全国各地20余所中学开设高中创新班，如南京中学、南开中学、北师大附中、南师大

---

① 郑若玲，谭蔚，万圆. 大中学衔接培养创新人才：问题与对策 [J]. 教育发展研究，2012 (21).

② 罗洁. 高中阶段创新人才培养模式的探索——北京市"翱翔计划"的思考与实践 [J]. 教育研究，2013 (07).

③ "普通高中多样化发展试验"：北京市开展的旨在进一步培养拔尖创新人才，克服普通高中办学模式单一、人才培养趋同、办学特色缺失等问题的改革试验，包括进行新型综合高中建设试验、特色高中建设试验，建立普通高中与普通本科教育、中职教育、高职教育立交桥等。

④ "普通高中学生创新素养培育实验项目"：上海市开展的旨在鼓励有条件的高中学校探索高中阶段拔尖创新人才培养的办学机制、课程设置、教学途径、学习管理、综合评价方法等的改革试验，高中学校在申报时需达到一定的资格条件，申报成功后，会得到一系列政策和经费保障。

⑤ "朝阳计划"：又称为"科技创新实验班"，是天津市开展的科技创新人才培养活动，包括组织中学生进入高校、科研院所接触科学知识，参与春令营、夏令营等活动。

附中、厦门大学附属科技中学（以下简称"科中"）等等。据笔者不完全统计，截至2012年4月，全国共有55所学校设立了创新班。如今，全国范围的创新班不下百所，而且蓬勃发展、蒸蒸日上，已有大批学生经过创新式的学习走出高中校门、升入大学院校。

现在，福建省紧随时代前沿、把握难能可贵的机遇，也跃跃欲试地想展现一番本领、开拓一片天地。厦大附属科中正是改革试点对象，并被委托进行大中学衔接培养创新人才的模式研究，这无疑极具意义。我们以科中为个案，详解其以创新班为核心的大中学衔接培养创新人才试验模式，并深入分析其取得成效得失。

第二节　创新班的"三创"理念与"三微"形式

科中创新班2011年开始招生，如今已培养出首届毕业生。创新班的生源主要来自厦门市思明区、湖里区，以及周边的漳州、泉州等地。学生来源既有城市也有乡镇，家庭经济状况总体属于中等水平，少数较高或较低；在师资配备上，无论文科或理科课程，学校皆选取本校较为优秀的教师授课。经过几年的努力，创新班已探索出符合自身发展目标、富有特色的"三创"理念与"三微"形式，以此为依托，全面展开大中学衔接培养创新人才的改革试验。

一、"三创"理念

教育实践的成功要建立在科学的理论指导之上。科中创新班的实践便受"三创"理念的指导，即：创知、创意、创行。其中，创知指知识的创新。科中结合人文科学与自然科学，为创新班学生开设通识类、科普类课程，提升他们的学科素养与创新能力，促进其全面而健康发展：在人文学科方面，开设国学入门、科学哲学等课程；在自然科学方面，开设物理科学、海洋科学等课程；设置大学先修课程和数理化生计算机五大竞赛课程，举办英语口语、作文等比赛及各式各样的讲座，包括诺贝尔奖获得者亲身莅临与讲授。

创意指意识的创新，旨在提升学生的创新素养、思维及意识品质。科中通过开设一系列丰富多彩的课程、活动，活化学生思维、优化学生素养、锻炼学生品质、明确其未来发展方向。落实创意理念的具体形式包括生涯规划课程、心理学课程、素质拓展活动、学生才艺表演、创新式班会、远足、学生辩论赛、创新义卖等一系列项目。

创行指行为的创新，主要是培养学生的动手及实践能力，让学生亲自实践、在"做"中学、深入体会探索的奥秘，从而实现自我成长。体现创行理念的具体形式包括科技创新大赛、航模、空模、机器人制作活动、各种社区服务等，同时包含一些科研实践课程，如前往厦大实验室参观、实习、进行野外考察等。此外，科中组织专门的答辩会，让他们讲解、分享自己的研究成果。

二、"三微"形式

再科学先进的理论如果不落到实处，便会沦为空谈。科中创新班的先进理念便是通过"三微"形式得以"落地"产生实效的，即：微课程、微课题、微研究。微课程是以某一主题知识为线索、聘请不同专家共同开设的短学时课程。微课程突破传统的、以整个学期为单位的课程形式，构建短课时、围绕各类小话题组织设计的新方式。目前已经开设的微课程包括"能源研究的科普知识"、"科技创新通识教育"、"测量与实践"等，授课教师包括厦大教师、科中教师以及社会专业人士等。这样的做法既不同于长学期整个学科体系的课堂讲授，也不同于"各自为政"、过于分散的学科讲座，课程与学分由此变得更加灵活、多元。

微课题是学生在专家指导下进行的科研学习与实验训练。微课题的重点在"导"而不在"教"，它有利于学生主动学习和独立探究，提升他们的实践与动手能力，培养他们的学习兴趣与热情。目前，科中已与厦门大学的化学化工学院、能源研究院、海洋与地球学院等建成良好合作关系。创新班学生多次前往各院不同的实验基地参观、学习，并亲身参与了部分实验课题。

微研究是针对教师在教学中遇到的问题而开展的研究。科中邀请厦大课程与教学专家组成教师指导团队，为创新班教师开展专业培训，并指导他们进行独立研究。科中已经组织了新型教学培训、课堂学习研究培训、课堂观察学习培训、创新班教师申报子课题研讨会等。教师们通过理论学习，提升了课堂效率；通过课堂观察研究，诊断了自身教学现状。微研究密切关注教师发展和学生学习，促进了教学的整体协同进步。

"三创"旨在理念的引导,"三微"意在实践的尝试,"三创"与"三微"关联互动、协同作用,为创新班的发展提供源源不断的动力。一系列课程、讲座、实验项目等,帮助学生活化了思维、拓展了视野、培养了兴趣、发展了能力,促进其创新水平不断提升。

第三节 创新班模式构建之比较与异同

上文探讨了科中创新班的缘起、发展、理念、特征。那么,开展大中学衔接培养创新人才项目的其他学校进行得怎样?它们是如何设定目标、建构模式、操作运转呢?下文对此进行详细的比较与分析。

一、创新班模式构建之比较

诸多发达国家在高中阶段培养创新人才时,一般采用加速教育模式以及丰富教育模式。[1] 加速教育模式一般包括提前入学、跳级进阶等形式,如低年级修读高年级课程、中学修读大学课程、假期修读特快课程、一年完成两年课程等。丰富教育模式主要以更多元的科目、多样的内容、不同的主题、创意的方式,拓宽学生的眼界、增加学生的见识、满足学生的爱好、激发学生的兴趣。

在我国,各地区知名中学的创新人才培养项目正开展得如火如荼,且各具特色。例如,上海交通大学附属中学的创新班,其主旨在于提升学生的创新意识、激发学生的创新潜质、锻炼学生的创新能力、培养学生的专业志趣,以及增强他们的科学素养、人格品质、深厚的社会责任感、强烈的民族使命感等。在创新班的课程建设方面,该校致力于构建基础教育与创新教育平衡适度的课程体系,持续推进课程创新与教学创新,力争形成基础厚、开放高、选择广的新型模式,努力帮助学生掌握扎实的基础知识、养成良好的思维习惯。

上海交通大学附属中学的创新课程共分三大模块。一是人文精神模块:

---

[1] 杨德军,张毅,王凯. 普通高中阶段创新人才培养研究报告 [R]. http://www.pep.com.cn/kcs/d6xy/lwj/201101/t20110105_1003618.htm. 北京教育科学研究院课程教材发展研究中心,2011-01-05.

学校注重学生人文精神的培养与强化,在历史、哲学、文学、艺术、法学等领域推进精品教学,同时提升学生的团队能力、组织能力、领导能力等,还与上海交通大学一同合作,针对中学生特点开展拓展训练;二是科学素养模块:学校依据学生兴趣、特长、爱好,开办丰富多彩的拓展课程,方便学生的自由选择,学校全力主张启发式教学,给予学生探索、思考、自主、创新的个性化学习方式,以及给予他们必要的时间与空间,学校还组建"上海交大教授与专家讲师团"、"上海交大附中校友讲师团"、"上海交大附中学生家长讲师团"等,通过专题讲座、专门授课的形式为学生提供新的平台;三是生涯规划模块:学校提前帮助学生规划未来发展生涯、构建并完善"中学生自主发展与规划信息系统",对学生的兴趣、爱好、心理、性格、能力倾向等进行测评,为其今后选择专业、从事职业岗位进行合理预测。同时,根据学生的未来升学专业与职业规划,帮助其制订学习计划、设计课程方案、优化学习策略、形成专业志向,并给学生指明发展方向,使他们能有效努力前进。[①]

北京十一学校创新班的培养理念是着力培养学生的科学志趣,激发学生热爱科学的精神;注重学生的自主学习、自主实验,提升学生的创造力和研究能力;加强学术交流和实践体验,培养未来科学界领导者应有的责任感。北京十一学校的创新班在完成国家课程的基础上,依据每个学生的不同特点和发展方向制定不同课程方案、组建不同的学习模块、对接不同的升学目标。而且,每个学年实施"四学期制",由两个大学期(各16周)和两个小学期(也称实验考察学期,各4周)组成。在大学期里,学生需要完成各学科的必修、选修模块。在小学期里,学生走出学校、走到校外、参观大学和科研院所的实验室、投入社会实践场景、访问国外友好学校、完成互认学分课程等。

具体来看,学校实现了动态的班级管理并依学生兴趣组建了小组与社团,如物理竞赛小组、微生物发酵俱乐部、未来经济学家论坛、机器人智能小组等;学校开放了"大学课程提前选修项目"、提供了著名的"美国大学先修、预修课程";开展了导师引领、学生参与、互动体验等学习形式;打破传统的课堂设计,大胆构建新的教学方式,如地理课让学生制作

[①] 根据课题组调研资料整理而得.调研时间:2012年11月.调研地点:上海交通大学附属中学办公室.

地球仪、政治课组织辩论赛等。① 在假期，学生可以到中科院化学所、物理所、中国测绘研究院、北大生物研究院等进行实验，返校后形成研究型论文，并由相关专家、教师组织答辩、进行考核；还可根据自身学习能力，申请学校专项的"科学探索基金"、"海外留学奖学金"，获得出国考察的机会和经费资助。②

二、创新班模式构建之异同

基于上述对各校创新班的比较，可以发现彼此之间存在诸多共同点：在目标理念方面，创新班普遍注重培养学生的创新意识与创新能力、发展学生的科学兴趣与专业志趣、提升学生的人文素养、领导能力、团队意识等，同时也不忽略对学生身体素质与心理健康、道德品质与责任意识的持续培养。在课程规划方面，创新班平衡普通教育与创新教育的适当关系，协调基础课程与高端课程的最佳比例，大量开设类型多元、覆盖广泛的创新课程，既包括人文科学类课程，譬如哲学、文学、艺术等，也包括自然科学类课程，譬如物理、化学、生物等，还包括一些极富特色的课程，譬如生涯规划课程、户外考察与实践课程等。

此外，创新班的教师们积极学习先进理念与新型方法，在教学方面进行大胆改革，采用科学、高效且富有创意的方式进行知识的传授、沟通、互动、理解。创新班还进行教学管理模式的改革，如实施导师制、家校联合培养模式、小班化教学等。创新班举办了各式各样的活动，有专家与校友的系列讲座、各类学科的学生竞赛、各种小课题与实验研究、周末与假期的学生实习锻炼、多样而有趣的学生社团和俱乐部等。创新班还与知名高校、研究院、研究所形成伙伴关系，使得学生有机会去高水平的图书馆、实验室学习；部分创新班甚至与国外大学建立伙伴关系，搭建学分互认体系，学生可以申请学校的奖学金、出国接受教育与培养。

当然，各校创新班亦有不同所在，譬如北京十一学校强调学生科学领军能力的培养，上海中学聚焦学生的志趣发展，上海交通大学附属中学重在学生未来生涯规划的指导，华东师大第二附中突出学生的德育建设，复旦大学附中着力于学生的文理学科贯通等。而且，各校创新班都有彼此不

---

①② 根据课题组调研资料整理而得. 调研时间：2012 年 11 月. 调研地点：北京第十一学校办公室.

同、独具特色的方案，例如上海华东模范中学的"通识+通能"双通模式，上海交大附属中学的"人文精神+科学素养+生涯规划"三大模块、北京师大附属实验中学的"必修+选修+专修+综合实践"体系等，这些都展现了每个学校不一样的创新风采。

第七章　厦大附属科中创新班之运行

科中创新人才培养模式的运行既体现在课堂教学的系列创新，又涉及教学管理的多项改革。具体而言，教师引入了变易理论、运用了课堂观察，学校开设了导师制、学分制、走班制，落实了小班化教学，进行了家校联合培养等。本章着重分析这些改革的成效与不足。

第一节　课堂教学的创新

课堂教学创新在人才培养中至关重要，也是高中创新班改革的关键一环。科中转变教育理念，强调把课堂从传统传授知识的地方转变为激发学生潜能的舞台，教师从知识讲授者转变为开启学生心智的引领者；逐步构建民主、和谐、相互尊重的学习氛围，促进师生关系的良性发展；通过开放式课堂培养学生的文化素养、探索精神，通过研究性学习培养学生的思考能力、实践水平，通过个性化辅导实现学生的特色发展。其中，不同于以往的最大变化是引入新理论、运用新方法。本文以变易理论与课堂观察为例，深入分析其改革效果。

一、变易理论的运用及效果

变易理论源于现象图析学。现象图析学是由瑞典哥德堡大学的马飞龙、道格伦、沙尔宙和斯文森（F. Marton, L. Dahlgren, R. Saljo & L. Svensson）等人于20世纪70年代探索并创设的新的研究范式。现象图析学的最初研究主要基于一系列有关瑞典大学生学习的实证调查。与以往大多学者不同，马飞龙等人着重关注学习过程的质性特征及学习结果与过程间的关系，他们感兴趣的是"学生学到了什么,而不是学到了多少"。①

现象图析学研究的出发点是为回答两个问题:(1)某些人比其他人学得好,这意味什么;(2)为什么某些人比其他人学得好。研究者们通过探讨学生对学习任务的理解来认识学生的学习及彼此之间的差异。他们发现,一些学生之所以比其他人学得好,是因为他们实际上学的是不同的东西,他们的理解方式也不相同。由于学生的认知经验存在逻辑与非逻辑的关系,因此产生不同类别、不同层次。马飞龙认为,我们看到某个现象,是因为我们审辨(discern)出了这个现象的一些关键属性,这些审辨出来的关键属性反过来形成了我们认识现象的特定方式。

整体而言,现象图析学的发展可以划分为五个阶段:探讨学生学习的差异;研究人们经验世界的差异;形成解释人们经验世界的理论框架;应用变易理论描述及分析课堂教学;使用变易理论设计学习环境来促进学习的发生。前两个阶段属于传统现象图析学范畴,主要研究人们经验现象的质性不同;后三个阶段属于"新"现象图析学范畴,强调用变易理论来解释及促进经验现象的发展。

变易理论由马飞龙等人基于现象图析学、经典迁移理论进一步创新而出,已在全球范围产生广泛影响。该理论基本观点是:"为认识某个事物,必须注意到这个事物与其他事物的不同。一般情况下,先保持其他事物不变,以便于特征事物被有效识别。"② 应用到教学中,是维持非研究变量的原有状态,让研究变量发生变化,以凸显对比、明晰关键,帮助学生掌握要点。该理论倡导的四种方式分别是对比(contrast)、分离(separation)、融合(fusion)、类化(generalization)。③

科中创新班教师在厦大教师的支持与帮助下,学习变易理论、进行课堂改革。一位物理教师在学习理论后,将其运用于高一物理"牛顿第三定律"课程中:"我们首先围绕主题,选取一个生动的情景来模拟公式的意义。然后变化相关变量、产生不同结果,让学生在变动、对比之中找到公式的核心点,捕捉更为本质的地方。"④ "专家说,事物之所以引起人的注意,是因为它在不变的背景里发生了变化。例如当小鸟在林中栖息时,我

---

① 彭明辉. 现象图析学与变易理论 [J]. 教育学报, 2008 (05).
② 卢敏玲. 香港课堂优化设计——变易理论与优化教与学 [M]. 安徽:安徽教育出版社, 2011.
③ 郭建鹏. 概念学习研究:观点、应用及发展 [J]. 上海教育科研, 2013 (02).
④ 访谈创新班教师整理而得. 访谈时间:2013年10月15日. 访谈地点:科中办公室.

们难以察觉它的存在,一旦鸟儿举翅高飞,我们便会马上注意到它。可以说,是变化让我们发现问题的重点所在。将这种方法运用到教学中,既有新意,又很有效。"① "与此同时,配套习题进行训练,让学生在题目中找到那些最为关键的地方、理清那些较为模糊的地方。通过这次改革,我们发现学生的听课效果确实好了很多。"②

教师发现,变易理论可以帮助学生更快地理解新事物、处理新问题、提升了课堂学习效率:"在以往,学生遇到新问题中的变量,总会弄不清楚、想不明白、混淆不同的条件和要素。而且,同样的题目稍做变化,他们就会无从入手,或搞错思路。通过变易理论的学习,我们教师以更加鲜明的方式,把概念中的关键点进行对照,并通过大量案例帮助学生聚焦问题特征、找到核心所在。这种更为有效的学习方式帮助学生理清了思路、提升了效果。"③ 而且,教师自身也锻炼了能力、提高了水平。"通过学习,我们知道了教师不仅要掌握所教学科的内容,还要掌握每个知识点在知识体系里的位置、与其他学科概念的关系。我们要从学生的不同理解出发,找出学生的学习难点,针对性地处理。当然,变易理论并非万能,它主要适合于学习抽象的、涉及元素较多的新知识。"④

二、课堂观察的运用及效果

作为研究课堂教学的重要方法,课堂观察已经得到学界的关注以及中小学教师的青睐。课堂观察是指研究者或观察者带着明确目的,凭借自身感官(如眼、耳等)以及有关辅助工具(如观察表、录音录像设备等),直接或间接地从课堂情境中收集资料,进行研究。其基本步骤包括:(1)课堂观察前的准备,明确观察目的与计划;(2)课堂观察,即进入课堂、记录资料;(3)课堂观察后的工作,进行资料分析和结论探讨。⑤ 在课堂观察中,观察者走进课堂,观察教师的教学、学生的学习、课堂的环境、整体的氛围等等,据此提出改进建议、提升班级的上课效率。此外,课堂观察配有专门的科学量表,便于观察者记录与总结。

课堂观察诞生于西方科学主义思潮,发展于20世纪五六十年代。美国

---

①②③④ 访谈创新班教师整理而得. 访谈时间:2013年10月15日. 访谈地点:科中办公室.
⑤ 沈毅,崔允漷. 课堂观察——走向专业的听评课[M]. 上海:华东师范大学出版社,2008.

课堂研究专家弗兰德斯（N. A. Flanders）在 1960 年提出"互动分类系统"，用以记录课堂中教师与学生的语言互动，据此思考、分析、研究、改善教学行为与方法，这标志着现代意义的课堂观察的开始。[①] 20 世纪七八十年代，受社会学儿童话语研究的影响，卡兹登（Cazdan）开创了通过话语分析进行课堂研究的新方法。卡兹登认为，从语言学角度看，教师主要运用三种不同功能的语言：课堂的语言，沟通主要的教学信息；控制的语言，建立与维持社会关系；认同的语言，表达说话者的认同态度。另外，他提出了语言模式的 IRE 序列（Initiation—Response—Evaluation），即从教师发起到学生回应，再到教师评价。[②]

1968 年，英国教育人类学家杨、史密斯和杰弗里（Young, Smith and Geoffrey），首次应用微观人类学的方法，对班级进行人类学的实地研究；在搜集材料上，其主要采用参与观察、深度访谈等方法；在参与观察中，不仅要细致观察研究对象的一切，同时也需在相当程度上参与到活动中来；在深度访谈中，研究者与研究对象要做无拘无束、十分深入的访谈对话，而且不局限规定的问题，不约束回答的方式。后来，布拉姆菲尔德和米勒还设计了收集叙事信息的研究方法，称为趣闻轶事记录、进展记录，用以记录学生的行为模式、学习风格、所学概念等。[③]

课堂观察的主要路径有量化观察、质性观察等。课堂观察的主要方法有：编码系统分析法，包括弗兰德斯互动分析法[④]、基于信息技术的互动分析法、学生与教师行为分析法；核查清单分析法，包括拉格与霍普金斯的观察量表[⑤]、课堂对话情况分析量表、交际法教学观察量表、小学课堂交往时间表；等级量表分析法，包括时动分析法[⑥]、LICC 模式分析法[⑦]等。

[①] 崔允漷，沈毅，吴江林. 课堂观察 2：走向专业的听评课［M］. 上海：华东师范大学出版社，2013.

[②③] 夏雪梅. 以学习为中心的课堂观察［M］. 北京：教育科学出版社.

[④] 弗兰德斯互动分析法：由弗兰德斯编制的、用于观察教师教学与学生学习行为的专业编码系统。

[⑤] 拉格与霍普金斯的观察量表：由拉格与霍普金斯设计的、用于观察课堂行为的专业量表。

[⑥] "时动分析法"：将教学课时按照教学流程的规划安排，划分成若干时间单元。每一时间单元均由一系列的动作组成，分析与评价人员会对所划分的各个时段里的动作单元进行分析评价并提出规范建议，以此提高课堂教学效率、提升教师技能水平。

[⑦] "LICC 模式分析法"：包括四大要素，分别是学生学习（Learning）、教师教学（Instruction）、课程性质（Curriculum）、课堂文化（Culture）；一般分为三大步骤，即课前会议、课中观察、课后会议。

科中组织创新班教师从厦大教育学专家那里学习课堂观察的原理、方法，提升各科目的上课水准。科中教师通过学习理论与反思实践，发现了以往教学中的不足，并学会从新的角度重新审视教学："以前授课主要根据自己的经验积累和适当探索，经过这次课堂观察的培训，我找到了提升教学水平的新途径。可以说，课堂观察这种方法十分独特，它给我的主要印象是科学、严谨、多角度思维。课堂观察涉及的内容很细致、准确，譬如上课怎么提问题、何时提问题、提多少问题、如何回答问题等，都给我新的启发。"①"通过课堂观察，我发现教师上课的姿态、目光、手势、讲话的语速、大小、高低等都影响着知识的传递和信息的表达。教师如何引出重点、解释难点，如何与学生互动交流，都影响着课堂的教学质量和学生的学习质量。"②

课堂观察学习也让教师在整体的教学业务上提高不少、收获很大。"通过课堂观察的学习，我懂得怎样更准确地传授课堂知识、把握课堂节奏，怎样更好地营造课堂氛围、引导课堂走向。我不断深入思考、琢磨观察到的细节与不足，努力改善自己的各项技能。如此一来，就为学生的知识学习、理解记忆、吸收消化等带来了便利，为他们的成长、进步垫下更好的基石。"③同时，老师们也积极反思自己在理论应用中存在的问题，例如有老师做如是反馈："严格意义上的课堂观察要有课前准备、课中观察、课后反思三大步骤，这在实践中难以都做到位。而且，在课堂观察时，教室情境变化迅速、转眼即逝，我们大多自觉自为地运用方法，缺乏足够的理论和技能知识，这使得观察效果欠缺深度。"④

第二节　教学管理的创新

教学管理是指为有效实现教学目标，充分利用教育内外部条件进行组织协调的方式。科中创新班突破陈规，进行了深刻的教学管理改革，实行了导师制、学分制、走班制，落实了小班化教学、开展了家校联合培养等，据此不断促进学生的多元选择、多样发展、优化其听课质量、教学环境、学习效果。

---

①③ 访谈创新班教师整理而得．访谈时间：2013 年 10 月 30 日．访谈地点：科中办公室．
②④ 访谈创新班教师整理而得．访谈时间：2013 年 10 月 26 日．访谈地点：科中办公室．

一、导师制

导师制原本是一种在大学实施的教学管理制度。中学阶段的导师制源自于中学的学分制改革。部分发达国家率先在中学实行学分制后,学生面对复杂的课程难以有效抉择,需要教师的指导帮助。导师制作为有效的教学辅助制度在中学应运而生。中学导师制既与大学导师制颇为相似,又在指导对象、实施主体、侧重内容、阶段特征上十分不同。我国中学的导师制从20世纪末期开始实行,目前已在全国一些重点中学开展。

科中创新班自创立伊始便实施导师制。在问及导师制的实施源起时,科中相关负责人做如下解释:"既然要培养创新素养,让学生日后在学术上有所作为,肯定要有大学教师为学生的学术成长引路。但高考压力同时存在,创新班的很多学生也要参加高考,所以只有大学教授担任导师的话可能无法完全保障学生的学业,大学教师毕竟跟中学老师思维存在差异,所以创新班应该设置两个导师,学术引领由大学导师负责,学科指导则由中学导师负责。"[①] 为此,科中为每位学生配备了两类导师,一类是"学术导师",由十余位大学知名教授担任,主要进行课题指导,力图帮助学生形成科研志趣、克服学习困难、优化学习方法、提升学习水平,培养其实验能力、专业水平、创新素养,保证1∶5的师生比;另一类是"成长导师",由14位校内专家教师(含校长及部分中层领导)担任,负责指导学生的生活与成长,使其解决困惑、减缓压力、端正态度、增强信心、成长进步。在落实过程中,导师通过交流谈心等方式,了解学生的当前状况,帮助其合理安排时间、践行自我规划,并对其发展进行监督与评价。另外,实行"学长辅助计划"作为导师制的补充,由厦大部分博士、硕士研究生及优秀本科生利用课余时间为学生解决部分学业问题,指导学科的学习方法。

导教关系的确立以符合师生之间的性格特点和学生的实际需求为准则,依据双向选择、适当调控的原则,以召开双选会师生互选以及学校适当调配的方式实施,具体流程为:宣传发动(教师和学生动员会)→选聘导师和受导学生→导师和受导学生双向选择→师生互动→考核评估。指导老师和学生的关系一经确定后基本保持三年稳定的状态,原则上教师不再增加

[①] 根据科中创新班数学教师L3访谈内容整理所得. 访谈时间:2011年9月20日. 访谈地点:厦门.

学生。导师以个性化、亲情化、渐进性和实效性为工作原则，通过谈话、辅导、写信等方式，定期了解学生的心理状况，帮助学生制订发展计划。具体的工作方式为：（1）建立学生成长档案制度，对学生进行过程性评价，记录学生的成长历程；（2）建立谈心辅导与汇报制度，每月至少与学生谈心（面谈、电子信箱等）辅导2至4次，并记录辅导内容，集中辅导与个别交谈相结合；（3）建立个案分析制度，每月组织导师进行个案分析，必要时对重点案例进行集体会诊，提出解决办法；（4）建立协调与反馈机制，导师除了要与家长、班主任等及时沟通之外，更要注重与学生之间的及时协调与反馈，使学生对导师有信任感，有问题都愿意和导师交流。

　　在导师的工作方法上（主要针对本校教师），该校提出四点要求：一要"身教"育人、人格熏陶，导师应重视自身的人格修养，言传身教，潜移默化地影响学生人格的塑造；二要交流谈话、心理相容，导师通过经常性的与学生谈话，以多种方式与学生进行交流，建立心理上的认同，从而进行有针对性的教育和引导；三要引导学生自我教育，导师创造条件，培养学生自我评价和自我认识的能力，达到学生自我教育和自我管理的目的；四要教育与研究相结合，导师把教育学生看做是一项日常工作，同时也是一个研究的课题，对于所引导的过程与效果进行记载、分析，不断提高"导"教水平。① 科中的导师制仍处在起步阶段，尚未形成成熟机制及经验，许多地方还有待完善，特别是在指导方式的具体落实上。

　　导师制在科中取得了良好效果。科中教师对导师制实施前后的情况进行了比较，认为："在以往，师生之间缺乏长效的、近距离的友好关系。这使得我们难以全面、细致了解每个学生的学习、生活、心理状况、个性爱好等，难以对他们每个人都给予足够的关怀、指导。导师制的实施，帮助教师与学生之间架起一座理解的桥梁，我们由此更好地解决学生思想、学习、生活中的困难，引导他们从被动管理走入主动探寻的良性循环。"②"通过导师制，师生彼此双向选择，建立起一种新的关系。这种长期而稳定的指导关系有效增进了师生间的合作、交流，于是教学效果更好了，学生的学习效率也提升了。"③

　　导师制实施后，教师更为密切地关注学生、了解学生，学生成长得更快了。"制度实施后，我们有更多机会了解学生的学习状况、个性爱好、性

---

① 资料来源：科中导师制实施方案。
②③ 访谈创新班教师整理而得. 访谈时间：2013年10月26日. 访谈地点：科中办公室.

格特点等,并对他们进行个性化的指导。这种亲密而友好的交流使得我们指导得更到位、更出色。"①"导师制加强了我和老师的联系和沟通,我的一些学习困难得到及时解决、一些心理压力得到缓解,感觉学习得更有效率了。"② 为促进导师制的更好发挥,老师建议,"最好把导师的担任与教师的职业发展结合起来,建立起必要的激励机制,提供必要的支持方案,例如更多的交流时间、机会,学员反馈的搜集等,效果应该会更好。"③

二、学分制

学分制以学生选课为基础,以学分为计算单位,据此衡量学生的学习能力和学习状况。④ 与传统学年制相比,学分制体现以人为本的教育理念,给予学生更多自主选择的机会和更丰富的知识内容,是较为先进的教学管理制度。学分制的雏形是德国柏林大学的选修制。1825年,美国的杰斐逊创建弗吉尼亚大学并亲任校长,他在开学典礼上指出:"弗吉尼亚大学要粉碎神学主义和古典主义的框子,向科学知识大胆开放,树立新学风,不再保守陈法。"并让首届100余名学生在开设的现代语言、自然科学、法学等8个不同科类中任选一个领域,学校没有年级制,每个学生按自己的意愿和能力去修完学业。

后来,哈佛大学在推行选修制中遇到了一个现实问题,即同一系科、同时入学的学生,由于选修的课程和学习进度不同,如何衡量他们毕业时必须完成的学习量,一时成为难题,这就迫使学校必须建立衡量标准。于是,"学分"作为一种计量学生课程学习量的标准单位在哈佛产生。若论归功者,当属埃利奥特。他在1869年提出了"智力适者生存"的理论,认为人在智力、能力上是有差异的,大学应该满足这些差异,使每个学生的个性和才华得到展示。为此,他主张大学应提供三个条件:一是给学生有选择学习自由的权利;二是为学生提供在某一学科领域出类拔萃的机会;三是建立学生应对个人行为负责的制度。这一主张为学分制的产生奠定了理论基础。1871年,哈佛大学列出了学校所有课程的目录,根据每门课程深

---

①③ 访谈创新班教师整理而得. 访谈时间:2013年10月26日. 访谈地点:科中办公室.
② 访谈创新班学生整理而得. 访谈时间:2013年11月16日. 访谈地点:科中办公室.
④ 马赛,郝智秀. 学分制在哈佛大学创立和发展的历史轨迹——兼论美国学分制产生和发展的社会背景 [J]. 高教探索,2009 (01).

浅难易程度和花费学习时间多少折算成"学分"。1872 年，哈佛大学正式实施"学分制"（Credit System）这一教学管理制度。①

中学实行学分制则在 19 世纪末。1893 年，美国国家教育学会设立了一个 10 人委员会，负责拟定一套统一的大学预科课程，作为全美中学课程的参考。该委员会确定的课程内容包括 4 种大学预科主修科目，即古典科、英文科、现代外语科和拉丁文综合科，分别制定每科的详细进度。除主修科外，还制定了一系列的选修科的内容和标准。1899 年，国家教育学会又设立大学入学资格委员会，负责制定中学课程和大学入学资格标准。按照该会的建议，中学生必须完成 10 个学分，包括 4 个学分的外文，2 个学分的英文，2 个学分的数学，1 个学分的历史，1 个学分的科学。这套规定深得各州拥护，随着时代的进步，各州在各科的学分分量和总学分数的要求方面也作了不少调整。②

我国的中学学分制主要兴起于 21 世纪之后。现在，科中创新班采取学分制，提升学生选课程和选教师的自由度，促进其个性发展与潜能发挥。以物理科目为例，学生除选必修课程外，还可选一至两门选修课程。选修课程以实验操作、动手训练为主要形式，穿插小组讨论、报告撰写等环节，学生完成各环节任务即可得到相应学分。学分制实施后，学生发现这样的制度灵活、自主，尊重了他们的个体选择和个性差异。"学分制给予我更多的选课权利，我可以灵活地选择课程、教师等，这提高了我的积极性。在以前，想去感受不同老师的教学风采是不太可能的，我只能按照指定的计划进行学习。现在，学分制让我自主选择、自己决定，于是实现了我心中的很多期待。"③ 学分制也满足了学生的不同偏好和需求。"我容易适应某些老师的教学方式，而较难适应另外一些。现在，我可以自由选择那些合适的老师，感觉自己学得更快了、效率更高了，也有信心和兴趣了。"④"我们学校开设的课程很吸引人，感觉自己的兴趣和热情被带动起来了，上课的时候，我的注意力变得更集中、学习效果也更好了。"⑤

科中教师认为学分制既促进了学生的多样发展，也促使自己不断进步、提升教学水平。"在学分制的作用下，学生们根据自己的兴趣、特长、能

---

① 马赛，郝智秀. 学分制在哈佛大学创立和发展的历史轨迹——兼论美国学分制产生和发展的社会背景 [J]. 高教探索，2009（01）.
② 陈月茹. 美国高中学分制及其意义 [J]. 全球教育展望，2003（01）.
③④⑤ 访谈创新班学生整理而得. 访谈时间：2013 年 11 月 16 日. 访谈地点：科中教室.

力、需求等,调整自己的学习内容、学习速度,完善自己的知识结构。"[1]"学分制涉及大量高水平的选修课。在压力的推动下,我们不断提高自己的知识水平、教学水平,不断实现自身的教师发展。"[2]"不过,有些学生因选课经验不足,存在相当的迷茫。还有,对那些不太努力的学生而言,学分制的约束力小,他们容易懈怠、放松。"[3]

三、走班制

走班制是指不同教师在不同教室授课,学生依据自身性格特点、知识储备、学习能力,选择某一教室进行学习的教学管理形式。作为一种创新型的教学管理制度,走班制尊重了学生个体的差异性、特殊性,给予其多元的选择机会,这种做法一方面提高了学生的兴趣、增强了他们的信心,另一方面扩大了不同学生群体间的交流与合作。

走班制起源于美国。1959年,美国著名课程专家约翰·古德莱德(John·Goodlad)倡议举办"不分年级与班级的学校"。他认为,传统分年级与分班级的制度前提是学生具有相同的知识基础、认知水平、学习能力,教师可以面向全体学生、以同样的进度、讲授同样的内容。但在事实上,学生是千差万别的,其个体差异性、独特性使得现有教学无法满足学生的真实需要。为此,他提出"不分年级与班级"的教学制度以确保和促进每一位学生更顺利地学习、更持续地进步。后来,他出版一系列的书籍和论述来推广这种教学制度,于是走班制在美国、加拿大普及开来。目前欧美很多国家的中学教育是以走班制为主要组织形式的。这也被证明是一种可以保护学生学习自主权,寻找"适合自己的教育",实现因材施教的重要举措。[4]

科中创新班自成立起就实行走班制,涉及范围主要是选修类、综合类、拓展类课程。出于稳妥的考虑,语、数、英、物理、化学等主要科目暂未实行。创新班学生谈及对走班制的感受时表示走班制形式独特,为他们提供了更为适宜的学习环境。"我觉得每个人的兴趣爱好、学习基础、学习能

---

[1][3] 访谈创新班教师整理而得. 访谈时间:2013年10月26日. 访谈地点:科中办公室.
[2] 访谈创新班教师整理而得. 访谈时间:2013年10月30日. 访谈地点:科中办公室.
[4] 荣维东. 美国教育制度的精髓与中国课程实施制度变革——兼论美国中学的"选课制""学分制""走班制"[J]. 全球教育展望, 2015 (03).

力其实都不同，实行走班制以后，我们可以按照自己的兴趣、需求选班。这让我感到一种自主学习的快乐。"① "走班制让我认识了很多新同学，我们本身不在一个班级，但因选同门课而认识。我们相互交流不同班级的学习体验，分享不一样的学习心得，感觉既有趣，又有意义。"②

科中教师也高度认可走班制："走班制让学生依据自己的学习基础、接受能力确定学习活动。这种方式尊重了学生的个人倾向性，凸显了学生的主体作用。而且，扩大了学生的交往范围，有利于培养他们的竞争意识、合作意识。"③ 当然，走班制也给教师带来一些挑战，"每个班级的教风、学风不同，学生的习惯、态度也不一致，这让我较难把握。有时会有把握不住的感觉。而且，部分学生在走班过程中略显忙乱、心散。"④

四、小班化教学

小班化教学是欧美发达国家普遍推行的一种教学组织形式，认为班级规模以 25 人左右、不超过 30 人为宜。其本质特征是教学面向情况各异的学生个体，而不是面向整齐划一的全班整体；教学组织方式，教学内容、教学模式、教学方法、教学评价均围绕学生个体发展组织开展。在小班化教学中，班级规模减小、学生数目减少，有利于教师因材施教和学生个性发展。而且，学生的主体地位凸显了，教师的管理压力降低了，授课、听课的效率则提升了。可见，小班化教学拥有传统大班授课难以比拟的优势。

20 世纪 70 年代末，欧美一些发达国家开始进行小班化教学的实验研究，其中以美国最具代表性。1987 年，我国学者针对班级授课制存在的不利于因材施教、不利于信息反馈、抑制学生智力发展等问题，建议逐步实行个别化教学，并提出"目前作为过渡时期可逐步缩减每班学生的人数"的观点。这是我国改革开放以来文献中首次出现的关于小班化教学的论述。⑤ 后来，我国学者不断介绍苏联和美国缩小教学班规模的基本情况，指出小班化教学已经成为发达国家教学组织形式改革的趋势，并针对我国广州市班级规模庞大的现状，分析了控制教学班规模及进行教学组织形式改

---

①② 访谈创新班学生整理而得. 访谈时间：2013 年 11 月 16 日. 访谈地点：科中教室.
③④ 访谈创新班教师整理而得. 访谈时间：2013 年 10 月 30 日. 访谈地点：科中办公室.
⑤ 张杰夫. 班级授课制存在的问题及其改革刍议——兼议现代教育技术与教学改革 [J]. 教育科学研究，1987 (3).

革的可能性，建议在广州市针对低、中、高三类水平的学校分别实施"补齐班"式的小班化教学，以期实现班级授课制前提下的小组教学和个别教学形式的最优化结合。①

自不少翻译介绍欧美国家小班化教学的研究成果后，我国部分发达城市在借鉴国外小班化教学理论与实践经验的基础上，结合各地实际进行小班化教学实验，并从20世纪90年代中期开始探索适合本土化的小班化教学模式。1996年，上海市由市教委组织专家率先开展了"小班化教育"的可行性研究。此次研究起初在10所小学进行试点，至2000年已初具规模，有200余所小学推行了"小班化教育"。21世纪初，我国开始了新一轮基础教育课程改革。这意味着一场教育思想和教育观念大变革的到来。也正是在这样的背景下，人们开始多角度、深入地反思小班化教学实践中存在的问题。②

科中创新班自成立起就采用小班化教学方式，每班学生平均为30人左右。小班化教学在课堂氛围营造、师生互动机会等方面都充分展示了优越性，得到了同学们的高度认可："和以前我在的中学不一样，这里的小班化教学给予我们民主、平等、宽松、和谐的课堂氛围，大家可以更加尽情地展现自己、表达自己。"③ "比起其他班来，我们班学生在课堂上平均占有的时间增加、发言机会变多、课堂的互动性也强。老师和我们之间、我们同学之间都有更充分的时间讨论、交流。"④ "无论是课堂上，还是活动中，我们的沟通机会、讨论次数增多了。而且，学校为我们每人都配备了一些学习设备，很有帮助。我感到自己得到足够重视，同学之间也更加熟悉、更好相处。"⑤

创新班教师也非常认可小班化教学，认为有利于他们注意到学生的不同学习习惯和学习方式："现在，学生数量减少了，我对每个学生的学习风格、方式有了更深入的了解，这可以帮助我注意到不同个体的差异，有利于教学上因材施教。"⑥ 另外，小班化教学并非一般意义上的减少学生名额，它对基础设施建设、课堂教学环节等方面都有要求："小班化教学对教学空间和环境的要求比较高。它要求教学空间灵活多样，桌椅既可以是整

---

① 吕忠杰. 试谈教学班规模的控制及教学组织形式的改革 [J]. 广州教育, 1988 (4).
② 杨中枢. 我国小班化教学研究综述 [J]. 教育研究, 2012 (04).
③④⑤ 访谈创新班学生整理而得. 访谈时间：2013年11月16日. 访谈地点：科中教室.
⑥ 访谈创新班教师整理而得. 访谈时间：2013年10月26日. 访谈地点：科中办公室.

齐的集中摆放，也可以是分散的随意摆放，通过变化位置来适应不同的教学模式。换句话说，教学设施须要适应学生的个性培养。"① 小班化教学一方面减轻了教师照看大数额学生的压力，一方面也要求教师提升自身的课堂组织能力。"小班化教学更注重师生互动，如果我们不能很好地驾驭课堂，课堂便会索然无趣。"② "在小班化教学中，我们尤其需要注意那些成绩平平、不太起眼的学生，我们要帮助他们建立自信心，发展他们的个性。"③ 可见，小班化教学不仅仅是教学组织形式的改革，而且推动了教学过程的全方位革新。

五、家校联合培养

培养出优秀学生是家长和老师的共同心愿。家是人生的第一课堂，父母是孩子的第一任教师。家庭的环境氛围、父母的思想行为对孩子的成长、进步有着很大影响。如何将家庭教育与学校教育有效结合、共同发挥更大功效，是值得深思的问题。

美国教育优异委员会曾在《国家处于危机之中》指出，"家长们既有权要求学校为子女提供优质教育，也肩负着自身对子女进行教育的责任。"时任里根政府教育部长的贝尔指出："教育问题的本质是社会问题，以学校教学为中心的教育改革充其量只能影响和改变学生每天 6~8 小时的生活。因此，要提高一个社会的教育水平，学校必须得到家庭和社会的全力配合。"④ 在美国，专门设有家长教师联合会，其原型为 1897 年设立的全国母亲协会，后于 1908 年更名为全国母亲家长教师联合会（National Congress of Mothers and Parent-Teacher Associations），于 1924 年正式改名为全国家长教师联合会（National Congress of Parents and Teachers）并沿用至今。

美国的家长教师联合会是美国家长参与学校事务和学校教育管理、实现家校合作的一个专门机构，是一个非营利、非宗教、非党派、不介入任何政治斗争的正式民间组织。美国的家长教师联合会包含三个层次：全国家长教师联合会（National Congress of Parents and Teachers）、州家长教师联

---

①② 访谈创新班教师整理而得. 访谈时间：2013 年 10 月 26 日. 访谈地点：科中办公室.
③ 访谈创新班教师整理而得. 访谈时间：2013 年 10 月 30 日. 访谈地点：科中办公室.
④ 曹丽. 20 世纪 80 年代以来美国公立学校家校合作发展研究 [J]. 合肥师范学院学报，2011 (01).

合会（The State Congress of Parents and Teachers）、地方家长教师联合会（School Congress of Parents and Teachers）。它们虽各有分工，但又都有着同样的核心任务：在学校、社区、政府机构、其他教育组织制定政策规划时，以孩子的立场为孩子代言；帮助家长照顾孩子的生活、培养孩子的技能；鼓励家长与孩子进入美国的公立大学。联合会的成员主要包括家长、教师、学生、热爱教育事业、愿意为社区服务的其他市民成员等。其性质为非营利、非派系、非党派组织。[1]

全国家长教师联合会的主要作用在于：促进儿童与青少年在家庭、社区、学校、宗教场所中的幸福与健康；完善儿童与青少年的相关法律；协调学校与家庭间的关系；团结教师与公众的力量。州和地方的家长教师联合会还会积极为学生争取资金支持、开办为学生服务的部门机构、对家长进行方法指导、对教师提供支持帮助、开展家校各类活动、促进各方通力合作等。

学生的成长离不开教师的指导与帮助，也需要家长的支持与关心。如何将教师与学生、家长与孩子、教师与家长很好地联系到一起，促进他们的彼此沟通，携手发挥更大功效，是一个既重要又棘手的问题。为此，科中还采取了家校联合培养的方式作为教学管理的辅助。譬如，成立了创新班家长委员会。家委会每学期上课两次，学校安排班主任、任课老师与家长见面、交流；通过家长QQ群、电话、随访等形式进行交流；组织家长参加学校的"公开教学周"、学生课内外实践活动以及期中、期末的考试成绩分析会等；组织家长参与校园文化活动，如文化艺术节、体育运动会、重大庆典等；组织家长听取学校的工作安排、项目开展并提出意见、建议。

在2011级创新班高一年段家长会上，科中发放调查问卷，分析总结创新班家长的期待与想法。结果发现，家长希望学校在培养过程中将课堂学习与课外实践相结合，在传授科学理论的同时不忽视社会知识的指导，引导孩子逐步了解自己、发展自己，并规划其未来的生涯之路；帮助孩子培养良好的学习习惯、增强其学习兴趣与信心、提高其创新素养与创新能力；合理安排时间比例、增强各类体育锻炼等。这些信息为创新班及时调整人才培养思路提供了重要参考。

借助家校联合培养平台，家长们也获得了信息、转变了观念，学会了

---

[1] 陈峥，王建梁. 家校合作的纽带——美国家长教师联合会研究[J]. 外国中小学教育，2003（05）.

和孩子更好地沟通交流。"家校联合让我们和学校走得更近、和孩子走得更近。在家长委员会的 QQ 群里,我们对孩子的学习、生活进行讨论。每个人提出自己的困惑、抒发自己的意见、表达自己的心声,相互交流想法、吸收集体力量,感觉收获很大。"① "老师告诉我们,不管工作有多忙,都要用心和孩子聊聊天、待一会儿。而且,要平和、轻松地与孩子交流,要像朋友一样,只顾家长架子是培养不好的。我感到自己渐渐可以设身处地为孩子考虑了,他们压力确实大,当家长的要学会体谅孩子。"②

创新班的班会别具一格,也给家长很大启发:"在创新式的班会上,我们家长被分成小组,大家各抒己见,一起为创新班的发展建言献策。我自己就从中找到了共鸣与启发,感到这样的活动别开生面,很有效果。"③ 学校还组织其他各类活动,很多家长也都参与进去,并受益匪浅。"我参与了不少活动,如科学参观、素质拓展、实地测量等。通过这些活动,我走进孩子的学校生活,看看他的成长、了解他的情况,自己有收获也有反思。"④

第三节 招生方式与升学路径的创新

招生是学校教育与人才培养的最初环节,意义重大不言而喻。作为"福建省教育改革试点总体方案"的有机组成部分以及福建省内首次"创新人才培养改革试点",科中得到厦门市教育局批准,可以自行组织招考工作,不以中考成绩为绝对标准,并邀请厦门大学的专家、教师、本校的骨干教师组成团队,共同对志愿报考科中高中创新班的初中毕业生进行测试。在升学方面,也通过与大学的密切合作拓展了渠道。

一、招生方式的创新

科中创新班的测试项目包括创新能力测试、基础学力测试、个人特长展示三大部分,其中,创新能力测试占总分的 60%,基础学力测试占总分的 40%,个人特长展示属于附加得分,分值控制在 5% 以内。创新能力测试主要由厦门大学的专家负责组织,采取笔试、面试相结合的方式考查考

---

①②③④ 访谈创新班家长整理而得. 访谈时间:2013 年 11 月 23 日. 访谈地点:科中教室.

生的创新思维、科技素养等。基础学力测试由科中教师负责组织，采取笔试形式，测试科目为语文、数学、英语、物理、化学。其中，语文、英语合卷，各占 50 分；数学独立成卷，占 100 分；物理、化学合卷，各占 50 分；每卷的测试时间均为 60 分钟。在个人特长展示中，考生自主选择自己想要展示的特长项目，专家据其表现情况加分。各项测试内容按比例折算，形成总分（详见表 7-1）。

表 7-1　　　　　　　　创新班招考的测试目的与内容

项目	基础学力测试	创新能力测试	个性特长展示
设计目的	了解并考查学生基础的、必备的知识水平	测试学生的创新思维、科技素养、动手能力	发现学生的特长、爱好与个性特征
测试内容	语文、数学、英语、物理、化学	创新式测题、动手实验、科学素质考查	学生选择自己的特长进行展示
考查形式	笔试	笔试与面试	面试

分析 2013 年科中创新班的招考试卷可以发现，与传统考卷相比，创新班的考卷涉及范围更广、包含形式更多、考查角度更丰富。语文科目除考查一般的语言知识外，还测试学生对名句名篇的掌握、对文学常识的了解。譬如，我国古代的四书五经、国外莎士比亚的四大悲剧、经典诗词的记忆、成语典故的解释等；英语除常规考题外，还设趣味问答；数学、物理、化学试卷中含有诸多图表分析、实验操作以及日常生活类题目；创新能力测验则考查学生对前沿信息的掌握，如 $PM_{2.5}$、4G 通信、卫星导航系统、新能源技术等，还会测试学生自主设计实验的水平，例如引导学生设计人工孵化蛙卵实验等。

二、升学路径的创新

在面临升学时，创新班学生主要通过高考、自主招生等方式升入高校。科中作为厦门大学的附属中学，与后者形成合作关系，科中高三毕业生在报考厦大自主招生时，厦大会在政策范围内给予一定支持。科中创新班还参与了厦大知名学院的国际合作项目。譬如，厦门大学经济学院与爱尔兰国立都柏林大学进行国际合作，一同开设"1+3 海外留学本科班"，专门招收高三在读生。科中创新班的部分学生报考该项目，通过选拔性测试后，先前往厦大经济学院学习一年的本科预备留学课程，再抵达爱尔兰国立都柏林大学，学习该校商学院的三年本科课程；在专业方面，可以选择金融、会计、管理、市场营销等；毕业后获得爱尔兰国立都柏林大学的商学学位。在科中创新班已经毕业的学生中，不少升入厦门大学、香港大学、爱尔兰国立都柏林大学、法国巴黎第七大学、澳大利亚墨尔本大学等著名学府。

再看我国其他地区中学创新班的升学路径。上海交通大学附属中学的创新班与上海交通大学相对接，上海交大承诺给予其政策上倾斜，开办"大学直通车项目"，创新班毕业生的高考分数只要达到当地一本线，即可保底升入上海交大。同时，他们也可自由参与其他名牌大学的自主招生；北京第三十五中学的创新班学生在毕业时可以获得由中科院科学技术协会与北京第三十五中学共同颁发的"中科院科技创新人才早期培养毕业生"证书。其中的优秀学员还可获得中科院教授的升学推荐信。这为毕业生申请国内、国外知名大学等提供了极大便利；华东师大第二附属中学的创新班毕业生凭借突出的奖项和成果，获得诸多名牌大学自主招生的机会。其在培养过程中，经常参与各类科研课题研究、"国际中学生科学与工程大赛"、"全国科技创新大赛"、"明天小小科学家评选活动"以及不同学科奥赛等，增强实力、提升水平、获得广泛认可。

可见，积极锻炼能力、获取各类奖项、通过自主招生形式进入优质大学，是创新班学生升学的普遍方案。如果能与优质高校形成更深刻、密切的联系，得到类似上海交大附属中学那样的"达到一本线即保底升学"的机会，将会使学生更安心、尽情地投入到创新活动中去。

第八章 科中创新班成效之实证研究

为了解科中创新班的试验成效，课题组于2013年10月对科中高中生的创造力进行测量。此次测量以数百名高中学生为对象，综合各种因素后，课题组采用了张国锋编制的《中学生创造力评价量表》。[①] 该量表设计维度较广、施测时间适中、逻辑方式适合我国学生，而且具备相当的信效度。本章中，首先详细解释问卷选择的缘由、过程、维度设置的方法，再对调查获得的数据进行统计、分析，并辅以访谈调查，对科中创新班的实施成效与存在问题进行综合分析与深入思考。

第一节 调查问卷的选择

编制一份对个体创造力进行测量的问卷并非一件易事。这既涉及维度的选择，也涉及测量的信度、效度、问卷的准确性、可操作性等诸多要素。课题组通过搜集、整理相关著作、文献，寻找以往关于创造力或创新能力的问卷、量表，发现在国外有《托兰斯创造思维测验》、《南加利福尼亚大学测验》、《芝加哥大学创造力测验》、《威廉斯创造力倾向量表》等，国内有《中学生创造性思维练习》、《青少年科学创造力测验》等。为选择最适合本研究的量表，笔者对它们的具体信息进行了分析与整理。

一、国外的测验量表

相较于国内，国外对创造力的研究更早也更深入，量表更为丰富多样。

[①] 在实际使用中，我们对原有量表的部分问题做了加工与调整，使其语言表述更加清晰、易懂，八大维度涵盖的问题数目更加均衡，让量表更易于研究对象的作答。

与研究主题相关且影响较大的量表主要有以下几种：

《托兰斯创造思维测验》由美国明尼苏达大学的托兰斯（E. P. Torrance）等人于1966年编制而成，是目前应用十分广泛的创造力测验，适用于各年龄阶段的人。该测验由言语创造思维测验、图画创造思维测验以及声音词语创造思维测验构成。这些测验均以游戏的形式组织呈现，测验过程较为轻松。在言语测验中，有些测验要求根据图画进行推断，并涉及提问题、猜原因、猜结果等，有些测验则包括产品改造、非常规提问与解答、假想等；在图画测验中，呈现未完成的或抽象的图案，要求被试完成，使其符合一定意义，其中包括图画构造、圆圈（或平行线）测验等；声音词语测验常以录音磁带进行，它包括两个分测验，音像想象与象声词想象。

《南加利福尼亚大学测验》是美国心理学家吉尔福特（J. P. Guilford）根据其1957年提出的智力三维结构模型而编制的一种发散思维测验。吉尔福特认为发散思维是创造力的外在表现，据此他制成了这一创造力测验。该测验由言语测验和图形测验两部分组成，共14个项目。言语部分有10个项目：字词流畅、观念流畅、联想流畅、表达流畅、多种用途、解释比喻、效用测验、故事命题、推断结果、职业象征；图形部分包括4个项目：作图、看图、火柴问题、装饰。这套包含14个分测验的测验适用于初中生。另有一套包含言语、图形分测验的测验适用于初中以下的学生。这两套测验都根据被试反应的数量、速度和新颖性等，依照记分手册的标准进行记分。

《芝加哥大学创造力测验》是美国芝加哥大学的心理学家盖泽尔斯（J. W., Getzczs）和杰克逊（P. W., Jaekson）于20世纪60年代初期编制的创造力测验，共有5项分测验，其中有些源自于吉尔福特的创造力测验。这5项分测验分别是语词联想、用途测验、隐蔽图形、完成寓言、组成问题。该测验适用于小学高年级至高中阶段的学生，可集体施测。其记分标准为反应数量、新奇性、多样性，并分别对应于思维的流畅性、独特性和变通性。

《沃利奇——凯根测验》由沃利奇和凯根（Wallach & Kogan）在20世纪60年代中期编制，侧重于联想方面的发散思维测验，其评价程序主要源自吉尔福特的工作，但它有两个特殊点：一是它的测量内容仅限于观念联想的生产性和独创性；二是它的施测无时间限制，以游戏形式组织，施测气氛轻松。该测验共5个项目，其中3项是言语的，包括列举例子、多种用途、找共同点；2项是图形的，包括模式含义和线条含义。它的结果从反应数目和独创性两方面记分,适用于青少年中小学生,经修订后适用于幼儿。

心理学家威廉斯(F. E. Williams)的《威廉斯创造力倾向量表》通过测验个人的性格特点包括冒险性、好奇性、想象力和挑战性等,来测量个人的创造性倾向。全卷共计50道题,为3点选择式的量表,可用于发现那些有创造性的个体。根据这个量表,趋于冒险、好奇心强、想象力丰富、勇于挑战未知的人是创造性倾向较强的人。此外,还有一些国外学者的量表,或重于研究思维,或重于研究人格,或重于研究产品,但代表性不强,在此先不赘述。

二、国内的测验量表

客观地讲,我国关于创造力的研究起步较晚,一直到20世纪80年代初才有此相关论述。在创造力测验的研究上则以修订为主,周林根据Schaefer的《创造力态度测量》(Creativity Attitude Survey)做了标准化修订。《创造力态度测量》包括32个陈述句,测量的形式是让学生对每一句子所表达内容表示自己同意或是不同意。其中,有2道题用来降低本测验的表面效度,剩下的30道题要求被试给出选择表达,采用"1"或"0"两种计分。台湾学者张春兴修订了《威廉斯创造力倾向量表》。[①]

郑日昌、肖蓓苓编制了《中学生创造性思维练习》。该测验包括言语和图形两部分,适用于团体测验,施测时间为50分钟。言语部分包括词语联想、故事命题;图形部分包括小设计、添画、画影子。由此可见,这个测验也是通过数量、类型、质量等来衡量思维的流畅性、变通性、独特性,并据此判断创造力水平的高低;张德琇编制了创造性思维潜能测验,探讨了儿童创造性思维潜在能力的发展;骆方编制了典型行为的创造力测验;罗玲玲编制了《创造动机量表》、《创造自陈测验》。周治金编写了《创造力问卷》;[②] 张国锋编制了《中学生创造力评价量表》,包含想象力、自信、兴趣广泛等八个维度。[③]

申继亮、林崇德根据科学创造力的结构模型以及对青少年科学创造力

[①②] 栗玉波.创造性思维测验(TCI)中文版修订[D].郑州大学硕士学位论文,2012.

[③] 张国锋.中学生创造力的结构、发展特点研究及其教育启示——兼《中学生创造力评价表》的研制[D].山东师范大学硕士学位论文,2005.

表现的研究，编制了《青少年科学创造力测验》。科学创造力的结构模型包括三个维度，即创造性的过程、产品、品质，共7个题目。该量表的内容是开放性的，测验时间为一个小时，重测信度为0.916。Cronbach系数、评分者信度、重测信度等均达到心理测验学要求的水平，具有较高的结构效度。[①] 林崇德另编制了《中学生创造性思维量表》，测验时间大约为两个小时。这套测验包括有"发散思维量表"和"聚合思维量表"两部分。该量表有良好的效标效度，用途广泛，被很多的研究者所应用。[②]

本次研究需要测量数百名中学生，难以采用涉及单独言语对话、互动提问的量表，同时，较大规模的施测使得每个个体的测量时间不宜过长。综合各种因素，笔者决定采用张国锋编制的《中学生创造力评价量表》。这份量表的施测时间不长、施测难度不高，同时具备相当的信效度。

当然，《威廉斯创造力倾向量表》也是一个不错的选择。但笔者在反复思考后，认为《威廉斯创造力倾向量表》采用的维度属于一种西方式的、实验式的分类，与我国通常注重概念逻辑的分类有所不同，譬如，"挑战性"与"冒险性"十分相像、较难区别，而"好奇性"与"冒险性"之间也有交集，这四个维度并不能详尽全面地包含衡量创造力水平的广泛维度。

相比之下，张国锋编制的《中学生创造力评价量表》维度更广，共设八大维度，适合国内情况。这八大维度分别是（1）想象力：以已有形象为基础，在头脑中创造新形象的能力；（2）自信：相信自己的能力，认为自己可以实现预期、达成目的；（3）思考未来和他人：保持开放的心态，愿意思考自己、他人的发展以及世界、社会的未来；（4）内驱力：求新、创新的内部动力；（5）精力充沛：精神饱满、体力充沛，可长时间保持积极状态；（6）兴趣广泛：对各种事物、学科、知识、活动等产生喜好与热爱；（7）聪慧：聪明、机智、思维能力强；（8）灵感：瞬间产生的创造性突发思维状态。[③] 张国锋的这份量表尽管可能不是最好的、最准确的量表，但却是现有条件下最适宜、可行性强且信效度相对较高的量表。

[①] 栗玉波. 创造性思维测验（TCI）中文版修订 [D]. 郑州大学硕士学位论文, 2012.
[②] 林崇德, 等. 创新人才与教育创新研究 [M]. 北京: 经济科学出版社, 2009.
[③] 张国锋. 中学生创造力的结构、发展特点研究及其教育启示——兼《中学生创造力评价表》的研制 [D]. 山东师范大学硕士学位论文, 2005.

第二节　维度设置与信效度测评

上述八大维度对于创造力的测量、评价是否有足够的信效度？本研究采取这样的维度是否可行？得到的结果是否准确？这些问题直接关系到实证调查研究的科学性与可靠性。

一、维度设置

吉尔福特曾指出创造性人格的八大特征是：高度的自觉性和独立性；旺盛的求知欲；强烈的好奇心，对事物的运动有深究的动机；知识面广，善于观察；工作中求条理性、准确性、严格性；丰富的想象力、敏锐的直觉，喜好抽象思维，对智力活动与游戏有广泛的兴趣；富有幽默感，表现出卓越的文艺天赋；意志品质出众，能排除外界干扰，长时间地专注于某个感兴趣的问题中。[①] 斯腾伯格曾指出创造力人格的七大特质：对含糊的容忍；愿意克服障碍；愿意让自己的观点不断发展；活动受内在动机驱使；有适度的冒险精神；期望被人认可；愿意为争取再次被认可而努力。[②]

由于我国的社会文化与西方相比存在很大差异，对创造力的理解也存有相当区别。有研究发现，中国人对创造力的理解主要包括以下特质，即新颖的观念、想象力、智慧、独立性、精力充沛等；在我们的概念范畴中，缺少幽默感、审美情趣等要素，凸显的是激情与服务他人；[③] 东方教育比较注重逻辑思维、知识深度、集体主义，西方教育比较注重创造力、知识面宽、适应性、独立性、实践性。[④] 有专家对国内外的创造力隐喻进行研究，结果表明，国外创造力研究多从个体入手，研究高创造力者的特征及相关影响因素；我国创造力研究多从企业界入手，强调人才要为社会的政治、经济、科技等服务；国外学者重视创造力的心理学研究及理性思维研究，

---

① 吉尔福特. 创造性才能 [M]. 施良方，等译. 北京：人民教育出版社，1991.
② R. J. 斯腾伯格著，吴国宏、钱文译. 成功智力 [M]. 上海：华东师范大学出版社，1999.
③ 张国锋. 中学生创造力的结构、发展特点研究及其教育启示——兼《中学生创造力评价表》的研制 [D]. 山东师范大学硕士学位论文，2005.
④ 林崇德，等. 创新人才与教育创新研究 [M]. 北京：经济科学出版社，2009.

我国学者重视创造力的教育思想与教学研究。[①]

林崇德等人在总结前人研究的基础上，提出创造性人格的五个方面：健康的情感、坚强的意志、积极的个性意识倾向、刚毅的性格以及良好的习惯等。林崇德编制的《中学生创造性思维能力量表》采用11个维度，分别是好奇心、成就动机、自信心、敏感性、幻想性、独立性、独创性、坚持性、敢为性、灵活性、幽默感等。[②]

这些创造力研究为我们提供了十分珍贵的信息，为我们量表的编制提供了很好的素材。最终，我们确认想象力、自信、投射未来与他人、内驱力、精力充沛、兴趣广泛、聪慧、灵感八大维度是具有可行性的。这样的设计既与专家学者的观点有较强的一致性、继承性，又符合我们的测量实际，不会因过于复杂、庞大而不便落实。

二、信效度测评

在对张国锋的量表进行适当修订后，我们采用 Cronbach's alpha 信度系数法来评价问卷的可靠性。问卷的总信度以及各个维度的信度详见表 8-1。

表 8-1　　　　　　　　　　问卷的信度

维度	总体	维度一	维度二	维度三	维度四	维度五	维度六	维度七	维度八
Alpha 信度系数	0.88	0.71	0.74	0.72	0.71	0.75	0.73	0.80	0.76

表 8-1 显示，《中学生创造力评价量表》整体信度系数为 0.88，分维度信度系数在 0.71~0.80 之间，数值较高，具备良好的一致性及稳定性，从而保证了量表的可靠性。

再采用结构效度因子分析方法对问卷进行效度分析（见表 8-2）。首先进行"取样足够度的 KMO 度量"（Kaiser—Meyer—Olkin Measure of Sampling Adequacy）以及"Bartlett 球形度检验"（Bartlett's Test of Sphericity），以判断变量是否适合因子分析。根据相关原理，KMO 值须大于或等于 0.5，Bartlett 球形度检验须呈显著性效果。

[①] 张国锋. 中学生创造力的结构、发展特点研究及其教育启示——兼《中学生创造力评价表》的研制 [D]. 山东师范大学硕士学位论文, 2005.
[②] 林崇德, 等. 创新人才与教育创新研究 [M]. 北京：经济科学出版社, 2009.

表 8-2　　问卷的 KMO 度量以及 Bartlett 球形度检验

项目	取样足够度的 KMO 度量	Bartlett 球形度检验的近似卡方值	Bartlett 球形度检验的 df 值	Bartlett 球形度检验的 Sig 值
整体	0.874	8421.554	1770	0.000
维度一	0.822	557.279	36	0.000
维度二	0.853	753.972	21	0.000
维度三	0.759	411.472	28	0.000
维度四	0.686	198.214	21	0.000
维度五	0.759	459.141	21	0.000
维度六	0.745	591.088	28	0.000
维度七	0.890	1034.567	28	0.000
维度八	0.637	363.824	21	0.000

表 8-2 显示，问卷的整体 KMO 度量值为 0.874，大于 0.5，符合要求；Bartlett 球形度检验的近似卡方值为 8421.554，显著性为 0.000，呈非常显著。问卷分维度的 KMO 度量值在 0.637~0.890 之间，均大于 0.5，符合要求；Bartlett 球形度检验的近似卡方值在 363.824~1034.567 之间，显著性为 0.000，呈非常显著。因而，问卷具有高度的统计学意义。

接下来进行问卷结构效度的因子分析（见表 8-3）。按照主成分抽取标准，从整体设计中抽取"特征根大于 1 的主成分"，共提取了 17 个，累积贡献率达到 63.304%，问卷效度良好。

表 8-3　　问卷整体结构效度的因子分析

项目		总方差解释 Total Variance Explained						
		初始特征值 Initial Eigenvalues			提取平方和载入 Extraction Sums of Squared Loadings		
		合计 Total	方差 % of Variance	累积 Cumulative%	合计 Total	方差 % of Variance	累积 Cumulative%
数目	1	12.090	20.150	20.150	12.090	20.150	20.150
	2	3.731	6.218	26.368	3.731	6.218	26.368
	3	2.704	4.507	30.876	2.704	4.507	30.876
	4	2.299	3.832	34.707	2.299	3.832	34.707
	5	1.986	3.310	38.018	1.986	3.310	38.018
	6	1.714	2.857	40.875	1.714	2.857	40.875

续表

| 项目 | | 总方差解释 Total Variance Explained ||||||
| | | 初始特征值 Initial Eigenvalues ||| 提取平方和载入 Extraction Sums of Squared Loadings |||
		合计 Total	方差 % of Variance	累积 Cumulative%	合计 Total	方差 % of Variance	累积 Cumulative%
数目	7	1.554	2.590	43.465	1.554	2.590	43.465
	8	1.446	2.409	45.874	1.446	2.409	45.874
	9	1.371	2.285	48.159	1.371	2.285	48.159
	10	1.307	2.178	50.337	1.307	2.178	50.337
	11	1.224	2.040	52.377	1.224	2.040	52.377
	12	1.179	1.964	54.341	1.179	1.964	54.341
	13	1.152	1.920	56.261	1.152	1.920	56.261
	14	1.115	1.858	58.119	1.115	1.858	58.119
	15	1.068	1.779	59.898	1.068	1.779	59.898
	16	1.029	1.716	61.614	1.029	1.716	61.614
	17	1.014	1.691	63.304	1.014	1.691	63.304

再对问卷的八大维度进行结构效度的因子分析（见表8-4）。按照主成分抽取标准，从八个维度中分别抽取"特征根大于1的主成分"，分别提取了2个、1个、2个、2个、2个、2个、1个、2个，其累积贡献率分别达到45.590%、48.049%、46.920%、44.390%、53.184%、52.247%、49.141%、50.619%，问卷效度良好。

表8-4　　　　　问卷八大维度结构效度的因子分析

| 项目 | | 总方差解释 Total Variance Explained ||||||
| | | 初始特征值 Initial Eigenvalues ||| 提取平方和载入 Extraction Sums of Squared Loadings |||
		合计 Total	方差% of Variance	累积 Cumulative%	合计 Total	方差% of Variance	累积 Cumulative%
维度一	(1)	2.988	33.196	33.196	2.988	33.196	33.196
	(2)	1.115	12.394	45.590	1.115	12.394	45.590
维度二	(1)	3.363	48.049	48.049	3.363	48.049	48.049

续表

项目		总方差解释 Total Variance Explained					
		初始特征值 Initial Eigenvalues			提取平方和载入 Extraction Sums of Squared Loadings		
		合计 Total	方差% of Variance	累积 Cumulative%	合计 Total	方差% of Variance	累积 Cumulative%
维度三	(1)	2.568	32.095	32.095	2.568	32.095	32.095
	(2)	1.186	14.825	46.920	1.186	14.825	46.920
维度四	(1)	2.004	28.634	28.634	2.004	28.634	28.634
	(2)	1.103	15.756	44.390	1.103	15.756	44.390
维度五	(1)	2.661	38.017	38.017	2.661	38.017	38.017
	(2)	1.062	15.167	53.184	1.062	15.167	53.184
维度六	(1)	2.821	35.263	35.263	2.821	35.263	35.263
	(2)	1.359	16.984	52.247	1.359	16.984	52.247
维度七	(1)	3.931	49.141	49.141	3.931	49.141	49.141
维度八	(1)	2.168	30.973	30.973	2.168	30.973	30.973
	(2)	1.375	19.646	50.619	1.375	19.646	50.619

第三节　问卷调查结果分析

本次调查的施测对象为科中三届创新班学生及作为对照组的同届普通班学生，共发放问卷390份，回收得到348份，有效问卷335份，有效回收率为96.3%。其中，高一120人、高二126人、高三89人；男生206人，占总数61%；女生129人，占总数39%，施测对象的具体分布情况见表8-5。

表8-5　　　　　　　　施测对象的分布情况　　　　　　　　单位：人

性别	高一创新班	高一普通班	高二创新班	高二普通班	高三创新班	高三普通班
总计	89	31	90	36	45	44
男	53	16	58	20	33	26
女	36	15	32	16	12	18

本研究采用的《中学生创造力评价量表》共计60道题，从八大维度对

中学生的创造力进行测量。要求学生判断每个语句与他（她）实际情况的相符程度，并在最适合的选项里打钩（只可单选）。其中，1 为完全不符合，2 为比较不符合，3 为略微不符合，4 为不确定，5 为略微符合，6 为比较符合，7 为完全符合（默认符合程度依次递升）。各个维度包含的具体题目见表 8-6。

表 8-6　　　　　　　　　问卷维度对应的具体题目

维度	想象力	自信	投射未来和他人	内驱力	精力充沛	兴趣广泛	聪慧	激情灵感
对应的题目	1、12、17、29、35、46、49、53	2、18、30、34、40、48、52	3、6、13、24、39、45、56、59	7、19、23、25、38、44、57	5、9、21、27、33、42、51	4、8、14、20、26、37、43、55	10、15、22、32、36、47、50、54	11、16、28、31、41、58、60

为较全面掌握创新班学生创造力情况，本文从以下三个维度对调查结果进行比较：不同年级创新班、普通班学生的纵向比较；各个年级创新班、普通班学生间的横向比较；各年级不同班级中男、女生间的比较。

一、三个年级创新班学生的纵向比较

各年级创新班学生创造力数据比照，可以反映出创新班学生创造力的升沉变易情况。表 8-7 显示，高一、高二、高三创新班学生的创造力均值依次递增，且高一至高二增幅较大，得分由 287.16 分升到 317.89 分；高二至高三增幅较小，由 317.89 分升到 321.05 分。分析认为，由高一至高二，随着创新班各类项目的广泛开展与实施，学生的创造力得到大幅提高；升入高三后，受升学压力的影响，创新班项目的开展频率降低，学生创造力仅小有提升。此外，高一和高二创新班学生在总分值及八个维度的分值均为显著性差异；高二和高三创新班学生总分值虽有上升，但不呈显著性差异，在维度二、维度三（"自信力"、"投射未来与他人能力"）的表现甚至有所下降，笔者推断学生可能受学习压力、考试压力、生活焦虑等影响，自信心有所降低，思考、投射未来与他人的倾向也随之降低。

表 8-7　　三个年级创新班学生在创造力及八个维度上的均分　　单位：分

年级与班级	高一创新班	高二创新班	高三创新班
创造力均分	287.16	317.89	321.05
维度一均分	40.39	45.17	46.26
维度二均分	35.19	37.32	35.82
维度三均分	38.78	43.51	43.14
维度四均分	34.82	39.03	39.41
维度五均分	29.51	32.48	33.74
维度六均分	37.80	41.97	42.49
维度七均分	36.89	39.89	40.79
维度八均分	33.74	38.48	39.36
F	10.75	0.99	
T	8.57	0.73	
P	0.00	0.46	

二、三个年级普通班学生的纵向比较

与创新班学生情况相反，普通班学生的创造力随着年段的上升，非但没有提高反而略有下降，总分值由高一时的281.32分降到高二时的276.75分，再降到高三时的272.95分，但并无显著性差异（详见表8-8）。笔者认为这可能与高中应试教育的培养方式以及紧张的学习生活密切相关，学生在常规的培养模式下，需要不断大量做题，掌握各类题型的标准式答题思路，这样的培养方式固然增强了他们的总结、归纳、记忆能力，但缺乏个人探索、创新发散式的培养，创造力下降也就在意料之中。

表 8-8　　三个年级普通班学生在创造力及八个维度上的均分　　单位：分

年级与班级	高一普通班	高二普通班	高三普通班
创造力均分	281.32	276.75	272.95
维度一均分	39.19	38.00	36.95
维度二均分	34.51	33.66	33.22
维度三均分	37.64	38.05	35.40
维度四均分	34.45	34.27	33.36
维度五均分	28.67	28.55	30.04
维度六均分	37.32	35.77	35.75

续表

年级与班级	高一普通班	高二普通班	高三普通班
维度七均分	37.00	35.77	35.54
维度八均分	32.51	32.63	32.65
F	2.35	0.75	
T	0.83	0.68	
P	0.43	0.49	

三、三个年级创新班与普通班的横向比较

从创新班与普通班的比较来看，无论高一、高二还是高三，两种班级的学生之间的创造力得分都有差距，而且随着年级的上升而越来越大。

（一）高一创新班与普通班之比较

表8-9显示，高一的创新班学生与普通班学生的创造力相差不大，总分值分别为287.16分、281.32分，差异不显著。高一创新班学生得分略高，因为他们是经过科中创新式测验选拔而得，其创造力原本就比同龄学生强，具备更好的创新素养和潜质。普通班学生通过中考进入科中，其以往的学习、训练缺乏创新式的培养，故而得分较低。

表8-9　高一创新班学生、普通班学生在创造力及八个维度上的均分　单位：分

年级与班级	高一创新班	高一普通班
创造力均分	287.16	281.32
维度一均分	40.39	39.12
维度二均分	35.19	34.51
维度三均分	38.78	37.64
维度四均分	34.82	34.45
维度五均分	29.51	28.67
维度六均分	37.80	37.32
维度七均分	36.89	37.00
维度八均分	33.74	32.51
F	0.25	
T	1.34	
P	0.18	

(二) 高二创新班与普通班之比较

相对于高一而言,高二的创新班学生与普通班学生的创造力相差很大,总分值分别为 317.88 分、276.75 分,差异显著(见表 8-10)。这说明,经过一年的培养,创新班学生的创造力在总分值以及各个维度分值都比普通班学生高出很多,培养成效显著。

表 8-10　　　　高二创新班学生、普通班学生在创造力及八个维度上的均分　　　　单位:分

年级与班级	高二创新班	高二普通班
创造力均分	317.88	276.75
维度一均分	45.17	38.00
维度二均分	37.32	33.66
维度三均分	43.51	38.05
维度四均分	39.03	34.27
维度五均分	32.48	28.55
维度六均分	41.97	35.77
维度七均分	39.89	35.77
维度八均分	38.48	32.63
F	0.88	
T	7.79	
P	0.00	

(三) 高三创新班与普通班之比较

与高二类似,高三的创新班学生与普通班学生的创造力相差很大,总分值分别为 321.05 分、272.95 分,差异显著,各维度上得分也都高出一筹(见表 8-11)。尽管进入高三后,创新班学生参与创新活动的次数减少、频率降低,但创造力仍维持在较高水准,并比高二略有上升,难能可贵,说明创新班学生的创新潜质得到开发、创新素养得到提升,具备可持续发展的能力。

表 8-11　高三创新班学生、普通班学生在创造力及八个维度上的均分　单位：分

年级与班级	高三创新班	高三普通班
创造力均分	321.05	272.95
维度一均分	46.26	36.95
维度二均分	35.82	32.05
维度三均分	43.14	35.40
维度四均分	39.41	33.36
维度五均分	33.74	30.04
维度六均分	43.49	35.75
维度七均分	40.36	32.65
维度八均分	37.21	34.21
F	1.23	
T	9.78	
P	0.00	

四、不同年级男生女生之比较

对高一至高三年级的普通班、创新班，分别进行性别之间的比较，发现男生的创造力普遍高于女生。

高三创新班男生、女生间的创造力差异不显著，男生的总分值 324.07 分、仅略高于女生的 312.88 分（见表 8-12）。笔者查阅相关资料发现，步入高中阶段后，男生在自我意识、求知欲、好奇心以及思维的灵活性等方面都较女生更强；受传统的社会、家庭观念影响，男生对理工科类的兴趣更浓、更具创新潜质，女生则倾向于学习人文和社会科学的知识。[1] 而且，女生的性格一般较谦逊、顺从，学习态度认真、遵守规律纪律、及时完成作业，但遇到复杂问题时往往较男生缺乏独立钻研精神；而男生则独立性高、冒险性强、对待问题与挑战更加积极，更具创造性人格特征。[2] 高三普通班、高二创新班、高二普通班、高一创新班、高一普通班的男生、女生间创造力的比较结果也与高三创新班的类似，即男女之间差异不显著，但男生得分略高（表 8-13～表 8-17）。

---

[1] 皮连生. 教育心理学 [M]. 上海：上海教育出版社，2011.
[2] 方刚. 性别心理学 [M]. 安徽：安徽教育出版社，2010.

表8-12　高三创新班男生、女生在创造力及八个维度上的均分　　　　单位：分

年级与班级	高三创新班男生	高三创新班女生
创造力均分	324.07	312.88
维度一均分	46.91	44.52
维度二均分	236.10	35.05
维度三均分	43.54	42.05
维度四均分	39.63	38.82
维度五均分	33.65	34.00
维度六均分	44.02	42.05
维度七均分	39.84	35.94
维度八均分	40.34	40.41
F	0.75	
T	1.53	
P	0.13	

表8-13　高三普通班男生、女生在创造力及八个维度上的均分　　　　单位：分

年级与班级	高三普通班男生	高三普通班女生
创造力均分	273.38	272.56
维度一均分	36.11	38.16
维度二均分	32.69	34.00
维度三均分	34.11	37.27
维度四均分	32.84	34.11
维度五均分	29.34	31.05
维度六均分	35.34	36.33
维度七均分	35.53	35.55
维度八均分	32.38	33.05
F	0.53	
T	1.58	
P	0.12	

表8-14　　高二创新班男生、女生在创造力及八个维度上的均分　　单位：分

年级与班级	高二创新班男生	高二创新班女生
创造力均分	318.14	317.42
维度一均分	45.51	44.57
维度二均分	37.23	37.47
维度三均分	43.52	43.50
维度四均分	39.23	38.67
维度五均分	31.84	33.62
维度六均分	41.62	42.60
维度七均分	40.59	38.62
维度八均分	38.55	38.35
F	0.63	
T	0.12	
P	0.90	

表8-15　　高二普通班男生、女生在创造力及八个维度上的均分　　单位：分

年级与班级	高二普通班男生	高二普通班女生
创造力均分	278.65	274.37
维度一均分	37.65	38.43
维度二均分	34.20	33.00
维度三均分	38.50	37.50
维度四均分	34.50	34.00
维度五均分	28.95	28.06
维度六均分	35.15	36.56
维度七均分	37.60	33.50
维度八均分	32.10	33.31
F	0.10	
T	0.48	
P	0.63	

表8-16　　高一创新班男生、女生在创造力及八个维度上的均分　　单位：分

年级与班级	高一创新班男生	高一创新班女生
创造力均分	293.62	277.64
维度一均分	41.11	39.33

续表

年级与班级	高一创新班男生	高一创新班女生
维度二均分	36.11	33.83
维度三均分	39.49	37.75
维度四均分	35.37	34.00
维度五均分	30.28	28.38
维度六均分	38.45	36.86
维度七均分	38.45	34.61
维度八均分	34.33	32.86
F	0.04	
T	3.73	
P	0.01	

表8-17　高一普通班男生、女生在创造力及八个维度上的均分　　单位：分

年级与班级	高一普通班男生	高一普通班女生
创造力均分	289.50	281.13
维度一均分	40.12	39.26
维度二均分	35.31	34.73
维度三均分	39.12	37.13
维度四均分	34.31	35.66
维度五均分	30.18	28.13
维度六均分	38.31	37.33
维度七均分	37.81	36.13
维度八均分	34.31	32.73
F	0.28	
T	0.05	
P	0.96	

五、不同年级相同性别的纵向比较

对高一至高三年级同类班级相同性别进行比较，发现随着年级递增，创新班男生、女生的创造力在逐步提升，普通班男生、女生的创造力则有所下降。

(一) 高一、高二、高三创新班男生的比较

高一、高二、高三创新班男生的创造力均值依次递增。且高一至高二增幅较大，创造力均值由 293.62 分升到 318.14 分；高二至高三增幅较小，创造力均值由 318.14 分升到 324.06 分（见表 8-18）。由高一至高二，随着各类创新项目的实施、开展，学生参与了大量的活动，或进行实验，或听取讲座，其创造力得到大幅的提升。但到高三以后，学生受升学压力的影响，以及学校创新项目开展频率的降低，其创造力虽略有提升，但增幅变小。

表 8-18　三个年级创新班男生在创造力及八个维度上的均分　　单位：分

年级与班级	高一创新班男生	高二创新班男生	高三创新班男生
创造力均分	293.62	318.14	324.06
维度一均分	41.11	45.51	46.91
维度二均分	36.11	37.23	36.10
维度三均分	39.49	43.52	43.54
维度四均分	35.37	39.23	39.63
维度五均分	30.28	31.84	33.65
维度六均分	38.45	41.62	44.02
维度七均分	38.45	40.59	39.84
维度八均分	34.33	38.55	40.34
F	8.00	0.04	
T	5.54	1.12	
P	0.00	0.26	

(二) 高一、高二、高三创新班女生的比较

与男生的情况相类似，高一、高二、高三创新班女生的创造力均值由高一时的 277.64 分升到高二时的 317.42 分，再变为高三时的 319.88 分（见表 8-19）。可见，高一至高二增幅较大，高二至高三增幅降低。论其原因，与上述基本类似。

表 8-19　　三个年级创新班女生在创造力及八个维度上的均分　　单位：分

年级与班级	高一创新班女生	高二创新班女生	高三创新班女生
创造力均分	277.64	317.42	319.88
维度一均分	39.33	44.57	44.52
维度二均分	33.83	37.47	35.05
维度三均分	37.75	43.50	42.05
维度四均分	34.00	38.67	38.82
维度五均分	28.38	33.62	34.00
维度六均分	36.86	42.60	42.05
维度七均分	34.61	38.62	35.94
维度八均分	32.86	38.35	40.41
F	8.21	3.90	
T	6.82	0.59	
P	0.00	0.55	

（三）高一、高二、高三普通班男生的比较

普通班男生的创造力随着高一、高二、高三年级的增长，非但没有上升，反而略有下降：分值由高一时的 281.50 分，变为高二时的 278.65 分，再降到高三时的 273.38 分，不过，并无显著性差异（见表 8-20）。这可归因为应试教育的培养方式以及较为紧张的学习生活。具体来看，学生在常规的培养模式下，尽管增强了应试需要的理解、记忆、归纳能力，但却削弱了个人探索、自主创新的发散能力，于是导致了创造力的下降。

表 8-20　　三个年级普通班男生在创造力及八个维度上的均分　　单位：分

年级与班级	高一普通班男生	高二普通班男生	高三普通班男生
创造力均分	281.50	278.65	273.38
维度一均分	39.12	37.65	36.11
维度二均分	34.31	34.20	32.69
维度三均分	38.12	38.50	34.11
维度四均分	33.31	34.50	32.84
维度五均分	29.18	28.95	29.34
维度六均分	37.31	35.15	35.34
维度七均分	38.81	37.60	35.53

续表

年级与班级	高一普通班男生	高二普通班男生	高三普通班男生
维度八均分	32.21	32.10	32.38
F	2.33	0.27	
T	0.35	1.32	
P	0.72	0.19	

(四) 高一、高二、高三普通班女生的比较

与男生的情况相类似，普通班女生的创造力随着高一、高二、高三年级的增长，非但没有上升，反而略有下降。数值由高一时的281.13分降至高二时的274.37分，再变为高三时的272.56分，不过并无显著性差异（见表8-21）。其原因与上述基本类似。

表8-21　　三个年级普通班女生在创造力及八个维度上的均分　　单位：分

年级与班级	高一普通班女生	高二普通班女生	高三普通班女生
创造力均分	281.13	274.37	272.56
维度一均分	39.26	38.43	38.16
维度二均分	34.73	33.00	34.00
维度三均分	37.13	37.50	37.27
维度四均分	35.66	34.00	34.11
维度五均分	28.13	28.06	31.05
维度六均分	37.33	36.56	36.33
维度七均分	36.13	33.50	35.55
维度八均分	32.73	33.31	33.05
F	0.46	0.85	
T	0.81	0.68	
P	0.43	0.52	

在上文中，我们由多重角度对数据进行了分析，其中包括各年级创新班的比较、各年级普通班的比较、各年级创新班与普通班之间的比较、各年级创新班男生与女生的比较、各年级普通班男生与女生的比较、各年级创新班男生比较、各年级普通班男生比较、各年级创新班女生比较、各年级普通班女生比较。值得关注的是，随着创新项目的开展，学生创造力由

高一至高二提升较大，步入高三后，受高考升学压力的影响、创新项目、各类活动的减少，学生的创造力提升变缓。不过，经过培养后的创新班学生的创造力始终显著高于普通班学生的创造力，两者之间的确存在较大差距。总体而言，这种模式产生了令人满意的效果，学生们的创造力得到切实的提高。按照普通班级的发展趋势，随着三年的高中学习，学生的创造力非但不会提升，反而有所下降，创新班级则一改这一不良势态，帮助学生大幅提高创造力。看来，大中学衔接培养创新人才的试点范围可以扩大，经验值得推广。

第四节 访谈调查结果分析

通过以上量化研究，可以明显看出科中创新班学生的创造力无论从横向比较还是纵向提升上均有令人惊喜的结果。创新人才培养不仅仅体现在创造力的培养上，更体现在学生智力与非智力各种因素、能力、品格的培养与提升上。为进一步获悉学生、教师、家长、学校等在创新班开办过程中的体验与思考、成长与认识，课题组还运用访谈法对各个群体进行深入调研，发现创新班推动了学生多元的发展与进步，并带给教师、家长、学校多样的心得与收获。从实实在在的高考业绩，也可明显看出创新班的培养成效。

一、学生多元的发展与进步

科中以"创知、创意、创行"为指导理念，以"微课程、微课题、微研究"为实践形式，改革了原有的课程与教学，组织了丰富多彩的讲座、竞赛、活动，引导学生们参与课题研究、科研实验等；同时，进行制度创新，实行学分制、走班制、导师制、"小班化教学"等。这些项目的确对学生很有帮助，带给他们多方面的成长与进步。

第一，丰富了知识。"在我们的微课程里，既有文理科内容，也有关于日常生活、心理健康等其他主题的内容。老师会把这个主题的内涵、现状、问题、前沿等，一一展现给我们；还会结合生活、实践等具体分析，教给我们很多东西。"[1] "在国学课程中，老师将很多经典的古代思想与现代的

---

[1] 访谈创新班学生整理而得. 访谈时间：2013年3月23日. 访谈地点：科中教室.

学习生活相结合,让我们的思想得到提升;物理、化学的很多讲座,让我们了解了前沿的科技、知识,感觉视野被大大拓宽了。对于其中感兴趣的知识点,我还会在课后查阅,丰富自己的知识。"①

第二,增强了信心。"我们学习的各类课程、参与的讲座及特色项目、亲手操作的科研实验等,不仅种类多,而且新颖、独特。我从中得到了多方面的锻炼。感觉经过这样的学习,进步挺大、收获挺多,自信心也变强了。"②"学校举办的英语口语比赛帮助我提高了公开演讲能力,让我不怯场、更自信了。"③"学校开设的心理学课程,教给我很多有用的心理学知识与方法,让我学会化解困惑与烦恼,变得更加积极、自信。"④

第三,提升了兴趣。"记得有一堂关于物理学未知奥秘的课程,我对它很感兴趣。我发现原来物理学也有那么多的未解之谜,而且不仅涉及天体的演化,也包括物质的基本粒子、微观作用等。我想好好积累知识,等长大以后说不定可以解决这些问题。"⑤"小的时候,我看到汽车、飞机的模型就很想玩一玩、试一试。通过在学校学习航模制作,我觉得非常有趣,而且实现了自己的一个心愿。尽管有时培训挺忙、时间挺晚,但我很有成就感,很开心。"⑥

第四,提高了动手能力。"假期我们去厦大的实验室实习,跟那里的学长、学姐一同开展实验课题。刚开始以观察为主,多看、多问,而且比较紧张、害怕做错。但过些天就好了,逐渐就敢自己动手、操作了。"⑦"做实验时,我觉得首先要弄懂规律,然后熟悉实验的方法,接下来一步步地操作。经过这样的训练,我发现自己的动手能力明显提高啦。"⑧

第五,促进了全面发展。"老师注重我们德育的培养和综合素质的提高,例如组织能力、责任感、奉献心以及整体班级的凝聚力等。此外,我们彼此的经验共享、共同进步等,也是一直追求的东西。"⑨"我们团结、进取,全面发展,不仅学习、创新比别的班强,各类项目也都要做好。我们力争给其他班同学留下这样的印象:创新班学生不单单理科强、实验强,其他各个方面都不错。"⑩

第六,提升了自主性。"学校开设了学分制,我们可以更灵活地选择课程、教师等。这适应了我们的个体差异,给予我们更多的选课权利。我们

---

①②③④⑤⑥⑦⑧⑨⑩ 访谈创新班学生整理而得. 访谈时间:2013年3月23日. 访谈地点:科中教室.

学习的主动性提高了。"① "我们采取小班化教学,一个班只有30人。如此一来,我们在课堂上的平均占有的时间增加、发言机会变多、互动性变强。老师和我们之间、我们同学之间都有更充分的时间讨论、交流。"②

第七,强化了学习动力。"虽然创新活动占用了我们的学习时间,但我们不甘落后。我们会保证把当天的课堂内容、科目作业做好。尽管有时要比其他班学生多学一些时间、晚睡一些时间,但我们并不在意这些。"③ "创新的精神和理念让我们有更充足的动力前进。而且,我们正值年少青春,理当拼搏奋斗。这种态度无论是对现在、还是将来,都有好处。"④

此外,生涯规划课、实验课等一些课程、活动也带给了学生额外的收获。"在生涯规划课上,老师讲的内容既有意思,又很实用。她结合我们每个人不同的性格、特点,规划不同的专业发展道路。尽管对于未来,我还没有成熟的想法,但提早了解这些东西、提前做准备,是很不错的。"⑤ "通过做实验,我感觉课堂上的东西变简单了。它比起我们做的实验而言,是更容易掌握的。而且科学道理之间相互联系,我们逐步掌握了举一反三、灵活运用的能力。"⑥ "和其他班级只懂学习、复习、考试的常规模式相比,我们的生活更为多姿多彩、眼界也被大大拓宽。这样的三年是很有意义的三年。多层次、跨越式的学习让我们每天都有很多新东西去期待,学习的枯燥与乏味感减少了。"⑦

二、教师、家长、学校多样的心得与收获

作为创新班项目的重要成员,教师在此过程中付出了辛勤汗水、发挥了关键作用。与此同时,也收获颇丰,并逐步发展了自己的职业能力、完善了自身的专业水平、实现了自身的成长与超越。家长作为学校教育的辅助者以及孩子课余生活的陪伴者,也实现了与孩子的同步成长与进步。学校则通过教育改革与试验,开发了新的路径、拓展了广阔空间。

首先,教师获得教学理论与方法上的进步。"在厦大教授、老师的指导下,我们开展了很多微研究,例如创新班的评价研究、创新班的管理研究、导师制研究、班级发展叙事研究、学生创新式培养研究、家校联合探索研

---

①②④⑥⑦ 访谈创新班学生整理而得. 访谈时间:2013年11月16日. 访谈地点:科中教室.
③⑤ 访谈创新班学生整理而得. 访谈时间:2013年3月23日. 访谈地点:科中教室.

究等等，这带给了我们提高和收获。"① "通过跟厦大教授学习'变异理论'，我知道了教师不仅要掌握所教学科的内容，还要掌握每个知识点在知识体系里的位置、与其他学科概念的关系。我们要从学生的不同理解出发，找到学生的学习难点，并做针对性处理。"②

"通过课堂观察的培训，我懂得了更为科学的方法。课堂观察涉及的内容很全面、很细致，帮助我从一些以前没有试过的角度来思考问题。通过这样的锻炼，我的教学水平提高了不少。"③ "课堂观察让我学会如何更准确地传授课堂知识、把握课堂节奏，并不断深入琢磨、改善自己的教学技能。这样一来，我们为学生的知识学习、理解记忆、吸收消化等带来了便利。"④ "通过这个项目，我们得到了和大学教师共同交流的机会。在他们那里，我们学习了先进的知识和理论。而且，他们对待教育事业的专注品质让我们很受感动和鼓舞。"⑤

其次，制度创新与改革促进了教师成长。"导师制帮助我和学生建立了良好的互动关系。在与他们的接触中，我可以更深入地知道他们的性格特点、个性爱好，及时了解他们的思想动态、学业情况，从而进行个性化的指导帮助。"⑥ "小班化教学注重师生互动，我们要学会更好地驾驭课堂，否则课堂会索然无趣。"⑦ "学校开办的学分制涉及大量高水平的选修课。这促使我们不断提高自己的知识水平、教学水平，而且要讲得生动、有趣。因而促进了我们自身的发展。"⑧

此外，教师们普遍认为创新班具有重要的开拓性意义，值得为之奋斗努力。"高考体制存在很多弊端，我们大胆迈出这一步，以创新班的形式给予学生一片新的天地，这体现了'敢为天下先'的精神。"⑨ "创新班可以让同学们的兴趣爱好得到发展，有利于他们未来理想的实现。通过创新试验的改革，我们希望可以造就一批具有新思想、新观念的学生。他们未来升入大学、走进社会，将会显现不一样的能力。"⑩

创新班的诸多平台与活动也给予家长很多帮助。"家校联合这一平台发挥了桥梁作用，促进我们与学校共同交流。在家校委员会的QQ群里，我们家长对孩子的学习、生活等问题进行讨论，借鉴每个人不同的方法，吸

---

①② 访谈创新班教师整理而得．访谈时间：2013年10月15日．访谈地点：科中办公室．
③⑥⑧ 访谈创新班教师整理而得．访谈时间：2013年10月26日．访谈地点：科中办公室．
④⑦ 访谈创新班教师整理而得．访谈时间：2013年10月30日．访谈地点：科中办公室．
⑤ 访谈创新班教师整理而得．访谈时间：2014年1月5日．访谈地点：科中办公室．
⑨⑩ 访谈创新班教师整理而得．访谈时间：2013年12月20日．访谈地点：科中办公室．

收集体的力量，纠正了以前许多不当的想法，提升了自己的认识。"①　"在创新式的班会上，我们家长被分成小组，进行交流与互动。一起为创新班的发展建言献策。大家各抒己见，表达不同的心得与体会，获得了很多共鸣与启发。感觉这样的活动别开生面，让我们不仅了解了自己孩子的情况，也看到了学校的诚意与努力。"②

　　家长通过与老师的沟通收获很大。"这个班的老师对每个孩子很关心，对他们不同的情况都很了解。通过与老师的沟通，我们及时了解了孩子当前的学习状况，我们可相应做出调整，帮助孩子进步。"③　"学校老师经常告诉我们，不管工作有多忙，都要用心和孩子聊聊天、待一会儿。而且，要平和、轻松地与孩子交流，就像朋友一样，只顾家长架子是培养不好的。我感到自己渐渐可以设身处地为孩子考虑了，他们压力确实大，当家长的要学会体谅孩子。"④

　　学校通过这样的方式形成了自己的办学亮点，打造了自己的办学品牌。"在与厦门大学形成联合关系后，各种各样的机会、活动、平台变多，资源变丰富。这吸引周边更多学生前来报考、学习，于是学校步入了良性发展之中。"⑤　"在创新班开办的三年里，我们的特色办学引起社会的广泛关注，很多报社、杂志的记者前往我校探查情况，创新班很多特色活动也被刊登在报纸封面上。"⑥　"媒体的关注既让外界的人士了解了这个创新项目，也让学校的创新品牌、特色做法深入人们心里。由此一来，学校的知名度提高了。"⑦

三、创新班学生的高考业绩

　　2014年6月，科中首届创新班学生参加高考，取得了不俗的成绩：2014届创新班学生共计50人，一本率为100%；同级毕业的普通班学生共计449人，一本率为57.9%；同级毕业的全年级学生共计499人，一本率为62.1%（表8-22）。可见，创新班不仅在高考成绩上表现出色，而且带动了整个年级一本率的提升。

---

①②③④　访谈创新班家长整理而得．访谈时间：2013年11月23日．访谈地点：科中教室．
⑤⑥⑦　访谈创新班教师整理而得．访谈时间：2014年1月5日．访谈地点：科中办公室．

表 8-22　科中 2014 届创新班、普通班与全体班级高考一本率之比较

班级	创新班	普通班	全体班级
一本人数（人）	50	260	310
总人数（人）	50	449	499
一本率（%）	100	57.9	62.1

再对 2014 届创新班与上届毕业班（当时尚未设立创新班，年段中设有重点班与普通班）学生高考一本率进行比较（表 8-23）。2014 届创新班学生的一本率为 100%，2013 届重点班学生的一本率为 93.4%，前者比后者高出 6.6%；2014 届全年级学生一本率为 62.1%，比 2013 届的 59.3% 高出 2.8%，可见，创新班不仅比上届同样具有选优性质的重点班一本率更高，而且使学校整体的一本率有所上升。

表 8-23　2013 届创新班、普通班与全体班级高考一本率之比较

班级	重点班	普通班	全体班级
一本人数（人）	71	193	264
总人数（人）	76	369	445
一本率（%）	93.4	52.3	59.3

第九章 大中学衔接培养创新人才的困境与应对

大学与中学的衔接教育刻不容缓、势在必行。中学有必要进行突破、大胆改革，大学有义务提供帮助、给予支持。基于课题组开展的专项调研、深入访谈，以及上文对院校案例的总结、系列数据的分析，本章将探索大中学衔接培养创新人才所需具备的条件。其中，既包括课程体系、师资力量、文化氛围等各个环节，也涵盖中学、大学、政府等多个部门，并且剖析当前面临的困境，提出未来改革的建议。

第一节 大中学衔接培养创新人才所需条件

创新人才的培养需要大胆突破、勇于挑战、挣脱桎梏，其教育理念不同以往、其实践操作需要从各环节予以突破。从更广阔的视野看，创新人才的培养绝非哪一方的任务，而是一个系统工程，需要中学、大学、政府乃至社会的共同努力。唯其如此，才可克服阻碍、创造佳绩。

一、创新人才培养各环节的改革

在创新人才培养的实践过程中，要从课程建设、教师队伍、教学改革、文化氛围、项目活动、招考方式等各环节进行改革落实。

（一）构建创新型、多元化、个性化的课程体系

课程体系是创新人才培养的桥梁，课程体系不改革，创新人才培养只是空中楼阁。不同于以往的课程体系，创新人才培养需要构建一个创新型、多元化、个性化的课程体系：既要有规范标准的国家课程，也要有多元创

意的学校课程；既要有额定的、统一的必修课程，也要有开放度高、适应面广的选修课程；既要有传授知识、学习原理的知识型课程，也要有指导实践、注重动手的实践型课程；既要有以讲授为主的教师型课程，也要有互动居多、发散思维的学生型课程。而且，必须综合性地改革课程、实现突破，不断拓宽课程领域、丰富课程资源、增进课程深度、优化课程质量、提升课程水平，构建新的课程组合、课程模块、实施方案；同时改进教学方法，提升学生的自主学习意识、批判思考能力、创新挑战精神，加大学生的实践力度、拓宽学生的社会视野，给予其不同情境、不同环境的机会体验等。

（二）组建创新型的师资力量与教师团队

师资是创新人才培养不可或缺的保障。没有创新型教师，创新人才培养也就无从谈起。创新型教师需要具备创造性的价值观念、理想信念、思维方式、能力智慧、人格特质、教学方法，具备丰富的经验、学识；而且，须懂得、理解、掌握创新人才的培养方法、成长规律、认知方法、实践路径，明白如何应对创新人才培养过程中的困难、挫折、意外与挑战，如何处理学生与教师的关系、统一课程与创新项目的关系、知识学问与实践锻炼的关系、高考复习与各类活动的关系等。在教师培养的基础上，还须把控并逐步完善师资队伍的结构，譬如优化教师队伍的年龄结构、学历结构、专业结构等，使得富有活力的青年教师与经验丰富的中年教师比例协调、实践型教师与理论型教师互补得当、文理科目与跨学科教师配套齐全。

另外，需要建立大中学教师间新型的合作平台、协同的互助关系，进一步推进彼此间的交流与学习；既可以是大学教授到中学授课指导、开展讲座，为学生拓宽视野、补充知识，帮助中学教师提升能力、增强水平；也可以是中学教师赴大学进修学习、参加培训；或者大中学教师共同探讨、相互交流、攻克难关；还可组建大中学专家、名师顾问团，帮助学校指点迷津、解决各类疑难杂症，促进大中学衔接项目的管理、运行、规划、改革等。一方面发挥大学教师在知识广度、理论深度、前沿趋势等方面的优势，另一方面结合中学教师在实践教学、学生情况、现实需要等方面的考量和把握。

（三）采用创新型的教学方法

教师在传授知识的过程中，既要有科学性、高度性，又要有趣味性、通俗性，且与学生的认知发展、学习模式相适应；擅于启发、引导，提升学生的兴趣、热情、动力，学会设问解疑，引发学生主动思考、积极求学；以包容的态度、开放的氛围进行教学，增强学生信心与勇气，给予学生多样的知识，拓宽他们的视野和眼界；让学生各抒己见，敢于表达自己不一样的观点、提出自己另类的主张；组织同学互动谈论，促进学生的交流、活跃学生的思维、激发学生的潜力；给予学生探究式的学习任务，发动其查阅资料、寻找线索、归纳方法、找到答案；引导学生将理论知识转化为亲身行动，让他们在实践中探索真理、反思不足；带领学生参观、实习，让其在切身感受中学习经验、掌握规律。此外，创新式的教学方法要将以教师为中心的方式，如讲授、演示、论证等，与以学生为中心的方法，如全班讨论、小组探讨、独立探索等结合到一起。同时，多加运用实践的方法，如实验室学习、参观学习、任务式学习等。

（四）营造和谐、开放、平等、鼓励的教育环境与学习氛围

教育环境与学习氛围对人才培养具有潜移默化的作用。培养创新人才必须突破标准式的、单一式的刻板套路，营造开放的、多元的、灵活的新型模式。无论是"从上到下"，还是"自下而上"，都要更新教育理念、价值观念与育人方向。无论是学校的办学与管理层面、教师的观念与行为层面，还是学生的群体文化方面，都要积极构建新型模式。同时，探索并运用新的管理机制，将创新管理、导师引导、班级运行、课程选修等相结合，实施有利于促进师生关系、使学生获得更多帮助的导师制，采行有利于学生自主选择、个性发展的学分制，运用有利于提升学生听课质量、学习效率的走班制以及精致的小班化管理模式等。

（五）采行创新型的招考方式

创新人才培养还需要创新型的招考方式，把创新人才选拔的理念贯穿到高校招生考试、自主招生考生、高中学业水平考试、综合素质评价方式之中；综合考查学生的创新能力、创新意识、兴趣动力、性格特质、信念信心、发展潜质等。另外，要给予各个中学足够的条件支持，为其开放大学的优质图书馆、重点实验室、各类培训与示范中心等，为学生的学习、科研、实践、创新提供支持；大力开展国际合作，进行课程、教师、项目、资源等的对接，以多种方式培养国际型的创新人才，举办类型多样的交流、合作、培养项目，实现资源共享、学分互认等。

二、中学的主动与主导

虽然创新人才培养需要各方合作与努力，但中学是最重要的一方，应作为主导者，主动寻求各方的支持与合作。一方面要采取开明的做法、敢于迈步前行，另一方面受体制所束，也要兼顾创新与高考的平衡关系。换言之，既要在合适的时机作出明智的选择，为未来的人才培养贡献力量，也要懂得把握节奏的快慢，毕竟学生的时间、精力有限，最后还有高考的重压，如何处理好二者关系，需要智慧与技巧。

随着创新班项目的推进和实行，中学要不断强化对于项目的理解和认识，学会如何更好地把握创新计划的安排和时间进度的调整。例如，在额定课程方面，要思考哪些可以适当缩减、哪些需要进一步增强；在创新课程方面，要看看开办的哪些课程收获效益较高、给予学生的帮助较大，哪些效果一般、需要改进或减少；一些知识普及类的课程，是否可以让创新班、普通班一起上课。

中学在课程设计、课时安排等方面要与大学教师沟通交流，对课程的理念目标、重点难点、教学方法等改进完善，提升课程的质量，增强对学生创新能力的培养程度，注意与大学之间的衔接匹配。此外，中学要积极申请教师名额，增加师资力量。教师兼顾普通班的教授和创新班的拓展，压力很大，时间精力的限制难以保证真正优质的结果。总体而言，中学要尽最大努力为创新班设置更有效、更适宜的进程计划，从多维度、多方面一同出发，打造创新班的实力，克服各种困难与阻碍。

三、大学的积极参与

作为大学，必须积极地参与到"大中学衔接培养创新人才项目"中来，联合中学一起为国家的创新人才培养做出努力。譬如选择合适的中学进行对接，共同开展课题合作；先从自己的附属中学、本市的重点中学出发，再扩及到本省、甚至他省的优秀中学，与它们共同达成衔接关系；定期举办一些论坛、会议，让大学、中学的教师坐在一起交流、探讨，对近期发现的问题、遇到的困难进行协商，一起寻找解决的办法；针对各类主题，例如学科前沿、最新发现、社会危机等，邀请创新班的师生共同参与、进行思想的交流与思维的碰撞；派遣教师为中学生开展讲座，给予他们理论上、方法上的指导，就某些前沿问题、先进领域、重要的科学知识进行及时讲解；通过主题分享，教给中学生更高效的学习方法、更优秀的心理品质、更实用的科学办法。

此外，大学必须与中学分享优质资源，共享先进的科学实验室、共用大学资源丰富、数据齐全的网络平台、共享大学图书馆中的书籍资料；设立专门的大中学衔接培养机构、聘任教师、兼职学生负责相关事宜，筹措相关事情、联系双方人员、合理安排计划、宣传优秀成果；让大学生兼职辅导中学生的课程学习，或引导他们进行某些实验；让大中学衔接培养创新人才的项目结果成为教师职业发展的有机组成部分，与教师的学术职业路径相挂钩，给予相关老师相应的待遇，以便让老师们更有动力、更有责任地参与联合培养。

总之，通过创新这条主线，将大中学相互贯通，使两者一体化、协调化；突破中学以"高考升学"为主要目的，大学以"就业求职"为核心导向的窠臼，以宏观的态度、长远的目光、有效的行动逐步提升学生的各项能力；优化大中学人才培养理念、教学原则、教学方法、授课手段、课程教材等的衔接，促进大中学教师之间的沟通交流，让彼此相互学习、共同促进；开展大中学合作活动、实施大中学合作项目，以此促进中学生创新能力的培养和综合水平的提高。

四、政府的引领支持

在创新人才培养的过程中，政府的引领与支持必不可少，特别是政府的重视程度和立场态度起着极为关键的作用。我们认为，要想真正把"大中学衔接培养创新人才"项目做大做好，政府必须大力拨款、投入丰厚的资金，给予相应的大学、中学可靠的经济保障；出台政策，提升相关教师、工作职员的待遇，形成良性的动力机制。

对于衔接教育，打通大中学之间的升学路径也很重要，例如实行保送、自主招生、降分录取等特色方式。在这样的过程中，政府要发挥强力的作用，委托当地知名高校开展衔接项目，选择几所较好的中学进行对接。在高中生毕业升学时，建立起彼此之间的创新选拔机制，给予高中创新班一些优惠政策，譬如开放一定比例的保送名额，让符合条件的创新班学生依个人潜质、意愿保送升学到相应的院系专业，还可实行降分录取的招生办法，让学生在高考时达到一定的分数便可优先升入。

此外，政府还可以通过提供人脉资源、拓宽已有合作领域等，搭建更为广泛的合作平台，提供更多的选择机会。譬如，为创新班的毕业生开辟升学进入国外优质高效的渠道，这既可以通过校与校之间的友好关系，也可以通过当地政府部门、市教育局等寻找合作伙伴。以科中为例，创新班的毕业生通过厦门大学的经济学院与爱尔兰的都柏林商学院协定，得以享受"1+3"的合作成果，即在厦大读一年，在国外读三年。这种形式质量好、水平高，是一种非常不错的渠道。目前，这种合作相对比较容易。将来可以开拓新的渠道，通过当地政府与国外某地的"姐妹城市"关系，由政府出面牵线搭桥，直接建立与国外优质大学的衔接培养。

第二节　大中学衔接培养创新人才实践困境

课题组对创新人才培养成效的实证调查表明，大中学衔接培养创新人才取得了较好的成效。但是，这一新型培养方式在开展过程中，也面临诸多困境，有许多障碍需要扫除。为进一步了解创新人才大中学衔接培养的现况与问题，课题组对大学教师、相关专家、高中创新班教师进行了深入访谈，发现大学与中学的合作程度、师资力量以及高校招生政策是制约培养成效的三个关键因素，这三方面的实施情况均有待提升。大学中衔接培养创新人才改革模式的良好构想要得以实现，前路可谓"关山重重"。

一、大中学合作不够深入

在创新人才培养的探索中，中学很重视与大学开展合作，寄望借助大学的资源提升创新人才培养质量。但从实践来看，大学普遍呈现参与意愿不足、参与程度不深的状况。课题组前往北京、上海调研的 3 所学校正好是反映合作程度不同的典型案例。第一种是附属学校共建关系。上海 J 校为某 985 高校附中，其开设的创新班同时为该大学响应国家政策建立的创新人才后备培养基地，因此为两校共建。从招生环节大学 20 名教授参与面试，到培养环节共建课程、学生每周前往大学实验室进行课题研究，再到出口环节只要上一本线即可直接进入该大学，大学全程介入培养过程。而且该校建立远程视频实验室，大学教授在实验室指导本科生时，创新班的学生可以边看边学，实时互动。第二种是附属学校有限的依托。北京 B 校为另一所985高校附中,该校坦言"我们是大学附中,但对大学的依托也是有限的,第一空间有距离,第二大学里面不是所有的实验室都对我们开放,只是有机会的学生参加。而且部分院系实验室的开放靠的是人情关系。"① 第三种是非附属学校局部的合作。北京 S 校聘请大学教授担任学生的学术导师,偶尔开设讲座,其他过程没有大学的介入。该校在座谈时表示:"我们也希望有一所大学来深度参与,靠中学自己做太辛苦了。"②

在上述三种关系里,只有属于共建关系的中学与大学为深度合作,大学全程把关中学的创新人才培养工作,其余与大学非共建创新班的学校,不管是附中还是非附中,与大学的合作都是有限的、片段式的,创新人才培养的各项探索主要由本校进行,高校这一"外脑"借助并不多,而且部分合作还有赖于家长资源、人情资源。结合笔者搜集的创新班相关资料发现,类似于上海 J 校的与大学深入合作的学校很少,多数学校对大学的依托有限,合作较为零散,以邀请大学教师开设讲座、课题指导"挂名"为主。因此大中学合作现状从整体上呈现高中"剃头挑子一头热"的局面。

二、创新人才培养师资存在困难

教师是实施创新教育的主力军,如果师资队伍不能胜任创新人才培养的要求,学生创新能力的培养也便无从谈起。从目前的实际情况看,受现实条件制约,参与高中创新教育实验的大、中学教师各有其难。大学教师难在时间、精力有限,自身受到职称、论文等方面成长性通道的精力牵制,参与度不深。在课程上,难以开设常规课程,只能以讲座、报告的形式施予片段式教育,无法为学生提供及时和连续性的培养;在课题指导上,难以全程、深入跟踪学生的课题研究,甚至存在听之任之的个别情况,某中学教师直言:"有些导师项目申请下来后不负责。一则因为学生做的项目平淡无奇,意义不大;二则因为经费较少,属于指派任务,不好意思不接。"③ 因此,就算大学教师有参与的热情和积极性,受现实条件所限也难以保证投入的力度。

就中学教师而言,虽然教学经验丰富,但科研能力不足,难以胜任学生潜质的开发与创新能力的培育。创新班科任教师曾向笔者坦言"如果只

---

① 根据 B 校座谈内容整理所得. 座谈时间:2011 年 11 月 14 日. 座谈地点:北京.
②③ 根据 S 校座谈内容整理所得. 座谈时间:2011 年 11 月 15 日. 座谈地点:北京.

是对这些学生进行专门训练提高高考分数，我还是比较有把握的。但创新人才培养我们都不知道怎么做，缺乏经验。"① 在教学过程中，中学教师往往习惯于单向传授知识，不注重学生主动探究获取知识，与创新教育的精神相违背。此外，许多教师教学任务繁重，同时兼任多个班的任课教师，鲜有时间进行专业探索与提升。例如，有老师表示："在教学实践中，感到力不从心。预想中的加强学生视野拓宽、兴趣培养的教学活动没能很好地开展，有流于常规教学、接受常规考核的倾向。假期布置的学生自主学习任务，因为课时进度的原因，到现在还未能开展。"② 作为实施创新教育的主力军，如果教师队伍不具备基本的创新素养，高中创新人才培养的目标也不可能达成。

三、高考：创新人才培养的"拦路虎"

多年前，南京金陵中学曾经尝试过与南大、东大等学校联合培养人才，成果备受肯定，后来因为高考硬性选拔机制无法突破，最终只得停止实验。③ 在目前的创新人才大中学衔接培养实践中，高中与大学的对接还不很畅通，绝大部分学生只能通过高考进入大学。如果学生的高考成绩不理想、升学率低，创新人才培养是否会重蹈金陵中学之覆辙？这一问题是创新班遭遇的普遍困惑。

创新班的很多师生及学生家长对高考成绩都颇为担心。例如，上海延安中学创新班班主任在日志上写道："我现在没过多抓成绩，对孩子到底好不好？如果孩子成绩，特别是高考成绩不理想，家长、学校、我还有孩子是否还和现在一样坦然？"④ 科中创新班教师也苦恼："有个学生动手能力及思维跳跃性较强，但学科学习较弱。比如说一道数学解答题他只写结果，没有过程，我就很头疼。他如何通过高考关呢？"⑤ 北京 S 校创新班班主任同样忧虑："出路问题解决不好，学校即使把学生的个性培养得很好，进入大学后肯定不会出问题，而且表现优秀。但是有些学生进不去，跨不过高

---

① 根据科中物理教师 L4 访谈内容整理所得. 访谈时间：2011 年 9 月 28 日. 访谈地点：厦门.
② 根据科中创新班办学研讨会整理所得.
③ 黄艳. 这 56 个学生待遇好高 [N]. 现代快报，2010 - 09 - 01 (B4).
④ 活力创新 魅力十二 [EB/OL]. http://www.shyahs.com/bkbj/article.asp? id = 5, 2011 - 06 - 10.
⑤ 根据科中数学教师 L3 访谈内容整理所得. 访谈时间：2011 年 9 月 20 日. 访谈地点：厦门.

考的门槛，怎么办？"① 在高考的高利害压力下，不仅老师苦恼头疼，学生和家长更为焦虑。如北京东直门中学叶企孙班学生在网上发帖："无论对我们对学校，分数才是最重要的，不是吗？学生、家长及学校共同目标都应是三年后的高考成绩。"② 南京一中创新班某负责人则透露："曾有家长对我们说，孩子英语成绩不太好，希望我们在周六给孩子补英语。"③

高考不仅困扰着师生和家长，也是制约学校改革力度的最大束缚。在高考的"紧箍咒"下，高中教学改革只能"带着镣铐跳舞"，在理想与现实之间选择一条折中的道路：以保证学生的高考成绩为前提，兼顾创新精神的培养。故而学校不得不把学生有限的课余时间利用起来，在课后、周末以及寒暑假加强学习及开展创新实践活动。如此一来，不仅学生辛苦，教师也跟着紧张。上海J校对此深有感触，在座谈中提到："学生在两年多投入的精力非常大，双休日基本上都投入至课题中，寒暑假在大学旁边租房住，整天泡在实验室。如果基础学业没有把握好，教师还得给学生敲警钟，使学生均衡分配时间。"④

在高考已然成为"拦路虎"的前提下，创新精神培养如何在兼顾中得到实质性保证？创新人才培养还剩下多少空间？

第三节　大中学衔接培养创新人才改革建议

上文提到大学与中学的合作程度、师资力量以及高校招生政策是制约培养成效的三个关键因素，其中大、中学的合作程度是影响学生创新能力发展高度的决定性因素，师资是培养创新人才最关键的力量，高校招生政策则是制约高中创新人才培养改革力度的根本因素。

一、联动大学、立足中学

欲扭转高中的"单相思"局面，推进大、中学深入合作，需要厘清大

---

① 根据S校座谈内容整理所得. 座谈时间：2011年11月15日. 座谈地点：北京.
② 如果学校真的重视"叶企孙班"的话，就别把它毁在自己手里［EB/OL］. http://tieba.baidu.com/p/1265564747, 2011-10-31.
③ 南京一中崇文班多名学生"水土不服"预转普通班［EB/OL］. http://nj.aoshu.com/e/20110511/4dc9e4c992afd.shtml, 2011-05-11.
④ 根据J校座谈内容整理所得. 座谈时间：2011年11月18日. 座谈地点：上海.

学、中学的各自定位，可以采取"联动大学、立足中学"的策略。

从大学方面来看，在创新人才的衔接培养中，大学并非置身事外的旁观者，而是与中学同乘"创新人才培养之船"的舵手，掌握着前行的方向。从一定程度上说，高校作用发挥如何，决定了高中创新教育实验项目的成败。但由于普教系统内部的力量过于单薄，需要政府机构加以统筹，建立大中学合作的常态机制。

首先，从认识上转变大学"漠然"的态度，使大学意识到不仅有参与的责任，而且可以从中获得益处：其一，通过参与高中教育，大学能够了解高中教育的特点，获知高中生的需求，从而消除两个教育阶段之间的断层，优化专业结构；其二，高校可以提前培养学生对大学学科或专业的兴趣，使学生进入大学后能够更快地适应与进入状态，从而减轻培养负担；其三，帮助中学奠定创新人才成长的基础，保证学生的可持续发展，提高培养效率，消除不绝于耳的关于大学培养不出创新人才的质疑声。

其次，政府需要从制度设计与安排上保证大学的投入：其一，以合作项目为载体，建立大中学联合体的长效发展机制，上文提到的 J 校之所以能够与大学展开深度合作，乃因该校的创新班是由大学主动提出的合作项目，大学对项目的成败承担了很大的责任，因此愿意对培养过程进行全程把关；其二，把参与高中教育作为高校考核的一部分，将之与高校绩效评估硬性挂钩；其三，实行项目招标机制，为高校提供一定的指导资金；其四，为有意投身基础教育事业且参与大中学衔接培养工作的大学生提供就业渠道，以此提升大学参与的积极性。

从中学方面来看，需要时刻铭记不能仅仅倚靠大学来"装饰门面"，而应立足于自身变革，实现内生性发展。中学在与大学合作的过程中，要避免照搬大学课程，盲目追求大学知识的获得。学生在高中阶段应注重的是打下扎实的学科基础以及习得学习能力，更为专业和拓展的学科知识学习则是大学的教育任务。不能盲目套用大学的论文发表、项目获奖等评价标准来考量学生，而应注重运用形成性和激励性评价，给予学生宽松的科学发展空间。不能混同大中学教师的角色。现在有些学校希望自己的教师跟在高校老师后面一起做研究带学生，三年之后就可以替代他们。这显然不现实，大中学教师各有定位，是不能互相替代的。此外，不能一味追求与名校合作。目前，中学在选择与大学合作时，眼中只有名牌大学，甚至出现攀比现象。不少校长私下坦言，只有与名校联手才能够显示学校的地位，并视其为关乎学校的面子、日后的生源质量以及实验班学生能否升入名校的出路问题。① 与名校合作无可厚非,也是一个很现实的选择。但当合作高中数量如此之多时,名校能够在多大程度、多广范围上给予支持,中学还需认真考虑。笔者认为,中学可以结合实际情况选择多个合作对象,将视野拓展到基础设施和师资不错的普通高校以及乐于与中学联手的高职高专院校,而非局限于名校。

当然,立足自身的变革并不意味着中学靠自己的力量可以实现,大学的支持力度深刻影响着中学的探索程度。中学需要抓住联动大学的契机实现内涵式发展。创新人才大中学衔接培养若能真正做到联动大学、立足中学,深化二者的合作,则不仅可以促进学生创新能力生长,也可以促成大、中学共赢。

二、借助大学力量培养中学创新型教师

虽然创新人才培养可以部分借助于大学师资。然而,解决创新人才培养的师资问题,关键还在于建设中学自身的创新型师资队伍。借助大学力量来培养中学创新型教师,是一个切实可行的途径。大学可以为中学教师举办研讨会、讲座等教科研培训活动,同时在举办与创新人才培养及中学教育相关的学术活动时积极邀请中学教师参加,并可开设学历班为中学教师提供继续教育的机会。大学对中学教师的教学科研培训重点在提升教育教学能力与科研水平上,尤其是前者。具体而言,大学对中学教师的教育教学能力提升可关注以下三方面。

其一,为什么而教。从教育哲学的层面帮助中学教师整体理解创新教育和创新人才培养的重要性,转变过分看重成绩的惯性教育理念,实现教师从知识输送者到学生学习支持者的角色转变,为创新人才的成长营造宽松有效的学习与发展空间。其二,教什么。虽然学科内容不可能有大的变动,但教师在大中学知识点的衔接上可作出努力,通过大、中学对应的学科教师之间的座谈沟通,使中学教师了解大学的需求,在学科内容衔接上形成共识。其三,怎么教。在理论层面,大学可为中学教师提供前沿、有效的教学法研究成果,以理论指导实践;在实践层面,大学教育理论研究者可深入教师课堂,实施课堂观察,通过课堂观察了解教师的实际教学风格,比如提问的次数及方式、课堂引导的技巧等,对其存在的不足提出改

---

① 苏军. "创新实验班"有点走样了 [N]. 文汇报,2010-05-14.

进建议。

相应地，中学在建设创新型师资队伍上也应积极主动采取措施，可聘请大学从事基础教育研究的专家组成教师成长指导团队，中学教师与学生一起参加大学专家开设的讲座，进入实验室与学生共同开展科学研究以获得"实战经验"，提高教师队伍学历层次以实现本校教师专业科研力量的"内生"，更新管理机制以促进和保障中学教师参加继续教育等。

三、建立创新人才培养大中学贯通制

国家既然提倡创新人才培养，就应给予配套支持，特别是升学政策方面的支持。如果学生的"出口"只能是高考的话，创新人才大中学衔接培养的尝试则只能沦于表面、成为点缀，高中教育也将沦为形式的改良而非实质的改革，甚至难逃夭折的命运。因此，高校招生政策的支持程度，将在很大意义上决定高中创新教育实验的存亡。

其一，可以建立创新人才培养大中学贯通制，使学生拥有"升学直通车"，这是最可行也最有效的办法。由于高中创新教育实验提前与大学对接，培养出来的学生具备一定的发展基础和创新素质，符合大学的培养要求，因此，可以直接与大学层面实施的创新人才培养计划定点对接，即建立"一对一"或"多对一"的培养关系，使学生不必参加统一高考、通过大学组织的面试或复试便可获得直升的资格。如果必须参加高考的话，则降低录取要求，通过一本线即可。或者学习台湾科学班升学保送制的经验，对面向参与大中学衔接培养的学生实施专门的资格考试，由大学和高中共同命题，通过资格考后便以外加名额保送入学。[①]

其二，结合我国高校招生制度改革的方向，在自主招生、学业水平考试、综合素质评价等方面，给予高中创新教育实验一定的倾斜。在自主招生上，扩大自主招生改革试点范围，并对高中创新教育实验定向投放一定的名额，保证有更多学生进入自主招生的机会。同时，自主招生可降低笔试成绩所占的比例甚至取消笔试，重点通过学生成长档案袋及面试考察学生的综合能力。在学业水平考试上，可由创新教育试点学校自主命题。目前仅有少数地区的创新班实行高中学业水平考试自主命题，不参加省市统考。建议创新班的学业水平考试都由学校自主举行，自定考察的内容、范

---

① 科学班升学　教部规划保送制［N］．台湾立报，1988-11-16（4）．

围及形式,并作为高校招生录取的依据。在综合素质评价上,实现综合素质评价与升学的硬性挂钩,并提高创新能力表现在综合素质评价中的比例。

在我国的现行国情下,高考是高中阶段任何改革都无法绕过的话题。如果参与创新教育实验的学生只能通过高考才能进入大学,不难推断这些实验必将沦为"以创新教育之名行应试教育之实"。高中阶段进行创新人才培养并不难做,难做的是高校招生制度的配套改革。如果学生升学的问题解决了,中学便可以放开手脚,与大学联手进行大刀阔斧的改革,创新人才的"冒出"方能有期可待。

大中学衔接培养创新
人才理论与实践

教学研究篇

　　本篇主要是厦门大学附属科技中学校领导和创新班相关教师对创新班办学实践过程中的问题、收获与心得进行归纳、整理与提炼后的研究成果。其中，既有宏观层面的提炼，也有微观层面的分析；既有理论上的探讨，也有实践中的反思；既有管理问题的剖析，也有教学问题的探索。这些研究成果为大中学衔接培养创新人才提供了鲜活的第一手资料。

大中学衔接经营创新型学校

谭 蔚

厦门大学附属科技中学是厦门市政府与厦门大学联合创办的全日制普通完全中学。创办伊始，学校就定位于培养科技后备人才，从而决定了这所学校必须以科技教育为办学特色，必须以培养科技创新人才为办学宗旨。

学校科技教育是指以科技课程与活动为载体，旨在培养和发展受教育者科技素养的教育活动。科技教育的根本目的，是要培养创新型人才，创新型学校是培养创新型人才的最好摇篮。

笔者作为科技中学校长，对学校未来发展方向的设计是：从科技教育入手，充分发挥大学附中的办学优势，以大中学衔接为突破口，引领各方面工作协调发展，提升办学品味，成为真正意义上的创新型学校。科技中学的发展过程，也就是经营创新学校的过程。

一、经营创新型学校过程中如何体现科技特色

关于学校经营，华东师大李伟胜博士给出的定义是：学校组织从自身行为特征实际出发，以提高学校资源效益为根本目的，以学校资源多层次优化配置、整合为基本途径，所实施的学校经营环境分析、学校经营思想确立、学校经营目标确定、学校经营策略选择以及学校经营操作方式等一系列的筹划、营谋活动。

学校的特色经营，需要学校从自身的实际出发，找准定位，彰显个性，确立规范，使自己的经营模式形成特色，发挥潜力。

（一）找准定位：发现并确立学校的核心价值

学校的定位，在于发现自己的核心价值，并把这一核心价值通过一定的方式确立下来，成为学校各方面工作的主旨。同时紧紧围绕这个主题，将这

个核心价值向社会、向师生传播，强化大众对核心价值的认可，建立清晰、可感的核心价值形象，并在各个环节中不断加强、巩固这一核心价值。

科技特质人才是创新型人才的重要组成部分。时代呼唤具有科技特质的人物，具有科技特质的人才是各行各业、社会主流需要的人才。科技素养是一个社会人必备的素养之一。培养科技特质人才、提升全民族的科技素养要从基础教育抓起。

贯彻党和国家的教育方针，全面实施推进素质教育，提高学生学科学、爱科学、用科学的主动意识，培养学生的科学精神、科学态度和科技创新与实践能力。为具有科技领军特质的专家型人物指路，为具有科技素养的社会各行各业领军人物助力，为具有科技常识的一般劳动者奠基。这就是我认为的学校开展"科技教育"的核心价值。

（二）彰显个性：使学校的经营模式形成特色

作为中学校长，当然希望自己的学校成为名牌。全国许多名牌中学，正朝着"做大做强"方向高歌猛进，集团化办学、兼并薄弱校、扩大办学规模已然成为一种风气。但如果盲目攀比，片面求大求全，反而会扼制学校的创新发展，致使品牌稀释，陷于平庸。科技中学的品牌之路，要在"创新"上求发展，在"特色"上做文章。坚持有所为有所不为，坚持科技特色引领，有选择地追求卓越，是科技中学发展的核心竞争力。

全国以科技教育作为办学特色的学校有许多，但以"科技"作为校名的学校却极少，以"科技人才培育"作为办学宗旨的科技中学仅此一家。但除了校名不同于其他学校，我们的科技教育真有特色吗？换句话说，我们的"个性"在哪？这是一直以来困扰我的问题。

首先要理清，能说明科技教育成为学校办学特色的指标是什么？我认为，不能简单地以青少年科技创新大赛的获奖数量、奖级为评价指标，关键在于"科技"这两个字是否真正深入师生人心，是否真正融入学校工作的方方面面，是否培养了特别具有基本科技素养的学生，是否为国家、社会，为高一级学校输送具有科技特质的人才。

进而要明白，如何通过提升科技教育水平提高学校办学水平？我认为，要真正发挥科技教育对学校各方面工作的引领作用、促进作用；让科技教育成为学校、教师的自觉行为，内化为学校工作的主要支撑。要强调内在精神，让科技教育成为学校立足社会，成为名校的特征，对外具示范、引领作用。

坚持走科技教育的"全员性、普及化"道路，将科技教育内化为学校各方面工作的主线，这也许就是我们的"个性"吧。

（三）确立规范：保证学校的特色经营连贯流畅

综合各方面考虑，我提出了科技中学的办学理念是"科技引领，和谐发展"，并将其写入学校的办学章程。我校的办学章程第一章第四条规定：本校在坚持和体现教育方针所确立的人才总目标和总要求的前提下，根据建校宗旨，以"科技引领，和谐发展"为办学理念，以建设特色鲜明的、促进学生、教师、学校和谐发展的高质量学校为办学目标，努力创建科技特色，促进学生全面发展。

"科技引领，和谐发展"的内涵为：彰显学校的科技特色，用科学的方法管理学校，营造活泼向上儒雅励志的校园科技文化氛围，为学生成长创设良好环境，以科学精神引导学生成长，以促进学校的和谐发展、教师的和谐发展、学生的和谐发展。进而在某种程度上影响社会的发展。

之所以把这一理念提升到办学章程的高度，是因为让"科技教育"成为学校的品牌，是一个漫长而又痛苦的过程，我们要恒久地时时刻刻恪守自己的承诺，让建设品牌的过程受制于严格的约束和规范。需要不断地张扬学校个性，熔炼品牌精髓，方可建立稳定巩固的品牌形象。

二、我们需要什么样的科技教育

鉴于科技教育的现状以及教育内容的科学性和目标的多元性，我认为，基础教育阶段的科技教育应该具有全员受教、全面施教的"两全"特征。

（一）全员受教

基础教育阶段的科技教育如果抛开全体学生对科技素养的需求，只注重培养少数"精英型创新人才"，是不符合教育规律和国家赋予基础教育的职责的。科技教育必须面向全体学生，要让所有学生在校学习期间都有科技活动的经历和体验，让从学校走向社会的每个劳动者都具备最基本的科技素养。

（二）全面施教

科技教育不是简单的科技知识技能的普及教育，还包括对科学发现和技术发明过程与方法的了解，对科技情感、态度和价值观的培养，因此要全面关注受教育者多方面的发展。同时，我们所提的科技教育涵盖范围宽泛，不仅是指上好科学课、搞好科技小组，而是覆盖所有学科的整个教学过程，自始至终贯穿于学校教育的方方面面。

关于科技教育的"全面施教"，我认为应特别注意十分重要但却是我们平时容易忽视的三方面：

一是科学精神的培养。科学精神具有丰富的内涵，包括理性精神、实证精神、分析精神、开放精神、民主精神、批判精神等诸多方面。科学精神应该成为科技教育的灵魂。二是过程情感的体验。科技教育的目的除了知识传授之外，更为重要的是学生的亲身体验，是实践能力的提升。三是人文教育的融合。科技教育不等于是理科教育。科技教育并不排斥人文教育，相反，我们必须十分重视学校人文环境的建设，必须充分挖掘科技教育中蕴涵丰富的人文资源，充分意识到科技教育独特的人文价值，强化科技教育中的人文精神，为学生提供文理兼备、个性独具的教育环境。

三、我们怎样落实科技教育

科技教育要真正成为学校发展的品牌、特色，精心设置的课程体系是开展科技教育，带动创新型学校建设的最佳载体。

科技中学地理位置优越，周边高校、研究所林立。作为大学附中，厦门大学对我校发展提供强有力的支持。首先是专家资源，厦门大学在我校设立了校务委员会和专家委员会，负责对我校发展和教师、学生的发展提供智力支持。我校还依托厦门大学办了创新实验班，在办班模式、教学内容、大中衔接等方面开展培养创新人才的实验，为探索培养优秀创新人才长效机制积累经验。

课程是指学校学生所应学习的学科总和及其进程与安排。广义的课程是指学校为实现培养目标而选择的教育内容及其进程的总和，它包括学校所设的各门学科和有目的、有计划的教育活动。我们将学科课程、活动课程、环境课程等视为学校课程整体不可分割的组成部分。

首先，重视科技教育在国家课程体系的内化。科技教育归于国家课程体系，在国家课程体系的框架下有所侧重，对国家课程进行二次开发。我们要求教师在学科教学时，要分析教学过程中与科技教育相关的内容，把培养学生科技素养的意识贯穿于每一个教学环节，要让更多的科技教育资源转移到教学环节中。我们认为,科技教育是常规教学的补充、延伸,而不是游离于常规教学的另一套系统,在我们的教育教学过程中,要特别注意科技教育与常规教学的有机整合。

其次,重视构建基于科技特色的校本课程体系,尤其是围绕科技创新、海洋科学、知识产权教育等领域的特色校本课程的开发。

例如,我校以系列"微型课程"为基本载体,开设了丰富多彩的拓展课程。所谓"微型课程",是指由围绕某一主题,开设的系列短课程或讲座。在聘请厦门大学教师给我校学生授课时,我们发现,由于大学教师知识起点高,他们的课程内容中适合中学生的并不多,往往数个课时后,中学生已难以接受。对此,我们采取了相应措施,设置了"微型课程"。以"航空航天"拓展课程为例:我们聘请了厦门大学航空、物理、化学、生物等多位各专业专家、教授,从不同角度围绕航空航天这一主题开课或开展活动,每位教师任课时数不多于4节,但课程总时数达到24课时,这样,虽然每位教师只负责课程中的一个片段,但对学生而言,却形成了一个涵盖广泛的完整课程。与此类似,我们通过组织学生参与大学实验室的课题研究,形成"微型课题",组织教师参加教育专家的教学研究,开展"微型研究"。微型课程与微型课题、微型研究构成了独具特色的我校科技教育的"三微模式"。

再者,我们重视基于科技教育的校园环境建设。我们把校园环境纳入课程建设范畴,开展"科技馆进校园"、"植物园实践基地"、"观察鸟类生活"等项目建设。充分利用校园的每一寸土地、每一片墙壁,进行科技知识教育,培养学生实践能力。例如,我校是国家级和厦门市的"海洋意识教育基地学校",在厦门市海洋局的大力支持下,我校建成了厦门市学校唯一的"珍稀海洋生物馆",拥有一批以国家保护动物白海豚为代表的珍稀海洋生物标本,为我校开展海洋教育提供了极为便利的条件。

创新型学校的主要产品应该是具有创新意识和创新能力的学生,同时还包括教育思想、教育理念、教改方案的设计等理论性的产品,也包括教育教学方法、教育管理方法、教育整体改革的实施措施等实践性的产品。对于科技中学这样一个以科技教育为切入点发展的学校,其创新型学校的发展点应该立足于创设具有能够促进学生和谐发展、教师和谐发展和学校和谐发展的校园环境、机构设置、管理制度和师资队伍。从这个意义上说,我们还任重而道远。

论教师指导在创新教学中的重要作用

郭建鹏

创新是21世纪最重要的素质之一,是个体成功面对未来挑战和变化的关键。当今世界上很多国家都把提高学生的创新素质作为教育改革的重点,努力帮助学生更好地面对未来的挑战(UNESCO,2010)。[1]我国对创新人才的培养也十分重视。《国家中长期人才发展规划纲要(2010-2020)》明确指出培养创新人才是人才建设的重要任务,要求构建创新人才培养模式,通过教育教学改革培养拔尖创新人才。《国家中长期教育改革和发展规划纲要(2010-2020)》也指出培养创新人才的重要性和紧迫性,要着重提高学生的创新能力,探索和发现培养创新人才的途径。可以说创新已经成为当前国家的重要战略。

尽管创新的重要性已经成为共识,但是对于创新的概念却没有一个明确的定义。托兰斯(Torrance)认为创新是个体产生有价值的、新颖的事物的一种能力。[2]马耶斯基(Mayesky)指出创新是一种原创性的思维、行动或制造,是很多不同能力、技能、动机和态度的综合。[3]罗宾森(Robinson)指出,创新能够通过儿童期的发展得到提升,也受益于良好组织的教学活动。[4]创新发展和教育方法的综合能够促进创新思维能力的发展。活动中严谨的指导能够提高学习成果。有趣的因素能够促进创新学习活动的效果。通过实体物品的活动,学生不仅能够形成具体概念,而且有大量的机会去释放创新能力。

建设创新型国家需要从教育入手,创新人才培养模式,创新教育教学方法,营造鼓励创新、激发创新的教育环境。教师作为教学过程最重要的因素之一,在培养学生创新上起着关键的作用。没有创新的教师就没有创新的学生,教师如何看待创新,如何组织教学直接影响了学生创新素质的培养。然而,创新概念的模糊性和不确定性阻碍了创新教学,导致很多教师对创新持有矛盾的心态。道森(Dawson)等人指出,有的教师不愿意在课堂上表现出好奇心和创新，即使他们认同创新在学习中的作用。[5]事实上，教师难以对创新能力进行合适的评价和判断从而影响他们的创新教学。由于无法判断学生的想法是否具备创新性，教师常常面对规范化和新想法之间的矛盾，担心学生在自由表达想法的时候会偏离逻辑、合理的框架。

新课改以来，教育界大力倡导发现学习、自主探究、合作学习、小组讨论、情境学习等教学方式，很多人把强调学生自主学习等同于创新教学，有意无意地忽视了教师指导在学习中的作用。有人甚至认为只要教师在课堂上进行指导就不是创新教学，就是灌输的、落后的、不符合新课改精神的，几乎到了谈"教师指导"色变的地步。讲授法作为教师指导的主要形式以及学校教学的主要手段，经常引起质疑并不断受到批判。认为教师如果要培养学生的创新素质就不能进行讲授，就要让学生探究发现、互动合作。针对这种现象，著名教育心理学家梅耶尔（Mayer）指出，当前以建构主义为幌子的一系列所谓的创新教学方法忽视教师指导的作用，片面强调发现学习，在理论和实证研究中都被证明是错误的。[6]

几十年的教育心理学理论与实证研究证明，教师指导是提高学生认知主动，进行有意义学习和创新学习的重要手段。本文首先根据认知心理学的最新研究成果，从理论和实证两个方面阐述教师指导的合理性基础，指出教师指导是创新教学的重要因素。然后基于实证研究讨论发挥讲授法成效、促进创新教学的时机及条件。

一、教师指导的合理性基础：来自认知心理学的理论证据

（一）建构主义学习理论：教师指导能够促进学生学习的认知主动

把建构主义学习理论正确应用到教学中的关键是要分清学习的行为活动和认知活动。建构主义学习理论认为学生在学习新知识时，先前知识和新知识之间会产生一种不平衡的状态（认知冲突），这时他们就会调动先前知识去同化和顺应新知识，直到重新获得平衡的状态。这种过程是一种内在的认知活动，不涉及任何外部的行为或活动。

梅耶尔把学习分成认知活动和行为活动两个维度，并用一张二维表来区分两者[7]（图1）。表格中的列表示学生在学习中的认知活动。认知活动指的是学生学习时的内在状态。认知活动低的是被动学习、无意义学习、较少思维活动；认知活动高的是主动学习、有意义学习、较多思维活动。

表格中的行表示学生在学习中的行为活动。行为活动指的是学生学习时的外显行为。行为活动低的如教师讲授和文本阅读，学生一般只是在座位上静静地进行学习，外在行为活动比较少；行为活动高的如小组讨论和游戏，学生一般都表现得比较活跃，外在行为活动比较多。

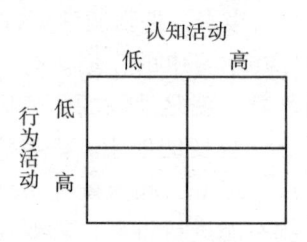

图1　学习的两个维度

根据这张表，梅耶尔认为教学大致可以分为四类：行为活动低+认知活动低（左上方），行为活动低+认知活动高（右上方），行为活动高+认知活动低（左下方），行为活动高+认知活动高（右下方）。建构主义教学应该在表格的右半边，也就是认知活动高的部分。只有学生具备较高的认知主动，他们才能自主地建构自身的知识，进行有意义学习。而表格的左边则是非建构主义的，学生在学习中认知主动低，学习效率低下，是教学中应该极力避免出现的。

判断一种教学方法是否是建构主义的，主要看学生在教学中是否具有较高的认知活动，而不在于学生的行为活动如何。低行为活动的教学方法可能导致学生低的认知活动，也可能促成学生高的认知活动。比如讲授法这种"教师讲、学生听"的低行为活动的教学方法，在经验丰富的优秀教师那里往往能让学生保持较高的认知主动，积极进行思考，也就是建构主义的。然而讲授法在一个差劲蹩脚的教师那里却可能让学生无精打采、昏昏欲睡，讲授也就无可避免地变成灌输、非建构主义的。

同样，高行为活动的教学方法可能导致学生低的认知活动，也可能导致学生高的认知活动。如小组讨论或自主探究这种高行为活动的教学方法，如果安排合理，使用恰当就可以让学生积极主动地思考、学习，就是建构主义的。但如果缺乏有效组织，流于形式，表面上看起来热热闹闹，实际上却是"有温度没深度"，那么就是非建构主义的。

因此，把教师指导与创新教学对立起来，认为创新教学就应该进行发现学习和小组讨论，课堂上的讲授就是灌输，实际上是错误地认为低行为活动的教学方法一定导致学生低的认知活动，高行为活动的教学方法一定导致学生高的认知活动。实际上，忽视教师指导而片面强调学生在学习中的行为活动，往往无法让学生产生较高的认知主动，无益于他们创新能力的培养，是无效的教学方法。下面关于学习的信息加工模型从理论上论证了这一点。

（二）学习的信息加工理论：教师指导能够帮助学生选择相关的输入信息

图 2 的信息加工模型解释了人类学习的机制[8]。在学习最初阶段，大量的环境刺激信息作为输入信息作用于感受器。这些信息经过感觉登记器只有很少的一部分进入系统进行进一步加工。在感觉登记器中，信息只停留极短暂的时间。感觉器官接受刺激后，在心理状态、先前经验、动机等其他因素的基础上产生了对刺激的感知。经过感受器的初步编码后，信息就会被转移到工作记忆中。同时，来自长期记忆的知识得到激活并进入工作记忆中与新信息整合。最后，一些新整合的信息就进入到长期记忆中被储存起来。从工作记忆或长期记忆中提取出来的信息经过反应发生器就可以转换为动作。从反应发生器中发出的神经信息激活了效应器，产生作用于学习者环境的行为。整个过程都受到执行控制和期望的影响，用来控制信息的流动，如预演、解码、映像、实施决策、组织信息、监控理解水平和使用提取策略。

在这个过程中，注意是一个非常重要的概念，对感觉信息的加工是从注意开始的，只有注意到的刺激才能进入到工作记忆中进一步编码。注意是一种有限的资源，大部分信息由于未受到注意而迅速消失。

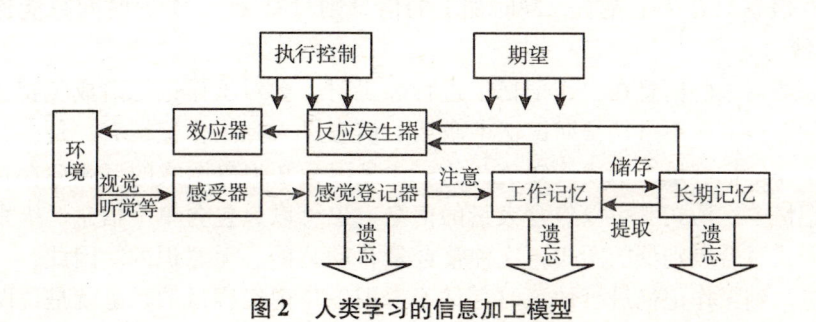

图 2　人类学习的信息加工模型

根据信息加工模型，教师指导能够帮助学生注意并选择相关的输入信息进入到工作记忆中，为下一步的编码做好准备，使学习成为可能。比方说在语文课上学习一篇名作，学生在没有教师指导的情况下，也可以自己读得津津有味，但实际却没有学到多少东西。如果教师在学生阅读之前提醒学生要注意文章的结构、语句过渡或遣词造句等一些值得学习的地方，那么学生在阅读时就会选择这些信息进入到工作记忆中进行下一步的编码。他们就有可能学到这些方面的知识。

反之，如果没有教师指导，学生就无法从大量的外部刺激中选择那些相关的信息。大量的信息只停留极短暂的时间就消失，没有输入相关的信息，学习就无法发生。大量的动手发现、小组讨论、自主探究虽然给予了学生充分的自由，让整个课堂教学看起来很热闹，但却由于无法选择到那些需要学习的、有用的信息，学生往往掌握不了教学重点难点，结果必然导致教学效率的低下，创新能力的发展更无从谈起。

（三）认知负荷理论：教师指导能够降低学习的认知负荷

认知负荷理论是现代认知理论的新发展，主要从长期记忆、工作记忆以及两者之间的关系来阐述学习的规律。长期记忆被视为是人类认知的核心，是无法直接意识到的[9]。长期记忆储存着大量的信息，正是这些信息帮助我们在解决问题的时候能够快速地做出判断并找到解决方法。教学的最终目的就是要对长期记忆产生影响。如果长期记忆没有发生变化，那么学习也就没有发生。工作记忆是有意识地加工信息的地方，我们只能够意识并监控工作记忆中的信息，而对储存在长期记忆中的信息却难以察觉。工作记忆的容量和持续时间是有限的。研究表明，工作记忆能储存的信息只有 7 个左右，同时加工的信息则只有 2~3 个，时间只能保持 30 秒。

新输入的信息在工作记忆中进行加工时，会对工作记忆造成负担，形成认知负荷。不过从长期记忆中激活的信息进入到工作记忆时，是不会占用工作记忆容量，造成认知负荷的。这是因为知识以图式的形式储存在长期记忆中，图式既可以包含大量的信息，也可以只包含单个信息。级别高的图式整合级别低的图式，这种整合是自动化的、无意识的。因此，当图式进入到工作记忆进行加工时，是不占用工作记忆容量的。也就是说图式的自动化功能能够降低认知负荷。

根据认知负荷理论，教师指导能够降低学生学习时工作记忆的负担。

学生在教师的指导下会把有限的工作记忆用来一步一步地处理问题与解决方法之间的本质联系，进行新旧知识的整合。比如说教师可以通过启发、提问、举例来帮助学生注意到解决问题的关键，并调动他们储存在长期记忆中的图式，从而促进新旧知识的整合和建构。当他们理解了某个问题的解决方法时，就获得了解决这个问题的图式，学习也就发生了。

相反，在没有教师指导的情况下，学生会采用手段—目的分析的方法来解决问题。手段—目的分析是指通过一定的运算操作来不断缩减当前问题和预期目标之间的差距，从而找到解决问题的方法。在使用这种方法时，学生必须同时考虑当前问题、预期目标、当前问题与预期目标之间的差距、相关的操作与差距的关系、子目标的设定等等。这会给工作记忆带来过多的负担，没有多余的工作记忆可以用来建构图式，从而阻碍学习的发生。

（四）认知发展阶段理论：教师指导有助于在学习的早中期获取和理解知识

认知心理学家普遍认为人类认知的发展是有不同阶段的。总体来说，人类认知发展可以分为早期、中期、后期三个阶段[10]。

在认知发展的早期，学生基本上是通过阅读文本、听讲等方式来理解知识的。在这个阶段学生的主要任务是获取、理解知识。在学习的中期，学习的主要任务就变成应用先前学到的知识来解决问题。当学生进入学习的中期阶段时，他们只是部分理解了相关知识，对某些知识可能还存在着一些不理解或误解。通过解决问题，学生就会不断修正之前的一些错误理解，并建立起解决问题的相关经验。在开始解决问题之前，学生通常要先学习一些样例或问题的解法。这些样例可以是教科书上的，也可以是教师讲授的。与早期不同的是，这个阶段强调的是通过解决问题来提高对知识的理解和应用。最后，当学生建立起对知识的正确认知之后，他们就进入后期阶段。学习的后期主要是通过大量的练习来提高速度和准确度，着重于学习的迁移。

根据认知发展的阶段论，当学生处在学习的早期和中期的时候，他们的主要任务是学习和获取知识。即使是在初步涉及问题解决的中期阶段，其目的也是为了能够更好地理解知识。因此，在这两个阶段教师的指导是十分重要的，能够帮助学生正确地理解知识，学习并掌握必要的样例。这样学生在进入学习的后期阶段时，就可以通过大量的练习来提高和巩固相应的知识，并促进学习的迁移和创新。相反，如果学生在刚刚接触到新的知识和技能的时候，就自行去探索、发现，在他们还没有具备相应的知识之前，就去解决问题，就会违背认知发展的规律。

二、教师指导的合理性基础：来自认知心理学的实证证据

当前教育心理学界对样例学习效果的研究也证明了教师指导在学习中的重要作用。斯维勒（Sweller）和他的同事们进行了大量的实证研究，证明样例学习对学生的帮助要远大于问题解决的方法[11]。样例学习代表了有充分教师指导的教学方式，学生通过一步一步学习问题的解决方法来进行学习。而问题解决则代表了无指导的教学方式，学生通过手段—目的分析的策略来解决问题。在解决问题时，学生的工作记忆都被用来比较当前问题和目标状态的差距、设定子目标、选择操作方法，而没有多余的工作记忆用来理解、获取图式，改变长期记忆，学习也就无从谈起。学生可能用很多时间来解决问题，但是实际上却什么也没学到。而有指导的样例学习则降低了工作记忆的负荷，并把学生的注意（也就是工作记忆的空间）引导到问题与解决方法之间本质的联系上，帮助学生建构解决问题的图式。随着学生认知能力的发展，样例学习才可以慢慢过渡到问题解决。

大量的样例学习研究证明，学生在有充分指导的情况下学习问题的解决方法，能够较快地理解并掌握教学目标，形成解决问题的图式，这是他们进行创新活动的基础。在学习达到一定程度时，指导才能慢慢减少，样例学习才可以逐渐过渡到问题解决。相反，学生在没有指导的情况下自行探究解决问题的方法，只会造成加重他们的认知负荷，降低学习效率，更谈不上任何创新能力的发展。

三、讲授法与创新：基于学生的先前知识

认知心理学的理论和实证研究都表明，教师指导是提高学生认知主动，帮助学生理解、获取知识的重要手段，从而为提高学生的创新素质打下基础。那么，什么形式以及多少比例的教师指导才是合适的呢？在一些情况中，教师适当的指导加上学生必要的自主探究有助于学生学习，而在另一些情况中教师的直接讲授可能才是学生真正需要的。

讲授法是教师"通过口头语言向学生描绘情境、叙述事实、解释概念、论证原理和阐明规律的教学方法"[12]，简单地说，就是"教师讲、学生听"。作为教师指导的主要形式以及学校教学的主要手段，讲授法经常引起质疑并不断受到批判，把讲授法与创新教学对立起来，认为讲授法就是灌输教学，这其实是对讲授法的一种误解。研究表明，讲授只要运用得当、时机合适，也可以是高效的，甚至是培养学生创新素质必不可少的阶段。

从上面的分析可以得出结论，讲授法与创新并不一定是对立的，在一定条件下讲授法也可以是创新的。创新教学一个很重要的方面就是要把学习新知识与学生的先前知识联系起来，进行有意义学习，而不是死记硬背。在学生具备了必要的先前知识的时候，讲授法只要成功地激活这些先前知识，促进有意义学习，就是有效教学、创新教学。但是，如果学生没有具备必要的先前知识，那么就需要先帮助学生形成这些先前知识，为讲授创造时机。

如何帮助学生准备必要的先前知识，准备什么样的先前知识，从而为之后的讲授发挥作用创造时机，这是改革讲授法一个重要的方向。施瓦茨和马丁（Schwartz and Martin）就此设计了一个经典的教学实验。[13]在他们的实验中，教师希望教会学生怎样使用标准分来比较不同分布中的分数，解决如"有两个学生，他们上不同的生物课，参加不同的测试，其中一个学生的分数是 X，另一个学生的分数是 Y，请问谁在测试中的表现比较好？"这一类的问题。

标准分为原始分与样本平均分之差除以样本的标准差，学习标准分的关键是要理解原始数据的集中性和差异性这两个方面。如图 3 所示，学生被分成 A、B 两组。在 A 组中，教师先给学生提出问题，如"谁打破的世界纪录比原纪录超出最多，是跳高比赛中的约翰或是掷标枪比赛中的麦克？"。然后教师将一年中最佳成绩的原始数据分布提供给学生，要求他们自己找出解决问题的方法。在 B 组中，教师指导学生学习计算标准分的柱状图，以及怎样比较所得到的标准分。两组学生各自有 30 分钟的学习时间。然后教师对每一组的一半学生（A_2 和 B_2）讲授如何计算和比较标准分，另一半学生则没有接受讲授（A_1 和 B_1）。

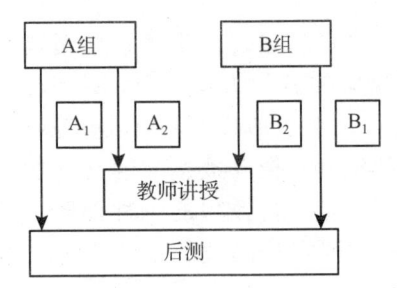

图3 施瓦茨和马丁（2004）的实验设计

在后测中，研究者发现 A_2 组学生的表现显著好于其他三组，而 A_1、B_1、B_2 组学生的表现则没有显著差异。这个结果表明：让学生自己思考、探究问题（A_1）并没有明显好于教师直接讲授解题方法（B_1），但是如果之后进行讲授的话，两组学生的表现就明显不同（A_2 和 B_2）。也就是说，学生先自行探究，对相关知识进行对比分析之后，教师再进行系统讲授（A_2），这种方法能够显著提高教学成效；但是如果把这两个部分单独分开的话（A_1、B_1、B_2），就没有明显的效果。

施瓦茨和马丁的研究表明了"探究+讲授"的方式要优于只有讲授或只有探究的方式。那么，究竟是探究这种形式提高了讲授的成效，抑或是其他原因呢？彭明辉和马飞龙修改了施瓦茨和马丁的设计进一步研究这个问题。[14] 在彭明辉和马飞龙的研究中，教师希望教会学生商品价格变化与供需之间的关系。商品价格的变化与供应成反比，与需求成正比。当供需同时朝一个方向变化时，价格的上升或下降取决于供需变化的相对量。一般来讲，有三种情况。第一，需求的增长（下降）大于供应的增长（下降）时，商品的价格就会上升（下降）；第二，当需求的增长（下降）小于供应的增长（下降）时，商品价格就会上升（下降）；最后，当供需变化量（上升/下降）一样时，价格就会保持不变。因此，学习价格变化与供需关系的关键属性是供需同时变化的相对量。

彭明辉和马飞龙同样把学生分为 A、B 两组。在 A 组中，教师先组织学生小组讨论香港爆发 SARS 期间口罩市场价格与供需变化的四种情境，然后通过时间价格图来描绘价格的变化。为了让学生对比不同时期的价格以及影响它们的因素，教师还使用了不同的例子让学生进行对比。在 B 组中，教师通过讲授的方法介绍新知识。教师还是使用口罩的例子，首先分别介绍供应或需求各自对价格的影响，然后把两者结合起来，使用例子来解释供需同时变化对价格的综合作用。最后，教师向两组学生系统讲授价格与供需之间的关系。

研究者根据后测和延迟后测结果发现，B组学生的表现要显著地好于A组学生。彭明辉和马飞龙研究中的A组相当于施瓦茨和马丁研究中的A_2组，学生先自行探究不同的例子，然后教师再进行系统讲授；B组相当于施瓦茨和马丁研究中的B_2组，学生前后两次接受教师讲授。两个研究得出了不同的结果。

彭明辉和马飞龙的研究与施瓦茨和马丁的研究结果似乎互相矛盾。究竟是彭明辉和马飞龙研究中B组的"讲授+讲授"好，还是施瓦茨和马丁研究中A_2组的"探究+讲授"好？其实仔细分析这两个研究我们可以发现：决定讲授法效果不在于之前的教学形式是探究还是讲授，而在于学生接受讲授之前所具备的先前知识。施瓦茨和马丁研究中的A_2组与彭明辉和马飞龙研究中的B组一个显著的共同点就是，学生在接受教师讲授之前就已经对相关知识点进行了充分的对比分析，或者通过自行对比例子探究解题方法，或者通过教师精心设计的情境，学生已经能够较好地分析和辨别相关的知识点。相比之下，两个研究中其他组的学生或者没有对相关知识点进行充分的对比分析，或者没有接受之后教师系统的讲授，因此对教学目标的掌握都较差。

在学生通过探究或讲授形成了必要的先前知识之后，教师再进行系统的讲授，教学效果就会十分明显。这时候讲授对于学生学习新知识来说是十分必要的，能够显著提高学生的创新素质。因为只是对比分析例子是难以深入理解知识的，学生需要一个理论框架或模式来帮助他们理解在例子对比中的发现，这就是讲授法的作用。通过对比分析不同例子能够为讲授作充分的准备，却无法取代讲授的作用。上述两个实证研究一致表明：时机运用得当的讲授法对于学生的知识和创新能力发展是十分重要的。

因此，改革讲授法应该花大力气研究如何帮助学生在接受讲授之间准备好必要的先前知识。上述的实证研究提供了一种方法：给学生提供不同的例子，让他们进行对比和分析，增加对相关知识点的敏感性和辨别。然而教学活动是一种复杂的行为，许多因素（如动机、环境、认知风格等）都可能影响到教学的有效性。未来研究应进一步探讨其他方法以帮助形成学生必要的先前知识，为讲授创造出时机。

参考文献

［1］UNESCO. Current Challenges in Basic Science Education, 2010. Retrieved from http: //unesdoc. unesco. org/images/0019/001914/191425e. pdf.

［2］Torrance, E. P. Encouraging creativity in the classroom ［M］. Dubuque, Iowa: W. C. Brown Co. , 1970.

［3］Mayesky, M. Creative Activities for Young Children. 10th Edition ［M］. United State: Cengage Learning, 2010.

［4］Robinson, K. Out of our minds: Learning to be creative. 2nd Edition ［M］. United Kingdom: Capstone Publishing Ltd. , 2011.

［5］Dawson, V. L. , D' Andrea, T. , Affinito, R. , & Westby, E. L. Predicting creative behavior: A reexamination of the divergence between traditional and teacher-defined concepts of creativity ［J］. Creativity Research Journal, 1999, 12（1）, 57 – 66. http: //dx. doi. org/10. 1207/s15326934crj1201_7.

［6］［7］Mayer, R. E. Should there be a three-strikes rule against pure discovery learning ［J］. American Psychologist, 2004, 59（1）: 14 – 19.

［8］Schunk, D. H. Learning theories: An educational perspective（4th ed. ）［M］. Upper Saddle River, NJ: Pearson Education, 2004.

［9］Kalyuga, S. , Chandler, P. , &Sweller, J. Levels of expertise and instructional design ［J］. Human Factors, 1998, 40（1）: 1 – 17.

［10］Klahr, D. , & Nigam, M. The equivalence of learning paths in early science instruction: Effects of direct instruction and discovery learning ［J］. Psychological Science, 2004（15）: 661 – 667.

［11］Sweller, J. , & Cooper, G. A. The use of worked examples as a substitute for problem solving in learning algebra ［J］. Cognition and Instruction, 1985（2）: 59 – 89.

［12］丛立新. 讲授法的合理与合法 ［J］. 教育研究, 2008（7）: 64 – 72.

［13］Schwartz, D. L. , & Martin, T. Inventing to prepare for future learning: The hidden efficiency of encouraging original student production in statistics instruction ［J］. Cognition and Instruction, 2004, 22（2）: 129 – 184.

［14］Pang, M. F. , &Ference, M. On the paradox of pedagogy: The relative contribution of teachers and learners to learning. Iskolakultúra Online, 2007（1）: 1 – 29.

筚路蓝缕　以启山林

洪志忠

　　作为一个教育研究者，笔者一直坚信教育之所以成其为教育，在于它不仅需要工业般的巧技速率，更需要农业般的精耕细作。一所学校的成功、一位教师的成熟、一个学生的成长都无法在一朝一夕之际毕其功于一役，无不需要考虑每一个共同体成员的需求、专长和待续之处，正如耕种时对温度、湿度、种源和肥力的权衡。有幸与厦门大学附属科技中学（以下简称科中）结伴一路，目睹了科技创新实验班（以下简称创新班）从朦胧构想到成型展颜的过程，我深切地体会学校、老师为坚守教育理想所付出的心力和奉献。概而言之，教育领导的转型、行微显著的取径、丰富教育的模式为此次的办班实验打下了坚实的铺垫，给人留下了深刻的印象。

　　教育领导的转型。管理和领导最大的区别在于，前者专注于"正确地做事"，后者则静心思量"做正确的事"，前者是"划桨"，后者是"掌舵"。我们无意苛责大多数学校疲于应付纷繁琐碎的上级检查和升学应试的操练，只因环境和制度使然。但众声喧哗的背景下，我们还需要回到教育的原点，追问何为教育中"正确的事"。科中在这方面不断地做着自己的尝试。从最初基于生源质量的考量，到立项申请省级课题"大中学衔接培养创新人才模式研究"，再到与厦门大学教育研究院共建专业合作伙伴关系，一路走来，科中不断开拓着办学的视野，廓清特色教育的理路。在不影响升学教育质量的同时，为学生进入高等教育乃至终身学习打下良好基础，这样的愿景摒弃了非此即彼的二元对立思维，清晰而朴素、现实而可行。立足于此，学校从招生、课程、教学、教师专业发展等方面投入了大量的物力和精力，为创新班办学创造了积极宽松的氛围。尤为可贵的是，科中在专业共同体的建设上走在了同地区学校的前面。在当前的教育改革浪潮中，中学和大学的专业合作逐渐成为一种常态机制。科中在办班的实践中，积极回应了这种趋势，与厦门大学的专业研究机构展开了富有成效的合作。

与此同时，科中积极挖掘校内资源，将教师的参与、建言纳入了实验的议程和框架，从而调动了教师致力教育研究的热情，形成了一套较为灵活完整的机制。可以说，正是在"和谐教育、科技引领"的学校教育哲学的引领下，科中开始寻求着自己的历史定位。

行微见著的取径。在谋求教育领导转型、大处着眼的基础上，创新班的实践探索强调小处着手。改变一个人何其难也，何况是一个班级、一所学校。科中在此次办学实验中，不求面面俱到却又如蜻蜓点水般的低效方式，强调知行结合的行动研究，在理论的指导下，找准切入口，进行深度的挖掘。在这个过程中，"三微模式"逐渐浮出水面，并日渐成型。首先是"微型课程"。传统的课程是以整个学期为单位的。为了课程建设更加机动，科中在开设校本课程时，有意识地以半学期为单位，来进行课时的搭建安排。以"科技创新通识"为例，创新意识、创新技法、创新大赛等内容构成了一个半学期的课程，并给予学生相应的学分。这样在保证课时的前提下，以往各自为政的讲座活动得到了初步的课程化，课程和学分更加的多元和系统。第二是"微型课题"。微型课程的重点在"导"，而不在"教"。学生被激发、累积的灵感主要通过研究性学习的方式得以实施，试图摆脱以往以教师为中心的教学和学习方式。通过小课题的形式，学校为学生进行自主探究提供方法上和资源上的支持，让学生意识到自己是学习的主人，在动手实践中养成研究的基本素养。第三是"微型研究"。课程的开发和实施离不开教师的专业发展，科中将教师的成长作为创新班实验的一个重要保障。在开设微型课程时候，负责的教师要撰写正式的课程纲要；为了让教师更好地进行课题指导工作，学校为教师提供了教学方法上支持；为了让教师诊断自身的专业现状，课堂观察成了一个很好的抓手；同时变异理论结合学科内容的研究，使得教师在提高课堂效率方面更具有针对性。课程纲要、课堂观察、变异理论研究等特点在于紧扣实验班的办学实际，从一个一个问题入手，满足教师专业成长的需求。"三微模式"是一个环环相扣的整体，科中实验正试图"牵一发"，而能起到"动全身"的效果。

丰富教育的模式。应该说，创新班之所以称为"创新班"，一个亮点在于"创新"二字。然而正是创新的复杂性，它在心理学上被视为"遗弃的孤儿"，在教育学上也缺乏成熟的经验。当前培养创新人才种种的做法大概可分为加快模式和丰富模式。前者试图通过"多快好省"的方式，筛选出一部分拔尖的学生，这是大部分国内实验班的常规做法。后者则试图为学生提供更为丰富的学习经验，在有教育意义的事件中启发和引导学生，相对而言更加注重学生长远的发展。科中的本次实验更倾向于后者。具体而言，体现在创新课程体系和导师制两方面。科中的创新课程分为"创智—创意—创行"三大板块。它的提出是基于现实考量和学理依据的。首先结合学校的教育哲学，科中提出了创新人才应该具有"弘毅—善学—敏思—笃行"的品质特征，为此来搭建课程框架。而在这过程中，课中做了两方面的调研工作，一是对学生家长对子女发展现状和预期进行了问卷调查，二是考察了国内（主要是北京、上海等先行地区）对创新人才培养的已有做法。同时，结合创造心理学（代表人物吉尔福特、斯腾伯格、加德纳、阿马拜尔等）和创造教育学（代表人物杜威、陶行知、斯科特等）等学科的相关论述，有针对性提出课程的设计应当考虑到知识和情意两方面的共同发展，并为学生提供操行锻炼的实践机会。因此这样的课程体系有法可依、有迹可循、有理可行。另一方面，科中针对学生德育中，将落脚点置于导师制。导师制分为学术导师和生活导师两类，前者侧重学业辅导，后者侧重思想教育。导师制从导师的遴选、工作方法、资源投入等方面都做了相应的安排和部署，力图让学生在更为丰富的教育情境下，接触更多的人、事、物，从而在德育、智育等方面得到和谐发展。丰富教育模式的若干做法试图摆脱创新人才只重智力发展的陷阱，切合当前社会对创新人才提出的要求。

任何教育变革都是需要道德勇气的。科中迈出的第一步稳当且坚定，体现了教育工作者对自身使命和对教育理想的担当。科中人在教育的沃土上辛勤地耕耘着。在这块土地上有风雨，也会有星晴；有汗水，也会有收获；有疲累，也会有欣悦。

筚路蓝缕，以启山林。

让我们拭目以待。

至少我们学会了测量

——厦门市科技中学创新班学生实践能力培养的实验探索

刘宏兵

人本主义的教育是以尊重学生的主体性和主动精神，注重发掘人的智慧潜能，注重培养人的健全个性为特征的教育。要建立适应学生主动发展的教学模式，必须把创设良好的学习情境、激发学生强烈的探索兴趣、促进学生学会学习作为目标，以课堂参与式研讨、课堂参与实践、甚至学生课堂实践主教师指导为辅的方式，以通过创设教学情境，激发学生学习兴趣，调动所有学生积极参与的意识。

学生学习数学时的参与与实践，说起来似乎颇为简单，参与实践么，就是参与实践。实际上，对于长期在象牙塔里的大部分高中生来说，参与就是看看，实践太遥远，如同天边云、山中雾、水中月、镜中花，看得见，摸不着。对于这些问题，国家课程有了明确的认识。人教版《普通高中数学教材》指出："数学是有用的"、"在生活、生产、科学和技术中……处处都有用场"、"数学是一切科学和技术的基础，是我们思考和解决问题的工具。学习的目的在于应用。"教材编排时努力为学生们提供应用数学知识解决各种数学内外问题的机会。以使同学们"认识数学知识与实际的联系，并学会用数学知识和方法解决一些实际问题。"课本开辟了"观察与猜想""阅读与思考""探究与发现"等拓展性栏目，为同学们提供选学素材。以使同学们通过探究在数学能力、用数学解决问题的能力等方面有所提高。虽然国家一直在提倡实践，在强调创新，也在呼吁德智体美全面发展，但实际上创新是什么，没人说得清。在大多数人的眼中，数学是很抽象的，是老虎，是猎豹，能把人的成绩和信心撕成碎片。在学了三角函数，学了坐标等之后，我们看到这种提问："你上街难道用三角函数买菜么？然后摊贩再找给你一个坐标轴？"数学课上我们学了无数理论，实践与创新却离我们越来越远了，理论无法为生活服务，这是何等的悲哀！

新课程提出了国家课程、地方课程和校本课程三级管理机制，校本课程的出现让我们教师成了课程的开发者。2010 年，我国《国家中长期人才发展规划纲要（2010～2020）》则明确提出在高中阶段"探索发现和培养创新人才的途径"。所以校本课程开发，应着眼于培养学生的创新精神和社会实践能力，有利于学生主体地位的体现。正如美国路易斯安那大学的多尔教授所说：学生不再是知识的被动接受者，而成为课程发展的积极参与者，学生的经验被纳入到形成中的课程体系中，学生个体的探索和体验也就是学生个体的参与实践受到重视。

带着对以上问题的思索，笔者在创新班高中数学必修 5《解三角形》的教学中就"解三角形的实际应用"带领同学们开展了实验教学，进行了一些校本课程的开发探究。力图通过课程的开发与实施，使学生有效找寻、归纳、分析、运用学到的有关理论及相关信息。

实验教学之初，按研究性学习包含的三个阶段，备课组研讨确定了课程安排计划：

（1）进入问题情境阶段：三角形基本定理、测量基本知识、测量技术介绍（8 课时）。

（2）实践体验阶段：测量实践课一（提交测量计划、实地测量；6 课时）。

（3）表达和交流阶段（做测量报告、集中汇报；6 课时）。

具体实施过程如下：

1. 情景引入，激发兴趣

在探究性学习的初始阶段，教师要为学生的探究活动做好充分的准备，如对学生学习经验的了解、学习的材料的准备等。然后，引入要探讨的问题，激发学生的积极性和主动性，引发学生的探究心理。最后要明确探究过程的目的和要求，引导学生做好探究活动的准备。首次课上，我以珠穆朗玛高度的复测引起大家对测绘的关注：生活中，有很多高度或者宽度都不容易直接测量的物体，比如楼房、树、水塔等的高度；河面、楼房等的宽度，直接测量相对比较麻烦，如果我们运用数学和物理知识，间接测量的话，所花的人力、物力等都相对小得多。那应该如何去测量这些事物呢？同学们就这个问题进行了讨论，提出了不同的解决方案，我对同学们的建议进行了评价，然后引出了今天的主题：我们尝试用三角形基本定理进行实地测量，并介绍了实验的目的、方法和基本要求等。随后，同学们自主分组，制定研究计划。

2. 实践体验，自主探究

在这一阶段，笔者认为学生的主要任务是在教师的指导下，运用自己的学习经验，通过自主操作、观察、思考等学习活动，主动寻求解决问题的方法、途径，以期找到问题的答案，并在此过程中获得知识、技能以及情感态度上的提升。这是探究性学习过程中的主要环节，也是学生发现知识的基础。而教师在实践探究阶段的角色是组织者和引导者，对学生的探究活动进行组织，对探究方法、内容等进行指导，及时了解学生的探究情况，肯定学生探究的成效，及时指出存在的问题，保证研究的顺利进行。实验分别在不同的地点进行，同学们以小组为单位进行测量。厦门市测绘与基础地理信息中心的专家与教师合作为同学们讲解了测量仪器的使用方法及注意事项，学生们分工明确，有条不紊的展开测量，测量的数据被及时记录到事先准备好的《测量实践》微型课程测量报告中。当然，测量过程中也遇到了一些困难，如对测量仪器的使用不熟悉，测量的精确性也对同学们提出了很高的要求，虽然测量内容烦琐，但在老师的指导以及同学们的互相配合下，问题也很快得到解决，最终获得了较为精确的数据。

3. 交流互动，反思总结

在交流总结阶段，学生要就探究所获得的知识技能、经验体验进行交流，总结所得到的成果或结论，并对一些似是而非的问题或不甚理解的问题展开深入的讨论并作进一步的探究。另外，还需要让学生根据探索的问题，把初探和交流中获得的知识、结论加以归纳整理，使知识系统化、条理化，这是一个经验提升的过程，是经验转化为知识的重要环节，在这个过程中教师要发挥好主导作用。在这一环节，同学们就测量结果的分析进行了交流，阐述了各自小组的测量方法、步骤。可以发现，同学们虽然都得出了自己的测量结果，但是测量的过程却各有特色，在测量过程中面对的条件不同，所采用的方法也不一样，有小组明确分工，也有小组以轮替的形式操作仪器，过程不同，却各自精彩。最后，大家就三角形基本定理的理解进行了总结，我进行了提炼归纳，使学习结果和内容更为系统。学生们在测量笔记里写道："只要是一名学生，每周至少要看见一次国旗杆，但是多高，恐怕就没多少人知道与深究了"；"当数据出来时，水平距离20.17m，仰角约33.13°，我们更是有种工程技术人员运筹帷幄大将风范。不过光这些是远远不够的，校准、旋钮、观察、调整、设定、发射激光、记录、移动、再发射激光、记录……重复但不枯燥，严谨却不死板，所有这些又让我们感觉自己一个个都是专业的工程师"；"以往只能在课本上看到的东西变成了真实，以往我们只能在作业和考试中看见的题目也变成了真实，不过我们不是在写答案，而是在做题目。概念和公式也不只是概念和公式，是一种生活，是应用，甚至对于专门工作人员来说，是一种态度"……通过这次实验，学生们亲历了知识发现的过程，通过独立探究问题的答案，对知识的印象也会更为深刻，变课堂上的被动接受为情境中的主动探究，他们的收获远不止知识。

通过这次实验探究活动，笔者认识到，数学课程不仅要教会学生知识，更应该培养学生归纳、分析、运用学到的有关理论及相关信息的能力，让学生学会用数学，提高自身的数学素养。随着新课程改革的不断推进，其核心内涵——以学生为主体，培养学生能力，使之成为合格的建设者这一理念，正越来越被广大教育工作者所认同。为了做好测量报告，学生有的到上网搜索样稿，有的主动找老师进行专家访谈，有的耐心进一步细化自己的思维实践过程……学生各显神通，不断涌现新的方法，进而学生的创新意识不断发展，创新能力不断提高。

学生发现问题、解决问题的能力只有通过学生的主体作用的发挥才能实现，教师的作用只能是一个引导者。同时这些能力的培养体现在活动与实践上，通过走出教室，走向现实生活，培养学生去发现、找寻客观存在的问题，或找寻解决问题的途径，或验证我们的设计和推理，此时教师的作用仅是活动的组织者和活动的顾问。而我们实验教学的核心就是把研究性学习的方式引入课堂教学。另外，实践能力的培养是一个渐进的过程，它需要在教师的指导下进行有效训练，作为教师，必须要有学生方可见效。但作为教师必须要有目的地引导学生树立探究学习的观念，传输探究性学习的方法，形成研究性学习的习惯，在探究学习中进行实践能力的培养。我们相信，随着学科教学中的探究性学习的深入开展，教育工作者在教学实践中不断地探索和创新，学生实践能力的培养一定能取得丰硕的成果。

参考文献

[1] 冯新瑞. 研究性学习在学科教学中应用的探讨 [J]. 课程. 教材. 教法, 2002 (05): 11-15.

[2] 王海燕. 浅谈地理校本课程开发与学生能力培养 [J]. 中小学教学研究, 2006 (10): 22.

利用"课堂学习研究"改善物理教学效果的研究

——以《牛顿第三定律》一课的教学为例

林岳川

一、问题的提出

《国家中长期教育改革和发展规划纲要（2010~2020年）》明确提出要"深化教学方法改革"，"提高教师业务素质，增强课堂教学效果"；要求教师根据学生不同的特点因材施教；倡导启发式、探究式教学。党的十八大报告也要求加强教师队伍建设，提高教师业务能力。这就要求研究者加强对课堂教学方法的实证研究，探讨不同教学方法的教学效果，从而为提高教师教学能力，改善教学方法提供直接可靠的依据和指导。

随着教育改革的逐步推进，新课程实施正走向不断深化的关键时期，对教师的要求越来越高，提高教师的专业能力刻不容缓。在我国，最基层的教研制度是校本培训。在一个学校里，教师按照不同的学科组成教研组，同一教研组的教师再根据任教年段的不同成立备课组，每个教研组和备课组分别设立教研组长、备课组长进行组织管理，最终形成了学校、教研组、备课组三级校本教研管理制度。以备课组活动为例，在备课组长的组织下，备课组教师讨论一段时期内的教学进度，学生在这部分教学内容中可能出现的问题，对每节课的教学设计进行集中讨论。这种模式毫无疑问有其成功之处，在集备会议之后，由于对教材的重难点处理、学生的前设知识、应该采用的教学策略甚至课堂的生成性有了全面的考虑，教师在走进课堂之时，对即将发生的绝大部分事件了然于胸并富有解决办法，课堂教学得以顺利进行。然而，我们也应该看到，这种共同备课的背后往往缺乏理论作为背景和指导思想，这也制约了其发挥最大效益。尽管新课改的培训使教师了解了大量的教学理论，但教学理论往往是抽象和非情境化的，我们很少听到教师以理论分析自己的教学行为哪些是有效，哪些是无效，为什么有效或无效，更不要说以理论指导教学设计——跨越理论和实践的鸿沟并不是那么容易的事。我校承担教育部重点课题"大中学衔接培养科技创新人才"以来，在实际的办班教学过程当中，如何将教师丰富的教学经验做出理性的概括，采用什么样的方式帮助教师有效的分析课堂和总结经验成了亟待解决的问题。而中国香港的课堂学习研究为我们提供了一种思路。

二、课堂学习研究概述

受到日本"授业研究"和中国"教研"的启发，由中国香港大学卢敏玲教授领导的研究小组自2000年始采用变易理论作为指导教师进行课堂学习研究的理论基础，开展了一系列以"课堂学习"为落脚点，采用行动研究模式对课堂教与学进行研究的工作。这一套系统而科学的方法已经发展了10年时间，经过300多次的实践，证明是一种有效地教师专业发展活动，能够提升教学效能，从而改善学生学习效果，目前正在香港教育学院的指导下，全面推向香港的中小学。

与日本"授业研究"和中国"教研"的最大区别在于，课堂学习研究以"变易理论"为基础，以"学习内容"作为课堂上联系教师与学生的焦点，强调课堂教学必须关注三个层面的变易（V1、V2、V3）：(1) 学生对所学事物的变易（不同见解）；(2) 教师对何谓适切学习内容的变易（不同见解及处理方式）；(3) 利用"变易"作为指导教学设计的工具。第一个层面的变易强调教师必须从学生的不同理解出发，找出学生的学习难点进行针对性的教学。第二个层面的变易要求教师开展经验交流，建立互相扶持、互相尊重的专业学习社群，使教师看到同一课题的不同处理方法及其导致的不同学习效果。第三个层面的变易着眼于学习内容的处理，打破一般只注重教学形式的惯例，让教师有一个有效的工具分析课堂教学。[1]

经过科学论证和大量实践，香港的课堂学习研究形成了一个颇为科学严谨的流程。整个研究过程可以概括为五个步骤[2]：

第一步：选择研究的课题并初拟学习内容。
第二步：诊断学习困难并确认学习内容及其关键特征。
第三步：教学设计及教学实践。
第四步：检讨学习及教学成效。

第五步：分享成果撰写报告。

由于课堂学习研究采用了行动研究的"计划、行动、反思"的螺旋式循环模式，第五个步骤完成后，所得的反馈将成为下一循环研究的重要参考资料。

在课堂学习研究已有的成果中，最常见的研究方法是采用个案研究真实的描述一个课堂学习研究案例的开展过程。接下来我们以普通高中物理《牛顿第三定律》的教学为例阐述如何开展课堂学习研究。

三、利用课堂学习研究教学"牛顿第三定律"

（一）教学内容的选择及关键属性

牛顿第三定律是高中物理教材必修一第三章"牛顿运动定律"第三节的内容，牛顿三大定律奠定了整个经典力学的基础，前两个定律是对单个物体而言，而在自然界中，物体之间总是互相联系，密不可分的。要全面了解物体的运动规律，就需要研究物体间的相互作用，这也是牛顿第三定律所要揭示的内容。准确地掌握和理解牛顿第三定律有利于学生将受力分析对象从一个物体扩展到多个物体，有利于学生拓宽分析思路和解题范围，有利于学生将牛顿三大定律融合为有机整体。这是一个有价值、看似简单却又不容易教好的学习内容，因此在研究小组以"头脑风暴"方法分享各自教学实践的过程中，它被选定作为此次课堂学习研究的案例。

进入课堂之前，学生通过日常生活中与各种事物的接触，自然而然的以自己的方式理解客观世界，并想当然的以此来看待将要学习的内容。而教师在上课之前，就需要根据自己的教学经验，结合前测和学前访谈，了解学生对学习内容的不同理解（V1），甄测和确认学生学习的难点。为此我们设计了一份前测试卷，试题的来源主要是各省市质检卷和高考试卷中牛顿第三定律的相关试题，甄测范围为高一年级的普通班和创新班。通过试卷的得分统计及对部分学生的访谈，结合备课组教师多年的教学经验，以期确立本节课教学的关键特征。

以第10题为例，如图1所示，在等臂托盘天平两盘中，一盘放着一个质量为 m 的物体，另一盘放着电磁铁和铁块，天平平衡。当电磁铁接通的瞬间，铁块被吸引而离开盘底，则铁块未到达电磁铁而加速上升的过程中，天平右盘会上升还是下降吗？试分析？

图1 电磁平衡测试

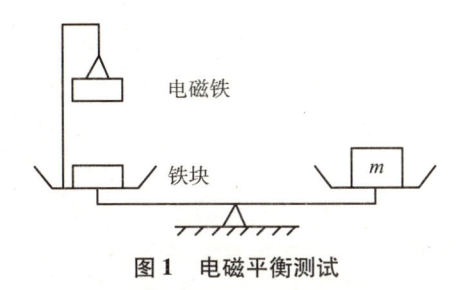

学生在该题的得分基本为0，当然考虑到题目难度这是可以理解的，我们更关注的是学生对此题的认知程度。在前测的时候，此类题目学生被要求将对试题的思路写出来，结合前测后对不同类型学生的访谈，归纳出了三种典型的解题办法：（1）铁块从盘底上升之后即脱离了左侧系统，因此左侧失去一部分质量变轻，右盘下降。（2）铁块从盘底上升后仍然和磁体之间有相互吸引，天平仍平衡。（3）铁块从盘底上升后对电磁铁有向下的拉力且更大，左侧下降右盘上升。

在前测之后的访谈中，还有一类题目学生也出现了学习上的困难，如前测第3题：

汽车拉着拖车在平直的公路上运动，下面的说法正确的是（　　）

A. 汽车能拉着拖车向前是因为汽车对拖车的拉力大于拖车对汽车的拉力。

B. 汽车先对拖车施加拉力，然后才产生拖车对汽车的拉力。

C. 匀速前进时，汽车对拖车的拉力等于拖车向后拉汽车的力；加速前进时，汽车向前拉拖车的力大于拖车向后拉汽车的力。

D. 加速前进时，是因为汽车对拖车的拉力大于地面对拖车的摩擦阻力；汽车加速是因为地面对汽车向前的作用力（牵引力）大于拖车对它的拉力。

在这道试题的访谈中，学生虽然预习了牛顿第三定律的内容后能够得出汽车与拖车之间的相互作用力时刻相同，排除了ABC三个错误的选项，但却不能回答教师进一步的提问："既然这两个力相同，方向相反，那么抵消之后车应该都不动。这个矛盾的原因是什么？"，亦不能正确的回答出D选项和其他三个选项之间的差别。

综合以上两道题目得出，学生在应用牛顿第三定律的时候，与牛顿第二定律在使用对象上出现了混乱：判断物体相互作用力之间关系时使用牛顿第三定律，判断物体运动状态变化问题时则应该使用牛顿第二定律，这就是我们所确定的牛顿第三定律教学的关键特征。

（二）实验设计

此次实验的开展选定了K中高一年级的9个教学平行班和3个创新班，研究小组由四位科任教师、一位学科教学骨干和一位来自大学的研究员组成。我们将12个班分成两组，其中6个普通班按传统教案教学称为传统班，由两位教师开展教学；剩下6个班（含3个创新班）按改进教案教学称为改进班，由其他两位教师开展教学。传统教法教师单独备课，不参与改进教法讨论，但传统班和改进班均采用相同的备课素材，教学课时均为一课时。实验的开展采用了以下五个步骤：

（1）通过前测、访谈或教师讨论等方式确认学生学习有困难的学习内容。

（2）采用纸笔测验或访谈等方式，确定学生的先前知识。

（3）备课和上课，找到学习内容中最有特征的关键点。课题组成员集中在一起，确定学习目标的关键属性，以及具体的授课计划。然后教师在自己的课堂上上课，课题组的其他成员进行观摩。对课堂进行录像，作为以后分析的材料。

（4）讨论并修改教案，其他成员都进行试教。通过课后测试（书面测试或访谈）来了解学生的学习结果。

（5）以文本的形式报告并传播课题研究结果及发现。

（三）被试

参与此次教学改进实验的K中高一学生平均年龄为15.8岁，总人数为526人，女生270人，男生256人，总共12个班。从中考录取及高一上期中考成绩上看，传统班学生与改进班学生物理学习程度几乎没有差异。在初中阶段，学生已经对牛顿三大运动定律有了定性的了解，进入高一之后则进一步深入学习了直线运动公式及牛顿第一、第二两条定律。学生已经能够初步掌握单个物体受力和运动状态变化的关系，并能对相关物理量进行计算。但是他们对物体间的相互作用还处于定性了解的阶段，在实际运用中无法利用牛顿第二定律和牛顿第三定律解决多个物体相互作用情景下的实际问题。同时，由于牛顿第三定律内容相对第二定律简单，教师在应用牛顿运动定律解决力与运动实际问题时，容易忽视牛顿第三定律的应用，往往一句话带过，存在对其地位强调不足的情况。在教师教学主导不足的情况下，学生不免上行下效，即使是学过这条定律的更高年级的学生也存在未能理解它深刻意义的现象。

（四）具体教学过程

1. 课堂学习研究组

在设计改进教案之时，参与集备的教师在如何处理学习内容上便有了不同的意见（V2）。一个典型的忧虑即是当改变已有成熟的教学模式，采用"变易理论"进行指导对教学设计进行改进之后，相对于接受传统教学的学生，改进班学生是否会在知识的掌握和应用上出现落后情况。而最大的忧虑则是如何跨越理论和实践的"鸿沟"进行突破和创新，为此在进行教学研究的过程中，需要专家的参与和指导。一个课堂学习研究小组的成员来自两方面：其一来自一线教师；其二是来自专业机构的研究员，如学科教学专家和课堂学习研究的专家。

综合几次课前集备讨论的结果，改进版的教案与传统教案的最大区别在于创设了一个情境，教学围绕着该情境不断展开，课堂之初即提出了一个问题：

有个农夫把马套上车，准备赶路（图2），有同学就告诉那个农夫："马不可能拉动车的，因为根据牛顿第三定律，马向前拉车的力与车向后拉马的力，是一对相互作用力，大小相等，方向相反，所以两个力相互抵消了，车就不可能前进了。如果车前进了，则说明牛顿第三定律是错误的。"

图2　马拉车

随后的 DIS 演示（图 3）则是以两个仪器分别代表车和马，据此实验结果说明相互作用力的相互性、同时性及同质性等特征。并以牛顿第三定律肯定了故事中同学表述中正确的部分："马向前拉车的力与车向后拉马的力，是一对相互作用力，大小相等，方向相反"。

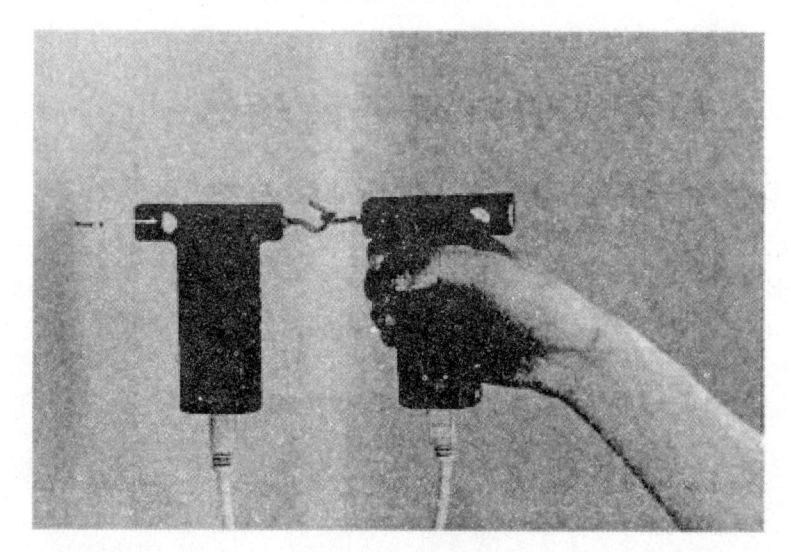

图 3　DIS 演示

但我们可以看出并没有解决为什么车会前进的问题，出现这一现象的原因在于学生没有关注到隐藏在该情境中新事物的特征。变易理论指出，当某一事物的一些特征出现变动，而其他特征维持不变，则变动的特征便会被辨识到。为使辨识的过程能够出现，学生必须感到事物正在变动。教师不能强迫学生审辨，但却可以创造机会，即通过"变易图式"，引起学生对某些特征的关注，从而审辨到该特征，使它们从背景移到前景。基于此，在应用马拉车的情境完成作用力反作用力与平衡力的异同教学之后，与传统教学只是进行问题的讲解和分析不同，改进班对最终解决"所以两个力相互抵消了，车就不可能前进了。如果车前进了，则说明牛顿第三定律是错误的"这个情境采用了如下的变易图式（V3）：

第一个变易范式是：车的重量不变，马拉车的力发生变化。

第二个是马拉车的力不变，车的重量发生变化。

第三个是马拉车的力和车重同时变化。

在以上三个变易中，车的运动状态均经历了静止—加速—匀速—减速四个阶段。通过采用变易理论变易范式中的对比和分离的方法，学生会审辨出关键属性：车的运动状态与车所受的力相关，而不是马与车的作用力反作用力。

为了配合变易图式的使用，教师在学生学案上设计了表1并让学生完成内容的填写。在马拉车这一不变的情境中，教师重点分析第二个变易范式：改变车重使车分别做加速、匀速和减速运动。在每一种运动中，教师引导学生分析不同运动情境中车的受力情况，并同时对比作用力反作用力的关系。通过对表格内容的填写和讨论，学生逐层建构出以下三个结论：
（1）不同运动情境中，作用力反作用力关系未发生变化，而车的受力情况却大不相同。（2）作用力反作用力由于作用在不同物体上无法抵消，也不能作为车运动状态是否变化的判断依据。（3）在判断车的运动状态时应该将注意力聚焦在车受到的力上。通过这一系列经过系统安排的"变"与"不变"，学生很快就审辨出牛顿第二、第三定律在应用对象上的不同之处。

表1　　　　　　　　　三个图式的比较

	马拉车的力车F与车拉马的力F'的大小关系	车的受力情况（画受力图），并写出方向相反的2个力的大小关系	你认为车运动的状态取决于左侧哪一栏
车加速时	$F \underline{\quad=\quad} F'$	$\leftarrow V$　$\uparrow N_1$　$\leftarrow F_合$ $F \leftarrow \square \rightarrow f_1$　a $\downarrow G_1$	车的受力情况
车匀速时	$F \underline{\quad=\quad} F'$	$\leftarrow V$　$\uparrow N_2$　$F_合=0$ $F \leftarrow \square \rightarrow f_2$　$a=0$ $\downarrow G_2$	车的受力情况
车减速时	$F \underline{\quad=\quad} F'$	$\leftarrow V$　$\uparrow N_3$　$\rightarrow F_合$ $F \leftarrow \square \rightarrow f_3$　a $\downarrow G_3$	车的受力情况

2. 传统教学方法组

传统的牛顿第三定律课堂教学重心更多地放在作用力的相互性、同时性，同质性以及相互作用力与平衡力的异同等方面。通过收集牛顿第三定律相关的教学论文和教案，我们所见的传统教学模式大致分为四个阶段：

第一阶段：以学生为主体，教师为学生创设不同的分组实验体验，如一对弹簧秤相互作用，固定于小车上的两个磁铁，以及教师进行的 DIS 演示实验，在此基础上提出牛顿第三定律。

第二阶段：进行阶段分析小结，阐述相互作用力的相互性、同时性，同质性。

第三阶段：再进一步应用其他例子说明相互作用力与平衡力的异同。

第四阶段：最后利用课堂练习进行检测和巩固。

综合对比传统教学和改进教学两种模式，最大的区别有两个：

首先，传统教学创设了大量不同的实例进行教学，学生的思维在不同的情境中跳转。这种教学模式注重不同情境间相通的地方，通过对不同实例的分析帮助学生理解牛顿第三定律的内在属性，但较少涉及这些情境中所包含的其他物理规律。改进班的教学设计始终围绕马拉车的问题情境，而把其他实例的应用留作了课后练习。这种教学模式注重同一情境内不同的地方，使学生经历同一事物的不同方面，进而审辨出牛顿第三定律的关键特征并使之与其他规律区别开来。

其次，传统教学在牛顿第二、三定律应用对象上的区别时采取了经验性的做法，教师在实际课堂中虽然也应用了马拉车的实例组织学生进行讨论，但未能有意识的采取改进班的"变易图式"，只是简单指出了问题的答案。改进班则注重使用变易范式系统地安排力的变化，如让马的拉力保持不变，通过车上货物重量变化改变车所受的摩擦力，使车处于不同的运动状态进行分析。通过这一系列变与不变的关系使学生深刻理解所学习内容的关键特征。

（五）测试材料

测试材料试题组成主要来源于各省市往年的高考试题。试卷由 5 道选择题，5 道简答题组成，选择题为单选题每题 2 分，简答题每题 3 分，试卷满分为 25 分。选择题部分主要考察了平衡力与作用力反作用力的区别，相互作用力关系，两个物体情境下运动状态变化原因辨析，三个物体情境下相互作用力施力物体的确定等四个方面的内容。

简答题部分则主要在相互作用情境中，物体在不同运动状态下受力分析及比较，这一部分题目需要学生能够恰当的区分牛顿第三定律和牛顿第二定律的使用对象。在前后测过程中，学生即使无法完整准确的答题也会被要求写出思路，对应的评分标准则根据学生的理解层次进行设置。如本文一开始提到的第 10 题：学生能判断出铁块虽然上升离开左盘，但并不是从左盘系统中消失，仍然与左盘上的电磁铁存在相互作用从而影响左盘升降得 1 分。如能进一步用牛顿第二定律判断出铁块加速上升时受到电磁铁的作用力大于铁块重力得 2 分，能够应用牛顿第三定律对比铁块上升之前对左盘的压力与铁块对电磁铁的反作用力大小关系得 3 分。

四、结果

课堂学习组和传统组在前测上的表现没有显著差异（$p > 0.05$）。表 2 归纳了课堂学习研究组和传统组在后测每道题目和总分上的差别。从表可见，除了第 6 题之外，课堂学习组的得分都要高于传统组。独立样本 T 检验显示，课堂学习组在每道题目（不包括第 6 题）上的得分以及总分都显著好于传统组（$ps < 0.01$）。这表明课堂学习组的教学方法更能明显促进学生学习。

表 2　　课堂学习研究组与传统教法组后测的平均分和标准差

题目	课堂学习研究组	传统组
1	1.78（0.70）	0.96（1.00）
2	1.62（0.78）	1.45（0.90）
3	1.72（0.70）	1.45（0.90）
4	1.99（1.32）	1.76（0.65）
5	1.74（0.67）	1.30（0.96）
6	1.47（1.10）	1.49（0.84）
7	2.37（1.06）	1.56（1.01）
8	2.30（0.95）	2.08（1.05）
9	1.83（1.20）	1.52（1.19）
10	1.67（1.24）	0.66（1.11）
总分	18.44（4.14）	14.23（4.23）

五、讨论与建议

由此可见，如果我们希望学习者能发展出对一个现象的特定理解，学习者必须以特定的方法经历这个现象。物理规律总是隐藏在现象背后，要从纷繁复杂的现象中得出物理规律，学习者不仅需要能够留意到规律本身特定的关键特征，还必须能够同步的审辨到这些关键特征，这些关键特征之间的关系以及它们与整体的关系！学生在高中物理学习上出现困难，很多时候并非是他们能力不足，而是因为他们未能辨识到事物的关键特征，又或是因为他们未能经验恰当的变易范式，以助他们体验到事物的关键特征。学生必须经验"变易"才能辨识这些关键特征及其意义。本节课的教学成功之处，在于教师让学生发现、经历、明白马拉车这一现象，引导学生注意其中涉及的物理定律，采用"变易"的方法帮助学生审辨牛顿第三定律的关键特征，深刻理解牛顿第二、第三定律在应用对象上面的区别，从而最终实现课堂教学目标。在这节公开课后的交流会上，一位未参加研究的老师说："以前听了不少牛顿第三定律的公开课，没有这样的授课法，这节课设计得很好、有创新也很有突破，我对这个内容的教学有了新的认识和理解。"

当然，在应用变易理论指导课堂教学取得良好成绩的同时，我们也必须看到：教学是一门艺术，而非一种纯技术性的活动，就算掌握了关键特征及变易图式，也不一定能达到预期的学习成果。变易理论只是优化教与学的一个必要非充分条件，它必须和很多其他因素配合，才能发挥最大力量。但在这种以"课堂学习研究"来命名的行动研究中，每一位参与的教学人员、研究人员及学生都在进行学习活动：学生学习学科知识，教师学习学科教学知识，研究者学习如何协助教师发展学科教学知识[3]。它有别于其他研究方法的最大特色是教师既是教学者也是研究者，与专家学者或组织中成员共同合作，将问题发展成研究主题，在不断检证反思中建构学科教学知识，从而最终促进教师专业发展和新课改的顺利进行。

参考文献

[1] 卢敏玲. "课堂学习研究"对香港教育的影响 [J]. 开放教育研究，2005，6，11（3）：84-85.

[2] 李树英，高宝玉. 课堂学习研究实践手册 [M]. 合肥：安徽教育出版社，2011：45-47.

[3] 郑宝强. 课堂学习研究与教师专业发展 [M]. 合肥：安徽教育出版社，2011：39.

创新班大中学衔接校本课程建设实践与反思

林岳川

我校自 1999 年开始探索校本课程开发与管理以来，经过不断地丰富和发展，形成了富有科技特色的校本课程体系。2013 年起我校承担了教育部重点课题"大中学衔接培养科技创新人才"的研究工作，如何在原有的基础上，依据国家、省、市教育发展规划纲要的精神和新时期社会、学校和学生的需求，完善校本课程，建构新的课程方案，不断创新开发模式从而建设适合创新人才培养的校本课程体系，就成了研究的重要内容之一。

一、科学规划

创新人才培养项目开展之初，我校便建立了相应的校本课程开发领导及工作小组。小组的成员主要包括学校校长、厦门大学教育研究院专家、学校相关职能部门中层领导、骨干教师以及学生及家长的代表、社会人士代表等。通过项目建议会的形式，校本课程开发小组从学校教育哲学、学生和家长需求、课程资源优势、创新人才培养等四个方面进行了积极的思考和探索。

1. 明晰学校教育哲学：确立校本课程开发指导理念

我校建校于 1994 年，是厦门市政府与厦门大学联合创办的一所旨在培养科技后备人才、为高校输送高质量生源的特色学校，经过十年的奋斗，2004 年被确定为省一级达标学校，2009 年进一步与厦大签约并被授牌为厦门大学的附属中学。学校校名由诺贝尔奖获得者杨振宁博士题写，中国科学院院士、著名科学家蔡启瑞教授为学校的名誉校长。

2004 年建校十周年之际，我校尝试提出"爱国、敬业、求实、创新"的"科中警训"，要求教师教风"严谨、务实、进取、奉献"，在教师中树立"以人为本"的教育价值观、"承认个性差异"的教育人才观和"全面发展"的教育质量观。在学生中营造爱校成材的意识，鼓励学生"勤学、乐学、活学、博学"。2009年建校十五周年及被授牌为厦大附中时，我校根据学校发展，进一步凝练学校教育哲学，提出了"科技引领，和谐发展"的办学理念。其具体内涵为学校突出科技特色，从科技教育入手，充分发挥大学附中的办学优势，以大中衔接为突破口，为学生、教师的和谐发展提供优良的环境，成为真正意义上的创新型学校。通过对办学近20年历史的回望与反思，学校教育哲学得到了进一步的明晰，也为校本课程规划提供了明确的指导思想。

2. 评估并澄清各方需求：为校本课程开发提供前提依据

对创新班家长的问卷调查发现，有81.3%认为应该培养孩子的创新能力，52.1%认为应该拓展知识面，而为了让孩子考上重点大学占50%。另外值得注意的是有93.7%的家长表示支持我校在创新班开展校本课程活动，其中愿意让学生每周花2~4课时在校本课程的家长占68.7%，剩下的家长则赞成开设更多课时的课程。同时我们也对学生的课程需求进行了调研，结果显示：创新的思维与能力、坚强的意志与毅力、应对考试的能力、良好的心态、未来求职能力依次成为学生通过课程最想获得发展的五个能力方向。

通过数据的分析和对来自于学生、家长和社会人士的访谈，我们可以发现随着社会经济的发展，家长和学生们已经不仅仅单纯满足于追求分数，他们更多地关注于人成长过程中所需要的知识能力素养和意志品质。我们在构建校本课程体系时就必须对此作出回应，把这些需求作为重要的参照和依据。

3. 立足学校现有优势：整合各方资源为课程开发提供保障

在办学历程中，我校形成了一批富有校本课程开发实践经验的教师团队，教师具有较新的教育教学理念和开放积极的心态，课程开发的制度和硬件平台较为完备。成为厦门大学附属中学以后，我校能够最大限度利用厦门大学师资及图书馆、实验室等教学资源办学，具有丰富的学术资源。同时由于处于岛内东南沿海罕见的文教区，我校与海洋三所、厦门市海洋渔业局等机构有着长期密切的合作，海洋意识教育逐渐成为我校科技教育的亮点之一。另外厦门市财政对教育经费的投入以及省教育厅和厦门市教育局对我校教育改革试点项目的重视，都为我校开展大中衔接培养科技创新人才模式研究提供了有力的经费和政策保障。

4. 梳理相关理论和实践：为校本课程构建提供支撑和借鉴

在来自厦门大学教育研究院专家团队的带领下，我校创新班项目课题组对创新人才培养的国内外理论进行了梳理，如吉尔福特和斯腾伯格对创造性人格的论述，陶行知的创造教育思想，以及国内权威林崇德教授在创新人才研究方面的成果等。同时赴北京上海等地考察了国内高中阶段创新人才培养的实践情况，形成多份调查报告。深入的理论研究，为我校创新人才培养的校本课程框架构建提供了坚实的理论基础，而相应的实践调研则为我校建设有本校特色的校本课程体系提供了有益的借鉴经验。

基于以上四点的思考和研究，我校明晰了校本课程开发的原理，理顺了校本课程开发的思路，凝练出创新班办班的理念，构建出围绕以培养学生"弘毅、善学、敏思、笃行"品质为目标的"三创"课程体系和"三微"实施模式。

二、体系构建

培养目标是课程建设的方向，课程的建设需要紧密围绕培养目标来实施。创新能力培养的起点是发现问题的能力，知识探究是创新人才培养的基础，能力建设是创新人才培养的核心，而人格养成是创新人才培养的根本。在为创新人才的成长奠基的目标引领下，校本课程的建设应该培养学生具有高度的社会责任感，宽宏坚毅的品质，善于学习，勤于思考，勇于创新，并能努力践履所学，真正做到知行合一。根据这一目标，我校构建了"创知、创意、创行"的"三创"校本课程体系，从知识、意志品质、动手实践等三方面培养学生创新能力。

1. 创知类课程

创知类课程是为拓宽学生的知识面而设置的课程，目的在于启发学生的兴趣，让学生形成梦想，并朝向梦想努力。主要包括国家基础课程科目延伸、文学哲学通识类课程、自然科学科普类课程。

国家基础课程科目延伸指的是对普通高中国家课程教学涉及的知识点适当进行前沿扩展、深度挖掘及加强与生活实际的联系性。科学哲学类通识课程和自然科学科普类课程则是对学生进行西方科学哲学与中国国学传统相结合的教育，既培养学生具备较高的科学素养，也同时能够很好继承国家传统文化中的精华。

通过"创知"课程，可以确保学生掌握创新人才必备的知识基础，形成良好的知识结构，为创新提供支点。

2. 创意类课程

创意类课程是为培养学生出众意志品质而设置的课程，目的在于使学生具有高度的自觉性独立性，成为情感健康，意志坚强并具有良好行为习惯的人。主要包括生涯规划、心理教育和团体活动课程。

生涯规划课程贯穿于学生在高中学习的三年，帮助学生通过阶段性的对照反思逐渐理清自己的发展之路，使其受内在动机的驱动树立个人可持续性发展目标。心理教育课程则是帮助学生能够悦纳自己，培养学生积极的个性意识倾向，不断克服成长过程的障碍。团体活动课程主要包括了素质拓展类和班集体活动，通过让学生在集体交往中培养与人合作、责任意识，锻炼人际交往能力等。

通过"创意"课程，可以培养学生具备创新人才必备的意志品质，形成良好和谐的人格，为创新打开广泛的生命视野。

3. 创行类课程

创行类课程是为培养学生实践能力而设置的课程，目的在于丰富学生的学习经历，锻炼学生动手能力，培养学生科研精神。这类课程不局限于课堂，主要包括参与高校课题研究活动、开发创意项目、科研实地考察、社会实践体验、到国内外高校访学游学等活动。

在"创行"类课程中，科研实践活动是创新班专门组织的有别于其他班级的特色性活动，以培养学生的创新精神为目的，与研究性课程相配合，共同深化学生的科研经历。综合来看，科研实践活动主要包括日常科技综合活动、高校科学实践两种形式。日常科技综合活动包括校内外的各类科技活动、科技竞赛、科研场所参观体验等。而高校科学实践活动则是让学生加入到大学实验室，实际参与大学开展的科研课题项目，此类活动旨在唤醒学生科研意识，通过与科研环境的亲密接触让学生揭开科研的"神秘面纱"，感受到实实在在的科研过程，对于激发学生的内在探究欲有着深远的影响。

创行类课程的开展旨在开拓学生的科学视野，增加学生对科技的好奇心和求知欲，同时提高学生的科学思维能力、观察能力、实践能力等综合科学素质。

"三创"课程体系适度平衡基础教育与创新教育，既注重搭建学生宽厚的学科基础，保证国家课程的学习质量，又尊重创新人才的成长规律，有效的结合高考学科内容、未来高校学习内容和学生兴趣爱好设置丰富的创新人才培养课程。在这个课程体系中，创新能力的培养贯穿于各类课程，"创知"课程从创新活动的元认知、思维能力层面为学生夯实创新基础，"创意"、"创行"课程从兴趣培养、经验积累、实际操作等层面为学生形成创新素养提供学习经历，各类课程从功能上多维交叉、共同"发力"，全面推进创新人才的培养。

三、合作实施

我国内地的中小学教育与高等教育之间长期以来处于隔绝状态，高等教育将自己置于"高高在上"的地位上，居高临下地对中小学进行指导；而中小学则认为这种指导脱离了中小学的实践，因而也较少主动地去寻求高等教育机构的支持。虽然当前中小学教育科研活动的兴起使得中小学与高等教育机构的联系有一所加强，但实质上的隔绝状态依然没有改变。这种状态对校本课程开发实践的推行是十分不利的。我们认为，校本课程开发的推广需要中小学与高等教育进行紧密的合作，从而获得来自于高等教育机构中的课程专家在课程开发上的直接支持和帮助，同时也借助于高等教育机构的资源来实现教师的培训和提高。这也要求高等教育不能将校本课程视为中小学的事而置身事外，相反应直接介入校本课程的开发，并在教师的培养和培训上发挥积极的作用。为此在校本课程实施上，我校采用了"三微"模式，即微型课程、微型课题和微型研究。

1. 微型课程

传统的课程教学是以整个学期为单位的。为了教学安排更加机动，我校在开设"创知"、"创意"类校本课程时，有意识地以一至两个月为单位，来进行课时的搭建。这些短小的校本课程即为"微型课程"，由主题相关的发展性、提高性的教育内容组合而成，一般每周两课时，授课师资不局限于本校，而以厦大教师为主。以"高中生涯发展指导"课程为例，该课程由厦门大学负责生涯规划课的老师和我校心理教师共同合作开发，根据学生在不同发展阶段和需求，分别在高一开设6个课时，高二开设8个课时，高三开设6个课时。学生在每一阶段课程结束后，撰写个人生涯发展报告，同时反馈课程评价，教师根据学生评价和自我评价对课程形式和内容进行相应调整。每一门校本课程的开发团队既包括了大学教师，也包括了中学相关学科的骨干教师，二者之间互为补充，共同合作，保证了课程的科学性和针对性。

2. 微型课题

微型课题的重点在"导",而不在"教"。学生被激发、累积的灵感主要通过研究性学习的方式得以实施,试图摆脱以往以教师为中心的教学和学习方式。"创行"课程主要通过小课题的形式,学校为学生进行自主探究提供方法上和资源上的支持,让学生意识到自己是学习的主人,在动手实践中养成研究的基本素养。微型课题的开展有赖于厦大资源的支持,不仅在课题的开发上由我校与厦大联合设置符合学生兴趣和能力、领域和类型多样的学习课题,在课题的实施上也可借助厦大教师的指导和实验室来完成课题研究。如"航空模型制作"课题,学生既要在中学专门教师指导下学习最基础的木质模型制作,也要在厦大航空系教师指导下参与大学相关实践活动。

3. 微型研究

教学的改革离不开我校教师的专业发展,我校视教师的成长为创新班实验的重要保障。为此我校特意邀请厦大课程专家和教学专家,组成教师成长指导团队,为创新班教师开展专业培训,力图使他们善于发现教学中的实际问题,从细处入手独立开展"微型研究",提升创新教育教学水平。教师专业发展的主要内容为:在开设微型课程的过程中,负责教师要撰写正式的课程纲要;为了让教师更好地进行课题指导工作,学校为教师提供了科研方法的指导;为了让教师诊断自身的专业现状,课堂观察成为了一个很好的抓手;同时变易理论结合学科课堂教学的研究,使得教师在提高课堂效率方面更具有针对性。以课程纲要、课堂观察、变易理论指导下的课堂学习研究为主要内容的教师专业培训,紧扣创新班的办学实际,从一个一个问题入手,满足教师专业成长的需求,也为校本课程开发建设提供了最有力的保障。

四、反思展望

我校在创新人才培养的大中衔接校本课程建设过程中,在不断地探索和研究过程中基本形成了"三创"课程体系和"三微"实践模式,取得了一定的成绩。但同时随着开发建设的深入,新的问题也不断凸显:

1. 缺乏专门的研究和管理机构

目前我校的校本课程建设领导者均为兼任,由于受其他工作冲击和职权限制,校本课程的管理和研究呈现分散、脉冲和部分无序的特征,课程建设进度也相对缓慢。而全面的规划和推进课程实施是一项专业性强、涉及面广的工作，特别是以"大中衔接"为特色的校本课程体系建设，如何沟通大、中学相关职能处室，如何指导并协调中学教师、大学教师和科研机构人员等共同进行课程的开发、实施和评价是其中的关键内容和主要困难。因此，现阶段的校本课程建设需要学校管理体制进一步的理顺和改进。

2. 校本课程教材的编写

在大中衔接校本课程体系中，不同领域的课程纲要已具雏形并不断地被丰富和完善。但围绕同一主题而开设的课程由于授课教师众多，如何将其课程内容进行统整以形成该门课程的授课教材也是目前遇到的一个问题。特别是大学和科研机构派出的部分授课教师，其授课内容涉及目前自身或者他人在研的课题，授课材料如图片、数据等或多或少存在知识产权方面的顾虑。我校的校本课程材料不少是以 PPT 的形式呈现并有部分的缺漏，因此，以什么样的形式和手段呈现校本课程需要进一步的探讨。

3. 大学先修课程的探索

国外实践经验以及有关研究充分表明，大学先修课程可以较好地解决中学教育和大学教育的衔接问题。国内部分中学和高校试行了"中国大学先修课程"，学生的选修成绩将成为高校自主选拔录取综合评价体系的重要依据并可在录取后减免相应的大学课程学分，免修相应课程。我校大中衔接校本课程体系的设计思路是加快模式和丰富模式的兼顾，加快模式主要是以学科为中心，丰富模式主要是以经验为中心。大学先修课程有利于进一步丰富学生的学习经验，促进学生创造力的发展，符合我校校本课程建设的总体思路。目前，厦门高校在这方面的进展有待突破，需要中学教育自下而上的提出述求，争取各方面的配合。

应用课堂学习研究：提高文学作品鉴赏能力

黄 芳

进入 21 世纪，课堂学习的改革已成为教育改革至关重要的一环。《国家中长期教育改革和发展规划纲要》（2010 - 2020 年）中指出："要树立以提高质量为核心的教育发展观，注重教育内涵发展。"实现提高教育质量为核心的教育发展观的根本途径就是改善教学方法，进而提升课堂学习效率，因此如何改善教学方法成了问题的关键所在。在现实的教学中，一线教师需要一套系统的方法，指导他们有效地解释、设计课堂，"课堂学习研究"应运而生。课堂学习研究就是针对学习内容，以变易学习理论为基础，运用行动研究的模式，聚合教师、教育研究员的集体智慧，解决学生的学习困难，以帮助每个学生学得更好[1]。本文试图以课堂学习研究为出发点，对语文学习尤其是对文学作品阅读鉴赏能力的提升进行研究。

一、课堂学习研究的发展概况

我国香港的课堂学习研究于 2000 年开始发展，它的主要特色是由瑞典的教育心理学专家马飞龙以变易学习理论为基础发展出的研究框架，其关注点在于如何设计适当的学习经验，来帮助学生掌握学习内容。以卢敏玲为首的研究团队将课堂学习的理论与实践方法逐步完善与系统化，并将这种模式命名为课堂学习研究[2]。

香港的彭明辉副教授（2009）对一所使用英文进行教学的香港小学进行的课堂学习研究进行了案例分析，负责研究的是该小学的一个教师。研

---

[1] 卢敏玲. "课堂学习研究"对香港教育的影响 [J]. 开放教育研究, 2005 (03)：84 - 89.
[2] 李树英, 高宝玉. 课堂学习研究的国际展望 [J]. 全球教育展望, 2007 (01)：52 - 56.

究在四年级的四个班中进行，其中两个班属于课堂学习研究组，另外两个班则属于对比组。分析结果表明，与对比组相比，基于变易理论改善学生的数学理解是十分有效的。变易理论在促进学生学习上似乎是一种有力的教学工具[1]。香港的陈颖欣，李树英（2009）凭借课堂学习研究这个平台与香港教育学院协作在初中三年级进行了一次有关朗读教学的研究。研究由诊断学生朗读中的困难开始，继而找出学习内容及关键特征，并运用变易学习理论设计教学。三个循环的课堂实践不但让学生普遍掌握了朗读的技巧，而且让教师认识到学生学习成果与课堂教学的关系，从而促进了教师的专业发展[2]。

综上所述，关于课堂学习研究我们可以得出以下结论：（1）课堂学习研究有利于提升学生的学习效果和促进教师的专业发展，对此中国香港地区关于课堂学习的研究已经形成了一整套有系统的程序和实践模式，但是内地对于有关课堂学习的实证研究比较缺乏；（2）研究内容多集中于数学、英语等学科，对于具有丰富的人文内涵和实践性很强的语文学科，尤其是文学作品鉴赏的研究较少；（3）无论是香港还是内地地区，课堂学习的研究对象多是初中生和小学生。

近年来，大陆地区的一些理论研究者和一线教师也在致力于课堂学习研究的实践和推广。厦门大学教育研究院的郭建鹏副教授，在香港大学获得博士学位，期间受到马飞龙和彭明辉两位专家的悉心指导，对变易理论和课堂学习研究有着深入系统的研究。[3] 在他的指导下，借鉴香港课堂研究成功的经验，厦大附属科技中学高一、高二年段的教师进行了以创新班为试点的课堂学习研究的实践。以厦大附属科技中学高一创新班学生为研究

---

[1] 彭明辉. 用课堂学习研究促进学生学习——一个基于变易理论的案例 [J]. 人民教育, 2009（09）：41-45.

[2] 陈颖欣，李树英. 以课堂学习研究为平台改进朗读教学的个案分析 [J]. 江苏教育研究, 2009（13）：17-23.

[3] Guo, J. P., Pang, M. F., Yang, L. Y., & Ding, Y.. Learning from comparing multiple examples: On the dilemma of "similar" or "different". Educational Psychology Review, 2012, 24 (2): 251-269.

Guo, J. P., Yang, L. Y., & Ding, Y.. Effects of example variability and prior knowledge in how students learn to solve equations. European Journal of Psychology of Educational, 2014, 29, 21-42.

Guo, J. P., & Pang, M. F.. Learning a mathematical concept from comparing examples: The importance of variation and prior knowledge. European Journal of Psychology of Education, 2011, 26 (4), 495-525.

对象,以语文学科人教版普通高中课程标准实验教科书语文必修三中的《林黛玉进贾府》为案例进行的课堂学习研究,是其中的重要组成部分。

二、课堂学习研究的理论基础:变易理论

中国香港的课堂学习研究是参考了中国(国内)的教研活动、日本的授业研究这些模式发展而来的①。虽然同是以改善教与学为目标,但课堂学习研究跟"授业研究"的最大区别在于,课堂学习研究是以"变易学习理论"为基础,其关注点在于如何设计适当的学习经验,来帮助学生掌握学习内容②。

在介绍变易学习理论时有几个重要概念需要重点掌握:

1. "关键特征"(属性)

因应处理事情的目的(或理解事物的深入程度),能让我们更好地完成目的(或理解事物)的关键地方,我们称之为"关键特征"(即 Critical Feature,我们要掌握的关键是什么,有时又称为"关键属性",即 Critical Aspect)。[1]

2. "学习内容"

在课堂学习研究过程的不同阶段,学习内容的内涵有以下三种:(1)预期的学习内容;(2)实践出来的学习内容;(3)体验到的学习内容。[2]

3. "审辨与变易"(Discernment and Variation)

学生必须经验"变易",才能辨识这些关键特征及其意义。针对某项期望学生可以关注到的特征,创设"变易图式",也就是通过"变"与"不变"的组合,让学生聚焦到某项特征(关键特征)上面。[3]

课堂学习研究的基本流程及理论架构之运用如图 1 所示③。

在整个课堂学习研究的过程中,教师几乎都是围绕着学习内容和相对应的关键特征来开展各个环节的研究。教师的任务就是尽量让学生聚焦于预期学习内容的关键特征,让他们体验到最有价值的学习内容,而运用"变易"作为课堂设计的指导原则,是一个有效的方法。这也是本研究的主要研究框架和思路。

---

① 李树英,高宝玉. 课堂学习研究的国际展望 [J]. 全球教育展望,2007 (01):52-56.
② 谢明辉. 香港"课堂学习研究"介绍 [J]. 思想理论教育,2009 (14):96.
③ 李树英,高宝玉. 课堂学习研究实践手册 [M]. 合肥:安徽教育出版社,2011:17.

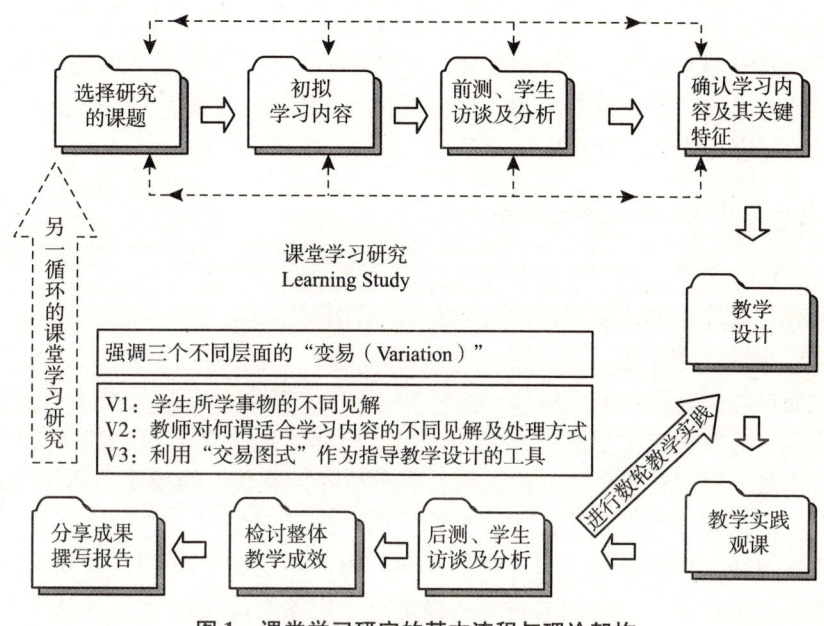

图1 课堂学习研究的基本流程与理论架构

三、课堂学习研究的案例分析

文学作品的阅读赏析，与散发出理性美的数理化等学科不同，文学作品的阅读赏析主要是心与心的交流，因此其教与学的过程，主要体现出来的是一种感性美。理性审美过程与感性审美过程最大的不同在于前者的精确性，可重复性，而感性审美过程因人而异，"有一万个读者，就有一万个哈姆莱特"，因此我们可以说它具有很大的模糊性与差异性。但是文学作品审美的这些特性，并不意味着阅读和教学就没有方法可循。在多年的教学实践中，我们发现学生在文学阅读中普遍存在着两个难题，一是难以透过看似烦琐的描写把握文章的中心主旨，往往是只见树木，不见森林，从哲学上来就是难以透过现象把握本质；二是在阅读中不能够充分体会到文学辞藻的优美及作者的匠心所在。而这两点在文学鉴赏中极为重要的，因此在与其他研究人员经过严格的思考和商讨之后，选取了名家著作《红楼梦》中的《林黛玉进贾府》为案例，尝试运用变易异理论指导设计教学过程，进而帮助学生在学习过程中提升文学鉴赏能力。

本研究以厦门大学附属中学高一年级创新班的学生为研究对象，本研究的负责人是一位有着丰富教学经验的语文教师,郭博士对我们进行了课堂学习研究的理论指导。研究过程包括检视学生学习难点及教师施教难点、确定学习内容、设计教学内容、课堂实践,分析检讨学与教的效能。具体来讲,研究分为以下几个阶段:

(一) 前测:诊断学生的学习难点

在这一阶段,该教师主要通过集体备课与同行教师讨论,初步确定学习内容、设计并进行前测以检视学生学习的难点。

1. 确定学习内容

通过与同行教师讨论后发现,学生在阅读方面,尤其是对于有深度、有内涵、需要一定文学素养才能品味出其内涵美的文学名著的鉴赏方面存在着困难。原因在于,一方面古典名著所写内容离学生的现实生活比较远,所以有些内容理解得不够透彻;另一方面一部分学生对古典白话文的表达方式不习惯,从而存在字面理解的障碍,因此在这方面特别需要老师在阅读方法上进行指点。因此本研究选择了有一定鉴赏难度的课文《林黛玉进贾府》为本次研究的内容。

2. 教师初步设计出本课的教学重点与难点

通过备课组的集体备课,我们把教学重点与难点拟定为:(1) 训练学生通过揣摩人物语言、动作及细节描写把握人物性格的能力;(2) 掌握《红楼梦》人物语言含蓄美的特点。但是教师所认为的教学重点和难点是不是就真的是学生在理解过程中所认为的重点和难点呢?

3. 通过前测检视学生对教师所拟定的重、难点的理解程度及其阅读困难所在

由于班级学生人数较多,而且学生的阅读能力水平参差不齐,故采用易于实施的开放式问卷形式进行前测调查。前测问卷内容如下:

(1) 请你概括出以下人物的性格,并说出依据。

贾宝玉＿＿＿＿＿＿＿＿＿＿＿＿＿＿＿＿＿＿＿

林黛玉＿＿＿＿＿＿＿＿＿＿＿＿＿＿＿＿＿＿＿

王熙凤＿＿＿＿＿＿＿＿＿＿＿＿＿＿＿＿＿＿＿

(2) 文中有哪些内容你不理解或有疑问,请列举出来。

＿＿＿＿＿＿＿＿＿＿＿＿＿＿＿＿＿＿＿＿＿＿＿＿＿＿＿＿

（二）利用调查结果确定学习内容及关键特征

通过搜集并分析学生的回答，我们发现对于教师所设定的重点和难点（见表1），大多数学生通过预习基本上都能掌握（对第一题的回答），反而不少学生对文中大量的环境、建筑的空间布局、室内陈设的描写存在着较多的疑问（对第二题的回答），他们不了解作者耗费笔墨于此的意图所在。根据前测结果，我们将第一课时的学习内容调整为：通过看似枯燥无趣的环境描写，读出文中建筑空间布局、室内物品陈设对人物性格、贾府地位、文章主题所起的烘托作用。

表1　　　　　　　　　阅读的重点和难点

学习内容	外部空间环境描写对文学作品所起的作用
关键特征	1. 透过外部空间布局、室内物品陈设的描写能够体会出人物活动的整体环境及贾府所处的地位
	2. 外部空间布局、室内物品陈设的描写对生活在其中人物以及贾府最终命运所起的作用

（三）运用变易图式设计教学并进行教学实践

确立了学习内容及关键特征以后，教师运用变易学习理论进行教学设计，协助学生审辨关键特征、掌握学习内容。本次教学设计分为两个课时，第一课围绕贾府的外部空间布局进行。首先让同学们找出并细读有关繁华街市、大石狮子、兽头大门、匾及匾上文字、内部院落重叠之正门、仪门、垂花门、游廊、影壁，以及荣禧堂里的对联、摆设等语句语段。并让同学们思考：贾府的外部空间、建筑布局及室内陈设备有何特点，再进一步设想，如果没有这些描写，你能想象出贾府是怎样的高贵奢华吗？此教学环节的目的是引导学生借此审辨出京城的繁华、贾府地位的非同寻常。然后进一步迁移，老师展示一幅故宫太和殿皇帝宝座的图片，请同学展开联想，如果没有龙椅后面那一尊高大、金碧辉煌、精雕细刻的屏风，皇帝坐在2373平方米的太和殿中，会是什么样的情形呢？设计这一教学环节的目的是让学生通过比较两种不同的情形审辨出外部环境描写对对表现生活在其中人物的烘托作用。

表2简要说明了教学设计运用到的"变易"，哪些地方是"变"的，

哪些地方是"不变的";而通过特定的"变"与"不变",学生能审辨出些什么?获得哪些能力?

表2　　　　　　　　　　教学设计运用中的变易

教学环节	变	不变	审辨
请学生阅读关于繁华街市、空间摆设的内容	有/没有这些直接详细的描写	贾府的外部空间	场面空间描写提供人物活动的背景和环境
展示一幅故宫太和殿皇帝宝座的图片	有/没有图片的展示	《林黛玉进贾府》原文	外部环境描写对表现生活在其中人物所起的烘托作用

教师按照设计的教学流程进行教学,并安排研究员及其他老师观课,课堂教学结束后,观课人员进行课后会议,检讨教学成效,并提出改善建议,以完善下一循环教学。

(四)后测:检测学生的掌握程度以及迁移效果

课堂教学结束后,教师对学生进行后测,检视学生是否掌握课堂所学,同时检视课堂教学与学习成果之间的关系。文学作品阅读是一个仁者见仁,智者见智的过程,我们在阅读过程中收获的是一种情感上的陶冶和鉴赏能力的提升,因此对于学习效果的测量我们并不能像中国香港地区所做的关于数学和英语的课堂研究那样,用后测的数据表明学生学习效果的好坏,也不能像作文写作那样,让学生掌握写作的固定模式就可以对比出前后作文分数的高低。但是学生迁移能力和学生情感的反馈是评判文学鉴赏能力是否得到提高的一个有效途径。因此本研究基于文学作品阅读的特性,后测主要通过两种形式进行,一是《红楼梦》第六回刘姥姥一进荣国府中,文中通过刘姥姥的眼睛看到荣国府内外、凤姐室内的陈设布局,以及饮食及凤姐的装束等描写,请同学们鉴赏这些描写的作用,并把感受写成一篇读后感;二是联系《红楼梦》这部书的结局和本节课所讲的内容,请把开篇第三回的这些内容放在整本书中来考量,思考这些关于贾府外部空间环境内部布局陈设的详细描写对贾府的最终衰败还有什么作用?设计此环节既有利于培养学生的迁移能力,对课堂所学起到强化的作用,同时可以让老师了解学生的学习效果。

1. 学生的学习结果

(1)根据对学生后测的统计,有82%的同学关注到了刘姥姥来到荣府大门处的描写，认为此处关于看门人的动作、神态描写细致传神，能很好地表现出豪门下人们的势利，即便是奴才对待像刘姥姥这样的人也派头很大，气焰很盛。

（2）有95%的同学认为刘姥姥在堂屋的段落写得有趣且传神，尤其是关于西洋钟的描写，把乡下人没见过世面的情形描绘得淋漓尽致，而且能很好地衬托出贾府家常器物的高贵。

（3）有68%的同学细致地关注到凤姐内室陈设的描写，帘、毡条、靠背、坐褥等物品颜色，以及凤姐的装束，认为此处物品的绚丽多彩、凤姐装束的光艳，可充分表现出上层贵族和下层百姓的贫富差距。

（4）有77%的同学特别点评了凤姐吃饭的内容，指出一人吃饭，十多人伺候，饭毕，"碗盘森列""仍是满满的鱼肉在内，不过略动了几样"，可见贾府生活的奢侈浪费。

通过以上数据可以看出，绝大多数同学都能有意识地细读这些关于外部空间描写及室内物品陈设的内容，而且能由表及里深入探究，学会抓住关键特征，通过刘姥姥之眼，读出贾府一顿饭的排场与奢华，凤姐起居陈设的精致、富贵、气派及凤姐装扮之随意之精心，读出贾府与当时平民阶层百姓生活的巨大差异。

以下是学生的一些真实感受与反馈：

学生A："以前读书只关注有趣的情节，不喜欢看的内容就跳过，通过这一节课的学习，我了解到以前认为无趣的内容，也可以读出丰富的含义。"

学生B："以前总觉得《红楼梦》中有些描写很烦琐，认为一些章节与文章的主题并没有多大的联系，但是通过这两节课老师的解读，让我发现《红楼梦》真的不愧为四大名著之一，文章的那些看似无聊的环节其实在文中起着很重要的作用。"

学生C："课堂上老师讲的贾府外部环境的描写，让我感受到曹雪芹的匠心所在，越是细致地表现贾府的尊贵荣耀和等级森严，生活在其中的贾宝玉的叛逆精神就越发显得宝贵。"

学生D："我的阅读能力不太好，以前在读红楼梦时有一种云里雾里的感觉，老师这次的讲解，似乎让我有了一种拨云见日的感觉，心里一下子明朗了。"

学生E：课堂上老师这种与平时不一样的教学方法，使我对文章的理解更清楚了，也有了更深的体会，以后我读《红楼梦》遇到看不明白的内容时,会运用变易图式来进行多角度的比较与思考。

学生 F:"我觉得老师这次虽然只上了两课时的课,老师也只是给我们讲了红楼梦中的一些部分,但是这两节课所交给我们的知识却很多,老师实际上是给我们提供了一种文章解读的方法。"

2. 观课人员的反馈

观课人员的反馈也是对我们课堂教学成果的一个展现。观课人员都是在语文学科领域教学经验较为丰富的教师,在检视课堂教学效果时,他们纷纷表示,通过变易理论引导学生掌握文章内容把握文章主旨是一种很有效的方法,由于它从学生的问题出发,让学生通过变易图示掌握学习内容的关键特征,而且再通过后测加以巩固,这与没有采用这种教学方法的课堂相比,思路更为清晰,教学更为系统,最为关键的是解决了学生真正的难题,提高了学生的积极性,避免了以往教师所预设的教学内容与学生所期望的学习内容存在的差异而导致的课堂效率不高的问题。

由此可见本节课的教学对指导学生的阅读能力及迁移能力起到了一定的作用。这种基于变易理论的课堂学习是一种有效的教学方法,而且由于其有一整套的规范和程序,这也可以为广大一线教师提供一些指导。

四、关于利用课堂学习研究提升文学阅读鉴赏能力的建议

(一) 在教学设计中突显前测的作用

在语文的课堂教学中,老师所拟定的学习重点和难点往往并非是学生所需要的重点、难点。尤其在文学阅读这一感性美与模糊性并存的领域中,学生与学生之间、学生与老师之间对重难点的把握差异性更为明显。我们在教学过程中只有充分的了解了学生真正的问题所在,才能够对症下药,进而提高教学的效率。教学要求师生同步,教师需要在决定下一步行动之前先了解学生的反馈和信息[1]。因此通过前测了解学生在文学阅读中的问题所在尤为重要。

前测是教师进行教学设计的依据,也是学生提高学习效率的有效途径。但这并不意味着完全以学生存在的问题为依据,而是在文学阅读的过程中,

---

[1] 彭明辉. 用课堂学习研究促进学生学习——一个基于变易理论的案例 [J]. 人民教育,2009 (09):41-45.

将教师原先拟定的教学重难点与学生存在的问题相结合，以学生的问题为基础对教学内容进行合理的优化设计，如果学生的理解存在着偏差时，教师也可以有针对性地进行引导，进而帮助学生更好更快地掌握学习内容。

（二）培养学生在文学阅读中的变易方法的运用

古人云："授人以鱼，不如授人以渔"，在教学过程中，教师一方面要向学生传授文学阅读方面的知识，另一方面也要培养学生文学阅读方面的素养和能力。通过研究我们发现，变易图示对老师来讲是一种好的教学方法，如果学生也能够掌握这种方法，那么这就可以为学生阅读能力的提升提供了一种有效的方法，同时能提升学生的思维品质。怎么才能让学生掌握这种有效方法呢？我认为除了老师在教学中的知识渗透外，还应该做到：第一，让学生积极参与讨论，成为学习的主人。当他们主动地、有目标地完成学习活动并积极分享、交流学习经验时，学习效能会得到大大提高。第二，进行及时的强化练习，在本研究中，后测是测量出学生学习结果的一种方法，也是对学生进行强化练习的一种手段，因此在文学阅读的教学中，老师在学生学习过后，应该尽量提供一些强化练习的素材，让学生利用所学到的知识审辨出学习内容的关键特征，明确学习目标。

（三）在教学过程中发挥教师团队作用

初步拟定学习重难点时，还有教学设计和教学实践阶段，这都离不开教师团体的作用。在整个参与过程中，教师们有很多机会参与到对课堂系统的、集体的评价中。一方面，从这一过程中教师对学生的学习和自身的教学，对学生理解学习内容的不同方式，对一种学习理论的潜在作用的认识都同时得到提升；另一方面，教师以团体的形式共同参与研究，通过观课帮助教师及时发现问题，并进行进一步的完善，有利于教学实践的顺利进行，这也是教学取得成效的保障。在本研究中，教师集体备课拟定初步的学习内容，再经过前测进行教学设计，对课堂教学实践反馈，课后共同检视教学效果，整个过程中都汇聚了教师群体的作用。因此，教师团队的作用在课堂学习研究中不可忽视。

参考文献

[1][2][3]：郭永贤．课堂学习研究概论［M］．合肥：安徽教育出版社，2011：56．

班主任负责下的成长导师制刍议

——以普通高中新课改为背景

陈 远

一、高中阶段实行成长导师制的必要性

当前,随着新课程成改革的逐步深入推进,基础教育阶段的课程设置与组织、教学方式、教育评价等方面都正经历着深刻的变革。但对于不少一线教师而言,他们所关注的主要是各科目通用教材的变化和学分制的实施,而对推进课程改革的基本理念、最终目标和它的覆盖面还缺乏认识,尤其是对这一理念在德育领域改革的推动作用还缺乏认识。

正如众多新课改研究者所形成的共识那样,当前时代的三个基本特征——国际竞争激烈、知识经济渐成规模、人类发展面临困局是影响教育改革最重要的因素,而这一切都离不开一个基本的事实,即人自身的变化。既然我们必须在课程领域作出改革以适应这一变化,那么在德育领域就不可能无动于衷。因此,真正关注"人"的需求,从班级统一管理向结合学生个人特点的个性化教育转变、从约束型德育向导向型德育转变,就成了当前德育工作的重要任务。

从当前实际来看,学校德育工作主要由班主任、年段、德育处三个层次进行,而"班主任"作为这套管理机制中最核心的角色,它是几乎所有学校最基层的管理者。但是,"班主任"究竟该管些什么、该怎么管,却始终众说纷纭、难有定论,各省、各校乃至各班级的做法、观点都有所差异。2009年,教育部制定的《中小学班主任工作规定》中才首次较为全面地对班主任工作职责进行了表述,其中第三章第八条规定,班主任要"全面了解班级内每一个学生,深入分析学生思想、心理、学习、生活状况",最终"促进学生德智体美全面发展"。只要我们对当前教育实际和学生发展现状稍有了解,就会明白这项工作是何等繁重。具体而言,当前班主任实际工

作的困境主要体现在以下几个方面：

一是精力严重不足。从当前绝大多数班主任的工作实际来看，学校在高中阶段为了保证班主任与学生能有更多接触时间、更了解学生，一般选聘班主任时都会优先考虑所谓"高考科目"的教师。这些教师平时的教学任务已经相当繁重，当前班生数居高不下的现状又一时难以改变，仅备课、批改作业就已经消耗了大量精力。同时，五六十名高中生的常规管理、活动组织、安全教育、家校联系、综合评价等等，哪一件都不是轻松的事。如此工作状态下的教师还要做好前述第八条的要求，难度可想而知。

二是教育手段单一。从学校管理的角度来看，要保证正常教学秩序、让教师和学生把更多的精力投入到学习和应对高考上，就必须强调"常规管理"；而评价"常规管理"水平最常用的维度就是"效率"。这一思路本无可厚非，但在现实工作中，对"效率"的过分强调使得不少班主任的工作手段往往"严"字当头，对"越轨"的学生采取"零容忍"的态度，处处设置"高压线"、"一票否决"。这种"一刀切"式的"管理方法"固然收效甚快，但很难照顾到每个学生不同的心理需求，面对越来越呈现差异化的学生群体，这种管理方法和思路已经显得捉襟见肘。

三是管理"盲点"较多。班主任精力不济、教育手段单一直接导致的后果，就是对学生的关注范围不够、关注层次不多、关注深度不足，非但难以"全面了解班级内每一个学生"，更存在不少盲点。众所周知，在班级中最能引起班主任重视的主要是学习尖子和所谓"后进生"、"双差生"，但这两类学生在班级里无疑只是少数。如此，其他的许多学生就因为"潜力不足"、"不捣乱"等诸多原因滑出了班主任的视野，成为"沉默的大多数"。同时，即使是对于前述两种学生，不少班主任的关注态度也还值得商榷："成绩好——纪律自然好——不会出乱子"、"成绩差——不努力——爱违纪——严防死守"是最为典型的两种思维定式。在这样的思路影响下，想要"全面了解学生"恐怕也只能是空谈而已。

因此，为更好地适应当前学生发展的不同需求，为班主任"减负"、"补盲"，在高中阶段试行"成长导师制"并使之成为当前"班主任负责制"的有效补充、明确班主任与成长导师之间的分工与合作关系就成了当务之急。

二、当前导师制研究与实施中的部分案例分析

虽然高中阶段导师制的推行存在诸多必要性，但当前我国实施导师制

的学校还不多。推行导师制更多地还是一些地方和学校的自发行为，主要有南京一中、北京八十中、浙江长兴中学、江阴二中、江苏怀仁中学、苏州工业园区第三中学等学校。黄向阳认为，"在我国大陆，高中对学生不乏指导，但依附在教学、管理及训练之中，这项教育职能尚未系统化、制度化、专门化、专业化。可以说，大陆教育界长期存在一种对学生指导的集体无意识。"

从这些学校的实践来看，大多数中学对导师制都订立了较为明确的原则，并建立了相应制度。但是，这些制度往往独立于现有的"班主任负责制"之外，几乎颠覆了现有多数普通高中的管理模式。如苏州工业园区第三中学认为，导师的职责是"据学生的个性心理特点和辅导目标对学生进行跟踪指导，根据《导师工作手册》的要求，记载学生情况、工作业绩和工作成效"，江苏怀仁中学认为，导师要"做学生的良师益友"，"引导学生养成正确的人生观、世界观、价值观，努力提高学生的综合素质"，"协助受导学生制定个人学习计划和人生规划，引导学生身心健康发展充分发展全面发展"，"及时帮助学生解决学习和生活、生理和心理等方面上的困惑，通过对学生进行及时疏导，让学生的身心得到健康发展"以及帮助学生开展社会实践活动等等。而夷陵中学的表述则是"其一是了解受导学生或群体的实际情况，了解他们的真实需求，倾听他们的心声，给他们提供宣泄的机会；其二是在掌握学生真实的需求后，和学生一起寻找成长的道路，包括对确保经济困难的学生力所能及的运用多方资源"。

应该说，这些学校对导师的职责规定都较为全面，但其基本工作模式大多还是立足于学生管理，导师的大多数工作实际上只是原先班主任工作的延伸，导师与班主任的工作关系还比较模糊。特别是导师与班主任的角色定位问题、分工问题、制度衔接问题，大多数研究都几乎没有涉及。即使是涉及这项内容的长兴中学，也仅仅认为"班级德育工作导师制的基本单位仍然是班级，班主任依旧是班级德育工作的第一责任人"，导师的职责是"分解班主任的工作"，对"如何分解"仍然言之不详。因此，对于绝大多数学校而言，推行导师制的难处正在于它与现行"班主任负责制"之间的兼容问题：一方面，班主任工作压力大、难点多，另一方面，"班主任负责制"在当前教育实际中又不可能做出彻底调整，因为它牵涉了教师工作认定、职称晋升等诸多因素。综合以上考虑，导师制的研究必须从"班主任负责制"这一实际出发，探讨在此前提下班主任与导师的分工与合作问题。

三、我校高中成长导师制的实施情况

（一）导师制工作重点

基于以上分析和对我校实际工作的调查研究，我们在制定与实行导师制时就将工作重点放在以下三个方面：

一是结合学生在学习、生活过程中出现的具体问题，对受导学生进行个性化、个体化的辅导。高中学生对教师的需求不仅包含知识和学习方法的传授，也包括心理上的疏导和个人成长方面的帮助。从我们前期调查的结果来看，78%的学生表示寻求"心理疏导"或"成长帮助"是他们选择导师的主要考虑之一。特别是在当前高中阶段学习任务普遍繁重，学习、生活节奏普遍加快的现实下，高中学生出现成长困惑乃至心理问题的概率大大增加。同时，当前学生个性的多样化发展决定了每一个学生的个体需求都不尽相同，教师不仅在教学中要"因材施教"，在德育工作中更要针对不同个体开展多样化的辅导和教育。在现有的班级管理体制下，这一职责主要由班主任承担，而班主任则由学校指定，这就使得学生在面对辅导者的过程中一开始就处于被动状态。因为不同学生的个人情感和认识倾向不尽相同，与指定的班主任未必都能进行良好的互动。

二是通过导师的引导和协助，加强原有德育工作体系与学生之间的沟通，建立中间缓冲地带。一般而言，大多数普通中学实行的都是"班主任——年段长（年级组长）——德育处"三级管理体制，一旦学生与班主任由于种种原因沟通不畅、产生矛盾，就会被报送年段甚至德育处进行处理。在教育实践中，这一体制存在着明显弊端：由于年段和德育处对学生个体的了解程度远不及班主任，由班主任上报的学生"违纪事实"基本上就是定论。因此，"年段、德育处协助处理"实际上只不过是"处罚升级"的标志，所谓"协助沟通"其实难以实现。如此，不仅学生可能缺乏必要的申诉和救济渠道，班主任在意识到可能自己处理不当的时候也缺乏缓冲的余地。

三是通过较为周密的组织和管理，使参与导师制工作的教师在专业上获得更大的成长空间。现有的"班主任负责制"优点在于权责明确，但无形中也使得同一班级的其他科任教师或多或少容易产生"事不关己，高高挂起"的心态，一出问题就得请出班主任处理，这对于他们自身班级管控能力和在学生中的声望形成都是不利的，尤其是年轻教师。近年来，不少学校大力倡导"人人都是德育工作者"，正是因为看到了这一弊端。实际上，教师专业能力不仅指教师个人的专业知识掌握和讲解能力，更包括课堂管理能力、沟通辅导能力等等，现有的"班主任负责制"不仅使一般科任教师缺乏积极管理的意愿，对他们个人的专业成长也是十分不利的。

（二）成长导师与班主任的分工

1. 分工的原则

从"量"的角度看，班级工作可以分为"集体工作"和"个人工作"两大类；如果从"质"的角度看，班级工作又可划分为"日常管理"和"教育引导"两个大类。从我校的工作实际出发，"日常管理"主要指的是注册、考勤、集会、卫生等一般工作，而"教育引导"则指班会、社会实践、娱乐、综合素质评价等具备教育性质的活动与工作。在"班主任—导师"工作模式下，前者侧重于"集体"的、"日常管理"方面的工作；而后者则更多地承担"个人的"、"教育引导"方面的工作，起到分担学生、分担工作的作用，二者职责不同，不能互相取代。

2. 组织与协调

鉴于学生的现实需要、班主任工作的困境和成长导师的工作性质，我校在高中创新班推行班主任负责下的成长导师制。班主任与本班任课教师形成自然的德育工作团队，共同负责学生的教育工作。团队不定期召开碰头会交流反馈情况，主要在期初、期中、期末、重要文体活动前后（如体育节、科技节、读书节）和社会实践、集体家访等节点，使成长导师全方位地参与到班级管理和学生教育中去。

（1）导师选择与签约。这是成长导师制施行中最重要的环节之一——由学生根据个体需要自愿选定（也可以不选）导师。学生能做出主动选择，至少说明与导师存在进一步沟通的基础，这是后续工作顺利开展的重要条件。从学生的实际需要出发，我们采用了师生双向选择、学生优先的方法，每位导师所带学生至多不超过15人。确定后师生双方签约，将这种结伴关系以契约的形式固定下来，对下一步工作起到约束和规范的作用。

（2）双向"预约"。选定工作完成后，由导师和受导学生自行约定谈话时间、地点和方式。为保护学生隐私、提高工作效率，学生可以用电子邮件、QQ、短信、电话、面谈等方式与导师进行沟通，事先还可以提交预约单约定以提醒导师关注邮箱或短信。当然，鉴于部分学生个性较为腼腆、不容易主动找导师沟通，导师也可以根据学生的实际情况选择合适的时间和地点与受导学生进行谈心。

（3）成长反馈。以往高中阶段对学生成长的评价主要通过"考试成绩"和"综合素质评价"两个渠道进行。考试成绩评价虽然重要，但显然太过片面。它评价的只能是学生在某一领域成长的结果，既不能全面反映学生的情况，也不能反映学生在学习过程中出现的问题或特点。而综合素质评价虽然在一定程度上避免了上述弊端，但在以往"班主任负责制"情况下，单凭班主任一己之力是很难准确客观地对每一个学生的各方面素质都作出合理评价的。有鉴于此，我校创新班学生成长反馈主要按以下两条途径进行：一是定期召开的导师工作小组会，交流探讨学生的综合表现情况，二是在期末出具"综合素质评价"表，由导师向班主任反馈、提供受导学生的成长情况后（口头或书面均可），再由班主任合并记录。

（三）实施情况阶段小结

1. 成效

（1）学生与教师沟通的意愿明显增强。由于学生在"接受管理"的过程中不再处于被动状态，而是拥有了一定的选择权，从而大大降低了学生与教师沟通不畅的可能，因此，从导师反馈的情况看，学生主动找教师进行沟通的次数明显增多，每学期平均约可达3次以上。同时，部分原来较为内向的学生沟通能力也明显增强，其精神面貌也有了改观，基本形成了"通过有效沟通解决问题"的意识。

（2）班级管理中的矛盾明显消减。从成长导师与学生的谈话内容来看，学生在学习生活中产生的矛盾往往呈散发、多发的态势，所涉及的问题也非常广，既有一般问题如座位调整、人际交往琐事等，也有班干部管理、师生矛盾等特殊问题，在以往班主任"一元化"的管理模式下，这些矛盾往往难以得到及时反馈与化解。经过成长导师的交流沟通，大多数问题都得到了解决或改善，避免了矛盾的蓄积和升级。特别是班主任考虑不够周到的地方，导师往往能针对学生个体予以及时的弥补，成效良好。

（3）科任教师在班级活动中的参与度明显提升，班级管理团队初见雏形。特别是在班会、家长会和部分文体活动中，成长导师的融入程度更高。而且通过我们对班级工作会议的观察也发现，由于导师们不再只关注自己的任教学科，对学生学习的"全局"观念也有所增强，在制定学生发展计划时明显更为周详，这对学生的成长也更为有利。

因此，通过这一制度的实施，我们在学生与教师之间建立了更为多样化、更为灵活的关系，并以某种契约形式固定下来，使学校、教师、学生个层面普遍受益，正是我们所期待的结果。

2. 现实中仍然难以解决的难点

在我校创新班试行成长导师制的过程中，虽然也经过较为充分的前期调查和制度设计，但仍存在一些难点和困惑需要在后续实践中进一步探讨研究。

（1）学生积极性问题。由于成长经历和习惯的差异，仍有一些学生还不太习惯找导师沟通。绝大多数学生在小学、初中阶段已经习惯了班主任的一元化管理，再加上由身份、年龄影响而产生的对教师自然存在的距离感，导致部分学生一开始就缺乏选择导师的意愿。在我校创新班，这一比例大致在10%左右。

（2）教师积极性问题。在当前高中阶段，由于高考压力的存在，高中教师工作负担普遍偏大。而学生成长工作本身也需要耗费大量精力，在原有体制下这一工作已"默认"由班主任承担，这也是一种"约定俗成"习惯。因此，有些科任教师心态相对比较被动，也是导师制试行过程中遇到的一大难点。

（3）工作认定方式。由于工作方式的特殊性，对导师工作量的认定也是一个较大的难点。一般而言，"量"可以统计，但"质"则难以全面把握。因为有些指标往往很难进行客观的描述或量化；而即使可以"量化"学生的成长情况，凭此认定导师工作也有"只以成败论英雄"的嫌疑——学生成长的结果不一定与教师的付出成正比，也是教育的自然规律之一。同时，由于涉及学生隐私问题，导师与学生的谈话内容也很难详细记录，这也在一定程度上影响了对导师工作的认定。

（4）现有教师绩效考评体系。在当前高中教师绩效考评中，学校对班主任工作的认定是有倾斜的，主要通过职称评聘条件和工作津贴等方面体现。而一旦要求科任教师参与学生成长指导，势必对上述考评体系产生一定冲击。

3. 未来设想：导师效用普及化

从当前我校创新班导师制的实践来看，导师的作用还仅限于与学生进行一对一的沟通辅导，对班级整体的影响还较为有限，这无疑也是资源上的一种浪费。因此，在各方面条件都成熟之后，进一步使导师效用普及化，提升导师在班级工作中的地位、与班主任工作有更紧密的结合，将是我们下一步的研究方向。

大中学衔接教育改革的成效与策略的实证研究

——以厦门大学附属科技中学创新班为例

肖丽红

自 2006 年我国提出建设创新型国家开始，创新人才培养已然上升为一项事关国家发展转型的核心战略任务。作为一项系统工程，这项任务牵动着各级教育阶段为之"上下求索"，其中"大中学衔接共同培育创新人才"颇引人注目[①]。深受北京、上海"大中学衔接工程"的启发，我校亦发挥办学优势，于 2011 年创办了首届"厦大创新实验班"，联合厦门大学丰富教育资源，探索大中衔接培育科技创新人才的教育改革之路。两年多的实践与理论研究过程中，我们面临重重质疑与困难，结果却满载收获。探索中，我们逐渐认识到，创新教育并非简单的创新课程开设，其关系到学生各种品质的培养；创新教育也并非特定时期的教育任务，其关系到人才培养、发展的全过程。未来，我校希望以"大中学衔接培养科技创新人才"项目为契机，探索中学在科技创新人才培养中所应持有的态度及做法，进而寻求我校的特色化发展道路，推进高中多样化发展工作。

一、理论基础：大中学衔接培养创新人才的重要性

（一）符合创新人才发展规律

东北师大农村教育研究所所长邬志辉曾描述过一个现象：一位著名学

[①] 自 2008 年上海中学在全国的高中率先开设"大中学衔接培育创新人才"的"创新班"开始，北京"翱翔计划"（2008 年）、上海"普通高中学生创新素养培育实验项目"（2010 年）、天津"特色普通高中建设工程"（2010 年）、陕西省"春笋计划"（2010 年）等大中学合作的人才培养项目纷纷开展。

者在一所著名大学的报告会上，组织者留出 10 分钟时间给学生提问，可结果无任何人提出，学者感叹"学生永无止境的好奇心哪里去了？他们有根据而无顾忌的怀疑精神哪里去了？失去了好奇与怀疑，剩下的只是盲从和唯唯。这样的学生，说到底，是失却了创新的动力与源泉"①。面对这一质疑，高校往往将根源指向中小学应试教育之弊。而面对高校如此的"责问"，中学有许多"委屈"，认为基础教育阶段功利的评价体系如何能让师生腾出"创新"的时空？中学这一"委屈"不无道理，但中学真的跟创新能力培养无缘吗？

《教育改革和发展规划纲要》指出，高中阶段教育是学生个性形成、自主发展的关键时期，对提高国民素质和培育创新人才具有特殊意义。国内外研究亦表明，中小学是学生创新能力培养的关键期。如美国芝加哥大学著名心理学家布卢姆追踪调查了数千名儿童，认为人的智力发展的 80% 是在从出生到 8 岁前完成的，而此期恰是儿童接受学前和小学教育的初等教育阶段。我国基础教育工作者亦对不同省市中小学生的创新能力进行了调查，如上海、天津、重庆、南京、杭州、南昌六市教科所联合对六市中小学生创造力进行了普查，认为小学生、初中生自主具备初步创造性人格和初步创造力的比较多，且随年级升高而逐步上升。高中生则显著下降，但到高三时又有上升的迹象②。山西师大的胡卫平教授对 1087 名中国中学生的科学创造力发展情况亦做过研究，也认为"青少年的科学创造力存在显著的年龄差异，随着年龄的增大，青少年的科学创造力呈持续上升的趋势，但在 14 岁时要下降；青少年是个体科学创造力迅速发展的关键时期；作为一种智能品质，个体的科学创造力在 17 岁时趋于定型"③。可见，在中小学阶段进行创新人才培养，符合创新人才发展规律。

但由于中学特别是高中承担着"辅导学生上大学"的教育任务，绝大多数中学忙于应试教育，学生疲于应试而丧失了自由思考、理性分析与独立判断的能力，科技创新能力培养无从谈起。这种传统做法与思维的存在，其实更多源于对"中学创新教育"的误解。大中学都承担着创新人才培养使命，但二者的具体分工不同，对中小学而言，创新人才培养主要是要保

---

① 邬志辉. 培养创新人才，基础教育大有可为 [J]. 人民教育，2008 (12).
② 六市中小学生创造力培养联合调研组. 关于六市中小学生创造力及其培养的调查报告；上海市高中生创新素养培育实验项目组. 上海市高中生创新素养培育资料汇编，152（未刊内部资料）.
③ 胡卫平，俞国良. 青少年的科学创造力研究 [J]. 教育研究，2002 (1).

护每个学生的兴趣与好奇心,为每个学生提供适合自身发展的教育。正如东北师大附中李桢校长所说:"我认为基础教育主要是培育一种创新精神,这很重要。而这种创新精神在学校的表现就是学生的质疑精神和问题意识,看他们能不能提出问题,有很多观念和一些操作在中学层面做不到。要在基础教育阶段让学生形成一种质疑精神和创新意识,并成为一种文化、一种方式、一种习惯,植根于他的学习生活当中,这样的学生们才具有大学所需要的创新潜质"①。

所以,广大中小学应当投身于创新人才培养工程中,在学生最具创新意识的阶段保护学生兴趣,甚至激发学生兴趣,为学生后续创新能力的培养打好基础。

(二) 有利于减少教育资源的浪费

教育是个系统工程,这个观点毋庸置疑。但具体教学过程中,教育是个系统工程的体现方式则成了小、初、高、大学的考试衔接,即只有经过前一阶段的学习,通过衔接考试,获取毕业证,才可以进行下一步的继续教育。结果教育被人划分为各自为政的几个阶段,意在教育是个系统工程的分段教育,却导致了严重的教育分离,这种教育分离则导致了一定程度的教育浪费,不利于创新人才的培养,体现如下:

首先,初中、高中、大学各阶段教材整合工作严重不足,各阶段教材有大量的重复内容,甚至同一阶段的教材也存在不少重复内容,重复学习降低了学生的学习兴趣与探知热情。

其次,不同阶段的教学目标、教学方式不同,学生进入另一阶段学习后,往往要花大量时间过渡,降低了学习效率。比如初一、高一普遍存在"教师教的费劲,学生学的吃力"的现象②。到了大一,这一现象不一定存在,但绝大多数学生均反映,其大一过得"浑浑噩噩",因为大学教育与中学教育差别太大了。而不管是费劲的初一、高一,还是"浑浑噩噩"的大

---

① 李桢.创新人才选拔与培养是我们共同的责任:2008年著名大学中学校长峰会发言摘编 [N]. 中国教育报, 2008-10-27 (5).
② 武汉华中师大一附中的"初高中教学衔接研究课题组"曾对华师一附中和武汉中学近四届的高一学生进行问卷调查,结果华师一附中32.9%的学生表示高一学习有较大压力,64.5%的学生表示有一定压力,仅3.6%的学生没有感到压力。武汉中学47.3%的学生有较大压力,52.1%的学生有一定压力,仅0.6%的学生没有感到压力。党宇飞.华中师大一附中初高中教学衔接研究报告 [EB/OL]. http://www.docin.com/p-750800573.html.

一，学生的学习主动性均受到了影响，其创新能力培养也受到了损伤。上海、天津、重庆、杭州、南昌、南京六市教科所对中小学生创造力调查结果显示，学生创造力"在小学、初中和高中的衔接点都有一个下降过程"①。可见，教育分离造成了严重的教育浪费，对创新人才培养极为不利。

所以，现在教育发达的国家与地区普遍提倡衔接教育，尤其是大中学衔接教育。如美国教育学家阿伯拉汉·弗莱克斯纳指出"中等教育是决定大学发展前景和质量的基本因素，要建立高水准的大学，就必须与中等教育达成一致，注意两者的衔接"②。还比如我国上海、北京等地的大中学衔接教育实验区，一再表示希望"中学与高校在创新人才培养方面通过寻求一种适当的衔接点，建立一种较为可行的衔接机制，使不同阶段的学生培养方式实现有机衔接，不留缝隙地使学生得到持续发展"，最终大学与中学实现"无缝衔接"③。这一观点，也得到我国部分教育学家的支持，如清华大学谢维和教授就认为，教育体制衔接的合理与否是"评价一个教育体制设计水平高低的重要标志之一"，大学与中学应当实现完全对接④。

可见，大中学衔接培养创新人才既遵从人才发展规律，又符合教育发展规律，中学在创新人才培养方面有不可推卸的职责与无可取代的地位。中学进行创新人才培养是响应基础教育改革的重要举措，能为中学寻求新的发展途径。

二、实证展示：大中学衔接培养创新人才的教育改革成效

2011年，我校与厦门大学联合创办"创新实验班"，实践大中学衔接的教育改革。两年多来，我校学生的学习方式、教师的教研水平、学校办学工作均有了重大突破。

---

① 六市中小学生创造力培养联合调研组. 关于六市中小学生创造力及其培养的调查报告；上海市高中生创新素养培育实验项目组. 上海市高中生创新素养培育资料汇编，(152)（未刊内部资料）.

② [美] 亚伯拉罕·弗莱克斯纳. 现代大学论——美英德大学研究 [M]. 杭州：浙江教育出版社，2001.

③ 徐向东. 无缝衔接：中学依托高校进行创新人才早期培养的理念与策略 [J]. 全球教育展望，2012（4）.

④ 唐景莉. 寻找创新人才培养对接点 [N]. 中国教育报，2013 – 05 – 31（05）.

（一）学生：创新意识与能力有了显著提高

"创新班"办学的最重要目的是培养学生的科技创新品质，为此，我们对不同年级的创新班学生进行了数次的问卷与访谈，定时测试学生的创新能力变化，以反思我们的办学工作。实践也证明，经过大中学衔接教育的学生，创新意识与能力确实有了显著提高。

1. 有意识的"问题意识"培养

创新人才的共同特征之一就是有较强的"问题意识"。著名教育学家杜威曾论述了问题意识的产生过程，认为"问题的产生是一个思维的展开过程，主要有五个步骤：一是疑难的情景，二是确定疑难的所在，三是提出解决疑难的各种假设，四是对这些假设进行推断，五是验证或修改假设"[1]。也就是说，问题意识不仅包括质疑，还要在科学质疑基础上从新的角度重新探究问题，进而提出新的可能，再通过科学手段验证新的可能的科学性。这实质上就是一种否定与再创造的过程，创新人才就需要有这种不守常规的再创造个性。对此，人大附中的刘彭芝校长亦称："所有创新人才都是'问题中人'，没有问题，就没有创新人才。发现并解决了小问题，便成就了小创新；发现并解决了大问题，便成就了大创新。中学创新人才，一定要鼓励学生善于发现问题，敢于提出问题，一定要培养学生在回答问题、解决问题过程中的专心致志，锲而不舍。问题意识，是创新人才培养的一把'金钥匙'"[2]。

所以，创新班教学过程中，我们努力创造条件让学生"多思考"、"多说"、"多问"，创新班课堂往往会留下最后10~15分钟给学生提问预习、听课过程中产生的问题。经过一段时间训练，我们发现了其中的显著变化：教学过程中，当其他班级学生都忙于记录教师给出的"答案"时，创新班学生常常会向各科教师"发问"。这种"发问"一开始可能有点"为提出问题而提出问题"的味道，但慢慢地，学生问题的质量都提升了，"发问"学生的人数也越来越多了。访谈中，学生对这种日常课堂教学中的创新意识培养感触颇深，2012级创新班的宋家豪称，创新的开端应是"常有所疑"，创新的动力应是"勇于破疑"[3]，话中我们欣慰感受到了学生思维方

---

[1] 杜威. 民主主义与教育 [M]. 北京：人民文学出版社，1984.
[2] 杜悦. 名校长把脉中学教育改革 [J]. 中国教育报，2013 - 09 - 04 (5).
[3] 访谈时间：2013年4月12日；地点：厦门大学附属科技中学教研室。

式的变化。相信经过三年的训练,创新班学生的"问题意识"必定会超出同龄普通班学生。而有了"问题意识",基本的创新素养也就具备了,因为"对司空见惯的事情不是认为理所当然而能提出尖锐问题的能力,不仅是科学发明的关键,而且也是许多领域中有创见性的思想家的显著特征"①。

2. 改变学生狭隘的"成绩观"

两年多的办学实践中,我们开设了"能源研究科普知识"、"海洋科学走进中学"等创知类课程,"中学生生涯规划"、"户外素质拓展活动"等创意类课程,"走进厦大实验室"、"科中人在厦大"等创行类课程,这些课程与高考无直接关系,甚至常常要占用学生学习国家课程的时间,但学生对此类课程却印象深刻,解读出了"成绩"之外的其他意义。

如针对"能源研究科普知识"等创知类课程,江薇同学谈到,"它让我们真正地体会到世界有多大,学习之海有多深!它给了我探索科学的动力和求知的渴望!"针对"中学生生涯规划"等创意类课程,陈洁雯同学称:"生涯规划的讲座,引导未来的发展方向,充分认识自己,比知识更重要";倪晨威同学说,"学习固然重要,但创新课程教会我一些生存能力,能力更重要。我认为创新班就是一个锻炼我们能力的平台,一个促进我们全方面发展的平台"②。针对"走进厦大实验室"等创行类课程,学生感触更多。如2012级创新班的黄诗恬与纪子晨同学总结了2013年暑假期间于厦大生物实验室进行鱼卵收集、鱼仔检测实验的经历,说这期间她们经历了因鱼卵质量不佳、数据不具代表性、仔鱼出膜等数次实验的失败,但整个实验过程让她们收获匪浅,称"两个月下来,感觉收获到的比高一一年还多。……我们不再守着高一生那点可怜的知识来面对问题,也不再相信课本上黑体字一定就是唯一解答。我们更倾向于借鉴前人经验的同时发挥自己的创新点子,并珍惜实验中的每一处哪怕看起来并没有多大联系的发现。我们更尊重实验事实。……成长不只是在科学面前保持敬畏,成长还应是耐心面对一次次打击,谨慎行事,用怀疑地眼光去看哪怕已经成为定论的每一句话"③。曾智聪、曾伟杰总结2012年暑假于厦门大学生物实验室科研经历,也说"微课题让他感到也许是曾近距离的接近过,如今便不觉

---

① 郝明君,王光明. 人文社科专业研究生问题意识的培养[J]. 学位与研究生教育,2007(9).
② 访谈时间:2013年4月12日;地点:厦门大学附属科技中学教研室。
③ 访谈时间:2013年10月18日;地点:厦门大学附属科技中学教研室。

得科研事业的一切是那么遥不可及"①。当我们问道，如何看待拓展课占用你们学习时间时，蔡巧玲同学说，所以我们创新班学生学习压力会更大，但拓展课给我们的经验启发是其他课程所难以给的②。

可见，学生从拓展课中哀叹的并不是学习时间被占用，而是从中用心感受拓展课所带来的种种经验启发。相信，这些"经验"会影响他们整个后续求学生涯。1989年诺贝尔奖得主之一切赫（Cech）就曾说过："研究型大学给学生具有震撼力的教育并非来自课程学习，而是让本科生进入研究实验室。他们在那里获得个人体验。他们接触最新设备和尚无答案的问题。这些经验是他们5～10年后也不会忘记的"③。相信我们给学生的最大启发也是来自拓展课的实践。

3. 尽早的"潜能发现"

中学生精力无限，潜能无限，等待开发，但学生往往兴趣广泛，学生本人、家长、老师可能都不知道每位学生的真正潜能在哪。以往我们总以寻找兴趣方式发掘学生潜能，但兴趣毕竟不等于潜能。所以，我们希望通过拓展课程，让学生在选择与学习的过程中，找到自己潜能与兴趣的匹配点，进而探究自己真正所能方面。实践证明，我们这一发掘学生潜能的尝试是成功的。

在拓展课程学习过程中，不少学生结合自己的兴趣，参考家长、导师意见，逐步挖掘自己的潜能所在，找到了一些研究点，并为此进入了"科研"的初步实践，我们为其提供师资、实验室等科研基本条件，鼓励此部分学生进行微课题研究。两年来，共有六位学生进入厦门大学化学实验室，探讨课题"固体酸催化对二氯苯硝化反应过程探索研究"；十三位学生进入厦门大学生命科学学院实验室，探讨生命科学相关课题研究；五名学生进入厦门大学海洋环境学院实验室，探讨厦门近海养殖模式问题；三名学生进入厦大物理机电学院实验室，探讨物理学相关课题。2012年11月，2013年12月，我们还分别为这些学生举办了两次微课题答辩会，邀请了厦门大学相关领域的专家担任答辩委员，整个答辩流程也是按照本科生答辩程序组织，这些学生的成果与表现均获得了厦门大学相关教师的赞赏。如2012年参与答辩会的厦门大学生命科学学院的左正荣老师谈道，"这些学生的表

---

① 访谈时间：2012年12月14日；地点：厦门大学附属科技中学教研室。
② 访谈时间：2013年4月12日；地点：厦门大学附属科技中学教研室。
③ 周光礼. 把握契机，探索拔尖人才培养新途径 [J]. 中国高等教育，2011 (1).

现大大超过了我们的意料之外，他们的论文质量已经达到了本科生的基本要求，更重要的是他们对科研的这种热情与态度，让我们感动"[①]。目前已进入高三年学习的叶郑超、叶婉、李喆宇、陈妍、曾伟杰、曾智聪六位同学在谈及不久后的高考与志愿填报时，选择的专业均是生物学，问其原因时，都称"兴趣吧"，"兴趣哪里来呢"，"上拓展课及做微课题的感受，觉得自己喜欢生物学，且也能学好他"[②]。在拓展课学习中，不是为提高成绩努力，而是结合兴趣去探究潜能，这就是我们开设拓展课的目的。实践也证明，学生确实在拓展课学习中，收获了一般课程无法达到的"潜能发现"。

截至目前，创新班已经走过了两年办学道路，目前，150名学员中已有一名同学获全国海模比赛优胜奖，2名同学获全国第三届"北斗杯"科技创新大赛奖，8名同学获省级青少年机器人、航模、理化生竞赛各等级奖，36名同学获市科技创新大赛各等级奖，40余名同学获市航模、空模、理化生竞赛各等级奖，这些奖项都证明了我们创新班学生的科技创新意识与能力确实大大超过了普通学生。

（二）教师：从教学能手到研究型教师

教师是学生学习习惯、思维方式的塑造者，而人的学习习惯主要是在基础教育阶段形成的。且学习习惯对人才培养影响深远，因为教育有隔代延续性，一个中规中矩的老师肯定喜欢中规中矩的学生，这样学生将来走上教育道路，定然又喜欢中规中矩的学生，这就是我们现在教学中师生关系的典型。如果我们从小学阶段就开始培养学生的学习主动性，鼓励学生表达自己观点、质疑教师、书本权威，将来这批学生走上教育道路，也会鼓励、培养如此行为的学习者，如此一来，独立思考并表达自己观点、主动学习就成了一种学习习惯而被沿袭。可见，创新人才的培养需要具有创新意识的教师，"不敢拔尖的教师，定然培养不出拔尖的学生，缺乏创造性的教师，也难以培养出具有创造性的学生"[③]。

那么什么叫做创新型教师呢，简言之，就是"善于吸收最新教育科学

[①] 访谈时间：2012年11月21日；地点：厦门大学附属科技中学圆形梯教。
[②] 访谈时间：2014年1月17日；地点：厦门大学附属科技中学教研室。
[③] 梅汝莉. 创新人才培养的思考：在北京师范大学附中"创新人才·基础教育"论坛上的讲演［J］. 基础教育参考，2012（3）.

成果，将其积极运用于教学中，并且有独特见解，能够发现行之有效的新教学方法的教师"[1]。中学因为应试教学需求及目前考试制度的弊端，长期以来，教师教学均围绕考点转，只要吃透考点，就万事大吉，教师往往无意识要吸收最新科研成果，改变教学方法，这一师资瓶颈也是目前进行大中学衔接培养创新人才所有课题组的共识。目前，绝大多数学校是通过"大学教授走进中学课堂"、"大学教授充当学生导师"等方式改变，但毕竟大学老师自身亦肩负沉重的教学、科研压力，对中学生的具体情况了解甚少，并不能起到很好的辅导作用。我们认为，最好的改革办法是实现本校教师自身的变化，改变应试型教师为研究型教师，为此我们进行了"三微"教学改革，鼓励教师吸收先进教育教学理念进行微研究，我校参与本课题的教师实现了如下变化：

1. 主动吸收先进教育教学理念：引导课堂创新

为引导我校教师课堂创新，我们积极和厦门大学教育研究院合作，引进先进教育理念，进行课堂改革。两年多来，我们实践较多的有"课堂观察"与"课堂学习研究"两种教育改革，以"课堂观察"为例看看其如何促进我校教师教学科研变化。先来看一个案例：

Z教师是我校年轻教师，好学上进，教学深受学生喜爱。2011年召开校级公开课《抛物线的标准方程》，深受我校同组老师的好评，大家一致认为，"新课引入有创意，能吸引学生，概念讲述清楚，上课气氛活跃……课堂效果良好"。面对如此好评，Z老师似也习惯了，因为这些都是以往评课时的常用语。此时，合作的厦大教育研究者洪志忠老师提出一个问题："你知道你这节课一共提出多少个问题吗？"Z老师一脸茫然，评课者也都表示没概念。洪老师总结道，Z老师这节课共问37个问题，诸如"由此我们推出……"、"是吗？"、"那这样做的结果是什么呢"等等。如果将此37个问题归类，有效提问12个，可问可不问的问题9个，无效提问16个。面对这组数据，在场所有老师都表示十分惊讶，如果将无效问题减掉，课堂效率肯定提高了。洪老师最后总结道，课堂问题核心在于课堂理答，注意自己课上提问的有效性，做好课堂理答，课堂质量肯定会再次提高。

这次简单的评课活动让我校教师首次接触了课堂观察概念，也引起各教研组的兴趣，数个教研组为此开展了课堂观察研究，改变了本教研组的教研水平。

---

[1] 胡卫平. 创新人才的培养途径 [J]. 人民教育，2008（11）.

首先，调动全组之力，提高教师整体教学水平。2013年4月，历史组的林默老师承担了市级公开课《走向整体的世界》讲授，市级公开课对年轻教师而言是个难得的锻炼机会，为了让林老师上好此堂课，也为了能让组内更多年轻教师享有市级公开课讲课经历，我校历史教研组开展了课堂观察为主题的评课活动，要求全组教师参与此次评课，并于集备时制作课堂观察量表，每个听课教师负责观察相关项目。这堂课我们听了3次，对比3次课堂观察量表，我们惊喜发现，据前几次观察结果改进后的课堂，效率果真提高了，思路更清晰了，重难点时间分配也更合理了。

其次，提升整个教研组的科研水平。我校生物组在接触课堂观察概念后，在本教研组内大力推广，组内但凡有老师召开公开课，均以课堂观察量表进行评课，改变以往空洞、赞扬为主的评课方式，且2013年我校生物组老师与化学组老师合作申报市级课题《以课堂观察促教师专业化发展的行动研究》，合两组老师之力，共同思考课堂观察如何促进教师专业发展。两组老师全部参与此课题研究，共同提高教研组的教研水平。

2. 改变一成不变的教育管理理念：创新班级管理模式

能否用传统班级管理方法来管理创新班？这一问题困扰了几位创新班班主任。首届创新班班主任席成明老师坦言，这个班"不好管"，因为学生个性十足，思维活跃，对其创新行为的引导与"度"的把握十分重要。比如日常学习生活中，他们可以为了让全校师生为班级某位同学过生日而于晚自习时间举着"创新班"大旗于校园操场跑道上狂奔一圈，引来全校注意。如果对此"创举"，我们一概打压，很快学生就会为了不敢违举而循规蹈矩了。此类"新奇"想法不敢有了，创新的火花也就渐渐被浇灭了。所以，创新班管理过程中，一定要给以他们一个宽松的环境，让其自由思想火花能够萌发。与此同时，又要把握学生创新的度，并对创新行为进行引导。席老师称，她的做法是强调学生"先学会做人，再学会做学问"，"给学生营造一个好的宽松而又严谨的创新能力培养环境，让他们进行充分的才能展示。让他们享受尊重与被尊重、享受"被约束"、享受"无序"后的有序、享受自我管理的喜悦等"[①]。所以，我们看到了创新班学生之所以能有自由创新空间，还在于班级管理工作中的"自由"。

教师是学生思想的"助产婆"，为了迎合创新班办班理念，我校创新班教师不断探索新的授课方式及班级管理模式，营造轻松自由的师生互动环

---

① 访谈时间：2012年4月20日；地点：厦门大学附属科技中学教研室。

境，激活学生的问题意识与探索欲望。这种轻松、开放式的教学平台，保护了学生的探索热情，又培养了学生的独立思考方式，最终肯定有益于创新人才的培养。同时，这一教学风气之变，也促进了教师自身的变化。如前文提及的参与课堂观察的老师，都大大提高了自己的课堂效率与质量，提高课堂有效性，且提高了课题研究能力。我校首届创新班的语文老师黄老师谈到其两年多的创新班教学时说，创新班让她实践了一直以来的教学理想，即将学习主动权放归学生，创新班课堂上，她常常会少讲15分钟的课，这15分钟给予学生提问与辩论。"多讲15分钟与少讲15分钟，哪一个15分钟更有价值呢？叶圣陶先生其实早有回答：'学生自己想得通的，说得清楚的，自然不必教。想不通了，说不清楚，这就是碰壁了，其时学生心头的苦闷多么厉害，要求解决的欲望多么迫切，可想而知。在这种情况下受老师的教，真好比久旱逢甘霖，庄稼就会蓬蓬勃勃地滋长'"[1]。所以，创新班的教学实践为其改变教学模式提供了一个有利场所。

(三) 学校：新的发展契机

我校是福建省一级达标学校，虽然近年来办学成绩显著，但办学历史较短，生源质量有限，短时间内想以高考分数在厦门市中学中脱颖而出还有较大困难。在基础教育改革如火如荼进展的今天，寻求适合本校的特色发展道路是学校新一轮竞争的关键。大中学衔接培养科技创新人才即是我校梳理办学特色基础上寻求的新的发展道路。实践也证明，两年多的实践过程中，我校不仅学生、教师的创新意识有所提高，学校多样化办学模式亦日渐成熟。总结而言，我校依托本课题迎来的新发展契机如下：

1. 创新班带动全校学风转变

"创新班"在师生眼中，就是学校的品牌，这一殊荣给学生带来了极大的优越感。如创新班第一届学员郑俊谈道，"那是一个'非同一般的创新班'"，"创新班让他有种优越感"。黄联坤谈道这个班级时称"这是一个与众不同的班级，那些平时难得一见的教授、博士生、海归等等，现在几乎每周都有他们的身影，还有那些丰富我们知识，扩展我们视野的讲座……在这个班级，我很荣幸，我觉得这是一个充满了希望、活力、智慧的班级"等等。办学伊始，我们害怕这种殊荣会让创新班学生滋生"我非常人"的异常心理，所以，我们为创新班运作配上了"轮换制"。但实践证明，这一

---

[1] 访谈时间：2012年4月20日；地点：厦门大学附属科技中学教研室。

殊荣带来的利远远大于弊，因为它不仅激励了本创新班学生，更激励了我校高中普通班及初中学生的学习热情与动力。

首先，创新班殊荣激励本班学生。如每年暑假我们都会带领部分创新班学员参加各地的"科学营"活动，2012级陈虹同学对今年的上海科学营印象深刻，认为"名师微课堂让她提前了解了大学专业，熟悉了大学授课方式，能为将来做出正确选择做准备"，"学长们的优秀成果让其羡慕之余，产生了动力"① 等等。这种对未来的憧憬，对"偶像"的崇拜，自然会激励其后续求学生涯。

其次，创新班殊荣带动全校学风转变。在访谈学生的过程中，我们发现新一届高一的许多优秀学员来自本校初中部，他们就是奔着"为获得创新班"这个殊荣而来的。如2012级的黄诗恬同学中考前定下的学习目标即是，要在"不远的未来，进入创新班学习"，"让自己的理想不再渺茫，生活更加精彩"。2013级的谢玮娜初三年的学习目标亦是"努力朝着创新班前进，迎接更加多彩的高中生活"。这两位学员目前都是创新班中成绩与能力兼备的优资生。还比如2012级高一普通班的陈茂森同学，进入高一的那一刻，就主动了解创新班办学理念，并让自己朝此发展，终于于高二年实现愿望，踏入这个"神圣"的班级。

可见，创新班学生为维护"创新班"殊荣，非创新班学生为获得"创新班"殊荣，均以创新学员该有的形象要求自己，全校学生均朝此榜样奋进，结果创新班带动了全校学风的变化。这一现象在其他地区的创新人才培养中也同样存在，如西北大学附中的杨晓云校长在谈及该校的"春笋计划"时，感叹"由于现实条件限制，以及学生个性特征的差异，我们无法让所有的学生都同时享有'春笋'学员所获得的培养条件，但是作为教育者，我们有责任让学生相互感染，让'春笋'学员成为学生的榜样，激励全体学生共同发展"②。我校正以创新班为契机，实现全校师、生、校教育改革的大转变。

2. 成为福建省高中多样化发展试点校

学校的办学理念决定了学生成长方式，人大附中的刘彭芝校长曾说"教育能育人，也能毁人，能培养人也能扼杀人。如果不转变陈旧落后的人

---

① 访谈时间：2013年9月20日；地点：厦门大学附属科技中学教研室。
② 周宏."春笋计划"：让创新的种子发芽——访西北大学附属中学校长杨晓云［J］.基础教育课程，2011（10）.

才观,我们的学校、我们这些校长和老师可能就会自觉不自觉地扼杀了孩子们的个性特长和创造潜能"[1]。我校在本课题的实践中,开创了"三创"课程体系,进行了"三微"教学改革,实行了"双导师制",且创新了家校沟通方式,实行研讨式家长会,试行了多元化评价体系,这一切都吸引了同校其他学生的眼球,特别是走进厦大实验室等拓展课程的开设深受学生喜爱。项目进行过程中,我们举办了"我看创新班"活动,了解普通班及初中学生对创新班的看法,访谈中,学生一再希望学校能将此拓展课程向全校开放。为此,我们进一步梳理办学理念,提出了"普及性科技教育"办学路线。希望在总结创新班的成功经验基础上,将此做法推广至全校,且依托我校的新校区,进一步开展创新人才培养改革。未来,我校将借用新校区即将建成的有利时机,借鉴国内外兄弟学校的成功经验,将先进的教育教学理念落实到校区建设中。届时,我校将呈现"一校两区"的办学格局,新校区空间大,布局合理;老校区毗邻厦门大学,资源优势明显。根据两个校区的不同特点,我们对新校区的设计是:充分利用新校区的空间优势,完善课程改革所必需的硬件设施,开展丰富多彩的科技教育活动,让新校区的教育教学工作真正"活"起来;对老校区的设计是:充分利用厦门大学的资源,适当减少招生规模,推行小班化教学,以继续开展"大中学衔接培养创新人才"课题为抓手,以办"精品学校"为目标,让老校区成为促进具有科技特质的人才成长的摇篮。这一办学理念的提出,受到省、市多级教育主管部门的支持,2013 年 9 月我校被确立为福建省高中多样化办学试点校。2013 年 12 月我校的创新班课题"大中学衔接培养科技创新人才"被确立为教育部重点课题,未来,我们定借助这两个有利机会,进一步从理论与实践两方面推进我校的特色化发展道路。相信此办学理念,会让我校在未来几年内走出一条特色化发展道路,跻身福建省乃至全国名校之林。

三、艰难中前进:大中学衔接教育改革的突破口

大中学衔接教育给中学带来了新的改革契机,引领了师、生、校的新变化,但这一办学工作中碰到的困难同样不少,如何正视困难,寻找解决途径是本项目开展中的关键。

---

[1] 唐景莉. 寻找创新人才培养对接点 [N]. 中国教育报, 2013 - 05 - 31 (05).

（一）办学中遇到的困难

1. "属资优生教育，有失教育公平"的疑问

大中学衔接培养科技创新人才项目开展初期，其招收的往往只是部分有创新潜质的学生，这一工作也常受到社会质疑，认为是种变相的"优资生教育"，其办班也是有悖于目前推崇的教育公平。这一质疑歪曲了我们的办学初衷，让我们的办学工作充满了功利的色调。学生入学初也一度认为只要成绩好就可以进入创新班，对我们开设的拓展课程兴趣不浓，如何纠正学生、家长、社会对创新班的误解是我们面临的第一个难题。

2. 如何平衡拓展课程与高考

我校创新班的办学工作，得到师生及家长的一致支持，但不得不坦言的是，这个班的开办学校领导、教师及家长均有重重的顾虑，最主要的顾虑就是如何协调多样化办学与高考的关系。毕竟目前的招生体制下，学生的"出路"决定办学改革动向，多年前南京金陵中学的"教育惨剧"仍为我们所寒心①。且学生、家长对高考的重视程度往往超乎我们想象之外，北京东直门中学叶企孙班的一学生即在网上发帖，称"无论对我们、对学校，分数才是最重要的，不是吗？学生、家长及学校的共同目标都应是三年后的高考成绩"②。访谈家长过程中，我们发现家长虽然也希望培养子女的创新意识，但却一致表示，希望这一工作是在不影响学生高考成绩的前提下进行的③。如此的社会大环境下，学校要进行创新改革，定然顾虑重重，有校长感叹高考的指挥棒让他在"特色化办学道路上只敢在高一年级搞，到了高三年级就不敢了"，"因为老百姓只看你考了多少大学生，考了什么大学，这会直接影响到学校生活，影响到学校生存"④。所以，中学的创新教育改革，首先得处理好改革与高考的关系。

虽然北京、上海的首届创新班已经通过高考检验，证明创新班学生可以成绩、素质兼备，但我校的首届创新班还未通过高考检验，师生与家长

---

① 该校曾尝试与东南大学联合培养人才，成果显著，最后却因为高考硬性选拔机制无法突破，最终只得停止试验. 黄艳. 这 56 个学生待遇好高 [N]. 现代快报，2010 – 09 – 01（4）.

② 如果学校真的重视叶企孙班的话，就别把它毁在自己手里 [EB/OL]. http://tieba.baidu.com/p/1265564747，2011 – 10 – 31.

③ 访谈时间：2012 年 3 月 16 日；地点：厦门大学附属科技中学会议室.

④ 阳锡叶. 高中办学理念何以如此趋同 [N]. 中国教育报，2013 – 04 – 12（4）.

对这个班的"拓展课开设"、"走进厦大实验室"、"学生微课题研究"会不会影响高考成绩仍有重重疑虑。且我校创新班教师在培养学生创新思维时，经常碰到如下困惑：我们平时主张学生思维创新，但考试时又怕这种创新可能不符合常规答案而遭扣分。我们应如何把握创新的度？如何引导学生毋为创新而创新？如我校首届创新班的刘宏兵老师总感叹创新班学生个性十足，思维活跃，但当面对"解答数学题时，只写结果，不写过程"的"个性"思维时，刘老师亦十分苦恼，"如此做法，如何通过高考这一关呢？"同样的困惑，首届创新班的语文老师黄老师也有同感，她称"创新班学生的作文新意十足，但往往因此'跑题'现象，这在考试中，是大忌啊"①。这些问题的解决，有待于历届创新班教师的共同探讨。

3. 特色不明显

在福建省，我校的大中学衔接培养科技创新人才项目特色明显，创新班已成为我校能影响他校的"品牌"②。但若把我校的创新班办学经验放在全国的创新班中，不得不坦言，我校的特色又十分难显。因为展望全国的创新班，均实施着导师制，引进大学师资开设拓展课，鼓励学生进入大学实验室，开展微课题研究，鼓励教师进行教学改革等等。正如梅汝莉所称，"面对培养创新人才出台，如此丰富多彩的学校举措我们似乎应当'聚焦'，而且这种'丰富多彩'往往呈现出'同质性'，令人怀疑我们众多的优质学校已经出现了'高原现象'，需要有所突破"③。所以，我们要把大中学衔接培养科技创新人才作为学校品牌"发扬光大"，定然要在目前已有的理论与实践基础上，进一步深入发掘有学校特色的发展措施，避免走入教育改革的同质化困境，学校要在名校中凸显自己，只能继续探讨具有自身学校特色的办学道路。

（二）艰难中前进：大中学衔接教育改革的突破口

1. 大中学衔接教育是为了追求教育"实质公平"

关于大中学衔接的创新班乃"资优生教育，有失教育公平"这一说法，

---

① 访谈时间：2013年7月5日；地点：厦门大学附属科技中学教研室。
② 创新班办班时间不长，但已吸引了不少兄弟学校到校考察，如辽宁省重点中学协作体、天津河西区教育局、山西省临汾市教育局等均组织了相关学校的校领导到我校交流指导。
③ 梅汝莉. 创新人才培养的思考：在北京师大附中"创新人才·基础教育"论坛上的讲演[J]. 基础教育参考，2012（3）.

我们应强调，我们大中学衔接创新班学员的选拔方式并非传统考试，而是以面试和笔试相结合的方式来测试学生的创新潜质。此类学生学业成绩不一定最为优秀，但创新潜质明显。所以，我们项目中的学员并非传统的"优资生"，我们的大中学衔接班更不是变相的"快班"。

当然，我们也肯定地说，大中学衔接班中的不少学员，既有创新潜质，国家课程成绩也是名列前茅，此类学生我们更应该给其创造更好的教育机会。因为就教育的本真而言，教育的最高境界就是根据学生个体差异因材施教。让拥有不同智能结构和个性的人接受不同类型的教育。华中科技大学的周光礼教授曾对此问题做过专门论述，认为教育公平可分为"形式平等和实质平等"，"形式平等只要求为每个学生提供均等的机会，是一种相对的公平观；而实质平等强调结果的无差别，是一种绝对的公平观"[1]。所幸的是，近年来这类观点也逐渐为基础教育界接受，不再单纯为了追求教育公平而不敢进行教育改革创新。如北京青少年科技创新学院院长罗洁认为"这是满足学有余力，具有创新潜质的广大学生超常学习需要，是追求更高层次教育公平的实践探索"[2]。

展望国际，我们发现教育发达国家更推崇的均是教育的"实质公平"，鼓励"资优生"特别教育。如美国"把各中学5%左右的资优生单独划分出来，给予特别关注和培养。英国为2%上下的资优生创造最好的教育环境，配备最好的教育资源。法国则为10%左右的资优生提供最好的教育环境"[3]。如果因为"教育公平"而否认资优生教育，我们国家可能真正陷入缺乏创新人才的困境。

且从目前教育大环境上看，先让部分学生接受创新教育利大于弊。首先，从目前绝大多数学校的师资、教学、学生素质上看，绝大多数学校不具备全面推广大中学衔接创新教育的软、硬件。且对广大普通学生而言，很好接受国家课程教育已有一定的难度，根本无余力参加大学教授开设的拓展课程，若强迫其参加，必定会带来巨大的心理压力。所以，考虑学生个性差异，有区别的教育才是更好体现了因材施教的教育要求。且如前文所述，同一校区内，同时存在两种教育方式，对广大普通学生而言，能起到激励作用。

---

[1] 周光礼. 把握契机，探索拔尖人才培养新途径 [J]. 中国高等教育，2011 (1).
[2] 靳晓燕. 翱翔计划：探索拔尖少年成长 [N]. 光明日报，2009-11-11 (10).
[3] 宋飞鹰. 创新人才培养模式，培育青少年科技创新素养 [J]. 素质教育大参考，2012 (9).

2. 高考是教育改革的拦路虎，不能成为我们畏惧改革的替罪羊

高考一直以来承受了太多的骂名与罪名，但这毕竟是目前为止较为公正的选拔学生方式，遗憾的只是，高考的形式太过于单一，且太过于"唯分数论"了。我们要培养科技创新人才不是要废除高考，而是要改革高考。

首先，要改变高考的"唯分数论"。"一分之差，天壤之别"，不少人都经历过这种惨剧，其实一分又怎能体现出两人能力、素质之别呢？教学过程中，我们深有体会，许多学生可能花50%时间可获得学科成绩70分、80分，这时我们应鼓励学生花80%的时间保证其稳拿90分以上的成绩，但我们绝不赞成学生花100%时间去获得99分的成绩，因为有时这其中20%的时间只为了提高1分学科成绩罢了。为了1~5分，消磨了太多学生创新思维训练的时间，这就不利于创新人才的培养了。所以说，高考改革首先得改之前的"唯分数论"，将其变为"等级制"，这样我们就可以保证学生掌握基础知识的同时，加大对其素质训练与考查的力度。

其次，唯标准答案是瞻的考试方式需改变。除了课标的考察外，高考应增加让学生自由发挥的开放性题目。因为开放性题目最能展现学生独立思考的结果，也是最接近大学教育中提倡学生能有"自己的看法"的部分。但目前我们各类考试中，此部分题目是有了，但此类题目往往仍配有"参考答案"，所以出现了讽刺性的一幕：我们在创新班教学过程中，鼓励学生质疑，有问题意识，能有自己独立见解。但最后，我们总会"善意"提醒学生，考试时还是要按照课本的观点给出答案，否则会吃亏。试想，久而久之，沉重学习压力下的学生自然不愿花时间、精力去探究可能有悖于答案，即便不悖于答案也不会给自己"加分"的"独立见解"了。背下标准答案，则成了最有效率的学习方式。所以，华南师范大学附属中学校长吴颖民直言"我们的学生在中小学就形成了追求标准答案，统一意见以获得最高分的思维方式，没有异想天开，不愿寻根究底。这种僵化的思维一旦形成，后面再努力开发训练都是事倍功半"[①]。只有改变这种唯标准答案是瞻的思维方式，创新思维训练才可能有效。所以，西北大学附属中学校长杨晓云感叹"如果在打开创新大门后还必须回到以高考成绩定终身的老路

---

① 徐显. 为"创新"的生根发芽提供沃土：创新人才早期培养五问[J]. 上海教育, 2011(23).

上去，对创新人才的培养定会产生不利的影响"①。

再其次，高考招生方式需改变。创新人才是个多元化的培养体系，涉及了人才培养模式、课程体系、教学内容、教学方法等方面的改革，最终必定要有一个多元化的评价体系实现对接。这种多元化评价体系主要体现为多元化招生方式。近年来，高校自主招生、大学校长推荐制等招生方式逐步出现了，但毕竟普及力度十分不够，我们国家有待于开发更多的多元化的高招方式，毕竟"多一项衡量的标准，就多一批人才，我们的社会本来就是由拥有各种禀赋的人们共同建设起来的，发展学生的潜能，使每个学生对都能有个性地发展，这是教育的应有之义"②。

当然，如何建设与健全多元化评价方式是值得各界探讨的问题，社会对新招生方式的产生也应持宽容态度，如果中学的热情邀请大学支持之举被称为"为政绩的哗众取宠行为"，大学的热心向中学援手，被称为"掐尖"行为，高中花费大量力气的创新人才培养却不能通过高考成绩门槛，相信创新人才实验在基础教育界就没有立足之地。且"教育的滞后效应，使人不敢轻言创新试验区的成效"③，社会各界对教育改革更应持宽容心态。

3. 努力彰显本校特色

目前大中学衔接教育主要有两种模式，一种是由地区专门部门负责创新人才培养工作，如北京的"翱翔计划"统一由北京青少年科技创新学院负责，采取"政府主导，学校实施，社会参与"的推进机制，建立了翱翔学员"生员学校——基地学校——高校、科研院所实验室"三级管理制，此类培养模式还有陕西的"春笋计划"。另外一种模式就是各校进行的创新人才培养，努力打造有本校特色的人才培养模式，典型例子就是上海的创新人才培养实验项目④。就笔者而言，更倾向于上海市的做法，因为展望全

---

①② 周宏. "春笋计划"：让创新的种子发芽——访西北大学附属中学校长杨晓云 [J]. 基础教育课程，2011 (10).

③ 李雪林. 杨浦区建基础教育、高等教育联动机制撬动创新人才培养改革：小课堂融入大课堂 [N]. 文汇报，2012-12-12 (1).

④ 上海市教育科学研究院普教所的沈之菲老师曾对上海中学、华师大二附中、复旦附中、交大附中四所学校创新教育实验班情况做过比较，得出如下结论："四个学校各有自己的培养思路和操作路径，创新实验是一个或几个班，最终由学校的办学特色和学校文化所决定。……实验共同点有价值，不同点更有价值"。沈之菲. 上海市中小学生创新素养培养调查研究 [J].《上海教育科研，2010 (6).

国各地，各校走在教育改革前列的学校均努力钻研本校特色教育道路。如人大附中提出"给学生一个创新的因子"的观点，东北育才学校提出的"培养领袖素质人才"实践，广东华南师大附中的"两头向外的丰富的学生课外体验活动"，福州一中的"从身边事务启迪创新"的思路，江苏天一中学的"超常教育实验班"，深圳中学的"学术性高中建设"等等。

　　2011年开办创新班以来，我校在不断地探索具有本校特色的办学道路，如"海洋科技特色学校"的选择，我校定名为"科技中学"，办学伊始即定位于培养科技创新人才，但科技所含内容太多，若面面俱到，势必又陷入毫无特色境地。所以2011年我校全体教师共同研讨基础上，提出了建设一所有特色的"海洋科技创新学校"的发展规划。2013年，我校成功挂牌"全国海洋意识教育基地校"，并在校园内建设了"贝类馆"海洋科技教育实践基地，并发动全校各学科教师编写海洋意识教育教材。目前我校正依托创新班的项目与海洋科技项目，努力打造有本校特色的创新人才培养项目。

附录一　厦大附属科中之学生创新能力调查问卷

亲爱的同学：

您好！感谢您抽出宝贵时间来填写这份问卷。此问卷拟对学生的创新能力进行调查研究，且不记姓名、资料保密。您的回答无对错之分，无优劣之别，请尽管真实作答。您的选择将对本研究产生重要影响。对于您的大力支持，我们表示诚挚感谢！祝您学业有成，健康快乐！

"大中学衔接培养科技创新人才"课题组
2013 年 10 月

一、您的基本信息

性别：男□　　女□　　　　　所在年级与班级：

二、选择题

请判断以下语句与您实际情况的相符程度，并在最适合的选项里打钩，每题仅能打一个钩。其中，1 为完全不符合，2 为比较不符合，3 为略微不符合，4 为不确定，5 为略微符合，6 为比较符合，7 为完全符合。（默认符合程度依次递升）。

所有题目都无"正确答案"。请凭您自己的真实感受做答，谢谢您的合作！

序号	题目	完全不符合	比较不符合	略微不符合	不确定	略微符合	比较符合	完全符合
1	我喜欢问一些"假如"、"如果"之类的问题	1	2	3	4	5	6	7
2	对于许多问题，只要我尽力，就可以解决	1	2	3	4	5	6	7
3	我想了解一些关于生命、宇宙等的知识	1	2	3	4	5	6	7
4	我对很多事情都感兴趣	1	2	3	4	5	6	7

续表

序号	题目	完全不符合	比较不符合	略微不符合	不确定	略微符合	比较符合	完全符合
5	周围的人常常说我精神焕发	1	2	3	4	5	6	7
6	我喜欢思考当前学习与未来前途的关系	1	2	3	4	5	6	7
7	别人要求我做的事情，如果我愿意，我就能做好	1	2	3	4	5	6	7
8	我难以发现自己喜欢做的事情	1	2	3	4	5	6	7
9	我可以长时间做事情而不感疲惫	1	2	3	4	5	6	7
10	别人常夸我聪明	1	2	3	4	5	6	7
11	我无法忍受一成不变的生活	1	2	3	4	5	6	7
12	我想做一些别人想不到的事情	1	2	3	4	5	6	7
13	我为生态危机或其他社会难题而感担忧	1	2	3	4	5	6	7
14	对于很多活动，我都想尝试一下	1	2	3	4	5	6	7
15	我在某些方面的能力比周围人强	1	2	3	4	5	6	7
16	我会因为"一时冲动"而去做事情	1	2	3	4	5	6	7
17	我喜欢对事物做出各种猜测	1	2	3	4	5	6	7
18	我对实现理想和达成目标有信心	1	2	3	4	5	6	7
19	写作文时，我不喜欢老师给我限定体裁	1	2	3	4	5	6	7
20	我喜欢和兴趣广泛的人交朋友	1	2	3	4	5	6	7
21	我基本不会无精打采	1	2	3	4	5	6	7
22	我能将学过的知识融合联系	1	2	3	4	5	6	7
23	我不喜欢迫于外部压力而做事情	1	2	3	4	5	6	7
24	我为自己的将来发展做准备	1	2	3	4	5	6	7
25	对于感兴趣的事情，我能干得挺好	1	2	3	4	5	6	7
26	我想学很多东西	1	2	3	4	5	6	7
27	我不喜欢让自己闲着没事做	1	2	3	4	5	6	7
28	我会为问题的成功解决而感兴奋	1	2	3	4	5	6	7
29	我看电影的时候喜欢对故事的结局进行猜测	1	2	3	4	5	6	7
30	只要我愿意，我可以凭借自己的能力实现目标	1	2	3	4	5	6	7
31	我会因对问题的豁然开朗而很感开心	1	2	3	4	5	6	7
32	我常能找到比其他人更简捷的方法来解决问题	1	2	3	4	5	6	7
33	我晚睡早起依然有精神	1	2	3	4	5	6	7
34	对于在我身边发生的事情，我常常能较好应对	1	2	3	4	5	6	7
35	我有时喜欢幻想一些东西	1	2	3	4	5	6	7

续表

序号	题目	完全不符合	比较不符合	略微不符合	不确定	略微符合	比较符合	完全符合
36	我能灵活运用所学知识	1	2	3	4	5	6	7
37	我常能找到自己喜欢做的事情	1	2	3	4	5	6	7
38	对于游戏活动，我通常是因为有趣才去参与	1	2	3	4	5	6	7
39	我有时会替身边的人感到担心	1	2	3	4	5	6	7
40	出现问题的时候，我常能想到相应的对策	1	2	3	4	5	6	7
41	我希望我的生活能有变化	1	2	3	4	5	6	7
42	我很少会感到疲惫不堪	1	2	3	4	5	6	7
43	我喜欢阅读各种类型的书	1	2	3	4	5	6	7
44	我喜欢凭借自己的爱好做事情	1	2	3	4	5	6	7
45	我喜欢看各式各样的新闻	1	2	3	4	5	6	7
46	有时候，我会将不相关的事物联系在一起	1	2	3	4	5	6	7
47	我是个可以"举一反三"的人	1	2	3	4	5	6	7
48	我可以理智地面对困难	1	2	3	4	5	6	7
49	周围的事物常能引起我许多联想	1	2	3	4	5	6	7
50	我能以比较省力的方法来完成任务	1	2	3	4	5	6	7
51	任务较多时，我会坚持干完	1	2	3	4	5	6	7
52	如果付出必要的努力，我能解决很多问题	1	2	3	4	5	6	7
53	听到对一个陌生人的描述，我会想象他（她）长得什么样	1	2	3	4	5	6	7
54	我做事情讲究策略	1	2	3	4	5	6	7
55	我希望对很多知识都有所了解	1	2	3	4	5	6	7
56	我喜欢思考关于人与自然，或是人与社会的事情	1	2	3	4	5	6	7
57	我想变得与众不同	1	2	3	4	5	6	7
58	我做事情喜欢按部就班	1	2	3	4	5	6	7
59	学习知识可以让我帮助别人	1	2	3	4	5	6	7
60	当有一个新念头时，我忍不住想去尝试一下	1	2	3	4	5	6	7

再次感谢您的支持！

附录二 "大中学衔接培养创新人才"访谈提纲及访谈记录

"大中学衔接培养创新人才"访谈提纲（大学教师版）

尊敬的老师：

您好！我的硕士毕业论文是"大中学衔接培养创新人才方式研究"，因研究需要非常渴望学术前辈给予答疑解惑。我了解到您的学术经历令人钦佩，希望您能够不吝赐教。我承诺对此次访谈的内容绝对保密。谢谢您的合作！

访谈问题：
1. 您对高中阶段创新人才培养有何看法？
2. 大学及中学在其中的角色如何？
3. 作为一名大学教师，您想要招收具备什么素质的本科生？
4. 您认为高中创新班应该如何选拔学生进行创新人才培养？
5. 您认为高中创新班应该如何设置课程方案？
6. 您认为高中创新班应该如何实施教学改革？
7. 您认为高中创新班应该如何创新教育教学评价？
8. 您认为高中创新班存在哪些风险？

大学教师 G 访谈记录

时间：2011 年 9 月 18 日
地点：X 大学某咖啡馆
作者：您对高中阶段培养创新人才有何看法？
G：基础教育很少提到创新，一般提三维培养目标，即知识、能力、情感态度价值观。我在想为什么基础教育少提创新，在于基础教育阶段还是打基础的阶段，学生是未成年待发展的，在这个阶段谈创新不是特别的有意义。一个学生最基础的东西都没学好,尤其是在高中之前还没有达到比较成熟的阶段,就去讲创新有点是空中楼阁。没有把基地打好就没有创新可言。所以这可能是一个原因。为什么到了大学阶段,创新一下很多人提、很多人研究?因为到大学阶段所有的知识储备、各方面的能力达到一定的水平,才可能去谈创新。

对于高中阶段培养创新人才,我有两方面的看法,一方面是可以讲,高中刚好是小学、初中到大学的过渡,学生生理、心理、认知、知识储备等各方面已经达到较为成熟,倒是可以有意识的去提一些创新,因为毕竟要迈向大学。另一方面是高考的阻力非常大,高考现在主要是考一些实际的、非创新的东西,在高中太讲创新了,可能会导致没有创新,高考也被耽误了。比方说学校想通了,跟家长说要培养创新人才,你们小孩以后就会怎么样,但是试两年之后发现升学率下降,或者说高考成绩受到了影响,那么可能家长就不干了,学生也不干了,可能学校也慢慢退缩了。而且高中创新人才很难培养、很难见效,创新全世界都在讲,但还非常难定义、评价到底什么是创新。人才培养也很难有个模式,因为创新本身就是不可教的。

同国外相比,我国学生的基础特别扎实,但是到大学之后,创新能力远远落后。为什么我们的基础这么好,创新这么差?基础与创新如何平衡是需要思考的,所以我觉得有必要在高中阶段培养创新人才。但是由于各种原因的限制,尤其是高考,最终能不能对高中教育产生实质性的影响,我个人是保留的。

作者:高中创新人才培养便是想寻求这个平衡。高中培养的不是直接的创新人才,而是后备创新人才,侧重于发展潜质,侧重于大中学的衔接培养。现在科中的创新班在做这一块。

G:那这个创新班培养学生的创新潜质,有没有一些相应的大学跟它的约定或者教育规定,对高考有什么帮助吗?

作者:创新班不是说高考有加分,而是有保送的机会。在选拔生源时,注重有没有创新潜质,比如初中有没有参加物理竞赛之类的,基础比较好的选拔上来。他们比较头疼课程如何设置,国家性高考的课程是不可能放弃的,但是在这一块之外还要开设一些有利于创新培养的课程,比如说拓展性课程、实践课程,可能两手都抓,但孰轻孰重是一团糨糊。您刚说到,高考的重点仍在学科知识的考察,但是我想今后会更偏重于实践方面。

G:偏重于实践是没错。但这里面有一个非常关键的问题:知识跟能力的关系。创新是一种能力，创新要不要知识。前两年的基础教育课程改革有点矫枉过正，把知识的第一位给忽视掉，变成了我们不能讲传输知识，不能讲学生要掌握哪些知识，而是片面地去强调发展能力、创新，让学生形成高尚的价值观、判断能力、态度等。刚才讲的三维培养目标，其实知识应该是基础，因为没有知识就没办法谈能力、态度，所以我觉得，包括在设置课程的时候，三者的关系要怎么处理好是一个重点。比方说 50 个学生，应该怎么设置课程，基础性的东西、基础性的课程要多少。

创新在很大程度上是一个心理学概念，创新和知识有什么关系现在国际上的教育心理学界也有很多人在做这个实验。比方说评价一个学生的能力或者知识的掌握程度，我们会用概念性知识、程序性知识，这也是知识，但是已经不大一样了，可能涉及迁移能力。那么这几种指标的关系到底怎样？而且，发展学生的这些能力跟知识，应该相应的组织教学。

创新班在设计课程的时候，就可能碰到两方面的问题，课程设置问题和教学法问题。解决这两个问题必须有教学专家和课程专家介入。课程专家负责整个课程的设计，包括课程目标和课程设置，教学专家尤其是教学心理学专家则负责提供教学法的建议，比方说教师如何教学生，创新最终还是要老师教学生听，或者老师教学生做，或者做中学等等。这些都是教学方法如何运用，是要采取授受的方式，还是采用问题式解决，或者说采用建构主义等等，直接就关系到创新能不能够实现。任何人才培养模式或者教育改革，都要落实到课堂教学中。

中国有一个特色就是教研小组，教研组是保证基础教育教学质量的核心。但是教研组有一个很大的局限，里面全是中学老师，没有比较上层的理论研究者介入。我们之前做的一些研究就发现，如果在教研小组里面介入一些课程专家和教学心理学专家，就能在理论的层次上帮助这些名师。这些老师很厉害没错，但都是一些经验性的总结，没办法提升。提升就需要外部的专家介入，组成学习小组或者说研究小组，那么对于高中学生创新的培养会有很本质的帮助。

作者：那您对创新的定义是什么？

G：创新很重要的一个能力是迁移能力。如果课堂学到了些东西，却没办法在别的情境当中用出来，那么也是没有创新的。在培养过程中，学生通过课程、教学，迁移能力有所发展的话，那么我觉得这不能说完全等于创新，但至少是创新的核心要素之一。还是回到刚才的三维目标。总的来说：第一，一定要基础过硬；第二，问题解决能力要非常强；第三，道德、价值要正确。无非就是一个全面发展的人。

作者：按照您刚刚说的，创新比较核心的是迁移能力，那按照这个目标来设置课程的话，应该怎么设置比较好？目前创新班的想法是这样，立足国家性课程，同时开设拓展性课程。拓展课程包括去大学实验室感受科研以及一些动手类课程。但是二者的比例应该如何设置呢？

G：校本课程提了这么多年，一直没有得到重视，全国都这个样子。其实还是因为高考在作祟，全部的时间都被挤占掉了。校本课程高考不考，创新高考也不考。对于选修课程的开设我持悲观的态度。而且高一高二还好，高三基本全部时间都在复习考试科目，到高三根本就不可能。

我觉得创新不是一所中学能做的，可能需要整个国家层面的改革。尤其是高考没有改，其他方面改了也没用。而且高考不容易改，深层之源在于传统文化。本身我们是考试国家，最后都考大学，就算职业教育再好，有职业两个字就不读，大学再差是本科就要去读。最深层的根源就是儒家文化的一种积淀。文化直接导致高考没办法改掉太多。在高考没有变的大框架下面做一些自己的努力，效果怎么样我们不能否定，但是可以去试一下。搞不好学生考得又好，创新能力又高，那就是一箭双雕。

作者：高考改革要结合综合评价，既然有这个方向，路可能会走得比较长，但始终是要朝这个方向走的。这个改革方向和创新人才较契合，虽然很难做，是不是总会有做成的一天呢？还是说永远没可能？

G：有可能没做成，有可能这个方向就是错的。而且有些东西，不是想改就改，可能需要时间。反而保留高考的形式，在考试内容下功夫，我觉得更是一个方向。像考试让学生默写，这个肯定不好，也可以测试实际能力。这两年高考慢慢地越来越灵活，本身就是一种能力的体现。考什么，反正大家都会去考，批评的东西就会少一些。

作者：那您觉得高中创新班应该如何设置课程方案？

G：课程设置是受到课程目标和培养目标限制的。目标定了之后需要考虑课程的类型和结构。课程是选修课还是必修课，以学生为中心还是以学科为中心，或者以社会为中心。一般基础教育的课程比较以学科为中心，但是现在就要变得比较偏向社会中心跟学生中心的课程设置，课程比例就要有所调整。选修课增多了，核心课程就要减少。具体怎么设置，不是一下讲得清楚的。要看注重培养学生什么能力，开设相应的课程去培养。比方说，注重操作技能、沟通能力、演讲能力，就要把所需培养能力列出来之后再相应设置课程。原则就是多一些选修课，多设置一些学生导向、社会中心的课程；在教学法上，减少一些单向的授受教学，多一些互动主题式的、项目式的教学，多一些做中学的实习或者课堂外的学习。

作者：但是开设那么多选修课是否真的有必要。比方说演讲能力，如果特意为了提高演讲能力开个演讲课，可能没有必要。通过一个演讲小组，以活动的形式来培养，是不是OK？

G：那倒无所谓。开常规课的课堂形式也可以用小组来组织，怎么去做才最重要。如果老师在上面讲，大家在下面听，那演讲能力肯定培养不出来，肯定要互动、观摩、实践，这些就是教学方法的事了。

作者：教学法怎么激发迁移能力？

G：老师需要下功夫，研究什么样的教学方法有利于学生的迁移能力，什么样的方法不适合迁移能力。现在有很多研究成果，比如现在很流行的PBL（基于问题的学习）、小组讨论、项目学习等都是一些教学法，都被认为有利于培养学生的迁移能力。

作者：另外一个问题，创新班学生每人会配备一台电脑，您认为教学中如何有效利用这个电脑？

G：比如说有些课程是画画的，需要电脑制图；或者上电脑课，学习编程、做网页、动画设计等，这些课都需要电脑。具体可以在课上做的，比方说一些调查、同伴互评，电脑可以即时实施。

作者：那您认为高中创新班应该如何创新教育教学评价？

G：可以多采用形成性评价，及时了解学生的困难、反应，根据反馈调整教学计划。老师不是一开始就把整学期的计划制订好，而是根据形成性评价的结果再制定计划教案，然后对一些问题进行补充。形成性评价就是为教学提供依据，跟总结性的差别就在这里。在教学中可以设计一些形成性评价，了解学生的情况和一些教学问题。比方说教师讲了三分之一后，让学生做一个课堂反馈，对课堂打分数、提建议，就是教学监控的过程。教师通过反馈知道优点和缺点，做总结后下一阶段的教学就要相应的修改。监控就是一种诊断，诊断教学中的问题，发现优点和不足。

作者：那您认为创新班设在课程设置中，在高一、高二、高三三个阶段，侧重点有哪些不同？

G：高三就得按常规教学进行复习了，高一高二还可以进行一些尝试。课程设置最主要的依据是学生特点，首先要考虑学生的因素。三个阶段学生本身的认知发展不一样，高一跟高二的最重要区别是认知发展的差异，逻辑思维、基础知识有一年的差别，可以参考一下国家课程的设置。国家课程是螺旋式的课程设置,由浅到深,高一的东西就浅一点,高二就深一点,同样的选修课也要有相应的对应。当然人的发展,高一高二就差这么一年,认知是不会有本质的变化。所以选修课也是以系列式开设,也要考虑螺旋式的设置,从浅到深。但是如果选修课不是系列的,那能配合当时的国家课程效果会更好,比如物理上到了杠杆原理,选修课开设相关方面的相配合,学生也能学有所用。

作者:那您觉得这个创新班可能存在哪些隐患?

G:最主要就是影响高考。

作者:那大学应该如何作为呢?

G:大学要提供专家,学科专家、教学法专家、考试专家等等,给中学专业的、理论方面的支持,提升中学办学水平。中学毕竟有些东西认识不到,大学基本是比较先进的东西。

作者:那您知道国外有没有高中阶段创新人才培养的实践?

G:国外考大学是申请制的,考察 ACT、平时表现之类的。学生把材料放入档案袋后寄给大学,有个委员会对材料进行审定,决定录用与否。所以国外其他方面我不知道,教学方面还是比较注重一些。国外有很多选修课,本身的课程设置方面跟我们不一样,而且教学相对比较少用讲授式,师生交流会比较多。至于有没有创新班,我不了解,但估计没有。

"大中学衔接培养创新人才"访谈提纲(中学教师版)

尊敬的老师:

您好!我的硕士毕业论文是"大中学衔接培养创新人才方式研究",因研究需要非常渴望教学实践专家给予答疑解惑。我了解到您在中学教育方面实践经验丰富,且在创新班担任教学工作,希望您能够不吝赐教。我承诺对此次访谈的内容绝对保密。谢谢您的合作!

访谈问题:

1. 您认为"创新人才"体现在高中生身上的核心特质是什么?
2. 您认为高中阶段后备创新人才的培养目标是什么?
3. 您与创新班学员实际接触后,有何看法?
4. 拓展课程准备如何开设?若已开设,实施情况如何?
5. 您觉得学生从拓展活动中可锻炼哪些能力?
6. 准备如何实施有利于学生创新能力培养的考核方法?

7. 网络教学的利弊何在？打算如何使用？

8. 创新班的实际办学应该注意哪些问题？

创新班化学教师 S1 访谈记录

时间：2011 年 9 月 18 日

地点：科中教研室

作者：您从一个教师的立场，对高中阶段创新人才培养有什么看法？

S：可能就是发现问题、能够有兴趣、有比较积极的心态想去解决问题。可能在中学阶段，更多的还是这种思维方式和观念的形成。比如说在化学上课过程当中，应试是一块，但是引导学生具备一种能够适用于各种场合、各种问题环境当中的思维方式，一种能够解决问题的范式，挺重要的。

作者：那您对学校的创新班有什么看法？

S：这个创新班有一定的亮点，能体现出通过 3 年的培养，大部分同学的确具有同龄人中比较宽、比较大的视野，或者是较强的看待问题的敏感性，或者是比较独特的视角。因为在 3 年中，他们毕竟有学习方面和高考的压力，不仅要学一些国家课程的知识，同时要试图通过拓展课程，能够奠定一些基础创新能力。或者说个别同学的确在这方面的能力不断加强之后，能够形成个性和特长，比如说能够符合某些高校自主招生的选拔条件。创新班是否成功可以借鉴自主招生的衡量标准，同时也是中学和大学的衔接。

作者：你们现在有对学生进行综合素质评价吗？

S：综合素质评价，从开学到现在的话，其实没有。我们有福建省的信号，但落实很不好。我一直都觉得这个东西挺不错的，但是为什么操作起来这么难？原因很简单，这个系统没有向学生开放。比如说学生的自评、互评，一个个学生过来，教师电脑又有限，就变成了全都是批量的，或者说是默认值，我觉得挺可惜的。其实当时综合素质评价的设计，还算是比较用心，各个层次都有所涉及。

原来我觉得综合素质评价是件好事，但是当班主任以后发现是给教师增加工作量了。每年导入的时候我觉得很无奈，每个项目好几个维度，我都记不住。出发点是好的，但是操作起来真不好做，真的很麻烦。

作者：是不是大概的意思就是学生压根就不知道自己是个什么情况，

没有参与其中,都是老师自己在弄,而且是批量导入,没有针对个别学生来做这个?

S:有针对个别学生,这一块还是要实事求是。老师会在高三毕业的时候把综合素质评价表打印出来,学生签字。老师在这块做得还是比较细致,比如先默认设置,再按一定的百分比,哪些是优秀的,哪些是合格的,我们就会调开。教师评价还是会参考结合学生的情况,结合平时表现,比如纪律、行为习惯、礼貌、审美等等。但里面有设置一个学生的自评跟互评,这块没做。

作者:那如果创新班把它做实了,有可能性吗?

S:其实在内部开会时,我就有提到这个系统。因为我压根就不知道这个系统到底面向学生是怎么操作的,到底有没有面向学生操作的可能性,也就是学生有没有自己的账号,我也不知道。如果学生有自己的账号可以登录的话,让学生自评就很简单。互评的话,以小组的形式顺时针或者逆时针互评一下就可以了。那这一块不就做起来了。

作者:因为我想创新班培养出来,可以面向自主招生,综合素质评价就比较重要。

S:对。其实里面的维度挺不错的,比较细,但是工作量很大。

作者:那您认为创新班的培养目标是什么?

S:这个大问题吧,上次我们开会有讨论过几点。但是真让我现在说出来,我还真说不出来。

作者:那您对学生有什么看法呢?

S:我觉得招生很关键。招生本身其实要去选拔并不容易。真正进来之后,配套的衡量标准其实不是很同步。如果单纯从目前与学生的接触来看,在知识的接受、行为的习惯方面来进行一个低层次的判断的话,你会觉得参差不齐,优秀的很优秀,比如说思维很好、动手能力很强。也有一些差强人意的学生,整体水平则为中上。

作者:那学生在学科及拓展课程这块感受怎么样?

S:拓展这块,学生的收获应该很大。只是说很多时候他们未必能够在当下很清楚的知道我得到了什么,但是这种课程长期的坚持,对他的视野、思维、观念,绝对会和同龄人不同,包括可能会更大胆的提出问题、交流问题、思考问题。我觉得拓展课程真的有这种效果。

作者:据我所知,好像拓展课程不是所有学生都能参加的?

S:如果是讲座和参观,肯定每个人都能参加。学生去听这种讲座,可能不一定听得懂，但是在这种年纪就跟高校的教授、海归博士接触，学生本身的平台就不一样了。还有包括提前进入实验室，可能科研的环境在陌生的时候很神秘，实际去参观的话会把这种神秘的面纱揭开，这个现实可能让学生感觉科研不过如此，这是一种想法。但是也可能让他们真真切切感受到科研就是这么实实在在的，从点滴的、很琐碎的事情做起，不是高高在上的，我想这也是一种很踏实的引导，是一种不错的发展过程。很多人是到大学才意识到科研原来是如此。在高中阶段听到老师说怎么怎么样，这对学生来讲就是一个很好的帮助。

再比如说去听一些报告、前沿的讲座，学生可能不能完全吸收，但是科普的东西，哪怕5个讲座下来，每个讲座记住一个点就很难得了。这些点可能就是他们未来的方向，甚至5年、10年后，将来真的从事某个领域的时候，第一他有可能受这个报告的影响，对某个领域感兴趣；第二他可能在有条件的时候，真的进一步把曾经接触到的、值得做的去做。这也算教育过程中的一种影响。拓展课程要说很实实在在的成绩摆出来，那未必。但是，教育本身就是一个长期的过程，这对学生潜在的教育会很有帮助。而且这个成本不算高，半天时间，这很值得，也是一个难得的机会。

作者：因为创新班是一个整体，那怎么去照顾到那些差生呢？

S：好像后续会有"进出制"，"进"不会进，但可能有个别人退出。对待差生也只能是因材施教。选拔不代表一定是正确的，"差生"从一个角度来判断的话，可能只是适合更大众的普通高中教育，从另一个角度来衡量，在这个氛围当中得到一些熏陶也是一种收获。不代表创新班的每一个学生在创新能力上都会有很突出的成绩，那么一些真的很有特长的、很有个性的学生可能会有很多实实在在的成果。至于课堂上常规的教学，很自然就能照顾到。

作者：学生在入学前阶段就上高中课程是不是很有压力？

S：肯定的，提前上高中课程很辛苦。我另外也教实验班，每一周让学生写周记，这一周周记全部就是觉得高中跟初中，整个的学习环境、学习压力、课堂容量、作业量、题目的难度都不一样，这个问题创新班也肯定存在。高一是最艰难的一个过程，普遍都在喊压力大。

作者：现在创新班的学生学习情况感觉怎么样？

S：学习情况感觉两极分化，学习态度整体不错。但也有个别态度有问题。

作者：现在上课跟原来有什么差别？

S：课时上面目前还没有明显的压缩，因为高一上学期无从压缩，反倒是要往前讲。我们还是要考虑到学期统一考试，如果进行知识拓展，这个学期不一定讲得完。

目前创新班不是按照以前的上课顺序，从衔接课开始，难点或者说基本概念、方法先讲。讲了之后回头讲一些基本的方法性质。高一上学期比较不会涉及超前讲，全部就是该讲什么就讲什么，高一下学期才会有选修层次的问题。

至于课程的调整，有一个初步设想是增加竞赛课，生物已经在上了，还有一个想法是开设一个系列的拓展课程，不是报告性质的，而是有一个合适的课题能够带几个学生一起做3次或5次，或者说讲到某个知识点，请一些大学老师讲系列课程，有点拔高性质，可能是跟生活的联系，也可能理论层次更高一点。

我们班还有创新大赛的压力。参与创新大赛的同学不能多。我既把它当做拓展课程，又把它作为创新大赛的一个项目。因为自然科学不依托高校很困难，依托高校的话学生不能太多。

作者：开学后有大学老师来上过课吗？

S：没有，就上星期六去能源研究院听报告，效果不错。能源研究院也很重视，一天给学生开了5个讲座。

作者：拓展课程有哪些需要改进的地方？

S：拓展课程我们都是摸索着在做，才刚开始。改进的地方首先是参与学生人数要增加，其次主体要更明确。比如暑假我带了两个学生去大学实验室，实验室的研究生不用特别的准备。如果把它作为拓展课程，我要带几批人，每次时间假设一个半小时，相对来说还要跟实验室老师沟通。

如何改进我有几个想法：第一是多利用高校资源；第二是把国家课程当中的应试知识以外的东西再应用一下，多一些知识应用的专题介绍或者是类似展板宣传的活动；第三是请高校教师开设系列讲座，加强科普教育。教师也可以跟着学生一起学习，比如说高校教师在做讲座的时候，跟着学生一起去听，教师就跟着学生一起学习了。而且老师吸收肯定比学生吸收得好。比如系列讲座包含分析化学、有机化学、物理化学等方面的知识，那也是一个很完整的拓展课程；第四就是竞赛，竞赛这块我持保留意见，竞赛不代表一定有创新能力，只能说它是看得见的一种成果。

作者：您在课程规划里提到研究性学习计划，以小组为单位完成研究项目，可以具体解释一下吗？

附录二 | "大中学衔接培养创新人才"访谈提纲及访谈记录

S：这个是我们的常规计划，不算是创新班的特色。我们过去3年当中就有做过。只不过我觉得作为创新班的话，这个更不能忽略。而且以前不是每个班每个人都有机会参与，当时只是挑了一个实验班去做。创新班的学生应该每个人都去做合适的研究性课题，其实就是搞分组实验，一个班分成3组，要求学生去讨论、去设计实验方案，接着进入实验室做实验，最后分析得出一些结论，然后小组呈现探究的结果，即完整地去做。

作者：您提到的化学与生活拓展课程，打算如何授课？

S：挑选几个比较有趣的、跟生活紧密结合的知识点，分小组搜索材料、制作展板，这是我当时的一个想法。或者选取几个方面开设相应的讲座。比如宝石到底是什么，没有一个系统的专题我很难很好的讲授。

作者：您准备如何实施有利于学生创新能力培养的考核方法？

S：我之前有提到闭卷+测验+讨论+动手能力。闭卷没有问题，我已经在做。至于平时的表现，这一块我觉得……我有作业登记表，但提问现在还没做。提问在初中的时候是有记录的，但高中课堂时间有限，而且高中生现在也大了，就没有这么去做。但是如果真的需要，问题也不大，可能不是穿插在课堂中的提问评价，而是课堂前的小结、回顾提问的一个回答。动手能力的评价说实话，很难。因为以前我高一、高二做下来，试图要去评价，根本忙不过来。所以这一块只能说有这个想法，没这个心力。真的是没空，忙着张罗他们操作规不规范，看看这个有没有什么问题、那个有没有什么问题，走一圈忙不过来，更不要说我一个个走过去打分。只有像遇到那种实验考核，一排一个老师，4排4个老师那种的，才有可能进行评价。这个我们只有高二会考有。

作者：您觉得网络教学的利弊何在？打算如何使用？

S：这个模式对我们所有老师来讲都是一种探索。它本身是创新班的一个亮点，所以我肯定要尝试。但这个过程肯定也会有问题，很明显的一个就是老师的工作量明显增大。除了常规的备课之外，对软件里面所有的资源一定要熟悉，而且不是老师的资源而已，学生软件里面的资源也必须熟悉才能够很好的应用。至于优点，学生做题不用盯着电视，可以看笔记本，这种阅读的效果可能比远距离看着液晶电视的效果要好；还有就是效率的提高，相对来讲，如果今天我要用到这几节课的练习都是在这个软件里面，或者说我今天要讲这些题，这个系统有办法发到每个学生的面前，那么学生今天做完这些题的话就可以保存下来，省去了抄笔记，同时也很容易生成错题本，明显的提高效率。

作者：那您认为课程规划有哪些需要注意的地方？

S：课程规划要细化。从我们目前所做的工作来看，有初步的概念、想法，但是我们缺细致的指导。单个科任老师还是有狭隘性，或者说力量单薄、不全面，如果有专门的各个学科的老师，中学老师或高校老师一起做，结合高考的考试说明、现有的教材，把教学计划定下来，并且可供重复使用，就有价值了。

作者：您觉得这个班可能存在哪些风险？

S：风险呢，目前我比较没有风险意识。

作者：那您认为跟家长沟通是个问题吗？与家长沟通，您认为有哪些比较好的方法？

S：问题不大。如果是常规模式的话，每半学期一次家长会，还有家访，那可能两个科任老师一组家访几个学生。家访可以了解家长的一些想法，反馈学生的表现。另外，将学生的成果做成展板，借助家长会介绍给家长，我觉得这是一个好方法。可以向家长多方面、多角度的来展示孩子们的收获。

"大中学衔接培养创新人才"访谈提纲（学校调研版）

贵校有关领导：

您好！我们正在进行一项关于"大中学衔接培养创新人才方式研究"的课题。该课题以创新班为研究对象，探索如何构建普通高中阶段促进学生自主学习、独立思考、勇于创新的教育教学新模式。我们了解到贵校在创新人才培养方面经验丰富，想前往贵校取经学习，殷盼贵校不吝赐教。谢谢！

"大中学衔接培养创新人才模式研究"课题组
2011 年 11 月 11 日

访谈问题：
1. 创新班在招生选拔中如何测查综合能力？
2. 创新班的课程设置如何改革？
3. 导师制实施效果如何？如何保证导师的时间与精力投入？
4. 创新班如何开展教学改革？
5. 如何构建以结果为导向的灵活评价机制促进创新人才的培养？
6. 如何看待学生人文素养的培育？

7. 贵校怎么看待创新人才培养与高考之间的关系？
8. 据贵校的经验，创新实验项目改革的实施需要注意哪些问题？

北京 B 校座谈记录

座谈时间：2011 年 11 月 14 日

座谈地点：北京 B 校会议室

由于参与座谈人员众多，作者以 B 校和厦大指代双方呈现对话，不列出具体人称。

B 校：重点介绍本校创新班的课程和教学。第一个是课程，课程是首要的。这个班的课程是理科班的课程，和其他班略有差别。课程体系是必修、选修、专修、综合实践活动：必修就是高中课程里的必修模块。我们学校在此基础增加一门课程，为一个学期一周一课时的生涯规划，这和北京市是不一样的。必修就是解决高中会考水平。选修开设的课程没有那么多，高一开四个学段，一个学期两个学段算是一门课；选修的定位很简单，就是给学生打开一扇门，不要求做深入的了解；第三类课是专修，我校的高中类型班比较多，不同班的主要差别在专修。学生在学业基础之上，对某一方面感兴趣，通过自己的努力之后，应该能够达到一定的水平。最后一项是综合实践活动，包括研究型学习、社区服务、社会实践等等。

创新班和其他班的最主要差别，在专修课程上。专修这块课程设置，首先是理科基础要非常扎实，在扎实基础之上，为理科拔尖奠定基础，不是真正的培养。目前，我们设置了两大类课程，一大类是学科竞赛类课程。我们学校办班已有 20 几年了，并且有十年办全国理科实验班，1993 年到 2003 年有十届全国理科实验班。我们在选项目的时候，有一个基本的想法，不想推导重来，而是在原来的基础之上，做这样的一个事情。所以我们不想做重新的冒险式的创新设计。还是在原来的基础上，我们把它定位为学科竞赛。学科竞赛定位为五大类竞赛：数学、物理、化学、信息技术、生物学。这类课程是以学科竞赛为一个引导。按照蔡教授的说法，做教育要考虑两个东西，第一个是理想，第二个还要考虑现实。理想是按照人的发展规律，要成长，要成才，要成人。但现实是学生在我们这里读了高中三年，最后要有一个非常好的出路，不能定位为你和他同样的分数，但你比他能力强，既然你能力强，那么高考时为什么不更高呢。所以我们之所以开学科竞赛，就是提供一个平台。全国的奥林匹克竞赛在高校的招生和保送方面有相应的政策。去年我们因为这个竞赛，保送清华北大的是18人，今年我们目前是26人有保送资格，去年是24人。这些孩子在高考时是不能吃亏的，同时应该有更好的发展机会，这是办班的基本想法。

第二类专修课程就是科技活动类课程。在科技活动类课程中，翱翔计划是非常重要的一方面。最早，翱翔计划是模拟科技俱乐部的方式。科技俱乐部是把学生送到大学实验室、研究所实验室里面，去做研究工作。在研究型学习课程基础之上，有些特别感兴趣的学生给他提供这样一个机会。目前，翱翔计划是一个平台，科技俱乐部是另外一个平台。除这两个平台之外，我们还有自己的平台。我们也和高校有联系，翱翔计划中生物给我们两个名额，北京市总共160多个名额。从学校角度来讲，翱翔计划只是一个引导性的课程，指望它是解决不了问题的。我反倒觉得大中学合作模式可能更好。我们是大学附中，但对大学的依托也是有限的，第一空间有距离，第二大学里面不是所有实验室都为我们开放，所以只是有机会的学生参加。翱翔计划为什么艰苦，因为它是一个政府工程，没有直接政策，没有得奖或加分，它还是借助于科技创新大赛，年轻校友科学家评比，100人入围出来50人。我们借助于翱翔，只是多了一个进实验室的机会。

最近乔布斯特别流行，每个干部、班主任手里都有一本乔布斯传。他们经常谈的核心是，科技创新这一块在于给学生奠定坚定科技基础，还有提供平台，不是培养出来，而是别把它扼杀就非常有价值了。所以从这点上讲，比如学科竞赛或科技创新，我也不要求所有的学生都参加，要根据自己兴趣和需要选择。

第二个关于教学。课程提供了一个平台，教学更能反映问题。数理化三科我们给创新班配备的老师都是年轻老师，不是中高考经验特别丰富的老师。年轻老师本身从教学思路上、和学生接近程度上比较高，要么在学科竞赛上很强，要么在研究上会很强。这样对学生的引导价值比较大。同时我们考虑综合发展的问题，语文、外语配备最强的老师，加强人文素质。除此之外，在课程当中有另外两门必修课，一门是通用技术，上课采用任务驱动式，在任务完成当中把握技术基本概念和基本操作。比如学生做房屋的设计，做成一个别墅的模型，也是完全从设计、图纸到实施整合，让学生动手动脑相结合，对学生影响很大。还有一块是信息技术。到目前为止，我们已经把选修模块基本建立起来了，比如我们现在有网络创新实验室。这和一般网络实验室概念不一样，它完全是网络最原初的部分。在这个实验室里，局域网的搭建、网线的连接、怎么设计一些东西，从这个角度来做，非常新。我们有一个基本理念，学生的创新怎么来，得给他们空间、时间，否则想象的东西，意义基本不大。你给他搭了平台，开阔了视野，提供了基本的思路，再把空间时间给他，那学生自然就可能成长。理科拔尖开创新班这一块，只是知识搭建，并没有给他硬性的方式。这个班最后做到高考不吃亏，别的方面也很强。学校的培养目标是"全面发展，学有特长"，从这个角度做一些尝试。但你说特别有特色的东西，好像也没有，大概情况就是这样。

厦大：翱翔计划有总课程，你们开吗？

B 校：我们是生物基地，有两类课程，一类是学科技术课程，分子生物学。实验室是确定的，基础知识得具备。还有一类课程是探究和方法类课程。学习研究的过程基本是怎么样的，研究如何来选题、如何写开题报告、文献检索、展示汇报等。

厦大：我刚才看数学课程有 62 门，全开不太可能。

B 校：我们不是数学基地，不开这个。我们生物开的课程，根据实验室而开设，门数不是很多，比如分子生物学、微生物学。方法类课程每年不一样，开课基本上是由本校老师开。

厦大：贵校的创新班用什么来衡量这几年的投入、产出效果呢？在创新精神上比其他班级有更突出的表现？

B 校：现在这个方面还没有。没有的概念是目前看的是表面的功利化的结果，就是三年后的出口。至于后续发展，原来我们调研过，但仅有这种想法，还没有开始做。从目前短期效果来看，应该是不错。比如这个班应该能保 60% 到清华北大，不包括有些孩子放弃了名额，去国外大学。后续的发展我们只是在关注，因为大学给我们的支持是有限的，这种测量和评价不太好办。各个院系实验室靠的是下面的关系，有机会，但不是必然的。

厦大：生涯规划课我们也有开，第一阶段刚办了几个月。贵校具体是怎么操作的？

B 校：我们是高一第一学期，每周一课时，我们有专门的一个团队在做这件事情，包括上课起到了作用。这周四，北京市有一个推广的课。我们是立体式的做，除了给学生做，也给家长讲生涯规划的意识和一些基本的理论。主要通过家长学校、家长会的形式来讲。生涯规划的课在高一开是第二年，原来是心理的课，目前在课程体系里，没有高二高三。

厦大：贵校专修类有学科竞赛、科技活动课程，上课的时间是周末，还是周一到周五呢？

B校：这就涉及机制问题。专修我校主要走两个途径，一个是课内。我们学校一天八节课，一节课40分钟，去掉每周一第一节全校的校会，每周二下午第三节全校老师上政治课，去掉五节体育课，总课时非常有限。在安排的时候，在课内会有数学专修这种说法。除此之外，每周四下午三节课后是专修课上课时间，八节课以外的安排，这块还不能解决问题。

我们还有额外的一个机制，学校里本身还有一个培训学校，包括物理学校、化学学校、数学学校、生物学校、信息学校。这些机制，培训性质，利用的是周末的时间，可以收费，算是周末培训学校。一上上半天，四个课时，效率比较高。在北京竞赛这一块，这些已经远远不够，家长和学生的热情已经极大地被点燃了，他们自己会在外面上课。科技活动类比竞赛类比例小很多。周一选修有一项是科技俱乐部，周一、周四、周末课时都是四课时。周一、周四是两课时，选修课是连着的。师资范围非常广。

厦大：国家课程教材是按照高考教材重新整合吗？

B校：我们正在做重新整合，也不都整合。目前整合出来的有化学、生物、历史，物理正在整合。我们整合的出发点不是解决模块安排不合理的问题，北京市在教材上有个政策，至少选用两套教材，一套教材不能超过60%，政治和语文除外，都是一纲一本。凡是一纲两本的我们都在做整合。学生有个正规的教材，还有整合的这个读本，读本是免费的。

厦大：国家课程能完成吗？

B校：国家课程能完成，课时够的。当然也不是严格按照国家规定执行，语数外加起来是5课时按6课时来上。理化是一个模块加1，其他课程正常的开，北京高二两课时，高一是一课时，我们在减，高一一课时，高二一课时。我们学校自主会考，这些都不受北京市的限制，高一课时相对紧一点，高二就好了。

"大中学衔接培养创新人才"访谈提纲（学生版）

亲爱的同学：

你好！我们目前正进行关于"大中学衔接培养创新人才模式"的研究，该研究围绕厦门大学附属科技中学创新人才培养改革为重点，以创新班为研究对象，积极探索高中阶段创新教育新模式。因研究需要，我们非常希望倾听你的相关感受与心得，还望不吝赐教。谢谢合作！

大中学衔接培养科技创新人才课题组

1. 什么是三创、三微？参与三创、三微后，你的收获与心得如何？这些对于你的成长有哪些帮助，其中的不足又是什么？

2. 在创新课程与活动中，哪些印象很深，效果很好，为什么？哪些有待提高，它们存在什么样的问题？

3. 请具体谈谈这些创新活动对你的影响。

（1）参观厦大的能源研究院、化院、海洋学院等；

（2）户外素质拓展活动；

（3）各学科的不同教学创新；

（4）导师制、学长辅导制。

4. 在高效学习方面，创新班培养了你哪些能力？你有何切实感受是什么？那么创新能力呢？

5. 目前你们主要遇到哪些困难，希望得到怎样的帮助？

学生之访谈记录

访谈时间：2013年3月23日

访谈地点：厦大附属科中教室

笔者：我们学校开展的"三创"是指什么呢？

学生A："创知"、"创意"、"创行"。

笔者：哦，"创知"是什么意思呢？

学生A："创知"是知识的创新。

笔者：可以具体谈一下吗？

学生A：我们开设的"创知"课程有通识类课程、科普类课程，其中既有人文科学的知识，也有自然科学的内容。在人文方面，我们开设国学入门、科学哲学等课程；在自然科学方面，我们开设有海洋科学等课程。

学生B：另外，也包括数理化生计算机五大竞赛类课程以及不定期举办的英语口语、作文等比赛、各式各样的讲座活动。

笔者：有没有哪些例子呢？

学生C：比如说国学课程，老师将很多经典的古代思想与现代的学习生活相结合，让我们的思想得到提升。

学生D：物理、化学的很多讲座，让我们了解了前沿的科技、知识，感觉视野被大大拓宽了。对于其中感兴趣的知识点，我还会在课后查阅，丰富自己的知识。

学生 B：是的。记得有一堂关于物理学未知奥秘的课程，我对它很感兴趣。我发现原来物理学也有那么多的未解之谜，而且不仅涉及天体的演化，也包括物质的基本粒子、微观作用等。我想好好积累知识，等长大以后说不定可以解决这些问题。

笔者：那么比赛类的活动呢？

学生 D：我们学校举办的英语口语比赛非常有趣。我自己本身就很喜欢学英语，当时主动地报了名，后来得了学校的奖。

笔者：那么，你有什么收获呢？

学生 D：通过参加这样的比赛，我不仅提高了口语水平，也锻炼了公开演讲的能力，我变得不再怯场、更自信了。

笔者：谢谢你，那么"创意"是指什么呢？

学生 C："创意"就是意识层面的创新，它主要关注我们品质、意志的养成。具体形式包括生涯规划课程、心理学类课程等等。

学生 B：对，还有素质拓展活动、创新式班会、学生辩论赛、创新义卖等等。

笔者：哪个很有代表性呢？

学生 D：有门生涯规划课，老师讲的内容既有意思，又很实用。她结合我们每个人不同的性格、特点，规划不同的专业发展道路。尽管对于未来，我还没有成熟的想法，但提早了解这些东西、提前做准备，是很不错的。

笔者：还有哪门课程比较有特点呢？

学生 B：学校开设的心理学课程，教给我很多有用的心理学知识与方法，让我学会化解困惑与烦恼，变得更加积极、自信。

笔者："创行"又是指什么？

学生 C："创行"是指行为层面的创新，主要是培养我们的动手能力、实践能力。

学生 A：具体来讲，包括科技创新大赛、航模、空模、机器人制作等。

笔者：可以就某一点谈一谈吗？

学生 C：小的时候，我看到汽车、飞机的模型就很想玩一玩、试一试。通过在学校学习航模制作，我觉得非常有趣，而且实现了自己的一个心愿。尽管有时培训挺忙、时间挺晚，但我很有成就感，很开心。

学生 B：还有研究性科研实践课程，如前往厦大实验室参观实习、参观体验科研场所等。

笔者：具体是怎么参观实习的呢？

学生B：老师带领我们参观厦大的化学实验室，看看更为真实、高科技的实验器材、仪器，那边的硕博士学长、学姐会给我们一定的指导、讲解，并演示一些仪器的操作。

学生A：而且，以前很多书本上难懂的概念，我不太明白。通过实地的参观，接触到实物后，这些不明白的东西会变得清晰。这对我以后的学习会起到很大帮助。

笔者：听说假期会有一些其他活动。

学生C：在暑假期间，我们班一些同学前往厦大化学实验室实习，跟着那边的老师、同学一起学习，还参与了厦大老师的一些小课题，学着做实验、记数据。而且，经过他们的努力，收获很大，最后的结果也不错。

学生B：我们暑假还去乡村锻炼过一周，感觉一下较为贫苦的生活，磨炼自己的意志，激发感恩的心，使我们明白学习其实是很幸福的事情，要驱除那种安逸、享乐的不良习惯，踏踏实实地努力，为社会做些贡献。

笔者：还有素质拓展活动是吧？

学生B：学校每个学期会组织户外素拓活动，我们班级的老师和厦大的学长学姐会带领我们去附近自然风景好的地方游玩、活动。这样的活动缓解了我们的压力，身心得到了放松。

笔者：我们学校开展的"三微"体系是什么呀？

学生A：是指"微课程"、"微课题"、"微研究"。

笔者："微课程"是什么呢？

学生C：是聘请不同的专家来开设的短学时课程。譬如"能源研究科普知识"、"科技创新通识"、"测量实践"等。

笔者：还有什么相关信息吗？

学生B：在我们的微课程里，既有文理科内容，也有关于日常生活、心理健康等其他主题的内容。老师会把这个主题的内涵、现状、问题、前沿等，一一展现给我们；还会结合生活、实践等具体分析，教给我们很多东西。

笔者："微课程"的教师是本校的吗？

学生C：授课教师既有本校教师，也有厦大、甚至国外的大学教师。他们依据自己擅长的领域选取主题，进行讲授。

学生D：老师来自不同的地方，带给我们不一样的惊喜。

学生B：有门课是"大学生的生活"。这门课程很有趣，而且贴近实际，让我们知道了很多大学的生活情景。这让我对大学更加期待了，而且也更有决心要考到好的大学去。

学生C：有一个关于金融、经济的讲座很有意义。因为我一直想报考这类专业，在老师的讲解下，我对这个专业的更了解了，也懂得了大学里面这个专业的学习方向、基本内容与就业前景，的确很有帮助。

笔者：那么"微课题"又是什么呢？

学生A："微课题"是我们参与的物理、化学、生物等的小课题。例如，假期我们去厦大的实验室实习，跟那里的学长、学姐一同开展实验课题。

笔者：可以展开讲一讲吗？

学生A：刚开始是以观察为主，多看、多问，等熟悉几天时间，就可以参加进去了。刚开始比较紧张，害怕做错，或把仪器弄坏，但过些天就好了。学长学姐们待人热情，教得很好。

笔者：有什么特别的收获呢？

学生C：在做实验时，我觉得首先要弄懂机理、明白规律，然后熟悉、掌握实验的方法，接下来有序地、一步步地做。有的时候，我看一遍看不懂，我就多问一问、多向那边的大学生请教，然后一点一点地记录下，反复思考、理解。而且掌握以后，发现并不难。毕竟设备设计得就很科学，操作方法并不复杂。

笔者：对，是呀。

学生D："微课题"结束以后，学校还组织我们进行成果的答辩评比会。我们几个不同组的成员进行答辩，将自己的实验项目展现给大家。当时年级里很多班的同学都来看，很正规。在回答老师的提问时，我竭尽全力地把自己知道的都说出来，告诉给大家。

笔者：答辩后有什么体会呢？

学生D：通过答辩以后，感觉自己能力提升不少，实验的成果也得到了老师的认同，这是件很让人开心的事。

笔者：那么"微研究"呢？

学生D：微研究的主体是教师，它是针对教师在教学过程中发现的问题而开展的相关研究。

笔者：可以举下例子吗？

学生C：例如创新班的评价研究、创新班级的管理研究、导师制研究、班级发展叙事研究、学生创新式的培养研究、家校联合探索研究等等。

笔者：创新班的活动与项目这么多，会耽误你们的正常学业吗？

学生 A：其实并没有呢。虽然创新活动占用了我们的学习时间，但我们不甘落后。我们会保证把当天的课堂内容、科目作业做好。尽管有时要比其他班学生多学一些时间、晚睡一些时间，但我们并不在意这些。

笔者：整体来看，你们还有什么其他心得吗？譬如其他一些能力。

学生 A：老师注重我们德育的培养和综合素质的提高，例如组织能力、责任感、奉献心以及整体班级的凝聚力等。此外，我们彼此的经验共享、共同进步等，也是一直追求的东西。

学生 D：我们学习的各类课程、参与的讲座及特色项目、亲手操作的科研实验等，不仅种类多，而且新颖、独特。我从中得到了多方面的锻炼。感觉经过这样的学习，进步挺大，收获挺多，自信心也变强了。

笔者：谢谢大家抽出时间接受我的访谈，祝你们学习顺利！创新班越办越好！

附录三 教育故事

期待六月的花开

黄桂元

又到了这样一个蝉鸣萤飞的六月,烦躁与宁静、激情与无助交织在许多老师、家长的期待里。2013年6月24日的下午两点左右,我的手机响了,"老师,北京大学招生组要找我面谈,清华大学招生组也要找我面谈……"我终于松了一口气,六月的鲜花如期绽放。

回顾这三年来的点点滴滴,我不禁感慨,这真是一条"光荣的荆棘路"!在这条道路上,导师制把我和×××同学紧密联系在一起,又或者说是捆绑在一起了,让我和他在这段充满阳光也充满荆棘的道路上相互扶持,一路向前。

导师制是对学生的学习、品德及生活等方面进行个别指导的一种教导制度。而我们学校的"高中生导师制"还实行了双向选择,让学生可以根据自己的不同需要和个体差异,选择一位老师经常性地给予学生学业或心理上的指导。从现在看来,导师制确实是实施因材施教的有效途径之一。

×××同学,我校2010级初中优秀保送生,成绩优异,理科成绩尤为突出。在成为他的导师后,我发现他和其他学习成绩优秀的学生一样,他的心理承受能力、自我调控能力有时更欠缺、更脆弱。因为所有人都在关注他,老师、同学、家长,这种无处不在的探询、比较、期待的眼光让他们往往觉得"压力山大",很多优秀的学生因此而崩溃。所以当我被选为他的导师时,我便告诉自己要多关注他的心理,及时排除他心理上的暗礁。终于,他以686高分考入北京大学物理系。

一、"千里马"的出现

2010年6月25日上午第二节是我初次给我校初中保送生上物理初高中

衔接课，正当我滔滔不绝讲课时，突然我发现有个瘦小的男孩一直低头在写什么，这还了得，第一课就这么目中无人。我立即走下讲台，悄悄走到他身边，"哇，在写高三物理练习题。"我惊讶得差点叫了起来，十几的教学生涯第一次遇到初中刚毕业就自学完高中物理内容。此时的我心里异常激动，默默地记下他的名字，下课的铃声响了，我又走到他身边。

"喜欢物理学吗？"

"非常喜欢。"

"高中的物理课程都看了？"

"除选修3~5外，都看了。"

"目前写高三练习题有困难吗？"

"还好。"

"有什么理想？"

"考上北京大学物理系，将来去欧洲留学，从事高能粒子研究。"

口气不小，我有了一个忠实的物理粉丝。

二、从细节塑造"阳光少年"

曾听人说，"培养人才，文艺界讲究德艺双馨，我们讲究德才兼备，学生的教育是德智体美劳，都是以德为先"。在过去的教学生涯中，我曾经也碰到过这样的"天才少年"，他们在初中的时候就表现出了极好的学习天分，但是后来却有很大一部分因为学习习惯、学习心理等问题而"伤仲永"了。所以我想面对这个孩子，我必须多关注他的心理成长，我要作为一个朋友和他站在一起，去面对成长过程中、学习过程中产生的问题，而不是仅仅作为一位教师，给予他学习上的帮助。经过一阵子的观察，我发现这个孩子在学习上很有冲劲，很有想法，但是有点"个人英雄主义"，所以在教学过程中我尽量多给他创造参加集体活动的机会，积极倡导团队协作，让他在同学们中充分表达自己的看法、想法，互相取长补短，共同进步，养成热爱集体、关心集体、乐于助人的良好心理品质，体会到集体的温暖和在集体活动中的乐趣，体会到在帮助别人后受到的尊重和快感。在一段时间之后，连其他科的老师都能够感觉到他身上这种逐渐开朗的变化。

但是我总想，一个可以稳步走向成功的人，除了要有与别人沟通协作的能力，还需要有丰富的内心。而好书能给一个人的内心注入巨大的心理力量。高一开学时，我把他叫到身边，对他说："读书可以使人更加理性，不为喧嚣繁杂的世事所干扰，不为一时一事的得失而喜忧，从而达到淡泊宁静、自信从容的心理和谐状态。而读传记就是和伟人交朋友。如读《邓小平传》，当读到他能从容面对'三起三落'时，你能不为他乐观、坚强、永不服输的精神所打动吗？那么自己遇到的这点儿小压力还能算是坎儿吗？老师今天送你一本《林肯传记》，相信读过之后，你不但会喜欢成功，更会感谢失败。但咱们必须约好，读完后你一定要和我交流。"他笑着点头。在后来的交流当中，他才告诉我他其实平时并不喜欢阅读文学作品，通常老师全班布置的课外读物他都不读的，觉得还不如做题有趣。但是现在被我逼着读了这本传记，他觉得其实是有收获的。我觉得既汗颜又庆幸，汗颜是因为我之前只是发现他文科成绩不太好，但没想到是这个原因。庆幸的是我误打误撞，为他打开了一扇通往更高远的境地的大门。

时间不断流逝，进入高二的一段时间后我发现这个孩子最近不来问问题了，上课时也没那么投入了。我观察了一段时间，发现可能是因为最近的一场考试没考好，而且宿舍里也比较吵闹。我本来想针对这两个问题，好好地把它掰开了揉碎了，给他讲一讲。但是，这样的方法我已经使用了一年了，我希望他可以从自己的内心或性格中找到信心去解决自己的问题。

美国心理学家贝克尔说："人们一旦被贴上某种标签，就会成为标签所标定的那种人。"这种心理暗示是强大的。所以我要给他贴一些正面积极的"标签"。我跟他说："你能跟我说说你是一个什么样的学生吗？"他说了一些积极的词，也说了几个消极的词。问："想听听我是怎么评价你的吗？"他点点头。我说："你是一个乐观豁达的孩子。你既有喜获成功的沉稳又有笑对失败的坦然。"他略有疑虑的问："老师你真这么认为吗？""当然！"我相当笃定地回答。"这样，你每天把老师的这句话在心里默念几遍，最好把它写下来，贴在书桌上。然后让时间来证明我说的是对的。"我对他说。老师、家长要经常性地给孩子贴正面、积极的"标签"，用欣赏的眼光看待孩子，让孩子在父母、老师的正确鼓励引导下成长，他会活得更阳光。

高尔基曾说过：一个努力的目标越高，他的才能发展得越快。对于学优生，我适时地向他提出新的目标，帮他树立远大的理想，制订近期目标，激励他不断向新的目标奋进。即使到了最后阶段，也要善于用"计划"来稳定不羁的情绪，在复习中不断地进行总结、调整。一心向着自己目标前进的人，整个世界都给他让路。

三、打开天窗，让鸟儿去天空飞翔

在"匀速圆周运动实例分析"的课堂上，我给学生这样一个问题情景：

"一辆汽车在宽阔道路上行驶，前面突然出现宽度很大的障碍物，为了避免相撞，试问该车选择刹车滑行好，还是转弯好？"

同学们纷纷议论，多数学生说转弯好，也有人说刹车好。

经过引导、讨论，我和学生得到这样一个结论：汽车速度 v 一定时采用刹车方法滑行距离短。因而采用刹车方式好，当我沾沾自喜地讲完此题，看着学生恍然大悟的样子刚要转入下一题时，他举手发问了："既然刹车可以避免相撞，转弯也可以避免相撞，那么一边刹车一边转弯不是更好？"这个"突发"的问题顿时使全班气氛非常热烈。

我建议学生前后 4 人为一个讨论小组，对汽车一边刹车一边转弯的情境进行受力分析，然后提出解答思路。有些组的学生开始埋头计算……这时，他又提议："我们没有汽车，但我们有自行车啊，去验证一下不就可以了嘛！""好啊，我们下午活动课的时候去篮球场试试！"同学们欢呼雀跃着。

终于到了活动课时间，篮球场上一片欢声笑语。学生几乎每个人都想试一试，大多数结果验证刹车滑行时位移最短。

"可是为什么我刚才的实验不符合呢？"他边说边向我走来。

"其实习题中的情景是汽车完全抱死（滑行）状态，而在实际操作上自行车毕竟不同于汽车，车身轻体积小等原因使有些同学怕侧翻，所以没有紧压手刹，使自行车没能做到抱死（滑行），车轮仍然在滚动。"

是啊，作为老师，我应该多寻找一些机会，打开天窗，让鸟儿去天空飞翔！不管成功与否，经历风雨后，他们的翅膀将会更有力量！成长中的挫折，对他们来说何尝不是一笔无价的财富？

四、"离校出走"小风波

2013 年 5 月 15 日，市适应性考试后的第二天，各科试卷已批改完毕并分发到学生手中，学生已经知道自己这次考试情况。早上第一节物理物理课，我提早到达教室，刚进教室，他的同桌同学就走上来说，7：00 左右他看到×××同学背着行囊走出校门。其实我心里也知道他为什么离校出走，"不会是因为这次成绩总分输给别人吧？""一定是，毕竟这是第一次成绩总分输给别人。"我心里想着。我立即联系他，打了几次电话，他都不接。于是我给他发短信。

"你在哪里？望能及时回复。"

"在外面一个安静的地方，很安全，请你放心。"

"这两天老师要试卷讲评,很重要,你要及时补缺补漏。"

"我不参加高考了,我要参加自学考试,有才能的人不一定要考上好大学。"

"你今天怎么了?这可不像老师印象里的你呀。"我故意问道。

"我上网查了相关资料,英语第 25 题的语法,化学第 25 题的实验探究,物理第 22 题试题命制不够严谨,我做的答案是对的,为什么不给我分数?"

"你们就是看我不顺眼。"

"你们都会教育我们,'平时成绩不要看得太重',明明不知道学生的真实想法,却轻飘飘地说'老师很理解你们,只是你们不理解老师……'"

"'金无足赤,人无完人',老师也是平常人,也有考虑不周或知识不够全面,你为什么不与老师讨论下?教学相长呀,你说呢?"

"每个人心中都有两扇窗,一扇是快乐之窗、积极之窗,一扇是阴暗之窗、消极之窗。打开快乐之窗,你会看到阳光,会看到善良、理解、宽容、感恩、和谐……"

"爱迪生发明电灯,失败了一千次。但他说:至少我知道了一千种会导致错误的方法。再试一次,就是给自己一次机会。"

"我们学习过程的失败,是为成功的那一刻积累力量。每一次失败,都是有意义的。要相信自己的实力,不要害怕失败,好好加油,你一定会成功!"

"好了,你再好好想想,自己哪里做得不妥,中午你找我谈,好吗?"

"嗯"

看到事情已知基本解决,我也放下心来。中午,他如期来到我的办公室。为了让他重新拾起自信,在交谈过程中,我给他列举了大量古今中外成功人士的奋斗史。

"学优生"的情绪容易从一个极端走向另一个极端:取得成绩时他们欢欣雀跃甚至自我膨胀,一旦失败(有时并非真正的"失败",而只是未达到他们理想中的状态),就会陷入极端苦恼、悲观的情绪之中。为了使这样的学生继续以良好的心态投入到学习中,首先淡化角逐优秀生的价值观念。其次要引导优秀学生在努力学习、奋发进取中完善自我、实现自我价值。最后,要给这些学生一个宣泄的途径,让他们可以说,可以哭,可以独处,这个时候老师其实可能只需要带上耳朵用心倾听,或者只是需要适时地给他一些点拨。

苏霍姆林斯基说："在每个孩子心中最隐秘的一角，都有一根独特的琴弦，拨动它就会发出特有的音响，要使孩子的心同我讲的话发生共鸣，我自身就需要同孩子的心弦对准音调。"这句话让我懂得了这样的道理：要教育好学生，必须先了解好学生，接纳学生，同时也要让学生接纳老师、信任老师，向老师敞开心扉，这也是做好学生教育的前提。

我要飞得很高

林庆峰

航空模型活动具有强烈的创造性特点，它能使青少年自然而然地产生不断革新技术的创造欲望，活动过程中失败往往多于成功，有意识地培养青少年不怕困难、不怕挫折、独立思考、勇于创新的精神，才会取得最终的成功，这有利于培养创新型人才。2011年厦门市科技中学与厦门大学合办创新班，为更好培养学生动手能力和创新思维，学校让我从创新班选拔部分学生，开展航空社团活动，活动伊始，我们就提出活动开展只重过程，不重结果，不要只为比赛而开展活动，没有了压力，更注重动手能力、系统化思维和团队合作的培养，在组建第一年面临全省强大竞争对手，没有经验的条件下，获得福建省青少年航空模型锦标赛团体第一名的奖牌；在全国"放飞梦想"航空模型比赛中，获得一、二、三等奖六个大奖。然而，现在有些学生模型活动中带有很强功利性，易受各种诱惑而走偏，找捷径，仅凭一时兴趣停留在"好玩"的水平上，省时省力玩现成套材，现行条件下如何更好寓创新教育于活动中，开展好航空模型运动是我一直在思考和探索的课题。

一、我想要飞

周三下午第二节课刚下课，我正忙着修理模型。"老师"，我回头一看，个头挺高，清瘦小男孩站在教室门口，"老师，你们这有纳新吗？"

"有啊。"我答道。

"那我能加入社团吗？"

"我们一般招高一创新班动手能力强的学生，你是哪个年级的？"

他听我这么说有些失望，急着说："我是初一学生，叫余骁泽，从小学二年级就开始喜欢航模，我会模拟飞行，会飞F-15模型，以后也打算报考创新班。"

"当然，比较优秀学生可例外，要通过面试。那周六早上带上你的模型试试。"

"几点？"他马上转为高兴地问道。

"7点，那时风较小"，我想试试他有没有早起习惯，航模集练时5：30就要到外场了。

"好的，老师，再见！"他显然很高兴地离开。

周六上午六点半我到航模教室取了遥控，模型来到学校操场准备训练学生。不一会儿，一个熟悉身影出现在操场另一端，抱着一架F15模型正一阵小跑过来，心里一乐，这学生还不错，挺守时，我喜欢，对模型是真兴趣，再看看他操控能力怎样。

帮他做了起飞前的检查，我跟他说："学校操场较小，风向怪异，上去转两圈就下来，不行就将遥控器给我"。

随着F15启动后，涵道发出的尖叫声，在跑道上先是缓缓滑行，接着加速，一下子腾空而起，爬升超过教学楼5楼十几米向右滑行，整个起飞还不错，正要叫好时，模型忽然一阵波动，风对飞机的飞行产生影响，特别是对飞行速度较低的模型飞机影响很大，飞机也不适宜在较大的风速下飞行，因为它在飞行中会被风吹到很远的地方，不容易收回，我赶紧接过遥控器让模型降落。"嘿，你通过面试，可参加航空模型社团。"

心想如果骁泽踏踏实实跟着做几年，将来也许是做航模好材料。航空模型活动，可以培养出航空事业的未来接班人，国内外很多航天航空的专家、英雄，有很多人在他们的少年时代就是航空模型活动的爱好者，让他从最初的木制飞机做起，于是从使用锉刀教起。

二、欲速则不达

有一天，上午第四节刚下课，手机铃声响起，"老师，你有空吗？能到航模教室吗？"

"怎么呢？我刚好在，你过来吧"，我正在准备下午的航模课。

不一会儿，骁泽带着一架黑色KT板模型套材过来，"老师，我刚网购的模型，我想利用中午时间，将这架模型组装起来。"

看到他这么较真劲，我挺高兴的，"你会装吗？"

"我边看电脑视频边组装，先装机身和机翼，下午再装其他部分。"

看他蛮有把握的样子，我想让他尝试一下也未必不行，看了模型，交代了要点，就让他大胆试。

下午，当我看到他组装的模型，太粗糙了，这模型一上天，肯定炸机。

航模课上结合这架飞机，主要讲了飞机的平衡和稳定，在天平的两边放上相等的重物，则这个天平就处于平衡状态。在杠杆的支点两边，如果力和力臂的乘积相等，则这个杠杆就平衡了，飞机的重心就像杠杆上的支点，机翼和尾翼的升力，像杠杆上的力。要想使飞机上的俯、仰力平衡，就必须使重心两端的力矩相等，模型飞机在飞行中会不断地受到来自各方面的干扰（如阵风和不稳定的气流等），破坏原来的平衡状态。我想经过这次骁泽应该会认真从基础学起。

几个星期后，和骁泽一起学习的同学进步很大，他似乎变化不大。接受能力挺强的，为什么会这样？我一直琢磨着。要从他家里了解，说来也巧，我在放学时遇到骁泽父亲接他回家。顺便聊起，他父亲说骁泽从小就喜欢模型，家里堆满他买的各种模型，经常在拼装，现在还经常网购。我一下明白他是在玩飞机玩具，不是在做模型。

在周末航模课上，我拿了一架去年市航模比赛一等奖的飞机让骁泽与他的做的飞机比较，他一看脸就红了，不好意思地低下了头。我接着开导道：做航模工艺要好，要扎扎实实打好基础，学长们也是一锉刀一锉刀做出来的，再次跟他讲了机翼制作步骤和关键点，他似有所感悟。接着带他到操场让他试试两架模型飞行效果，不比不知道，比他制作飞得远多了。他捡回模型似乎有话要说，我鼓励他有什么想法尽管讲。"老师，买的模型是机器做的，比我们做得好"，一听就明白，小家伙心里还有结，走到航模教室去。我让他看两架飞机模型，一架是购买来的，一架手工制作的，他也看出了一些差别来，我对他说道：买的产品好比平均水平来说，要想较高水平要自己做；即使没空做时，买些成品来，自己才能调到较好飞行性能。他答道："老师，我明白了，以后一定认真做模型，不再应付"，我也高兴地点点头，"相信你，你一定能做好的"。

三、欲与天空试比高

在航模课上，我让创新班的同学们在现有弹射飞机模型改进一下，比比谁飞行时间长。听说要比试，同学们各个跃跃欲试。弹射模型滑翔机应具有高速上升和低速滑翔的性能特点，弹射模型飞机在飞行时主要有两个阶段：弹射爬高和改出后滑翔两个阶段，这两阶段对模型有不同要求，而且相互矛盾，弹射高滑翔性能差；滑翔性能好则弹射不能太快，模型易损坏，需综合考虑各种因素，才能有较长留空时间。同学们议论开了，各自按自己思路准备。

骁泽抢先道："老师，我身高较高，爆发力强，主要训练发射，将模型射得很高，争取较高高度，赢得留空时间。"我说："到时你试试看。"

A 同学：我的特点手工好，将模型制作轻巧，有较好滑翔性能。椭圆形机翼的翼尖诱导阻力比前两个都小，有利于高速上升和滑翔，但制作比较费事，尤其是初学者不容易把它的形状做得很准确，所以，一般 PIT 多采用梯形机翼。因为它在制作和性能方面都具有优点。如果在梯形机翼的基础上，将翼尖做成圆弧形的效果会更好。

B 同学的思路：巧借东风，善于把握气流，对于竞时类模型飞机而言，如何看好上升气流，让模型飞入上升气流团中非常重要，这样可使模型飞机飞行时间增加很多。空气是经常在运动着的。空气在水平方面的移动称之为风，而它在垂直方向的运动就叫做上升或下降气流。详细观察附近物体在空中运动的情况，然后根据这种情况进行分析和综合，就可以初步得出上升气流的动向。如在起飞前观察燕子、鸟和鹰等在空中不挥动翅膀就可以翱翔时，或者其他模型在空中越飞越高时，或模型在迫降过程中下降速度很小，就可以判断出附近存在着上升气流，于是赶紧将模型飞机飞入这一范围内，飞行时间将增加很多。当天空中出现积云时，可以在这些云的变化中寻找上升气流。当天空中出现小片积云时，其地面被云块遮住部分的气温迅速下降，而周围部分的温度则不变，此时由于温差而产生了上升气流，如果你赶在云块飞行路线的前面，把模型放出去，此时就能吃到上升气流。

学生各有各的想法，八仙过海各显神通。

经过精心准备，同学们第一次试飞，学生显得跃跃欲试。

第一个骁泽试飞，铆足劲，橡皮筋拉的足够长，只见飞机嗖一声直刺入天空，赢得热烈掌声，一遍叫好声还没完，模型由于飞得太急太快，失速掉了下来。一测成绩 11 秒，他有些沮丧。我安慰他"不要紧，回去改进一下，下次再比，先看看其他同学飞行情况。"

第二个瘦小的 A 同学，模型制作很精巧，可以看出制作上下了不少功夫。个头虽小，也毫不示弱，非常有架势将模型奋力射出。与骁泽同学不同是飞到高处，飞机没失速，顺利改出，向右盘旋两圈才下来，同学们高兴地鼓起掌，成绩 23 秒。第三个上场是 B 同学，他不时看看操场上旗杆旗子飘动，有的同学等得不耐烦，一旁催促，学校处在海边，没风时间较少，正当大家有点烦时,只见刘升手上飞机也飞了出去,到了空中也能改出滑翔,慢悠悠飘了下来,成绩 27 秒。

回航模教室后,将第一次试飞做了点评,指出弹射"拉翻"现象可以在水平尾翼下面安装三角木块的方法来克服,不过大小需自己反复调试方可发挥其应有的作用。同学们做了再次试飞,果然好了很多。我说能不能在模型上巧装上机构——可折机翼,可以像一支箭一样直线上升,到达一定高度以后再自动张开机翼滑翔。这样模型飞机只要把滑翔调整好,并保证机翼折叠展开机构的可靠性,弹射上升是不需要调整的。就是上升时直接靠空气阻力使两个机翼紧贴在机身上,到达最高点后再把机翼张开。这种机构的优点是简单可靠,弹射前把机翼一段一段地折好并用钢丝卡钩卡住,卡钩上有一小块阻力板,模型飞机高速弹射上升时阻力板压着卡钩使机翼保持折叠状态,模型飞机上升到一定高度后,速度下降,阻力板的压力减小,卡钩弹开。机翼在弹簧的作用下,自动张开,模型飞机进入滑翔状态。骁泽认真听,仔细做,他在模型上加了一个弹簧机构。再次飞,飞出 42 秒好成绩。他兴奋冲过来告诉我"老师,没想到航模太有技术性了。"是的同学们有想法很好,实际飞行会遇到很多问题,学生体验到要将一件事情做好,不能只有单一方法,单一思维,即便这一方法用到极致,也不行。要有系统思维,在做的过程中,综合考虑各种因素找到最优方案。

附录四　厦大附属科中之新闻报道选录

"创新实验班"选拔不看中考成绩

《海峡导报》2011年3月10日

近日，厦门大学附属科技中学（简称"科技中学"）将联合厦门大学设立"高中创新实验班"的消息引起了人们的热切关注。

为什么开设高中创新实验班？创新班与普通班有何不同？创新班如何选拔学生？什么时候开始报名？是不是需要进行考试？怎么考？考什么？如何提前做好准备？带着家长们关心的这些问题，导报记者采访了科技中学校长谭蔚。

导报记者：厦门大学与科技中学联合招收"高中创新实验班"的消息引起了家长们的热切关注，请您介绍一下为什么创新班落户科技中学？设立创新班的初衷是什么？

谭蔚：其实，与大学联合设立"创新实验班"并非我们首创，虽然在厦门市乃至福建省罕有，但在美国等教育发达国家和我国北京、上海等教育发达地区，是早已付诸实践并取得巨大成功的办学模式之一。北京三十五中在温总理到校听课后决定与中国科协联合创办高中创新班；清华附中设立的实验班已为清华大学输送许多优秀毕业生；上海四大名校（上海中学、复旦附中、华师大二附中、上交大附中）都设立了高中创新班，并取得了丰硕的成果。

去年，我参加教育部中学校长高级研究班学习时，有幸与这些名校的校长同窗讨教，他们的办学理念给我许多启发。厦门大学是唯一地处经济特区的国家"211"工程和"985"工程的高水平大学，在培养高水平科技创新人才方面为国家做出过突出贡献。科技中学作为厦门大学的附中，在培养创新人才方面也进行过积极的探索。我们有厦门大学作后盾，再借鉴国内名校的成功范例，完全有实力办好创新班，为国家输送更多高质量人才，所以就有了创办"高中创新实验班"的计划。

近期颁布的《国家中长期教育改革和发展规划纲要》指出："探索发现和培养创新人才的途径，鼓励普通高中办出特色。""支持有条件的高中与大学、科研院所合作开展创新人才培养研究和试验，建立创新人才培养基地。"《厦门市中长期教育改革和发展规划纲要》也指出："实施高等学校与特色高中联合育人计划，通过联合开发课程、开放高校实验室等方式，对有特殊才能的高中生进行联合培养，加快创新人才选拔培养。"这些都给了我们很大的信心。

导报记者：有些人认为，创新班其实就是"掐尖子"，有急功近利之嫌，您怎么看待这个问题？

谭蔚：我们需要对"尖子"有个恰当的定义。也许很多人认为考试成绩好就是"尖子"，这不够全面。我更愿意用"特长"来代替"尖子"。每个学生都有他闪光的一面，就是说每个学生各有不同的特长，会考试也许算是一种特长，但不是说他在所有方面都是"尖子"。

我校的创新班是针对在科技创新或理科学习方面有特长、潜质的学生开办的，并不特别针对各方面都十分突出的"尖子"，也不特别针对在文科、艺术、体育方面有特长的学生。其实可以说：充分发挥高校在培养创新人才方面的支撑作用，在高中阶段为不同潜质的学生提供适合的教育，正是教育公平的具体体现。

我们在高中设立创新班就是为具有创新潜质的学生提供发展空间的良好平台，是厦门市教育发展规划重点项目之一，并非急功近利之举。

导报记者：创新班与普通班有什么本质的区别？在教学过程中，会做哪些方面的创新和尝试？课程设置会不会影响高考？

谭蔚：最大的区别应该在于，这个班受到厦门大学更加直接的关心和帮助。在厦大邬大光副校长的直接领导下，厦门大学针对"创新班"项目成立了由厦门大学教务处及数学、物理、化学、生命科学、海洋与环境、信息等学院负责人组成的专家委员会，负责落实创新班工作的具体事项。

创新班的课程设置以及教师指导模式也与普通班不同。创新班学生在高中三年学成之后，也面临大学的选择，我们的课程设置必须保证学生能以优秀的成绩毕业。因此，我们首先将优化课程设置，保证开好高中课程，在此基础上，增设拓展课程，聘请厦门大学的教授、专家任教，为学生提供更有效率、更为灵活、更加广阔的学习平台。

学有余力的学生还可学习大学部分课程，获取大学学分，也可参与导师课题研究，进入大学实验室，实际体验科研过程。同时，这个班将采用导师制，每5个学生配1位导师，具体关注学生的成长。

由于创新班的课程设置是依托厦门大学丰厚资源，以加强综合实践能力培养和注重综合素质提高为目标，紧密结合高考学科内容、未来高校学习内容和学生兴趣爱好进行拓展教学，力图使创新班学生毕业时较同阶段学生具有更扎实的学习能力和更广博的知识储备，不仅不会影响高考，还会为学生冲击一流重点大学"加分"，为将来大学学习奠基。

导报记者：现在社会上有一种观点，认为创新班是高考直通名牌大学的"捷径"，您认同吗？

谭蔚：举办创新班，需要大学与中学协调配合，比办一般班级需要更多的努力。当然，一分耕耘一分收获，学校对创新班的投入，收获的将会是学生更有效率的学习、更广阔的视野和更强的能力。因此，虽然不能说创新班是高考直通名牌大学的"捷径"，但确实会为进入名牌大学深造奠定良好基础，国内许多名校的实践都证明了这一点。但我还是要强调一下，创新班并不是名牌大学的"保险箱"、"通行证"，如果自身不努力，再好的学习条件都不可能确保成功。

导报记者：创新班的学生高中毕业后，一定要报考厦门大学吗？

谭蔚：创新班学生毕业时，可通过高考或保送、自主招生等形式报考所有大学；如果考生选择保送厦门大学、报考厦门大学自主招生或通过高考报考厦门大学时，厦门大学将在国家政策允许范围内给予特别优惠。

选拔侧重创新能力与基础学力。

导报记者：那么，创新班的学生通过什么方式来选拔？具体有什么标准？要专门复习吗？偏科生是否能在创新班体现优势？

谭蔚：进入创新班学习的学生，很重要的就是要对科技创新有兴趣，对理科学习有兴趣，同时有能力应对比初中更为紧张、更有效率的学习生活。因此，我们的选拔主要侧重两方面：一是创新能力，这将由厦门大学专家组设定测试方案并组织测试，以面试为主，占总分的60%；二是基础学力，采用通常试题形式笔试，范围与中考相仿，难度略高一点，占总分的40%。同时，如果学生有特长，经审批同意展示后有获得总分5%的加分机会。考试内容以学生基本素质为主，不需要针对考题进行专门复习。

至于偏科生是否能在创新班体现优势，这要看学生"偏"哪方面的"科"，"偏"多少。比较擅长理科学习的学生会有一定优势，但我们不鼓励学生过度"偏科"，毕竟创新人才必须在各方面都协调发展。

导报记者：创新班什么时候开始报名？哪些学生可以报名？考上后是不是不要参加中考了？

谭蔚：报名的时间定在 3 月 15 日开始，3 月 30 日截止。为了方便报名，我们提供了许多方式。既可以现场报名，也可以网络报名，还可以电话、传真、电子邮件报名。具体可见厦门大学网站、厦门市招考中心网站或科技中学（www.xmkjzx.com）网站所登招生简章。若有不清楚的地方，欢迎拨打电话 2510201 和 2569353 咨询，报名期间（包括假日）在上班时间内都有人值班。创新班面向厦门全市六个区招生。只要是具有厦门学籍的应届初三毕业生就可以直接向科技中学报名，户口所在地不限。报名时注意：在初中阶段参加过创新大赛或学科竞赛的学生请填报《厦门大学附属科技中学高中创新实验班报名表》；因学校未组织相应竞赛、初中学科竞赛尚未举行或其他原因无竞赛成绩的学生报名时请填报《厦门大学附属科技中学高中创新实验班报名表（2）》，经科技中学审核后发放准考证。

按市教育局规定，考上创新班的学生，将不再参加中考。

创新班优势将辐射到全校学生。

导报记者：据了解，这次创新班分配了 20 个名额给本校学生，这种做法有什么依据？

谭蔚：我校在初中原本就办有科技班，每年从岛外小学招收 50 名科技特长生。在初中三年的学习里，学校对岛外科技班的学生进行了有针对性的培养，他们在创新能力的发展上比其他同学应该具有更大的优势，这个班的优秀学生绝大多数都直升进入我校高中。特别为他们留了 20 个名额，其实是对本校初中学生创新能力培养的延续。

导报记者：创新班毕竟只是"小众"，作为省一级达标校，今后在大范围的教育教学创新改革方面是否也有相应举措？

谭蔚：科技中学的校名本身就预示着这所学校必须以科技教育作为办学特色。早在学校创办时，就定位是培养科技后备人才、为高校输送高质量生源的特色学校。科技教育的根本目的，是要培养创新型人才，创新型学校是培养创新型人才的最好摇篮。

因此，我们今后将围绕"科技引领、和谐发展"的办学理念，从科技教育入手，引领学校各方面工作协调发展，提升学校办学品位，成为真正意义上的创新型学校。

作为厦门大学附属中学，科技中学得到厦门大学的大力支持。其实创新班的许多办班优势，都可以辐射到全校学生，如拓展课程，在条件允许的情况下，我们也会向普通班学生开放。我们将努力让更多的学生在享受到优质中学资源的同时，也享受到优质大学资源。

在具体工作中，我们特别强调抓好教育教学质量，注重学生文明程度和学习能力的提高，以良好的校风、学风、教风回馈社会。

福建"第一班"科技中学开办高中就上大学课程

《厦门日报》2013年3月26日第4版

让学生拥有突破常规思考的能力，是科技中学教学目标之一。

科技中学给孩子创造多样的学习环境。

本学期开学，北京大学在部分中学开设的大学先修课程的消息，成为一个热门话题。事实上，在厦门，厦门大学和科技中学在2011年也开始类似的实验，这就是科技中学的高中创新实验班。

从本周起，本报分四次，为您"解剖"厦大和科技中学联办的高中创新实验班。

科技中学的高中创新实验班今年年满两周岁，已经招收两届学生——2011年，厦大和科技中学（简称"科中"）联手创办创新实验班，探索大学和中学联手培养创新型人才的方法。

这个创新实验班被称为福建"第一班"——它是福建首个由大学和中学联合招生的班级，它还被寄予厚望——福建省把它列为"福建省中小学教育改革试点项目"之一，人们希望通过它，能总结出中学和高校手牵手培养创新型人才的经验。

它要实验什么？

创新实验班，就是要创造适合具有明显创造性潜质孩子成长的条件，把他们从单调、重复、烦琐、乏味的应试教育中"解救"出来。

自从开设创新实验班后，科技中学校长谭蔚经常被问的一个问题是：你们要实验什么？

目前的高中教育，以培训的方式替代教育的情况越来越严重，特别在高三，学校考评学生的一个标准是要求学生看到题目后不假思索地写出答案。有人说，这不是教育，是训练"小白鼠"形成条件反射。这样训练出来的"小白鼠"到了大学，表现出强烈的不适。

谭蔚说，事实上，在高中，的确存在一批具有明显创造性潜质的孩子，他们对科学研究感兴趣，不满足于传统学校教育传授的知识。我们的创新实验班，就是要创造适合这些孩子成长的条件，把他们从单调、重复、烦琐、乏味的应试教育中"解救"出来，从而更好地保护学生的兴趣，对求知欲进行更好的鼓励。

谭蔚坦承，在这方面，中学还没办法单独完成这个任务，我们希望大学伸手拉一把，发挥学有余力学生的潜能，淡化中学教育应试色彩。

而在这方面，科中正好有先天独厚的条件：科中在2008年成为厦大的附属中学。

简而言之，科中的创新实验班要实验的就是：让高中生在不耽误高中课程学习的前提下，体验创新型的学习模式，提前接受部分大学教育，也为今后大学选择专业奠定基础。

它是学科奥赛班吗？

创新实验班额外增加的课程，强调的是学科通识和前沿知识，以及实验性、过程参与和动手实践操作，和学科竞赛训练有很大不同。

那么，这类创新实验班是否等同于学科竞赛班？校方说，答案是否定的。

以往，中学为学有余力的学生提供的"补品"主要是学科竞赛，但是，学科竞赛的学生面比较窄，功利性也越来越强。

谭蔚说，创新实验班额外增加的课程，强调的是学科通识和前沿知识，以及实验性、过程参与和动手实践操作，和学科竞赛训练还是有很大不同。

他说，我们也为有兴趣的学生开设竞赛类课程，但是，不要求人人参加。

它和普通高中有什么不同？

创新班的课程由两大部分构成，一是普通高中课程，二是微型课程和微型课题。科中创新班每五位学生，就有一名导师，部分导师来自厦大。

创新实验班和普通的高中教育有什么不同？这是存在学生家长中另一个大疑问。

科中的创新实验班的与众不同首先在于它享有的"特权"，在招生方面，由于是"福建省中小学教育改革试点项目"之一，福建省允许它面向外地市招生；在厦门，厦门市教育局允许它自主招生、自主考试，而且是在中考前完成招生。

在科中，创新实验班也是"特区"——创新实验班的每位学生一报到，便会领到学校配备的一台笔记本电脑，学校有一套专业机构开发的教学辅助系统和笔记本相配套，目的是用高科技手段帮助学生更有效率地学习。

科中创新实验班的班制也与众不同，一个班只有三十多人，谭蔚说，两年的实验，这种"小班化"教育的优势也显示出来——由于班级人数少，老师能更多地关注到每位学生；此外，科中也为这个班调集精兵强将的师资。

科中创新班还有一个与众不同之处：每五位学生，就有一名导师，导师除了自己的老师，还有一部分来自厦大，这些大学教授作为中学生的"学术导师"，肩负的任务是帮助学生制定个人发展计划，为学生专业兴趣成长提供条件。

不过，在谭蔚看来，这些还只是表象，创新实验班和普通高中最大的不同在于它的课程。

简而言之，创新班的课程由两大部分构成，一是普通高中课程，二是微型课程和微型课题。其中，微型课程是围绕创新人才的品质特征而设计的，由厦大派出老师，每门微型课程三到五课时，一般在一个月内完成。

谭蔚说，微型课程突破高考科目的约束，为的是培养这些学生的创新意识和思路，拥有突破常规思考的能力，而不只是考试技能。

微型课题则是微型课程的延伸——上完了微型课程，学生们如果对其中某个知识点感兴趣，他们可以和厦大教授取得联系，在条件允许的情况下，到大学老师的实验室做实验。谭蔚说，这并非设想，已经有多名学生利用暑假到厦大实验室进行为期一个月的实验。

"创新"会影响高考吗？

谭蔚说，普通高中该上的课，我们一门也不会拉下，课时也严格执行国家规定的标准。科中还通过提高课堂"效率"来保证高考。

不过，无论有多少雄心壮志，高考是不可回避的。科中的创新实验班，会因为追逐"创新"的梦想，而丢掉现实的"高考"吗？

谭蔚认为，实验班即使有多少教育理想，但是，都要服从高考。换句话说，某种意义上，实验班各项实验实施的前提是要保证这些孩子能考上他们理想的大学。

他说，普通高中该上的课，我们一门也不会落下，课时也严格执行国家规定的标准。

现在看来，除了课时，科中还通过提高课堂"效率"来保证高考。在科中，创新实验班的普通高中基础性课程被更高效的整合，即在有的学科，打破学期的限制，把相关的知识点串在一起，因此，创新实验班的进度会比普通班快。

谭蔚说，这样做的好处是，课堂效率大为提高，又能给微型课程匀出一些时间。

老师牛：高中课程玩"混搭"

《厦门日报》2013 年 4 月 2 日第 8 版

一、这个班很牛

科技中学的创新实验班在尝试"巧干"，对高中课本重新排列整合就是其中之一。科中创新实验班的老师对课本进行的"改编"，就是根据学校实际情况，通过增减删改，促进课程的进一步整合。在科中实验班的课堂上，很多教师打破了不同学段书本的界限，把有关联的教学内容整合在一起。

二、你也可以读

高中创新实验班开始报名，除了厦门，也面向福建其他地市的初三应届毕业生招生，总共 80 人，通过学校单独举行的入学考试后，不必再参加中考，直接可被录取。创新实验班除了高中课程，学生还可根据兴趣爱好提前选修大学课程，获得大学学分。

既要不耽误学生高考，又要培养他们的创新精神和美好人格，有人说，科技中学的高中创新实验班要带着"镣铐"在跳舞，怎么可能"起舞"？

事实上，这个实验班给人的信心恰恰是：它从未回避高考。从开办之初，科中校长谭蔚就把一句话挂在嘴边：创新实验班的教育理想并非要对抗"高考"，各项实验的前提是要保证这些孩子能考上理想的大学。

那么，创新实验班拿什么来保证高考？过去两年，厦大和科中一直在寻找理想和现实的平衡点。从现在看，由于有理想的引导，大学的介入，创新实验班已经"起舞"——它的高考之路走得更加高效和科学。

三、小班化的好处是你不会被忽略

肖丽红是科技中学第一位拥有博士学位的老师。上周，她坦承，一年前她下定决心到中学教书时，心里是有点纠结，原因之一是："感觉中学都是应试教育。"不过，创新实验班很快改变了她对中学教育的很多固有成见。

小班制首先是肖丽红中学时代未曾经历的——这位历史老师教的创新实验班，一个班只有33人，才上一两次课，她就把全班同学认了个遍。

相比较重点中学普遍的50多人甚至60人的大班规模，平均33人的小班，的确是创新实验班最大的亮点之一。肖丽红说，人数少了，老师能够给予每位学生的关注更多了，花在他们身上的精力也更多，印象也就更深。实验班的一位学生上周说："小班化的好处是你不会被忽略，一有问题，马上有老师会找到你。"

和传说中的题海战术不同的是，科中的创新实验班在尝试"巧干"，对高中课本重新排列整合就是其中之一。

课改后的高中课程是以模块的方式来呈现的，以历史为例，同一个时间段的政治、经济，有可能会被分割到几本书里，这样做有利有弊，其中一个弊处是：你讲完这个时期的政治，到下一本书，又说到这个时期的经济时，你不得不花上一段时间来回顾前一本书的内容。

科中创新实验班的老师对课本进行的"改编"，就是根据学校实际情况，通过增减删改，促进课程的进一步整合。在科中实验班的课堂上，很多教师打破了不同学段书本的界限，把有关联的教学内容整合在一起，譬如说，高一的必修课上完，或许会接着上高三选修课的相关内容。

肖丽红说，对课本的重新排列组合使创新实验班的进度先于普通班，还可匀出接受创新教育的时间。

四、中学课堂请来"大学智囊"

洪志忠助理教授是厦大教育研究院的老师，但他却是科技中学创新实验班的常客——几乎每周，他都会带着一份统计表，坐在教室里听课。每节课，他的统计表都有不同的观察点，譬如说，这位老师一节课提出多少问题，问题的认知难度如何，对学生的学习是否提出了挑战度。

洪志忠的同事、厦大教育研究院老师郭建鹏则在科中做另外一件事——上学期，作为教育学的博士，郭建鹏忙着和科技中学物理老师完成《牛顿运动定律》上课准备。上课前，他们对学生进行测试和访谈，了解他们真正困难在什么地方。接着，物理老师们开会研讨，结合学生学习的真正难点，对传统教案进行修改。

从学名上看，洪志忠正在做的是"课堂观察"方法的指导，郭建鹏进行的是"课堂学习研究",他们都属于厦大教育研究院郑若玲教授带领的团队,也是厦大和科中的创新实验班的团队成员,为这个合作项目提高教育教学理论方面的指导。

科技中学教务处副主任刘宏兵说,这些教育教学理论为中学课堂效率提供利器,以"课堂观察"为例,它最终提供给老师的是一份分析报告:这节课老师提出了多少问题,有效问题是哪些?可问可不问的又是哪些?或是提问的区域是否过分集中?所有这些问题的核心是"课堂理答",为的是使课堂的质量进一步提高。

刘宏兵说,对于老师,有时一堂课上下来,感觉效果不错,但是,究竟是哪些变量导致了效果,是老师提问次数多了,导致学生积极性提高了?或是这节课教学内容少了,提供给学生思考时间多了?一线的老师往往没有意识要进行这方面的反思。而通过"课堂学习研究",老师们会比较清晰地看到:到底是哪个变量引发了结果。

与此同时,在"外行"指导下的《牛顿运动定律》取得了实验者预料之中的效果:课后进行的后测显示:改进的教学方法教学效果要显著好于传统的教学方法,学生学习成绩得到了大幅度提高。当然,这种提高课堂效率的方法不止作用在一堂课,郭建鹏和科中的老师正在尝试把它应用到其他学科的一些教学难点和关键点。

五、改变了学生　改变了老师

经过两年的实验,谭蔚最深刻的体会之一是:创新实验班不仅改变了学生,还改变了老师。

他的这番话在林岳川身上得到验证。林岳川是科中教研室副主任,同时也是创新实验班的物理老师。他说,大学的介入,也开阔了老师的视野。

林岳川说,高中的物理教学内容一般由概念和定律组成,没有历史背景,不知道定律为何而来,概念是如何归纳出来,学生对物理的认识也就停留在常规技巧性的认识。

过去十几年,林岳川也是这样"干巴巴"地教物理的。不过,在大学老师走进了科中之后,他逐渐在思索一个问题:物理不仅仅有公式和定理,它也是一个人类不断认识宇宙和世界的历史。除了基本的知识和技能之外,有没有办法扩宽学生的视野?能不能结合物理史来上物理课?

林岳川开始尝试着在课堂上将科学史与物理课教学相结合。这种结合最终使他悟出一个道理:教育要看到更远的地方——公式和习题很重要,但是，让学生尽可能多地了解学科的本质，也同样重要。

林岳川说，虽然这些高考或许不会考，但是，它最终有助于培养孩子的科学素养，帮助他们更深刻地认识课堂所教内容。

林岳川并非个案。谭蔚说，创新实验班也是老师发展的平台——科中也为教师制定了详尽的培训方案，定期延请校外专家来进行讲座和相关业务指导。

他说，我们尽量压缩的行政会议的时间，将时间留给老师，让老师把更多的精力集中在自身的专业发展。

高中生走进大学实验室

《厦门日报》2013 年 4 月 10 日第 8 版

在教学中，科技中学教师重在激发和保护学生兴趣。

一、微型课程

微型课程是创新实验班用来追求教育理想的，它围绕创新人才成长需要而设，既可激发学生科研兴趣，又可拓宽学生的视野和思维。

二、微型课题

"微型课题"是"微型课程"的"接手"——学生在微型课程的学习中，如果他对某一个知识有深入研究的兴趣，那么，他可以申请开展"微型课题"研究。

三、生涯规划

每年，创新实验班的第一堂课是从生涯规划讲起，这门课由厦大老师主讲，它贯穿整个高一年，教学生认识自己、挖掘自己的潜力等等。

黄诗恬是科技中学高一创新实验班的一名学生，在被问及创新实验班给她带去的收获时，这位 17 岁的女生很认真地说，它让我意识到，真的不能把高中学习的目标局限在高考上，要看得更远。

在科中创新班，她不是唯一一个持有这种观点的人。不久前，另一个实验班进行学习动力的班会课的讨论，一位男生站起来说，没有高考，你无法进入好的大学，但是，高中生的目标必须要长远，要比高考更大，你才能有更大的学习动力。

有人认为，科中创新实验班到底好不好，现在谁说都不算，需要等到明年高考检验——明年创新实验班才有第一届毕业生。不过，在科中校长谭蔚看来，创新实验班的这些孩子的视野，已经很能说明一切。

四、请进厦大教师　讲授微型课程

前不久的一个周五，黄诗恬在课堂上就英语到底好不好学，和老师展开辩论，和她辩论的老师是厦大经济学院外教白克瑞。

这种由大学老师执教鞭的课，创新实验班每周都有，它是创新实验班独有的一门课——微型课程，授课的老师绝大多数来自厦大。

应该说，微型课程是创新实验班用来追求教育理想的，谭蔚说，它围绕创新人才成长需要而设，既可激发学生科研兴趣，又可拓宽学生的视野和思维。

这类课程真的是"微型"——每门一般每周上两节，连续上一个月，课程的内容涉及某一学科的某一知识点，课程的方向要么往下扎根——从学科背景讲起，要么往上延伸——介绍学科最新进展。譬如说，厦大物理机电学院为创新实验班开设的微型课程，既讲了"光"的历史，也涉及航天工程及宇宙奥秘，宇宙飞行的运载工具。

谭蔚说，我们开出"菜单"，然后到厦大相关院系"预定"上课老师。经过两年的实践，谭蔚的深切感受是：大学真是个"富矿"。

让大学老师"屈尊"到中学上课，也没有想象中的复杂——每学期开学初，厦大各院系已经收到校方的指示：对自己的附属中学，要做到"有求必应"。

厦大经济学院是本学期接到任务的院系之一，白克瑞打头炮，他说，大学老师到中学上课，也是大学对社会应该承担的责任。

紧接着白克瑞，厦大经济学院在第二周派出一名从美国康奈尔大学归来的海归——韩乾老师，继续教授这一门微型课程，他要为中学生介绍金融学和经济学的不同，为今后上大学选择专业做准备。

五、走进厦大实验室　研究"微型课题"

科中创新实验班的探索并未止步于微型课程。去年暑假，有6名创新实验班的学生，走进厦大的实验室，在大学老师指导下，开展"微型课题"的研究，动手做实验。

科技中学教务处副主任刘宏兵说，"微型课题"是"微型课程"的"接手"——学生在微型课程的学习中，如果他对某一个知识有深入研究的兴趣，那么，他可以申请开展"微型课题"研究。

叶婉欣是去年暑假进入大学实验室的6名科中创新实验班的学生之一，研究的课题和生物柴油有关，她从厦大老师开设的微型课程中，发现自己对生物的兴趣。

去年的暑假，整整有一个月，这名中学生每天都到大学实验室报到，通过不断改变一种添加剂的用量，观察它对柴油的影响。

一个月就在一天天改变添加剂变量的日子中溜过，叶婉欣的搭档郑超说，虽然十分枯燥，但是我们学到：科学研究要有严谨的态度。在实验中，不能有一丝一毫的数据误差；在论文中，要用准确的文字表达内容。

科中后来为这6名学生举行了一个课题答辩会，谭蔚说，我们主要的关注点在于学生能从动手实践中，找到自己的兴趣，拥有科学研究的基本素养。

六、创新能力培养 贯穿教育全程

每年，创新实验班的第一堂课是从生涯规划讲起，这门课由厦大老师主讲，它贯穿整个高一年，教学生认识自己、挖掘自己的潜力等等。

不过，从现在看，科中创新实验班对学生创新能力的培养，并非只寄托在生涯规划、微型课程、微型课题这类课程上，它贯穿在整个教育过程中。

前几周的一个周五，创新实验班开了班会课，不过，他们把常见的班会课都开得风生水起——班会课的主题事先从学生中征集，班会课开始时，学生们再投票确定主题，譬如说，当天高一年一个创新班的学生就从征集的7个话题中，选出"如何进一步提高学习效率"这个他们认为是当务之急必须解决的问题。在确定了班会课的主题之后，学生们分组讨论，每组派代表提出解决之道，班主任则进行现场引导。

他们的班主任韩雪说，一直以来，班会课就是思想政治课，老师先批评，再表扬，最后再通知一些事，学生们一般就是低头静静地听，至于是否"一耳进，一耳出"，老师也不知道。

但是，她认为，把班会课内容决定权交给学生后，有时是相同的话题，相同的解决方法，却获得完全不同的效果——旧的模式让孩子觉得是老师逼着他要这样做，在创新的班会模式下，却是学生自己讨论出来的结果，他们自己做出的选择。

一直跟踪科中创新实验班的厦大教育研究院洪志忠认为，贯穿在整个教育过程的创新教育，很好地解决了孩子学习动力问题，譬如说，在微型课程里，并不是灌输学科知识，更多的是激发和保护他们兴趣。

他说，只要动力有了，那么，学什么、干什么都是容易的。

化学课：用水果制作电池

《厦门日报》2013 年 4 月 16 日第 10 版

一年前，我们在科技中学创新实验班的考试现场，遇到前去赴考的张琦和她的爸爸妈妈。他们正处于激烈的思想斗争中：创新实验班是否足够好得能让 16 岁的孩子只身从泉州到厦门来上学？

一年后的今天，我们在科技中学又遇到张琦，她和一年前有很多不一样——成长为一位雷厉风行、快乐的女生。她说："我的选择是对的。"

今天，我们邀请张琦和她的同伴，为您讲述他们眼中的科技中学创新实验班。

一、政治课：自找新闻来评点

创新班同样要上课要考试，但我们有更大的自由度——我们可以管理自己的电脑、可以参与学校建设，可以选择自己喜欢的课题。在生涯规划课，我们可以客观地正确地认识自己，从而找到自己喜欢的专业。

说说我们的课堂与众不同的地方吧。

口语课上，有接龙编故事，比较哪一组的故事有趣；用编故事的方法记忆单词；化学课上，我们制作有特色的元素周期表，自己摸索如何用水果制作电池，制作 1～20 号元素的转盘来互相考察；政治课上，我们自己寻找新闻并进行评点；拓展课（即微型课程）上，无论是多么新颖或边缘的内容，总会有同学和大学教授展开互动，拓展课气氛很好。课后，厦大经济学院的教授说："本来以为高中生不会有人懂得这些，没想到反响这么好。"

我觉得，人能通过做自己喜欢的事情来充实自己，真是莫大的幸福。

——张琦

二、上课：人手一台上网本

创新班的人数更少，我们的教室比普通班多了一台大的触摸屏电脑，我们每人可以人手一台上网本用于上课，或课后查资料，它是学校为创新班每位同学配备的。

这个班得到厦大更直接的关心和帮助。老师告诉我们，厦大专门成立了由教务处和各院系负责人组成的专家委员会。所以，基本上每周微型课程都会很有意思——厦大派老师为我们上拓展课，我们可以学到许多课堂上学不到的知识。

——张楷

三、"走班课"：在娱乐中学习

作为从漳州来的学生，科技中学创新班让我感受到阵阵新意。我们有拓展课程，这也是我每周最期待的课程——在拓展课里，我们不仅对科内学科产生更浓厚的兴趣，还扩大我们的知识面。

我曾一度看不到未来，厦大老师为我们开设"生涯规划"，使我更清楚地认识自己。

这学期，我们有"走班制"课程，我们可以选择自己喜欢的课，例如可以选择"音乐与英语文化"或"电影与英美文学"。在娱乐的同时，我们也提高了英语学习能力。

我认为学生不应该仅仅提升学科成绩，也应该有丰富的知识面，在多方面有创造力。在具有创造力之前，必定要有浓厚的兴趣，创新班就是能激发我们的兴趣。

——陈心怡

四、英语"模联"：让我们敢开口

现在我最喜欢的就是英语模联（模拟联合国大会的辩论——记者注）。我们模联的老师是来自厦大模联社的大学生。用英语写文件，用英语答辩，这对需要提高英语能力的我们，帮助特别大。当然，这也是一个需要决心和毅力的过程，我也做好"长期艰苦奋斗"的打算。模联课既培养了我们的自信，也让我们敢于开口。

回想当初的犹豫，差点与创新班擦肩而过，我现在庆幸自己的选择是正确的。

——陈虹

五、物理课：改变挤牙膏式学习习惯

当第一次得知厦大物理系的教授将过来讲物理课时，我是不屑、甚至反感的——考试要考这些吗？我以后上大学没打算学物理呀！

然而，当一个又一个的科技名词印入我的脑海，一张又一张神秘璀璨的星空摄影和精密的粒子轨迹图像冲击我的神经时，我感受到了未知领域对我的吸引力。我浑浑噩噩、如同挤牙膏式的学习习惯有了彻底的改变。

这种改变不是来自一条条大道理，也不是来自父母兄长的反复劝说，那是发自内心为未来、为兴趣的动力。

——张天瑜

六、课外：仿佛走进童话世界

如果不是创新班，我不会有那么多机会走出校园，在学习之余去了解我所不知道的世界。

我在老师的带领下，走进厦大能源研究院，最让我兴奋的那一刻是：我在电子显微镜下看到原子结构时，一个微观世界呈现在我眼前，一个个细小的绿色半点在我的眼前闪烁，仿佛是童话里的夏夜，仰望星空和星星捉迷藏。

——刘志丹

福建"第一班"开始报名
学霸，我们做同学吧！

《厦门日报》2014年4月15日 B05版

"第一班"有多牛？

全省仅招百人：科中创新班即日起面向厦门以及福建其他地市初中应届毕业生招生，共招100人。

不必参加中考：通过学校单独举行的入学考试后，厦门考生将不必参加中考，可被直接录取。

选修大学课程：除高中课程，创新班学生可以根据兴趣爱好提前选修

大学课程，获得大学学分。

在创新班，您会发现哪些惊喜？
科中校长这样作答

Q1：和厦大啥关系？

A1：2011年，厦大和科技中学联手创办了创新实验班。创新班的专家指导委员会由厦大各院系专家和科技中学共同组成，他们共同决定创新班的课程设置等，部分课程由厦大派老师担任。

此外，厦大实验室、图书馆、校园网等面向创新班学生开放，学生可进入厦大的实验室，参与厦大导师课题或在导师指导下开展自己的微型课题研究，实际体验科研过程。

Q2：教授会来教课？

A2：在科中创新班，经常会看到厦大教授、博导的身影，厦大老师主要负责几个方面的拓展课程，包括人生发展规划课、培养创新探究能力的微型课，以及对学科竞赛能力进行指导和培养。

此外，有一部分创新学生的导师就来自厦大，还有一批厦大博士生、硕士研究生利用课余时间为创新班的学生当"家教"。

Q3：如何参加高考？

A3：虽然创新班是和厦大创办的，但是，学生是自由的，毕业时，可报考所有大学；如果要报考厦门大学自主招生或通过高考报考厦门大学时，厦门大学将在国家招生政策允许范围内给予支持。

Q4：这是奥赛班吗？

A4：不是。创新班和奥赛班的区别是，传统观念中，中学为学有余力的学生提供的"补品"主要是学科竞赛，但是，学科竞赛的学生面比较窄，功利性越来越强；创新班的不同之处在于，额外增加的课程，强调的是学科通识和前沿知识，以及实验性、过程参与和动手实践操作。

Q5：和普高有啥不同？

A5：至少有四个不同。

一、创新班享有不少"特权"。在招生方面，由于是"福建省中小学教育改革试点项目"之一，福建省允许它面向外地市招生；在厦门，厦门市教育局允许它自主招生、自主考试，而且是在中考前完成招生。

二、在科中，创新实验班也是"特区"。创新班的每位学生一报到，便会领到学校配备的笔记本电脑，学校有一套专业机构开发的教学辅助系统和笔记本相配套，目的是用高科技手段帮助学生更有效率地学习。

三、创新班的班制也与众不同，一个班只有 30 多人。由于班级人数少，老师能更多地关注到每位学生，此外，科中也为这个班调集了堪称精兵强将的师资。

四、创新班每位学生都有导师。导师的来源，除了科中的老师，还有一部分来自厦大。这些大学教授作为中学生的"学术导师"，肩负的任务是帮助学生制定个人发展计划，为学生专业兴趣成长提供条件。

Q6：课程有啥特色？

A6：简而言之，创新班的课程由两大部分构成：一是普通高中课程，创新班和所有普高学生学习一样的课程。二是微型课程和微型课题。其中，微型课程是围绕着创新人才的品质特征设计的，由厦大派出老师上课，每门微型课程三到五课时，一般在一个月内完成。微型课程突破了高考科目的约束，为的是培养这些学生的创新意识和思路，使其拥有突破常规思考的能力，而不只是学会考试技能。

微型课题则是微型课程的延伸。上完了微型课程，如果学生对其中某个知识点感兴趣，可以和厦大教授取得联系，在条件允许的情况下，到大学老师的实验室做实验。

Q7：会影响高考吗？

A7：从创新班创办第一天起，学校就清醒地意识到，无论有多少教育理想，都要服从一个世俗标准——高考。某种意义上说，创新班各项实验实施的前提是要保证这些孩子能考上他们理想中的大学。

换句话说，普通高中该上的课，创新班一门也不会拉下，课时也严格执行国家规定的标准。创新班的创新之处在于，把普通高中基础性课程进行更高效的整合，即在有的学科打破学期限制，把相关的知识点串在一起，因此，创新实验班的进度会比普通班快。

卫楷的观察表：让老师提的问题更有效

卫楷老师上课时，厦大教育研究院洪志忠老师会记录老师提问时学生的反应，通过统计数据告诉卫楷老师哪些问题是有效的，借此培养研究型学生。

卫楷是科技中学高中创新班的生物老师。有一段时间，在上课前，除了讲义，他要先制作几张表格，其中一张表格有三列：第一列写的是他准备在课堂上提的问题；第二列写的是几个选项，包括"集体回答"、"个人回答"、"无应答";第三列写的是学生对问题作出反应的时间。

卫楷上课时,厦大教育研究院的洪志忠老师会坐在学生中间记录数据。譬如,卫楷提出一个问题,学生是集体回答得多,还是个体回答得多?从提出问题到学生作出反应,时间间隔多长?

洪志忠课后会统计,这节课,卫楷问的问题中,有效问题有哪些?可问可不问的有哪些?提问的区域是否过分集中?科技中学教务处副主任刘宏兵说,用大白话说,统计数据指向一个问题——老师,您的课跑题了吗?

洪志忠还给卫楷提出了一些具体建议。譬如,少提诸如"是不是"、"对不对"、"能不能"的问题,因为这类问题没有营养,学生只需"猜"就能作答,老师不能借此洞察学生的思维品质,而如果能追问"为什么",情况可能会有所改观。

以上讲的其实是教育学上的"课堂观察"研究。在和厦大联办创新班后,诸如此类的教育学新理念,被引进了科技中学的课堂。

科技中学校长谭蔚说,创新班开办三年以来,学校最大的收获之一就是,有厦大教育研究院老师的介入,科中老师从教学能手逐步向研究型教师转变。在他看来,这个转变是至关重要的。因为,研究型老师是创新班的"命脉","缺乏研究型的教师,就难以培养出研究型的学生"。

黄芳的10分钟:让学生像思想家一样思考

黄芳老师每节课少讲10分钟,专门留给学生提问与互相辩论,让学生多思考、多说、多问,学会像"有创见性的思想家"一样去自行解决问题。

黄芳在科技中学当了9年老师,三年前开始担任创新班的语文老师,她开始了一项"精讲多问"的实验——每节课少讲10分钟,专门留给学生提问与互相辩论。

黄芳说,这10分钟的交锋,常常使"提问时间"变成"拷问时间",大家一点也不轻松。因为,这不但要求参加者有承受当面批评时保持风度的心理素质,还要做到回答有理有据。

经过一段时间训练,人们发现了其中的显著变化:上课时,黄芳的学生并不是忙于记录老师讲的内容,而是常会向老师发问。刘宏兵说,这种发问一开始可能有"为提出问题而提出问题"的味道,但是,慢慢地,学生问题的质量都提升了,发问的学生人数也越来越多了。换句话说,这10分钟的真正用途是,为了培养学生的"问题意识",让学生"多思考"、"多说"、"多问"。

按照科中的说法，黄芳的 10 分钟，最终也回到了创新。创新教育其实就是培养"问题中人"，让学生学会发现问题、提出问题，最终解决问题。而"对司空见惯的事情不是认为理所当然，而能提出尖锐问题的能力，不仅是科学发明的关键，而且也是许多领域中有创见性的思想家的显著特征"。

黄芳创新课堂的这 10 分钟，回答了两个问题：创新班发誓要培养创新人才，并不只是说说而已；如何在戴着镣铐的情况下起舞，改革者通过"10 分钟"找到了平衡。

教好"非学霸"他们有一套

《厦门日报》2014 年 04 月 18 日 B08 版

本报 15 日 B05 版介绍了科技中学创新班到底如何"创新"，它其实只回答一个问题：它是如何办的？随之而来的问题是：它办得怎么样？能不能给学生美好的未来？

说实在的，按照功利主义的标准，目前还真没有，科中的创新班三年前创办，今年六月份才会有第一届毕业生参加高考——直到我们看到科中老师写的教学故事。它记载了创新班的老师过去三年的成败得失。

教学故事充满趣味，不过，让我们发生兴趣的是一位叫林小玲的老师写的故事，她讲的不是学霸，而是普通学生 L，她的语文成绩还特别差。

教师痛苦思索：教育为了啥？

虽然在创新班，L 更像是普通的你我：她很乖，很勤奋，但是，就是语文成绩不理想。在一次期中考后，林小玲像学生一样忐忑不安地等待成绩。

L 果真没考好。林小玲把 L 叫到办公室，为 L 分析。她还用了很多自认为是可行的方法，譬如说，请 L 担任语文科代表，她希望用这种方式激励 L，让 L 知道老师很喜欢她，也很信任她；林小玲不停给她机会，去广播站，把她写得好的小短文推荐发表。L 学语文的干劲更足了，语文有了进步。不过，L 的其他科目成绩掉下来了。

最让我们吃惊的是这位语文老师接下去的反应，她说，这并不是她想要的——她希望她更均衡发展。她开始思索为什么自己拼命地帮助学生，但是结果并不理想。

林小玲痛苦思索后，从一句自己经常说的话找到答案，她说，我每一次描述起这些成绩不起色的学生，总是说"学习很认真，但是成绩不好"。她检讨说，即使再怎么迂回委婉，我和他们的谈话永远有一个主题在闪现：考试成绩。

林小玲说，在今后的生活里，只要有一颗善良细腻的心，一种认真踏实的态度，一股乐观向上的冲劲，一种坚持不懈的耐力，她也能过得很幸福，为什么只能纠结于当下她的成绩呢？

师生体验温情：教育像是巧克力

接下来的日子，林小玲让自己先轻松，告诉自己不要急着帮她找到答案。林小玲说，我们的话题因此不再只是课本，作业。有时，她还会约上L和几个同学，一起去海边走走，或者去吃麻辣烫，聊任何她们想聊的话题……

L的成绩并没有下降，当然也没什么起色。刚考完，她主动找林小玲聊天。林小玲改变过去自己滔滔不绝的习惯，只当听众，她说，孩子其实知道自己的问题在哪里，只是需要倾诉。林小玲准备的一番话最后也没说出口。只是拿出巧克力，一人一颗吃了，在嘴里细细品味微苦却馨香的味道。林小玲说，她相信，只要和学生一起努力，终究会有美好的结局。

或许有人会认为林小玲的故事会损害科中创新班学霸形象。但是，我认为，创新班老师表现出的温情一面，对学生的爱怜，远比我们常见的老师们如何塑造学霸更加令人心动——事实上，她在追求更纯粹的教育。

在大学实验室里做实验

在科中创新班，有些事是别人想体验也体验不到的，这是一份别样的经历。

譬如说，你可想过：一位高一的学生能在大学实验室里做实验？高二时，他又参加"农杆菌介导的东方肉座菌转化"微课题的论文答辩？这一切都是我的真实经历，论文答辩的内容是我在厦大生科院实验室做了一个月实验的成果。

也许正因是高中生，充满好奇心的我们不觉得实验室的生活是枯燥的。反而做什么都有一股热情，每天9点，一直到下午5点。但是，博士们待在这里的时间远远多于此。导师告诉我们一个课题起码要几个月，有的还要几年。

实验环境非常注重无菌，药品用量要精确，很多步骤还需要查大量文献。通过这些在厦大实验室的学习，导师们严谨的科研精神和追求感染了我们，这是我们另外一大收获。

那个暑假没有什么空闲时间，看着那满满的实验记录，我有一种难以忘怀的快乐。

在我回到中学课堂后，当生物选修学到基因工程时，这些新知识和我的实验经历自然的联系一起，犹如往事重来。

——科中高三创新班学生李喆宇（李喆宇在2012年暑假到厦大生科院实验室参与课题研究，之后，学校为他举行论文答辩）

英语课上演话剧

"你觉得这句话怎么读会比较好呢？"

"音调曲折波动一点，效果会更好。"同桌清了清嗓子，做了示范"No one knows exactly…"边说边做动作。

这是我们在准备下节课的"话剧课"的表演。没搞错，竟然有"话剧课"？其实，它就是一节英语课，只不过是教学方法有些独特，让我们学生自己演话剧，自己熟悉课文，老师说，这样的效果更好。

周末，我们积极地准备，为了不在话剧课上给小组出丑。我们小组表演关于生命在地球上的历程的段落，算是比较难的。所以，每个人都很认真，唯恐在表演时出岔子。

终于，该我们上场了。坐在我前面的两位同桌先"出镜"，其中一位会讲，另一位会画，她那精湛的画艺终于有了用武之地。他们完成长篇论述后，该我和同桌出场了！

我先说两句，然后我的同桌就"忽然"跳出来，他扮演恐龙，在生物进化史上扮演举足轻重的一环。他恰到好处地表现了恐龙的憨态可掬，班级里立刻响起了掌声。

这节课实在是令我印象深刻。独特的教学法、富有创意的老师，也许这就是科技创新班的特点所在。

——科中高一创新班李希源

在高中学会规划人生

创新班最大的特色也可以说是优势，就是每个星期都能为我们请来厦大教授，为我们上拓展课，教授们设计的领域很广泛。每个星期的一个多小时，并不是只有学习，还有不同的体验。

其中有一堂是厦大音乐系的教授上的，他给我们听了各种美妙的古典音乐，还在现场演奏许多从未看过的乐器，让耳朵听到不一样的声音，那堂课真是很享受。还有一堂课是礼仪课，老师讲了很多孔子的话，让大家更好地理解礼仪这件事。

这几个星期上的拓展课都和英语有关。不过，虽然内容都是英语，但是，每位老师讲的不尽相同。我们学会了单词可以分为 N 种类型来记忆，完形填空要如何才能得高分，怎样猜词等等。老师们介绍了很多学习英语的方法，譬如说，英语广播、新概念英语等。

刚进高中，就有厦大老师为我们上生涯规划课。或许你会认为会不会太早了，其实不会。人生的每一个历程都需要规划。厦大老师用她十几年的经验引导你如何去完成自己的人生规划，为未来先树立一个目标，然后规划好适合自己的最好道路，奋不顾身地前行。

在刚进入创新班，你就要学会规划人生了，不管你还只是学生，这就是创新班的特色。

——科中高一创新班唐源奕

枯燥的数学课其实很有趣

在创新班，不会让你有太多优越感，让我感受最深的是师资力量，似乎每一位老师都富有爱心和满怀工作热情。在众多精彩课堂中，最让我期待的就是曲老师的数学课。

曲老师上课很严肃，不过，在他的粉笔下，枯燥头疼的数学题目就变得有趣又不失严谨，一题多解，举一反三的深度剖析，不知不觉提高我们数学水平。他每周都会小考，测试卷认真讲评，不仅提高我们做题速度和质量，更加锻炼我们心态，做题临危不乱成为我们基本技能。

老师课后是一位幽默风趣的大叔。在班会课，他不惜爆料自己的恋爱史，说自己年轻时是一位特别帅的小伙，许多女孩围着他转，让他不知要怎么选择才好，最后不得不用数学随机抽样。说到这，笑声、怀疑嘘声响彻教学楼。

创新班的教学进度会稍微快一些，难度也会相对高些。好几次课上小测我没通过，老师把我叫到办公室辅导，为的是不让我的知识有任何遗漏。老师们用自己行动诠释"负责任"一词，总给学生温暖的感觉。

虽然我们不可能每一科都很拔尖，但至少我们拥有进步的空间和条件。感谢创新班。

——科中高一创新班陈友庆

"福建第一班"课堂有什么不一样？

《厦门日报》2015年4月9日A08版

第一届创新班成绩单

高考：全上本一

过去几年，科中创新班经常被问及的一个问题是：高考怎么样？这个问题直到去年第一届毕业生毕业才有答案。第一届创新班49名学生中，本一上线率达100%，近一半学生高考成绩超过600分，1/3学生录取到985院校。

奥赛：频频获奖

在传统的五大学科奥赛中，共15人次取得厦门市前80名，其中获得11个省赛一、二、三等奖；申报厦门市青少年科技创新大赛项目26项，获奖22项，有5项晋级参加福建省科技创新大赛项目，最终获省一等奖2项，省二、三等奖各1项。

课外活动：成绩不俗

以科中创新班为主体的科技中学航空模型队获2012省航空模型比赛团体冠军，航海模型队则在2013年福建省青少年航海模型比赛获参赛项目团体第二名。

不一样的理念：上数学课，学生人手一部"神器"

传统的数学课：老师抛出结论，在证明过程中教知识点。

这里的数学课：老师让学生自己去学会怎么得到结论。

在数学老师眼中，计算器是"大敌"。不过，不久前科技中学高中创新实验班（简称"创新班"）高二年级的一节数学课，学生们"堂而皇之"地把"图形计算器"带进教室，它被称为计算器中的"战斗机"，相当于"数学掌上电脑"。

不过，这节课最大的亮点在于它的脉络：老师从已知的圆形，让学生去猜想椭圆上弦的斜率规律，然后用神器验证自己的猜想。随着教学的深入，老师的用心越来越明显：能掐会算的神器是否会削弱学生的计算能力，不是老师所关心的，他们更在乎用神器去加速学生的创新灵感。

科技中学数学教研组组长曲道强更愿意把这节课叫做"数学实验课"，它和数学课的区别在于：传统的数学课一般是这样上的：老师抛出结论，证明给学生看，讲完这些知识点，再布置例题，以检验知识点是否得到巩固；而在"数学实验课"，老师更愿意让学生自己去学会怎么得到结论，知道怎么探究新知识，换句话说，"授人以渔"而不是"授人以鱼"。

这其实不是新的理念，但是，在绝大多数的学校，特别是中学，它只是飘在半空中的理想。在科中，理想开始落地了。对于这所中学来说，从圆形类比到椭圆，甚至是课后的双曲线，是一条培养学生创新思维的希望之路。

在厦大教育研究院郭建鹏副教授看来，这就是创新能力的培养。他说，传统教学使得中国孩子的解题能力和计算能力很强，但提出问题的能力很弱。事实上，数学这样的科学，它更多需要猜想，需要提出问题能力，然后去解决它。

不一样的教师：大学教师来听课，提供大数据分析报告

传统的课：老师觉得怎么好就怎么教。

这里的课：用理论高度给老师"纠偏"。

郭建鹏是科中那节数学课的听课老师中唯一的非数学老师，这位文科博士是去研究那节课。这也是科技中学创新实验班的一个特色——四年前，郭建鹏所在的厦大教育研究院派出一个团队到科中，为这个合作项目提高教育教学理论的指导。

在这所中学里，大学教授们并不是坐在办公室里指挥，相反的，他们必须坐到教室里听课，一边听，一边在一张表上写写画画。

科技中学教务处副主任刘宏兵说，这种感觉有点像"我是歌手"现场——老师在上面讲，他们在下面评。大学老师最终提供给老师的是"大数据"分析报告，譬如说：这节课老师用了多少时间提问；提出了多少问题，有效问题是哪些，可问可不问的又是哪些？或是提问的区域是否过分集中，课堂的互动是不是有效的，如何更有效等等，所有这些问题对准的靶心都是：提高课堂的质量和上课的效率。

这其实是教育学上的"课堂观察""课堂学习研究"。这类教育理论是

过去中学课堂所缺乏的，刘宏兵说，过去讲课，我们一般是从经验出发，我觉得怎么好就怎么教。但是，现在，上课上升到理论高度：你感觉好的课，是哪些变量导致了效果，是老师提问次数多了，导致学生积极性提高了？或是这节课教学内容少了，提供给学生的思考时间多了？

理论指导使得中学老师首次拥有"变量"等意识，刘宏兵说，老师们通过"大数据"纠偏后，再去上课，效率明显提高。

点评：在应试土壤里播下创新的种子

有人形容，科中创新实验班的四年旅程，是戴着应试的镣铐在跳创新的舞蹈，用大白话说，一方面考虑"安放灵魂"，一方面又兼顾"安身立命"。

这应该也是这个"福建第一班"的最大价值：在应试的土壤里努力培养学生创新能力。

科技中学校长谭蔚四年来最常说的一句话是：实验班即使有多少教育理想，但是，要服从高考的"世俗"。换句话说，某种意义上，实验班各项实验实施的前提是要保证这些孩子能考上他们理想的大学。

刘宏兵说，在创新班，普通高中该上的课，一门也没有拉下，课时也严格执行国标，该上几节就上几节。但是，课程被更高效地整合，即在有的学科，打破学期的限制，把相关的知识点串成一起，因此，创新实验班的进度会比普通班快，而匀出一些课来开展诸如数学实验课实验。

曲道强认为，像圆形类比椭圆这样的数学实验课，和高考的关系是内在的。科中的这节课，学生们自己找出12个结论，曲道强说，即使学生们日后忘记了某个结论，但是，他已经学会探究的方法，他可以自己再验证一遍，也就是说，学生们学会的是"方法"。

郭建鹏说，这其实是从演绎到归纳的学习方法跨越——在演绎法中，老师给你原理，用例子论证给你看，再通过习题来巩固；归纳法方向正好相反，它让学生从对比中探究，从中归纳出共同原理，再对原理进行论证。

在刘宏兵看来，这种能力，高考不会太大面积地考到，或许是数学最后一道大题才会涉及，但是，如果学生们在高中有经历过这种教育，就能把他们带到更美好的未来。他坚信：我们把创新的种子种下去了，总有一天会发芽。

参考文献

一、书籍

[1] 袁振国. 教育研究方法 [M]. 北京：高等教育出版社，2000.

[2] 中华人民共和国教育部. 面向 21 世纪教育振兴行动计划学习参考资料 [M]. 北京：北京师范大学出版社，1999.

[3] 何晓文. 德育引领创新——华东师范大学第二附属中学创新人才培养的探索与实践 [M]. 上海：华东师范大学出版社，2009.

[4] 霍力岩. 多元智力理论与多元智力课程研究 [M]. 北京：教育科学出版社，2003.

[5] 崔允漷，沈毅，吴江林. 课堂观察 2：走向专业的听评课 [M]. 上海：华东师范大学出版社，2013.

[6] 夏雪梅. 以学习为中心的课堂观察 [M]. 北京：教育科学出版社，2012.

[7] 辞海（第六版）[M]. 上海：上海辞书出版社，2009.

[8] 涂艳国. 教育评价 [M]. 北京：高等教育出版社，2007.

[9] 全国十二所重点师范大学联合编写. 教育学基础 [M]. 北京：教育科学出版社，2008.

[10] 颜晓峰. 创新研究 [M]. 北京：人民出版社，2011.

[11] 徐则荣. 创新理论大师熊彼特经济思想研究 [M]. 北京：首都经济贸易大学出版社，2006.

[12] 李朝辉. 教学论 [M]. 北京：清华大学出版社，2010.

[13] 林崇德，等. 创新人才与教育创新研究 [M]. 北京：经济科学出版社，2009.

[14] 郑若玲. 高考思辨 [M]. 北京：经济科学出版社，2013.

二、期刊论文

[1] 刘玉娟. 创新人才素质结构与高师课程改革 [J]. 中国高教研究，2001(05).

[2] 冷余生. 论创新人才培养的意义与条件 [J]. 高等教育研究, 2000 (01).

[3] 张奠宙. 普通高中创新人才培养中的基础与创新问题 [J]. 教育发展研究, 2010 (06).

[4] 王囡. 普通高中拔尖创新人才的特征分析——基于北京"翱翔计划"的初步实践 [J]. 中国教师, 2010 (21).

[5] 张志敏. 高中教育和创新人才的培养 [J]. 上海教育科研, 2007 (06).

[6] 张新喜. 构建普通高中创新人才培养模式的思考 [J]. 中国教师, 2008 (01).

[7] 刘世清. "科教合作：普通高中科技创新人才培养"研讨会综述 [J]. 教育发展研究, 2010 (01).

[8] 顾志跃. 激发每一位高中生的创新潜能——上海市普通高中学生创新素养培育实验项目纪实 [J]. 基础教育课程, 2011 (10).

[9] 吕明. "春笋计划"：问道创新素质和创新人才培养 [J]. 基础教育课程, 2011 (10).

[10] 王丽萍. 高中创新人才培养模式的实践与启示 [J]. 上海教育科研, 2011 (02).

[11] 申继亮. 关于我国普通高中教育发展的思考 [J]. 教育发展研究, 2010 (06).

[12] 徐士强. 同质、多样、创新：普通高中发展热点问题辨析 [J] 中小学管理. 2010 (10).

[13] 唐盛昌. 基于"志趣聚焦"的创新人才早期培育实验 [J]. 中小学管理, 2010 (05).

[14] 唐盛昌. 聚焦志趣：实验性示范性高中创新人才早期培育初探 [J]. 上海师范大学学报（基础教育版）, 2010 (01).

[15] 唐盛昌. 以学校课程创新为突破，推进创新人才的早期培育 [J]. 基础教育, 2010 (07).

[16] 沈祖芸, 臧莺. 上海探索创新人才培养多元模式：四所高中"实验班"观察报告 [J]. 上海教育, 2009 (05).

[17] 沈之菲. 高中生创新能力培养的探索——从上海"创新实验班"看资优学生的创新教育 [J]. 教育发展研究, 2010 (08).

[18] 沈之菲. 上海市中小学生创新素养培养调查研究 [J]. 上海教育科研, 2010 (06).

[19] 孙金鑫. 拔尖创新人才的早期培养——来自名人大家的观点 [J]. 中小学管理, 2010 (05).

[20] 胡卫平, 俞国良. 青少年的科学创造力研究 [J]. 教育研究, 2002 (01).

[21] 吕明. "春笋计划"：问道创新素质和创新人才培养 [J]. 基础教育课程,

2011（10）．

［22］北京师范大学附属中学．探索全人格教育理念下杰出人才的培养模式——北京师范大学附属中学"钱学森实验班"［J］．北京教育（普教版），2011（07）．

［23］娄维义．创新型教师的培养——以美国洛克菲勒大学培训项目为例［J］．全球教育展望，2010（04）．

［24］万圆．论推行全日制专业硕士的意义——基于X大学"硕士研究生自我定位现状"的问卷调查分析［J］．纺织教育，2011（05）．

［25］陈月茹．美国高中学分制及其意义［J］．全球教育展望，2003（01）．

［26］刘彭芝，周建华，张建林．整体构建大中小学创新人才培养新模式的研究与实践［J］．教育研究，2013（01）．

［27］娄元元．高中和大学联合培养创新人才的思考［J］．基础教育，2014（03）．

［28］张弛．论创新人才培养的共同体建设——从大学高中合作的角度［J］．高教探索，2014（05）．

［29］姜国庆．构建普通高中创新人才培养的长效机制［J］．现代中小学教育，2014（06）．

［30］周川，孔晓明．高中与高校衔接培养创新性人才的策略选择——以苏州中学为案例［J］．现代教育论丛，2015（02）．

［31］耶晓东等．陕南高校参与地方中学生创新能力培养的研究［J］．中国教育技术装备，2015（10）．

［32］竺笑等．大学与中学衔接培养创新型青少年人才——华东师范大学动植物科学实践工作站纪实［J］．生物学教学，2015（03）．

［33］俞国良，曾盼盼．中小学生创造力的测量和评价［J］．山东教育科研，2011（02）．

［34］邹红波，吕慈仙．美国先修课程的现状、特点及启示［J］．中国高等教育，2013（03）．

［35］蒋雪岩．教育的链条不可割裂——对大学与中学人才培养衔接的思考［J］．湖北师范学院学报（哲学社会科学版），2005（05）．

［36］王炜波，董兆伟，韩提文．中高等职业教育衔接问题研究［J］．河北师范大学学报（教育科学版），2003（09）．

［37］朴钟鹤．韩国英才教育的历史沿革与特点［J］．比较教育研究，2010（04）．

［38］沈之菲．高中生创新能力培养的探索——从上海"创新实验班"看资优学生的创新教育［J］．教育发展研究，2010（08）．

［39］王义高．创新人才理论初探［J］．比较教育研究，2000（01）．

［40］刘智运．创新人才的培养目标、培养模式和实施要点［J］．中国大学教学，

2011（01）.

[41] 申继亮. 关于我国普通高中教育发展的思考［J］. 教育发展研究，2010（06）.

[42] 沈之菲. 高中生创新能力培养的探索——从上海"创新实验班"看资优学生的创新教育［J］. 教育发展研究，2010（08）.

[43] 上海市晋元高级中学. 秉持个性化教学的创新人才培养模式［J］. 现代教学，2010（12）.

[44] 王野川. 创新教育：新世纪人才培养的必由之路——中小学创新教育理论与实践研究综述［J］. 现代教育科学，2004（03）.

[45] 田慧生，陈如平，刘晓楠. 教育实践以培养创新人才为价值追求［J］. 人民教育，2008（12）.

[46] 沈之菲. 高中生创新能力培养的探索——从上海"创新实验班"看资优学生的创新教育［J］. 教育发展研究，2010（08）.

[47] 乔连全，李玲玲. 中美比较：中学与大学衔接断裂的原因及对策［J］. 江苏高教，2011（05）.

[48] 郑若玲，谭蔚，万圆. 大中学衔接培养创新人才：问题与对策［J］. 教育发展研究，2012（21）.

[49] 高建昆. 论素质的内涵与特征［J］. 长江大学学报（社会科学版），2011（02）.

[50] 崔瑞锋，钞秋玲. 个性化教育：内涵及辨析［J］. 现代教育科学，2006（07）.

[51] 彭明辉. 现象图析学与变易理论［J］. 教育学报，2008（10）.

[52] 李东成. 导师制：牛津和剑桥培育创新人才的有效模式［J］. 中国高等教育，2001（08）.

[53] 覃遵君. 中学德育导师制育人模式探讨［J］. 北京教育学院学报，2012（12）.

[54] 马赛，郝智秀. 学分制在哈佛大学创立和发展的历史轨迹——兼论美国学分制产生和发展的社会背景［J］. 高教探索，2009（01）.

[55] 罗洁. 高中阶段创新人才培养模式的探索——北京市"翱翔计划"的思考与实践［J］. 教育研究，2013（07）.

[56] 张杰夫. 班级授课制存在的问题及其改革刍议——兼议现代教育技术与教学改革［J］. 教育科学研究，1987（03）.

[57] 吕忠杰. 试谈教学班规模的控制及教学组织形式的改革［J］. 广州教育，1988（04）.

[58] 曹丽. 20世纪80年代以来美国公立学校家校合作发展研究［J］. 合肥师范学院报，2011（01）.

[59] 陈峥，王建梁．家校合作的纽带——美国家长教师联合会研究［J］．外国中小学教育，2003（05）．

三、学位论文

[1] 徐燕．基于传播学文本分析方法的张悟本事件研究［D］．中国科技大学硕士学位论文，2011．

[2] 曹琼方．中学与大学有效衔接的策略研究［D］．曲阜师范大学硕士学位论文，2008．

[3] 于子轩．科技创新实验班——生命科学课程学生创新素质的培养调查与启示［D］．华东师范大学专业硕士学位论文，2011．

[4] 李娜．中美高中理科资优生培养模式的比较研究［D］．华东师范大学硕士学位论文，2011．

[5] 张国锋．中学生创造力的结构、发展特点研究及其教育启示——兼《中学生创造力评价表》的研制［D］．山东师范大学硕士学位论文，2005．

[6] 栗玉波．创造性思维测验（TCI）中文版修订［D］．郑州大学硕士学位论文，2012．

[7] 万圆．创新人才大中学衔接培养方式研究——基于高中创新班的分析［D］．厦门大学硕士学位论文，2012．

四、报纸文章

[1] 张春铭．创新人才培养从基础教育抓起［N］．中国教育报，2010－11－17（003版）．

[2] 左丽慧．我市首推高中创新实验班［N］．郑州日报，2011－07－18（05版）．

[3] 葛剑平．创新人才培养需要开展创新教育［N］．人民政协报，2011－05－04（C01版）．

[4] 林崇德．培养创新意识至关重要［N］．中国教育报，2010－11－17（003版）．

[5] 杨明方．拔尖创新人才如何"冒"出来［N］．人民日报，2011－11－11（18版）．

[6] 张雯婧．为有特长拔尖生成才搭台铺路［N］．天津日报，2010－05－20（08版）．

[7] 在大学的庇荫之下——大学附中文化如何体现与大学文化的传承关系［N］．文汇报，2008－10－06（012版）．

[8] 陈若葵．高中生研修大学课程渐成趋势［N］．中国妇女报，2011－05－19（B03版）．

[9] 董少校．同济大学与全国20所高中开展"苗圃计划"试点［N］．中国教育报，2012－03－22（001版）．

[10] 贾晓燕．高中特色班探路创新人才培养［N］．北京日报，2011－11－21（010版）．

［11］钱红艳．一中尝试携手高校培养创新人才［N］．南京日报，2010－09－01（A06版）．

［12］李爱铭．高中"创新班"，提前感受大学［N］．解放日报，2010－04－27（007版）．

［13］黄艳．这56个学生待遇好高［N］．现代快报，2010－09－01（B04版）．

［14］科学班升学　教育部规划保送制［N］．台湾立报，2010－11－16（04版）．

［15］董洪亮，盛若蔚．夯实根基，筑就创新型强国［N］．人民日报，2011－03－18（001版）．

［16］刘宝存．什么是创新人才，如何培养创新人才［N］．中国教育报，2006－10－09（007版）．

［17］谢维和．共生：并非理想化的假设［N］．中国教育报，高教周刊，2013－04－15（05版）．

［18］谢维和．高教改革也应"往下看"［N］．中国教育报，高教周刊，2013－04－08（05版）．

［19］霍益萍．高中：基础＋选择——也谈高中教育的定位与选择［N］．中国教育报，2012－03－09（006版）．

五、网络资源

［1］崔静，吴晶．专家：中小学校应与高校加强衔接共同培养创新人才［EB/OL］．http：//news.xinhuanet.com/politics/2010－07/01/c_12287726.htm，2010－07－01．

［2］"著名大学中学校长峰会"专页链接［EB/OL］．http：//www.jyb.cn/china/tbch/2010jydf/．

［3］全国优秀高中与高校衔接培养拔尖创新人才论坛在京举行［EB/OL］．http：//edu.people.com.cn/GB/1053/14538273.html，2011－04－26．

［4］康岫岩．2009年天津市高中校长论坛综述［EB/OL］．http：//blog.sina.com.cn/s/blog_4b6f46060100fwyq.html，2009－10－17．

［5］杨德军，张毅，王凯．普通高中阶段创新人才培养研究报告［EB/OL］．http：//www.pep.com.cn/kcs/d6xy/lwj/201101/t20110105_1003618.htm，2011－01－05．

［6］谢应平，吴坚，杨士军．高中创新人才培养项目的实践认识［EB/OL］．http：//www.cnier.ac.cn/ztxx/gzfltbg/ztxx_20090318140236.html，2009－03－18．

［7］中学校长不看好统一高考称培养不出创新人才［EB/OL］．http：//edu.163.com/11/0427/16/72LM7TQM00294JBH.html，2011－04－27．

［8］高中特色实验班驱力"多样化"［EB/OL］．http：//www.modedu.com/msg/info.php?InfoID=39806，2011－05－06．

［9］清华附中探索大中学衔接培养模式不断创新［EB/OL］．http：//www.tsinghua.edu.cn/publish/news/4205/2011/20110225231357906758670/2011

0225231357906758670_html, 2011-02-25.

[10] 同济大学土木工程学院试点人才培养向中学延伸衔接 [EB/OL]. http://www.shmec.gov.cn/web/wsbs/webwork_article.php? article_id = 63294, 2011-11-06.

[11] 上海交通大学与中学共建拔尖创新人才早期培养基地 [EB/OL]. http://dangban.sjtu.edu.cn/Html/gzdt/102927226.html, 2010-05-24.

[12] 2010年实验中学高中"科技创新实验班"招生简章 [EB/OL]. http://tj.zhongkao.com/20100505/4be0c6f8f2ae0.shtml, 2010-05-05.

[13] 上海中学首个创新素养实验班老师感叹课难上 [EB/OL]. http://sh.zhongkao.com/e/20111114/4ec0ab0b940a3.shtml, 2011-11-14.

[14] 沪首个中学创新素养实验班毕业三年成绩成果双丰收 [EB/OL]. http://news.ifeng.com/gundong/detail_2011_07/26/7937041_0.shtml, 2011-07-26.

[15] 科学实验班方案 [EB/OL]. http://www.bjshiyi.org.cn/ArticleShow2.aspx? id = 442, 2010-03-15.

[16] 华师大二附中2012届人文创新实验班简介 [EB/OL]. http://wenku.baidu.com/view/86036d1aff00bed5b9f31ddd.html, 2010-01-09.

[17] 科技实验班概述 [EB/OL]. http://www.shs.sh.cn/shs.action? method = list&single = 1&sideNav = 3523.

[18] 北京高中实验班特色展示: "生命科学创新人才培养实验班" [EB/OL]. http://chuzhong.eol.cn/bjzz_11378/20110518/t20110518_617816.shtml, 2011-05-18.

[19] 记者三问高中创新实验班 [EB/OL]. http://bjyouth.ynet.com/article.jsp? oid = 69268467, 2010-09-14.

[20] 复兴高级中学培育创新人才出新招 [EB/OL]. http://whb.eastday.com/w/20110530/u1a887237.html, 2011-05-30.

[21] 郑州九中创新教育又迈出坚实一步 [EB/OL]. http://news.ifeng.com/gundong/detail_2011_06/28/7288445_0.shtml, 2011-06-28.

[22] 南京师范大学附属中学: 教育就是在现实中创造未来 [EB/OL]. http://www.jse.gov.cn/art/2011/6/26/art_3948_14985.html, 2011-06-26.

[23] 北京三十五中高中科技创新实验班项目介绍 [EB/OL]. http://www.bj35.com/article/show.php? itemid = 813, 2011-04-13.

[24] 我在科学实验班 [EB/OL]. http://www.bjshiyi.org.cn/ArticleShow2.aspx? id = 2568, 2011-04-08.

[25] 北京四中道元实验班招生政策问题 [EB/OL]. http://wenku.baidu.com/view/793e4f1f650e52ea55189885.html, 2011-03-20.

[26] 高中才重视"创新教育"有些晚 [EB/OL]. http://edu.people.com.cn/GB/116076/10390441.html, 2009-11-17.

［27］天津特色普通高中建设工程启动为有特长拔尖生成才搭台铺路［EB/OL］. http：//www. enorth. com. cn，2010 -05 -20.

［28］朱建民. 科技创新人才早期培养班介绍［EB/OL］. http：//www. bj35. com/article/show. php? itemid =819，2011 -04 -20.

［29］创新人才早期培育的实验探索与主要经验［EB/OL］. http：//www. shs. sh. cn/shs. action? method = list&single =1&sideNav =3503.

［30］北京十一学校科学实验班优势凸显［EB/OL］. http：//www. bjshiyi. org. cn/ArticleShow2. aspx? id =2567，2011 -04 -08.

［31］郑州九中创新实验班招生办法［EB/OL］. http：//www. zzn9. com. cn/schooltz/ShowArticle. asp? ArticleID =663，2011 -06 -24.

［32］云浮市举办普通高中创新人才培养实验班工作方案［EB/OL］. http：//www. yfzsb. cn/show. asp? id =4271，2010 -04 -30.

［32］"创新实验班"不适合偏科学生［EB/OL］. http：//news. sina. com. cn/c/2010 -07 -30/131717888687s. shtml，2010 -07 -30.

［33］2011 年天津实验中学科技特长生（科技创新实验班）招生简介［EB/OL］. http：//tj. zhongkao. com/e/20110424/4db3e6224193a. shtml，2011 -4 -24.

［34］宁波中学面向全大市招收 2010 年理科创新人才培养实验班［EB/OL］. http：//www. nbzx. org/moban/ReadNews. asp? NewsID =515，2010 -04 -08.

［35］道元班测试的问题极具挑战［EB/OL］. http：//sz. eduu. com/archiver/? tid -790188. html，2011 -04 -24.

［36］钱钰. 沪创新实验班遍地开花创新培养急功近利?［EB/OL］. http：//news. xinmin. cn/domestic/gnkb/2010/08/06/6166084. html，2010 -10 -28.

［37］东北育才学校设"牛人班"挑战传统高考［EB/OL］. http：//news. xinhuanet. com/politics/2010 -11/04/c_12737905_3. htm，2010 -11 -04.

［38］华东师大二附中科技创新实验班简介［EB/OL］. http：//www. hsefz. com/hsefz/userpage/newclick/recruit/keji. doc，2010 -07 -11.

［39］北师大附中实验中学高中"理科拔尖创新型人才培养特色班"实验方案［EB/OL］. http：//www. zhongkao. com/e/20110411/4da25bbe0753d. shtml，2011 -04 -11.

［40］德阳外国语学校关于开展国家拔尖创新人才培养基地实验班的通知［EB/OL］. http：//www. dfls. net/cnet/dynamic/presentation/net _ 11/itemviewer. do? unitid =1&id =2356&classifytype = clazz&ignoreclassinformation = false&branch =，2011 -06 -21.

［41］北京高中实验班特色展示："钱学森航天实验班"［EB/OL］. http：//chuzhong. eol. cn/bjzz_11378/20110518/t20110518_617810. shtml，2011 -05 -18.

［42］活力创新魅力十二［EB/OL］. http：//www. shyahs. com/bkbj/article.

asp？id＝5，2011－06－10.

[43] 如果学校真的重视［叶企孙班］的话，就别把它毁在自己手里［EB/OL］. http：//tieba. baidu. com/p/1265564747，2011－10－31.

[44] 南京一中崇文班多名学生"水土不服"预转普通班［EB/OL］. http：//nj. aoshu. com/e/20110511/4dc9e4c992afd. shtml，2011－05－11.

[45] 英国天才是这样"炼成"的［EB/OL］. http：//news. sohu. com/20050418/n225236185. shtml，2005－04－18.

[46] 2000年全国教育事业发展统计公报［EB/OL］. http：//www. moe. gov. cn/publicfiles/business/htmlfiles/moe/moe_591/index. html，2000－05－10.

[47] 2007著名大学中学校长峰会精彩观点摘编［EB/OL］. http：//www. jyb. cn/cm/jycm/beijing/zgjyb/5b/t20071126_127776_1. htm，2007－11－26.

[48] 2008著名大学中学校长峰会［EB/OL］. http：//www. jyb. cn/xwzx/gnjy/zhbd/t20081023_202391. htm，2008－10－23.

[49] 第三届著名大学中学校长峰会文字实录［EB/OL］. http：//www. jyb. cn/china/gnxw/201004/t20100426_355928. html，2010－04－26.

[50] 全国优秀高中与高校衔接培养拔尖创新人才论坛在京举行［EB/OL］. http：//edu. people. com. cn/GB/1053/14538273. html，2011－04－26.

[51] 2012年全国教育事业发展统计公报［EB/OL］. http：//www. moe. gov. cn/publicfiles/business/htmlfiles/moe/moe_633/201308/155798. html，2012－08－06.

六、报告

[1] 杨德军，张毅，王凯. 普通高中阶段创新人才培养研究报告［R］. http：//www. pep. com. cn/kcs/d6xy/lwj/201101/t20110105_1003618. htm. 北京教育科学研究院课程教材发展研究中心，2011－01－05.

[2] 陶勇. 关于对芬兰教育及其高中课程改革的考察报告［R］. http：//www. wh11sch. cn/Article/c1/b3/201111/1033. html. 武汉第十一中学课改调查组，2011－11－10.

后　　记

　　厦门大学附属科技中学是一所创办于1994年的年轻学校，是厦门市人民政府与厦门大学联合创办的全日制普通完全中学。创办伊始，学校就定位为培养科技后备人才、为高校输送高质量生源的特色学校。著名物理学家杨振宁博士为科技中学题写了校名，著名化学家、厦门大学的蔡启瑞院士担任学校的名誉校长。

　　我于2007年7月调入厦门大学附属科技中学担任校长、书记。也许是冥冥之中就注定了吧，我这一辈子跟"科技"还真有不解之缘。自小，我就对这个世界充满了好奇，如今年届知命仍兴趣依旧。从儿时组装矿石收音机到今天的计算机维修，我总是对一切电器、机械等有浓厚的兴趣。这让我的从教经历比许多教师丰富了一些，我本行是物理教师，但我担任过劳动技术课教学，也是福建省最早从事计算机教学的教师之一，带学生参加过学科奥赛、青少年科技创新大赛、无线电竞赛、"三小"（小发明、小创造、小制作）竞赛、航模制作等等各项科技活动，取得过不俗的成绩，被评为福建省优秀科技辅导员和优秀奥赛教练员。

　　一个对"科技"充满敬畏的爱好者，来到一所以"科技"命名的学校，担任以"科技教育"为特色的学校的校长，这一历程还真不在我的人生规划之中。为了适应这一角色转变，我痛苦过、彷徨过，但我很幸运，有机会参加了教育部中学校长培训中心第二期优秀校长高级研修班和福建省首期名校长培训班。学习的过程中，我进一步理清了自己的办学思路，尤其是确定了科技中学今后一段时间的前进方向。

　　学校需要经营，经营需抓特色，特色定位科技，科技引领发展。科技中学的校名和办学宗旨，决定了这所学校必须以科技教育为办学特色。

科技教育是指以科技知识技能与科技活动为载体、旨在培养和发展受教育者科技素养的教育活动。科技教育的根本目的，是要培养创新型人才，创新型学校是培养创新型人才的最好摇篮。由此，我对科技中学未来发展方向的设计是：从科技教育入手，引领学校各方面工作协调发展，提升学校办学品味，成为真正意义上的创新型学校。由此，产生了先期举办创新班，探索人才培养新模式，进而推广全校的基本想法。而我校作为厦门大学附属中学，依托大学丰厚资源、探索培养具有科技特长的创新型毕业生自然成为我们的首选思路。

创新人才的培养不是一朝一夕之功，需要各个教育阶段共同努力，基础教育阶段在其中则承担着"打根基"的重任，只有夯实底部才能根深叶茂。作为基础教育阶段的"龙头"，高中更是创新人才培养的"关键期"。但创新人才培养需要大批具有创新实践和创新能力的师资来引领教育教学工作，需要相应的环境氛围和物质技术条件，这些都是普通高中难以完全具备的，大学则具有非常明显的优势。大学力量介入高中办学，不仅仅是大学向高中生传递教育思想，更可以直接向高中输送教育资源，提供各方面办学资源的支持，使得高中创新人才培养不再成为"无米之炊"。

与大学合作培养创新人才的形式有很多，比如，建立创新人才培养基地、建立创新实验室等等。为何我校要与大学合作开设单独的创新班呢？首先，在高中学生当中，的确存在着一批具有明显创新潜质的可造之材，他们对科学研究感兴趣，不满足于传统学校教育传授的知识。对于这部分学生，我们应该创造适合的条件，让他们从单调、重复、烦琐、乏味的应试教育中解放出来，为其创新能力的发展提供平台和机会。教育公平不是简单的"一刀切"，"为适合的学生提供适合的教育"才是教育优质均衡发展的应有之义。其次，这种平台和机会不仅仅是传统的开设科研讲座、进行简单的课题调研可以满足的。如果不从培养方式的系统改变入手，在现行仍然以高考为主导的选拔模式下，培养学生的创新能力往往会沦为一句空话。最后，创新班取得了成功的、成熟的经验后，可以发挥辐射的作用，将"点上独养"变成面上的"满仓丰收"，提高全体学生的创新能力。我校已经在努力把创新班的许多办班优势辐射至全校，使更多的学生享受到优质的大学和中学教育资源。

创新班开办伊始，我们便成立了由厦大教育研究院、海洋与地球学院、信息技术学院等相关院系专家和我校学科带头人、骨干教师组成的"专家委员会"，规划创新班对传统高中培养方式的系统变革，研究如何有效整合

后　记

高中与大学的教育资源，构建以普通高中为主、高中与大学联合培养创新人才的全新机制。创新班招生采取与大学类似的自主招生，自行选拔适合培养的生源。自主招生在中考之前举行，由厦门大学派出专家，和我校的骨干教师一起对志愿报考创新班的初三学生进行测试，测试通过后即被录取，无须再参加中考。我们认为创新班课程的设计应当考虑到学生"知情意行"各方面发展，因此创设了"创知、创意、创行"的"三创"课程体系，从创知、创意、创行三方面培养学生的创新能力。在谋求教学转型、大处着眼的基础上，创新班的实践探索强调小处着手，强调知行结合的行动研究，在理论的指导下，找准切入口，进行深度的挖掘。在这个过程中，以微型课程、微型课题、微型研究为主题的教学"三微模式"逐渐浮出水面，并日渐成型。创新班实施"导师制"，为每位学生配备"成长导师"及"学术导师"，师生双向选择并保证5∶1的生师比。作为导师制的有益补充，厦门大学还派遣多位基础知识扎实、学业上有成功经验、学术上有所专长的厦门大学硕士博士研究生、优秀本科生落实"学长辅助计划"，利用课余时间为创新班的学生解决部分学业问题，指导学科学习方法，帮助学生构建全面的科学素养。

以创新班培养模式为研究基础的"大中学衔接培养科技创新人才"项目，始终受到上级部门和各级领导的关心和支持。该项目研究列入全国教育科学"十二五"规划2013年教育部重点课题，本书作为课题研究的最终成果，汇聚了厦门大学教育研究院和科技中学多位教师的研究成果，是集体智慧的结晶。

全书由谭蔚、郑若玲负责构思整体框架，万圆负责撰写理论篇，刘盾负责撰写实践篇，全书由谭蔚、郑若玲负责统稿、审定。林岳川、刘宏兵作为课题组主要协调人和重要参与者，与洪志忠、郭建鹏、刘艳杰、林松、陈远、肖丽红等负责相关子课题研究的老师们，共同为总课题提供了丰富的研究成果。席成明、黄桂元、卫楷、邓铨、高亚席等在教学实践第一线的老师们，则为课题提供了丰富的实践素材。本书的出版得到了经济科学出版社张庆杰老师的大力支持和帮助。谨对所有参与、支持本书编写工作的机构和个人表示由衷的谢意！

谭蔚
2015年12月